Français
Langue
Étrangère

Maîtriser la Grammaire française

Grammaire pour étudiants de FLE/FLS

[Niveaux B1-C1]

- Anne Struve-Debeaux

Préface de Bernard Cerquiglini
recteur de l'Agence universitaire de la francophonie

Dans la collection

Français
Langue
Étrangère

Sous la direction de Jean-Louis Boursin

Test de connaissance du français

Anthologie de la littérature française

Le FLE par les textes

La Phonétique par les textes

Le code de la propriété intellectuelle n'autorise que « les copies ou reproductions strictement réservées à l'usage privé du copiste et non destinées à une utilisation collective » [article L. 122-5] ; il autorise également les courtes citations effectuées dans un but d'exemple ou d'illustration. En revanche « toute représentation ou reproduction i ntégrale ou partielle, sans le consentement de l'auteur ou de ses ayants droit ou ayants cause, est illicite » [article L. 122-4]. La loi 95-4 du 3 janvier 1994 a confié au C.F.C (Centre français de l'exploitation du droit de copie, 20, rue des Grands- Augustins, 75006 Paris), l'exclusivité de la gestion du droit de reprographie. Toute photocopie d'œuvres protégées, exécutée sans son accord préalable, constitue une contrefaçon sanctionnée par les articles 425 et suivants du Code pénal.

© Éditions Belin, 2010   ISSN 0298-4687   ISBN 978-2-7011-4825-0
170 bis, boulevard du Montparnasse, 75680 Paris cedex 14

Préface
Apologie de la grammaire

Les voussures du portail ouest de la cathédrale de Chartres présentent un programme universitaire. Une série de sculptures font admirer, en effet, les disciplines que l'on enseignait alors, avec une belle renommée, dans les Écoles de la ville : un Aristote barbu et un peu bougon figure la philosophie, l'astronomie est représentée par Ptolémée contemplant les astres dans un seau d'eau, Euclide trace une figure de la géométrie, etc. Surmontant le tout, une sculpture donne à voir la discipline reine, celle qui permet l'étude de toutes les autres, l'accès premier au savoir. Une femme revêche brandit une férule, menaçant deux enfants tremblant sous son autorité ; c'est la Grammaire. La première règle grammaticale, comme on le voit, est celle que l'on reçoit sur les doigts.

Fondamentale, la grammaire, introductrice indispensable mais redoutée, cela depuis des siècles. Au Moyen Âge, elle se traduisait par quinze années d'apprentissage du latin ; plus tard par des exercices inlassablement répétés, des tableaux et des listes à mémoriser, l'étude pointilleuse de textes réduits à des faits de langue. Toujours la mémoire, rarement l'intelligence, souvent des exceptions ; toujours l'ennui.

Fondamentale mais inférioriséee, bientôt moquée. Et déclassée par l'essor de deux disciplines acquérant noblesse et légitimité. À l'époque classique, l'étude des textes échappe au grammairien. Les Belles Lettres deviennent une matière autonome et prestigieuse ; le cours de littérature taxe de myopie besogneuse l'étude grammairienne des constructions et des figures. Au XIXe siècle la linguistique, science austère du langage et des langues, n'épargne pas de son mépris la routine ignorante de l'enseignement grammatical : des descriptions incohérentes, traditions injustifiables, règles sans fondements. Face à l'enseignement littéraire, qui dialogue avec le sublime, comparé à la description linguistique, dont la procédure est toute de raison, un cours de grammaire est un compromis. C'est l'équilibre modeste entre les exigences de la rigueur et les besoins concrets, l'humble pédagogie de la richesse d'une langue ramenée à ce qui la fonde.

De ce compromis, nous voulons faire l'éloge.

Un peu routiniers, les tableaux de conjugaison ? Peut-être. Non sans exceptions, les règles de syntaxe ? Sans doute. Mais ils nous donnent de la joie.

Ouvrir une grammaire, se repérer dans une morphologie, apprendre une liste de prépositions, saisir la construction d'une phrase, c'est se préparer à l'expérience humaine la plus riche et la plus féconde : communiquer avec autrui.

La suite de sons que l'on émet perd soudain de son opacité dans le regard interrogé ; l'effort se rémunère d'un sourire ; l'altérité est vaincue.

Récompense sans prix. Elle justifie le temps passé sur le manuel, valorise la mémorisation pénible, rend secondaires les imperfections des règles et des explications. Car on a communiqué, tendu un pont vers l'autre, parlé sa langue. Assez mal d'abord, mais assez bien pour donner envie de progresser, de maîtriser les formules et les formes, puis d'apprendre d'autres langues, d'en favoriser le dialogue, l'entente.

Souveraine, la grammaire ; le Moyen Âge ne s'était pas trompé. Cette discipline est rude, qui requiert l'usage de la mémoire autant que de la raison, qui ne satisfait pas toujours la rigueur de la science mais impose un peu d'ordre simple et pratique dans la complexité du langage. Souveraine ; en cela elle est unique et il faut l'aimer, car elle nous offre le monde.

Bernard Cerquiglini
Recteur de l'Agence universitaire de la francophonie

Avant-propos

Cet ouvrage de grammaire a pour objectif de permettre aux étudiants ayant déjà acquis des connaissances en français de parvenir à une maîtrise rapide, et aussi aisée que possible, de la langue française écrite et orale.

Il convient particulièrement aux étudiants étrangers de niveau intermédiaire, qui y trouveront un outil efficace pour franchir le cap difficile du passage au niveau avancé – à un moment où ils ont l'impression de savoir beaucoup de choses, mais accumulent encore d'innombrables fautes, avec le sentiment, un peu désespérant, de ne plus pouvoir progresser… Mais il peut aussi répondre aux besoins des étudiants des niveaux avancé et expérimenté, qui le consulteront comme un ouvrage de référence, et à ceux des étudiants francophones désireux d'acquérir une véritable aisance dans la langue.

Ce livre de cours tient à la fois du manuel et du dictionnaire. Chaque chapitre y traite d'une question précise, qu'il présente sous la forme d'une synthèse à la fois structurée, claire et rigoureuse. Les explications apportées sont toujours simples, de manière à être comprises de tous et à ne pas accroître la difficulté de l'apprentissage. Et à tout moment de son parcours, l'étudiant peut, s'il le souhaite, revenir à une notion et en reprendre les bases. D'où une progression plus efficace et plus cohérente.

Les plus de huit cents exercices proposés en complément sur le site de Belin Éducation, qui suivent précisément la progression du cours, sont une ressource indispensable. L'étudiant y trouvera en effet de quoi non seulement consolider ses connaissances, mais aussi acquérir de véritables mécanismes par une pratique intensive de la langue. Ces exercices portent sur des phrases ou des textes élaborés ou attestés : exercices d'identification ou de compréhension, exercices « à trous », ou manipulations de structures. Pouvant être faits manuellement, après impression des pages vierges, ou bien directement sur l'ordinateur, au moyen d'outils permettant d'annoter, surligner, flécher… puis d'enregistrer, voire imprimer les pages complétées, ils proposent des activités qui laissent une large place à la langue quotidienne et orale. Mais l'une des priorités de l'ouvrage a été, également, de permettre aux étudiants de mieux maîtriser l'écrit. Ceux-ci en ont souvent grand besoin pour la réussite de leurs études en France. Et c'est pourquoi nombre de ces activités répondent aussi à un objectif de nature méthodologique ou rhétorique.

En outre, on notera que, très souvent, dans ces exercices d'application, à une question grammaticale se mêle un contenu d'ordre culturel. Un souci constant de l'ouvrage a été, en effet, de ne pas dissocier la pratique linguistique de cette motivation majeure des étudiants s'intéressant au français : découvrir la France. C'est ainsi qu'aux pages consacrées au présent de l'indicatif viennent, par exemple, s'allier diverses considérations gastronomiques. Et que certaines facettes insolites – mais toujours d'actualité ! – du Paris des années 30 se révèlent au détour d'un exercice portant sur les pronoms démonstratifs. Outre qu'elles confèrent à l'apprentissage grammatical un attrait et un enrichissement indéniables, de telles incursions dans les paysages, les us et les coutumes français en manifestent aussi, en dernier ressort, toute la raison d'être. Car il s'agit bien toujours, en définitive, de pouvoir mieux comprendre, par delà les frontières, par delà sa propre langue, un autre pays, un autre peuple, et de communiquer avec lui.

Anne Struve-Debeaux

Sommaire

1. Les noms, les adjectifs et les déterminants — 9

2. Les pronoms — 65

3. Les verbes — 137

4. Les mots invariables — 221

5. La phrase et le discours rapporté — 249

6. L'expression du temps et les grands rapports logiques — 279

Table des matières détaillée — 343

Comment utiliser les compléments numériques ?

• Les compléments numériques sont accessibles en ligne :
http://www.belin-education.com/maitriser-la-grammaire-francaise

• Les exercices numériques suivent la progression des six chapitres du livre. Un septième, intitulé « Exercices supplémentaires », propose, pour chacun des six domaines du livre, des exercices plus difficiles.

• Pour faire les exercices directement sur votre ordinateur, téléchargez **Adobe Reader**, disponible gratuitement sur le site d'Adobe, puis ouvrez votre fichier d'exercices.

• Avant de commencer les exercices, vérifiez que vous avez bien sur votre barre d'outils les outils graphiques « Texte surligné » et « Droite » (ou « Ligne »). Sinon, allez dans « Affichage », « Barres d'outils » et cochez « Commentaires et annotations ».

• Vous pouvez sauvegarder, envoyer ou imprimer vos pages avec les réponses.

• Vous pouvez aussi imprimer des pages d'exercices vierges, afin de les remplir à la main.

Tous les corrigés des exercices sont sur le site de Belin Éducation
www.belin-education.com

1 Les noms, les adjectifs et les déterminants

A Les noms

I. Le nom commun et le nom propre 11
II. Le genre des noms désignant des inanimés 13
III. Le féminin des noms 15
IV. Le pluriel des noms 17
V. Le pluriel des noms composés 18

B Les adjectifs

I. Reconnaître les adjectifs 21
II. Le féminin des adjectifs 24
III. Le pluriel des adjectifs 27
IV. L'accord des adjectifs : les cas particuliers 28
V. Les adjectifs indéfinis (1) 29
VI. Les adjectifs indéfinis (2) 32

C Les déterminants

I. Qu'est-ce qu'un déterminant ? 34
II. L'article indéfini (1) 35
III. L'article indéfini (2) 37
IV. L'article défini 38
V. L'article partitif 42
VI. L'omission de l'article 43
VII. Le déterminant possessif 48
VIII. Le déterminant démonstratif 50
IX. Les déterminants indéfinis (1) 53

- X. Les déterminants indéfinis (2) 55
- XI. Les déterminants indéfinis (3) 57
- XII. Les déterminants indéfinis (4) 58
- XIII. Les déterminants interrogatifs 59
- XIV. Les déterminants exclamatifs 61
- XV. Les déterminants numéraux cardinaux 62

# A. Les noms

I. Le nom commun et le nom propre

Le **nom** est un mot qui sert à nommer. Il est souvent variable en nombre, et parfois en genre. On distingue le **nom commun** et le **nom propre**.

1 Le nom commun

Le nom commun désigne un être, un objet ou une abstraction **considérés comme appartenant à une catégorie générale**. De ce fait, il est le plus souvent **précédé d'un déterminant** qui l'actualise, c'est-à-dire l'emploie dans un contexte particulier, ce qui lui permet de désigner un objet dans la réalité. Par exemple, dans la phrase :

> Le fermier conduit son tracteur.

fermier et *tracteur* sont des noms communs. Employés seuls, ils n'auraient de sens que celui que leur donne le dictionnaire. Ce sont les déterminants *le* et *son* qui les actualisent.

On divise l'ensemble des noms communs en plusieurs catégories.

■ Comptable / non comptable

On distingue d'abord les noms désignant des éléments **comptables** des noms désignant des substances **non comptables.**

Certains noms, comme *étudiant, livre, cours*…, désignent en effet des éléments discontinus, et donc **comptables**. Ils admettent un déterminant de la pluralité (*les*, *des*, *quelques*, *plusieurs*…) ou un déterminant numéral cardinal (*deux*, *trois*, *quatre*…) :

> des étudiants, deux étudiants, quelques étudiants, plusieurs étudiants…
> des livres, deux livres, quelques livres, plusieurs livres…
> des cours, deux cours, quelques cours, plusieurs cours…

D'autres noms, au contraire, comme *sucre, eau, courage*…, désignent des substances continues, et donc **non comptables**. Ils ne peuvent être précédés d'un déterminant de la pluralité ou d'un déterminant numéral cardinal, mais admettent, en revanche, l'article partitif (*du, de la, de l'*) :

> du sable ; de l'eau ; du courage

NOTER : un même nom peut désigner un élément comptable dans un emploi et une substance non comptable dans un autre. Par exemple :

> Vous prenez du café ?   (*café* désigne ici une substance non comptable)
> Vous prenez un café ?   (*café* désigne ici un élément comptable)
> (= Vous prenez une tasse de café)

■ Animé / inanimé

On distingue également les noms désignant des **animés** des noms désignant des **inanimés.**

Les noms désignant des animés réfèrent à des personnes ou des animaux : *homme, pharmacien, chat…* Les noms désignant des inanimés réfèrent, au contraire, à des choses ou des abstractions : *table, certitude, loyauté…*

L'opposition **animé / inanimé** est particulièrement importante, en français, dans l'usage des pronoms – notamment dans celui des pronoms personnels et des pronoms interrogatifs.

■ Abstrait / concret

Enfin, on distingue les noms de **sens concret** et les noms de **sens abstrait**. *Courage, intelligence, nervosité…* sont ainsi des noms de sens abstrait, tandis que *voiture, pot-au-feu* ou *stylo…* sont des noms de sens concret.

On note que les noms de sens abstrait sont souvent des noms désignant des substances non comptables.

2 Le nom propre

Le nom propre, à la différence du nom commun, désigne **un être ou un objet considéré comme unique**, parfaitement défini, et l'**identifie**. À l'écrit, il prend une majuscule : *Victor Hugo, Napoléon, New York, Jupiter…*

Le nom propre est habituellement employé sans déterminant. Cependant l'article précède fréquemment les noms propres désignant des lieux géographiques autres que des villes : *le Rhône, le Nil, le Congo, la France, l'Angleterre, l'Europe, l'Amérique, l'Asie…* Et on trouve un déterminant :

– devant un nom propre d'habitant : *un Parisien, une Française, des Européens…* ;
– devant un nom propre désignant les membres d'une même famille ou tous les individus portant le même nom :

> Connais-tu **les Dupont** ? Ce sont mes voisins.
> On dit que **les Marie** sont des femmes discrètes et réservées.

– devant un nom propre désignant, par métonymie, un objet :

> **Ce Rembrandt** vaut une fortune. (= ce tableau de Rembrandt)
> Il joue **du Mozart**. (= une œuvre de Mozart)
> Il sculpte **une Vénus**. (= une représentation de Vénus)

– devant un nom propre désignant un être ou un objet dont on sélectionne un aspect :

> Je préfère **le Picasso** de la période bleue.
> Je me souviens **du Paris** de mon enfance.

– devant un nom propre désignant un type ou une classe d'individus :

> C'est un vrai **Don Juan**.

II. Le genre des noms désignant des inanimés

Les noms, en français, peuvent être soit masculins, soit féminins. *Table*, *chaise*, *maison*, sont ainsi des noms féminins, tandis que *bureau*, *fauteuil* ou *château* sont des noms masculins.

Le genre des noms est souvent arbitraire. Plus particulièrement, celui des noms désignant des inanimés. L'on conçoit aisément, en effet, que pour un animé, le nom masculin réfère à un individu de sexe masculin, et le nom féminin à un individu de sexe féminin (exemple : *boulanger*, *boulangère*), mais il est plus difficile, en revanche, si on ne l'a pas appris, de savoir quel peut être le genre d'un nom comme *vase*, *dictionnaire*, *revanche*, *limace* ou *visage*…

On peut retenir, cependant, certaines indications.

1 Noms masculins

Sont masculins :
– les noms se terminant par :
- *-ier* : cendrier, tablier, sablier, pommier (et de nombreux arbres fruitiers finissant par *-ier*)…
- *-et* : secret, filet, bouquet, menuet…
- *-ment* : changement, grondement, armement, médicament…
- *-age* : voyage, passage, plumage…

    EXCEPTIONS : une cage, une page, une nage, une rage, une image

- *-eu / -au / -eau* : pneu, bleu, landau, noyau, château, manteau, rideau, oiseau…

    EXCEPTION : une eau

- *-al* : journal, bocal, littoral…
- *-ail/ -eil/ -ueil/ -euil* : travail, éventail, soleil, réveil, recueil, fauteuil…
- *-in* : matin, chagrin, vin…
- *-oir* : miroir, soir, couloir, rasoir, dépotoir…
- *-isme* : exotisme, journalisme, romantisme…

– les infinitifs employés comme noms : le déjeuner, le dîner, le savoir, le pouvoir, le savoir-vivre…

– les noms de couleur : le rose, le blanc, le vert…

– les noms des jours de la semaine (le lundi 12 février), des mois (en janvier dernier), des saisons (le printemps), des langues (le français, le chinois), des arbres (le hêtre, le platane, le charme…)

– les noms de pays ou de régions ne se terminant pas par *-e* : le Portugal, le Japon, le Canada, le Boutan, le Poitou, le Languedoc, le Berry…

EXCEPTIONS : le Mexique, le Cambodge, le Mozambique…

2 Noms féminins

Sont féminins :
– les noms se terminant par :

- *-ée* : soirée, arrivée, traversée, marée…

  EXCEPTIONS : un musée, un lycée

- *-ie* : sortie, boulangerie, philosophie, inertie…
- *-esse* : richesse, jeunesse, délicatesse…
- *-ette* : raquette, disquette, savonnette…
- *-ise* : franchise, gourmandise, entreprise, crise…
- *-ance / -ence* : chance, balance, confiance, différence, science, licence…
- *-ade* : salade, limonade, rigolade, bravade…
- *-ure / -ure* : confiture, fermeture, rayure, solitude, habitude, plénitude…
- *-eille / -aille / -euille* : bouteille, bataille, feuille… :

  EXCEPTIONS : un portefeuille, un chèvrefeuille

- *-aison* : maison, raison, saison…
- *-sion, -tion, -xion* : vision, télévision, récréation, question, réflexion…
- *-té* : beauté, santé, liberté, nouveauté…

  EXCEPTIONS : un pâté, un raté…

– les noms de pays ou de région se terminant par *-e* : *la France, l'Italie, l'Égypte, la Savoie, la Normandie*… (exceptés les trois noms déjà cités ci-dessus : *le Mexique, le Cambodge, le Mozambique*).

REMARQUES

– Le genre des noms de fleuves, rivières et montagnes est arbitraire. Quant à celui des noms de villes, il n'est pas clairement fixé, même si la tendance est de considérer comme féminins les noms se terminant par *-e*.

– Attention aux noms **homonymes.** Certains noms semblent être à la fois masculins et féminins. Ce n'est bien sûr pas le cas. Ce sont des noms qui s'écrivent et se prononcent de la même manière mais qui ne signifient pas la même chose :

> **le** manche d'un couteau, **la** manche d'une veste
> **le** tour du monde, **la** tour du château
> **le** poste de télévision, **la** poste
> **le** mémoire de maîtrise, **la** mémoire
> etc.

1. LES NOMS, LES ADJECTIFS ET LES DÉTERMINANTS

III. Le féminin des noms

De nombreux noms masculins de personnes ou d'animaux ont une forme féminine qui leur correspond. Il existe une règle générale de formation des noms féminins mais aussi des cas particuliers.

1 Règle générale

> **Pour former le féminin d'un nom masculin de personne ou d'animal, on ajoute généralement un -e au nom masculin.**
> un ami, une **amie**

– L'ajout du -e au féminin n'entraîne pas de modification phonétique si le nom masculin se termine par les voyelles -é, -i, -u, et par la consonne -l :

un employé, une **employée** – un salarié, une **salariée**
un apprenti, une **apprentie**
un inconnu, une **inconnue**
un rival, une **rivale** – un Espagnol, une **Espagnole**

– En revanche, il modifie la prononciation si le nom masculin se termine par -d, -t, -s, ou par -in, -ain, -an :

un marchand, une **marchande**
un candidat, une **candidate** – un lauréat, une **lauréate**
un bourgeois, une **bourgeoise** – un Anglais, une **Anglaise**
un cousin, une **cousine** – un voisin, une **voisine**
un Mexicain, une **Mexicaine** – un Cubain, une **Cubaine**
un Nigérian, une **Nigériane**

– Les noms se terminant par un -e au masculin ne changent pas au féminin :

un camarade, une **camarade**
un élève, une **élève**
un athlète, une **athlète**
un artiste, une **artiste**

– Le nom *enfant* a une forme identique au masculin et au féminin :

un enfant, une **enfant**

2 Cas particuliers

■ On ajoute un -e et on modifie la dernière ou l'avant-dernière lettre au féminin

● **Les noms se terminant en -er au masculin se terminent en -ère au féminin :**

un fermier, une **fermière**
un infirmier, une **infirmière**
un boulanger, une **boulangère**

● **Certains noms doublent la consonne finale au féminin.**

– Les noms se terminant par *-t* doublent **parfois** le *-t* :
> un chat, une **chatte** – un rat, une **ratte**.

– Les noms se terminant par *-et* doublent le *-t* :
> un cadet, une **cadette**

EXCEPTION : *un préfet, une **préfète***

– Les noms se terminant par *-en* et *-on* doublent le *-n* :
> un lycéen, une **lycéenne** – un Italien, une **Italienne** – un Alsacien, une **Alsacienne**
> un champion, une **championne** – un lion, une **lionne** – un Breton, une **Bretonne**

– Deux noms se terminant par *-an* doublent le *-n* :
> un paysan, une **paysanne** – Jean, **Jeanne**

● **Certains noms changent la consonne finale au féminin.**

Ce sont les noms masculins se terminant par les consonnes *f, p, x* :
> un veuf, une **veuve** – un loup, une **louve** – un époux, une **épouse**

■ On ajoute un suffixe ou on change de suffixe au féminin

● **Certains noms prennent un suffixe au féminin.**

– Le suffixe *-esse* :
> un maître, une **maîtresse** – un prince, une **princesse** – un comte, une **comtesse**

– Le suffixe *-ine* :
> un héros, une **héroïne** – un tsar, une **tsarine**

NOTER : l'ajout du suffixe entraîne parfois une légère modification du radical.
> un duc, une **duchesse** – un dieu, une **déesse**

● **Certains noms changent de suffixe au féminin.**

– La plupart des noms masculins se terminant par *-eur* :

• *-eur* → *-euse*
> un danseur, une **danseuse** – un serveur, une **serveuse** – un vendeur, une **vendeuse**

• *-eur* → *-eresse / -oresse*.   un enchanteur, une **enchanteresse** – un docteur, une **doctoresse**

– Les noms masculins se terminant par *-teur* :

• *-teur* → *-trice*
> un acteur, une **actrice** – un directeur, une **directrice**
> un spectateur, une **spectatrice**

NOTER : le changement de suffixe entraîne une modification du radical pour le nom « empereur » : *un empereur, une **impératrice***. Et *serviteur* a pour féminin *servante*.

– Les noms masculins se terminant par **-eau :**

• *-eau* → *-elle*.   un jumeau, une **jumelle** – un chameau, une **chamelle**

• *-eau* → *-ette*.   un chevreau, une **chevrette**

■ On change totalement de radical au féminin

Certains noms ont une forme **tout à fait différente au féminin** :

> un homme, une **femme** – un mari, une **femme**
> un frère, une **sœur** – un neveu, une **nièce**
> un gendre, une **bru**
> un mâle, une **femelle** – un cheval, une **jument**
> un bouc, une **chèvre** – un bélier, une **brebis**
> un porc, une **truie** – un singe, une **guenon**
> un taureau, une **vache** – un cerf, une **biche**

■ Cas des noms n'ayant qu'un seul genre

Enfin, **les noms masculins de personne ou d'animal n'ont pas tous une forme féminine qui leur correspond.** Il y a des noms qui n'existent qu'au masculin :

> un témoin → **Le témoin** était une jeune femme.
> un animal → La vache est **un animal**.

De même, certains noms n'existent qu'au féminin :

> une victime → **La victime** était un homme d'un certain âge.

Pour les noms d'animaux qui n'ont qu'un seul genre, on précise le sexe en ajoutant les adjectifs « mâle » et « femelle » :

> un papillon **mâle**, un papillon **femelle**
> une libellule **mâle**, une libellule **femelle**.

Pour les noms de professions qui n'ont pas de féminin, on marque le féminin en ajoutant le nom « femme » devant le nom de la profession :

> un architecte, une **femme architecte**
> un peintre, une **femme peintre**
> un médecin, une **femme médecin**

IV. Le pluriel des noms

1. Règle générale

> **Pour former le pluriel des noms, on ajoute généralement un -s.**
> un ami, des **amis** – une main, des **mains**.
> **Les noms se terminant par -s, -x ou -z ne changent pas au pluriel.**
> un corps, des **corps** – une noix, des **noix** – un nez, des **nez**

2. Cas particuliers

– **Les noms se terminant par -au, -eau et -eu prennent un -x au pluriel.**

> un matériau, des **matériaux** – un manteau, des **manteaux** – un rideau, des **rideaux**
> un cheveu, des **cheveux**

EXCEPTIONS : *landau, bleu, pneu.*

Ces trois noms suivent la règle générale et prennent un *-s*.

– **Sept noms se terminant par *-ou* prennent un *-x* au pluriel**.

Ce sont : *bijou, caillou, chou, genou, hibou, joujou, pou.*

>un bijou, des **bijoux**
>un caillou, des **cailloux**
>un chou, des **choux**

Les autres noms se terminant par *-ou* suivent la règle générale et prennent un *-s*.

>un clou, des **clous**
>un sou, des **sous**

– **Les noms se terminant par *-al* font leur pluriel en *–aux*.**

>un cheval, des **chevaux**
>un général, des **génér**aux
>un signal, des **sign**aux

EXCEPTIONS : *bal, carnaval, chacal, festival, récital, régal*. Ces noms suivent la règle générale et prennent un *-s*.

>un bal, des **bals**
>un carnaval, des **carnavals**

– **Sept noms en *-ail* font leur pluriel en *-aux*.**

Ce sont : *bail, corail, émail, soupirail, travail, vantail, vitrail.*

>un bail, des **baux**
>un travail, des **trav**aux
>un vitrail, des **vitr**aux

Les autres noms se terminant par *-ail* suivent la règle générale et prennent un *-s*.

>un rail, des **rails**
>un éventail, des **éventails**

V. Le pluriel des noms composés

Certains noms sont composés de plusieurs mots reliés par des traits d'union et/ou des prépositions : *pomme de terre, timbre-poste, porte-monnaie, sac à main, arc-en-ciel…* **Leur pluriel obéit à des règles complexes**, et parfois arbitraires, qui sont souvent l'occasion d'hésitations ou d'erreurs.

 Règle générale

> **Dans les noms composés, seuls le nom et l'adjectif peuvent se mettre au pluriel. Le verbe et l'adverbe restent invariables.**

– **Noms composés de deux noms**

Les deux noms se mettent au pluriel.

>un canapé-lit, des **canapés-lits**
>un wagon-lit, des **wagons-lits**

– Noms composés d'un nom et d'un adjectif
Le nom et l'adjectif se mettent au pluriel.

> un rouge-gorge, des **rouges-gorges** – un beau-père, des **beaux-pères**

NOTER : l'adjectif *grand* ne prend pas de -e final dans certains noms composés féminins, et peut rester invariable au pluriel.

> une grand-mère, des **grand(s)**-mères – une grand-tante, des **grand(s)**-tantes
> une grand-messe, des **grand(s)**-messes

Mais :

> une grande-duchesse, des **grandes**-duchesses.

– Noms composés d'un verbe et d'un nom
Le verbe reste invariable. Seul le nom se met au pluriel.

> un tire-bouchon, des **tire-bouchons** – un couvre-lit, des **couvre-lits**

NOTER : dans certains noms de ce type, le second terme, considéré comme visant une pluralité, peut prendre ou prend un *-s* au singulier :

> un vide-poche**(s)**, des vide-poches   (le vide-poche(s) sert à vider la poche ou les poches)
> un porte-avions, des porte-avions   (le porte-avions sert à porter les avions)
> un compte-gouttes, des compte-gouttes   (le compte-gouttes sert à compter les gouttes)

– Noms composés d'un adverbe et d'un nom
L'adverbe reste invariable. Seul le nom s'accorde.

> une arrière-boutique, des **arrière-boutiques** – une avant-garde, des **avant-gardes**
> un haut-parleur, des **haut-parleurs** – un nouveau-né, des **nouveau-nés**
> un après-midi, des **après-midis**

NOTER : dans *nouveau-né*, *nouveau* n'est pas un adjectif, comme on pourrait le penser, mais un adverbe (= nouvellement). Par ailleurs, le nom *après-midi* est traditionnellement invariable : le pluriel *après-midis* est récent (*Rectifications orthographiques* de 1990).

– Noms composés de deux verbes ou d'un verbe et d'un adverbe
Ces noms composés sont invariables.

> un laissez-passer, des **laissez-passer**
> un laisser-aller, des **laisser-aller**
> un garde-manger, des **garde-manger**
> un passe-partout, des **passe-partout**

2 Cas particuliers

– Dans un nom composé, le nom ou l'adjectif peut rester invariable si le sens s'oppose à ce qu'il soit au pluriel.

> un chasse-neige, des chasse-**neige**   (= des machines qui chassent la neige)
> un trompe-l'œil, des trompe-l'œil   (= des peintures qui trompent l'œil)
> un gratte-ciel, des gratte-**ciel**   (= des immeubles qui grattent le ciel)
> un arc-en-ciel, des arcs-en-ciel   (= des arcs dans le ciel)
> un pur-sang, des pur-**sang**   (= des chevaux qui ont le sang pur)
> un timbre-poste, des timbres-**poste**   (= des timbres pour la poste)
> une pomme de terre, des pommes de **terre** (= des « pommes » qui poussent dans la terre)

– Les adjectifs *demi* et *mi* sont invariables.
> une demi-heure, des **demi**-heures
> un mi-bas, des **mi**-bas

– Quand le premier terme d'un mot composé se termine par *-o*, ce terme reste invariable.
> un micro-organisme, des **micro**-organismes

– Quand un nom composé est formé de deux noms dont le second est un complément du premier, en général, seul le premier nom se met au pluriel.
> un sac à main, des **sacs à main**
> un chef-d'œuvre, des **chefs-d'œuvre**

De manière générale, en cas de doute au sujet de l'orthographe d'un nom composé, il faut **consulter le dictionnaire.**

REMARQUE : certains noms composés sont totalement soudés par l'orthographe, et ne sont plus vraiment perçus comme des noms composés – *vinaigre* (*vin* + *aigre*), *gendarme* (*gens* + *d'*+ *arme*), *portefeuille* (*porte* + *feuille*)… Leur pluriel se fait comme celui des noms simples, à l'exception de quelques-uns d'entre eux, qui font également varier le déterminant ou l'adjectif :
> (un) monsieur, (des) **mes**sieurs
> madame, mes**dames**
> mademoiselle, **mes**demoiselles
> un bonhomme, des **bons**hommes
> un gentilhomme, des **gentils**hommes

B. Les adjectifs

I. Reconnaître les adjectifs

1 Définition

– L'adjectif se rapporte toujours à un nom ou à un pronom : il indique une caractéristique de ce que ce nom ou ce pronom désigne. On distingue :

- **les adjectifs qualificatifs**, qui expriment **une qualité :**

    une conversation **sympathique / ennuyeuse**

- **les adjectifs relationnels**, qui expriment **une relation** :

    la politique **financière**
    (= la politique concernant les finances)
    la croissance **économique**
    (= la croissance concernant l'économie)

- **les adjectifs numéraux ordinaux**, qui indiquent **l'ordre** : *premier, deuxième* (ou *second), troisième, quatrième…* etc.

    Je t'appellerai une **deuxième** fois.
    Ce sont les **premières** fleurs du printemps.

- **les adjectifs indéfinis**, qui sont au nombre de quatre : *autre, même, quelconque, tel.*

    Je voudrais une **autre** bière.
    Il a les **mêmes** expressions que son père.

– On assimile aux adjectifs qualificatifs les participe passés employés sans auxiliaire et qui se rapportent à un nom ou un pronom.

> Il a la gorge **rouge** et **irritée**.
> (*rouge* est un adjectif qualificatif, *irritée* est un participe passé employé comme adjectif qualificatif.)

– Les adjectifs sont des mots **variables**. Ils prennent le genre et le nombre du nom auquel ils se rapportent.

	Masculin	Féminin
Singulier	un roman **policier**	une enquête **policière**
Pluriel	des romans **policiers**	des enquêtes **policières**

2 Les fonctions de l'adjectif : épithète, apposé, attribut

L'adjectif peut se rapporter au nom ou au pronom de plusieurs manières différentes.
– Il peut être directement rattaché au nom ou au pronom : il est alors **épithète**.

> Il m'a offert une **belle** rose **rouge**. (*belle* et *rouge* sont des adjectifs épithètes du nom *rose*.)
> Je n'aurais jamais cru une **telle** histoire possible.
> (*telle* est un adjectif épithète du nom *histoire*.)
> Nous **autres**, qu'allons-nous devenir ?
> (*autres* est un adjectif épithète du pronom *nous*.)

– Il peut être séparé du nom ou du pronom par une virgule : il est alors **apposé**.

> **Souriante**, Marie me regardait venir. (*Souriante* est un adjectif apposé au nom *Marie*.)
> **Souriante**, elle me regardait venir. (*Souriante* est un adjectif apposé au pronom *elle*.)

– Enfin, l'adjectif peut être rattaché au nom ou au pronom indirectement, par l'intermédiaire d'un verbe (*être, paraître, sembler, rester, avoir l'air, trouver…*) : il est alors **attribut**. On distingue :

- **l'attribut du sujet** :

> Henri est **content**.
> (*content* est attribut du nom sujet *Henri*. Il se rapporte à ce nom par l'intermédiaire du verbe *est*)
> Il est **premier**.
> (*premier* est attribut du pronom sujet *Il*. Il se rapporte à ce pronom par l'intermédiaire du verbe *est*)
> Cette personne me paraît assez **quelconque**.
> (*quelconque* est attribut du nom sujet *personne*. Il se rapporte à ce nom par l'intermédiaire du verbe *paraît*)

- **l'attribut du complément d'objet direct (COD)** :

> Je trouve votre fils **intelligent**.
> (*intelligent* est attribut du nom COD *fils*. Il se rapporte à ce nom par l'intermédiaire du verbe *trouve*.)
> On le croit **honnête**.
> (*honnête* est attribut du pronom COD *le*. Il se rapporte à ce pronom par l'intermédiaire du verbe *croit*.)

ATTENTION : les adjectifs relationnels ne peuvent être ni apposés, ni attributs.

3 La place des adjectifs épithètes

■ Les adjectifs relationnels

Ils se placent toujours **après le nom** auquel ils se rapportent.

> Le journaliste relate la visite **présidentielle**.

■ Les adjectifs qualificatifs

Ils se placent **le plus souvent après le nom auquel ils se rapportent, mais ils peuvent aussi se placer avant celui-ci.**

– **Les adjectifs indiquant la couleur** (*noir, blanc, vert*), **la forme** (*carré, rond, ovale*), **la nationalité** (*français, anglais, suisse*) et **la religion** (*catholique, juif*) se placent après le nom.

– **Les adjectifs courts se placent généralement avant le nom** : *gros, grand, bon, petit, joli, jeune, vieux*… Mais leur place dépend aussi de facteurs rythmiques et syntaxiques et les adverbes qui les accompagnent jouent un rôle important :

> J'ai vu une **jolie** robe.
> J'ai vu une très **jolie** robe. / J'ai vu une robe très **jolie**.
> J'ai vu une robe vraiment **jolie**.

– **Les adjectifs exprimant une appréciation peuvent se placer aussi bien avant qu'après le nom**, mais ils sont mis en valeur et plus expressifs quand ils sont placés avant :

> C'est une **superbe** soirée !

– **Certains adjectifs changent de sens en changeant de place** :

> Un homme **grand** (= de taille élevée)
> Un **grand** homme (= remarquable par ses qualités, sa valeur…)

– **Les participes passés employés comme adjectifs qualificatifs se placent toujours après le nom** auquel ils se rapportent :

> Un travail **bâclé**

■ Les adjectifs numéraux ordinaux

Ils se placent toujours **avant le nom.**

> C'est la **première** fois qu'elle va au théâtre.
> Elle vient d'avoir son **troisième** enfant.

EXCEPTION : *premier*, placé après un nom propre (Ex. *le roi François Premier*)

■ Les adjectifs indéfinis

Ils peuvent se placer **avant ou après le nom.** Voir LES ADJECTIFS INDÉFINIS (1) et (2), p. 29 et 32.

Bien distinguer l'adjectif

– **Il ne faut pas confondre les adjectifs et les noms qui ont la même forme**.
En effet, certains adjectifs peuvent être employés comme des noms. Ils sont alors précédés d'un déterminant et ne se rapportent pas à un nom.

> J'accroche un rideau **bleu**.   (*bleu* est adjectif qualificatif et se rapporte au nom *rideau*)
> J'aime le **bleu**.   (*bleu* est un nom. Il est précédé d'un déterminant : l'article *le*.)

Par ailleurs, il faut bien distinguer

- le nom propre qui marque une nationalité, et prend une majuscule :
> Deux millions de **Français** vivent à l'étranger.

- le nom commun qui désigne une langue, et ne prend pas de majuscule :
> Le **français** est une langue difficile.

- l'adjectif qui leur correspond :

J'aime la langue **française**.

– Il ne faut pas confondre les adjectifs et les adverbes qui ont la même forme.

<table>
<tr><td>C'est un homme droit.</td><td>(*droit* est adjectif qualificatif et se rapporte au nom *homme*. Il est variable : *C'est une femme droite.*)</td></tr>
<tr><td>Marchez tout droit.</td><td>(*droit* est adverbe et porte sur le verbe *marchez*. Il est invariable.)</td></tr>
</table>

– Il ne faut pas confondre les adjectifs indéfinis et les pronoms indéfinis qui ont la même forme.

<table>
<tr><td>J'ai la **même** voiture que toi.</td><td>(*même* est un adjectif et se rapporte au nom *voiture*.)</td></tr>
<tr><td>J'ai **la même** que toi.</td><td>(*la même* est un pronom.)</td></tr>
<tr><td>Je voudrais un **autre** exemple.</td><td>(*autre* est adjectif et se rapporte au nom *exemple*.)</td></tr>
<tr><td>**Un autre** m'a demandé si j'étais content.</td><td>(*Un autre* est un pronom.)</td></tr>
</table>

II. Le féminin des adjectifs

1 Règle générale

Pour obtenir le féminin d'un adjectif, on ajoute généralement un *-e* à la forme du masculin.

un garçon **poli** → une fille **polie**

– L'ajout du *-e* au féminin n'entraîne pas de modification phonétique si l'adjectif masculin se termine par les voyelles *-é*, *-i*, *-u*, ou par les consonnes *-l*, *-r*, *-ct*

rusé, rus**ée** – doué, dou**ée**
joli, jol**ie** – poli, polie
absolu, absol**ue** – résolu, résolue
vital, vit**ale** – civil, civ**ile** – espagnol, espagn**ole**
dur, dur**e** – sûr, sûr**e**
intact, intact**e** – direct, direct**e**

– En revanche, l'ajout du *-e* modifie la prononciation si l'adjectif masculin se termine par *-d*, *-t*, *-s*, ou par *-in*, *-an*, *-un*, *-ain*, *-ein*.

• L'ajout du *-e* entraîne la prononciation de la consonne finale du masculin :

grand, grand**e** – laid, laid**e** – sourd, sourd**e**
petit, petit**e** – court, court**e**
gris, gris**e** – anglais, anglais**e**

• L'ajout du *-e* entraîne la dénasalisation de la voyelle nasale du masculin :

fin, **fine**
partisan, **partisane**
brun, **brune**
sain, **saine** – américain, américain**e**
plein, **pleine**

EXCEPTION : l'adjectif *brut* se termine par un *-t* mais se prononce de la même manière au masculin et au féminin : *brut* [bryt], *brute* [bryt].

– Si l'adjectif se termine par un -e au masculin, il ne change pas de forme au féminin :
> un jeu **stupide** → une plaisanterie **stupide**

2 Cas particuliers

■ Les adjectifs se terminant par -er au masculin se terminent par -ère au féminin

> un appartement cher → une maison **chère**
> un groupe entier → une génération **entière**
> un sac léger → une valise **légère**

■ Les adjectifs se terminant par -gu au masculin se terminent par -güe au féminin

Ils sont au nombre de quatre : *aigu, ambigu, contigu, exigu.*

> un son aigu → une note **aigüe**
> un propos ambigu → une attitude **ambigüe**
> un appartement contigu → une chambre **contigüe**
> un terrain exigu → une pièce **exigüe**

REMARQUE : l'orthographe traditionnelle place le tréma sur le *e* : *aiguë, ambiguë*, etc.

■ Certains adjectifs doublent la consonne finale au féminin

● **Certains adjectifs se terminant par -s au masculin**

> un plafond bas → une table **basse**
> un tissu épais → une laine **épaisse**

● **Les adjectifs se terminant par -el, -eil**

> un regard maternel → une langue **maternelle**
> un garçon pareil → une fille **pareille**

De même : *gentil, gentille*

● **Les adjectifs se terminant par -ien, -on**

> un tombeau égyptien → une momie **égyptienne**
> un enfant mignon → une jeune fille **mignonne**

De même : *paysan, paysanne*

● **Les adjectifs se terminant par -et et -ot**

> un salaire net → une voix **nette**
> un crayon violet → une encre **violette**
> un ameublement vieillot → une allure **vieillotte**
> un enfant pâlot → une fillette **pâlotte**

EXCEPTIONS :
– *(in)complet* → **(in)complète**, *concret* → **concrète**, *discret* → **discrète**, *inquiet* → **inquiète**, *secret* → **secrète**…
– *idiot* → **idiote**

■ Certains adjectifs changent la consonne finale au féminin

● Les adjectifs se terminant par *-f* au masculin se terminent par *-ve* au féminin

un habit **neuf** → une jupe **neuve** – un mouvement **vif** → une fillette **vive**
un discours **bref** → une intervention **brève**

● Les adjectifs se terminant par *-eux* au masculin se terminent par *-euse* au féminin

un événement heureux → une vie **heureuse**
un repas délicieux → une crème **délicieuse**
un travail sérieux → une conduite **sérieuse**

EXCEPTION : *vieux* (*vieil* devant voyelle ou *h* muet) → ***vieille***

● On retiendra aussi

long → **longue**	frais → **fraîche**	doux → **douce**	sec → **sèche**
faux → **fausse**	blanc → **blanche**	roux → **rousse**	jaloux → **jalouse**
bénin → **bénigne**	malin → **maligne**	public → **publique**	turc → **turque**
grec → **grecque**			

■ Certains adjectifs prennent un suffixe ou changent de suffixe

● Un adjectif prend le suffixe *-esse* au féminin

traître → **traîtresse**

● Les adjectifs se terminant par *-eau* au masculin se terminent par *-elle* au féminin

un nouveau disque → une **nouvelle** mode
un beau livre → une **belle** poupée

REMARQUE : ces adjectifs ont deux formes au masculin. Ils se terminent par *-eau* devant une consonne ou un *h* aspiré, et par *-el* devant une voyelle ou un *h* muet : on dit « un beau sapin », « un beau héros » mais « un bel arbre », « un bel homme ».

● Les adjectifs se terminant par *-eur* au masculin se terminent par *-euse* ou *-eresse* au féminin :

rêveur → **rêveuse**
rieur → **rieuse**
vengeur → **vengeresse**

EXCEPTION : *majeur* → ***majeure***, *supérieur* → ***supérieure***, *intérieur* → ***intérieure***, *extérieur* → ***extérieure***.

● Les adjectifs se terminant par *-teur* au masculin se terminent par *-trice* au féminin

un instinct destructeur. → une rage **destructrice**
un dieu créateur. → une imagination **créatrice**

EXCEPTION : *enchanteur* → ***enchanteresse***.

■ Modifications particulières

vieux → **vieille**		
mou → **molle**	favori → **favorite**	hébreu → **hébraïque**
fou → **folle**	rigolo → **rigolote**	

REMARQUE : pour les adjectifs *mou* et *fou,* il existe une autre forme au masculin singulier : *mol* et *fol*. Cette forme s'utilise devant un nom commençant par une voyelle ou un *h* muet.

>   un espoir **fou** / un **fol** espoir.

III. Le pluriel des adjectifs

1 Règle générale

On forme généralement le pluriel de l'adjectif en ajoutant un *-s* au singulier.
>   un ami dévoué → des amis **dévoués**
>   une femme intelligente → des femmes **intelligentes**

Si l'adjectif se termine par un *-s* ou un *-x* au masculin singulier, il ne change pas au masculin pluriel.
>   un père heureux → des pères **heureux**
>   un manteau gris → des manteaux **gris**

2 Cas particuliers

■ **Les adjectifs se terminant par *-eau* au masculin singulier se terminent par *-x* au masculin pluriel**

>   un nouveau modèle → de **nouveau**x modèles
>   un beau jouet → de **beau**x jouets

RAPPEL : ces adjectifs ont deux formes au masculin singulier. Ils se terminent par *-eau* devant une consonne ou un *h* aspiré, et par *-el* devant une voyelle ou un *h* muet :

>   un **beau** tableau – un **beau** héros
>   un **bel** arbre – un **bel** homme
>   le **Nouvel** An.

■ **Les adjectifs se terminant par *-al* au masculin singulier se terminent par *-aux* au masculin pluriel**

>   un palais royal → des palais **roy**aux
>   un drapeau national → des drapeaux **nation**aux

EXCEPTIONS : *banal* → ***banal**s*[1], *bancal* → ***bancal**s*, *fatal* → ***fatal**s*, *final* → ***final**s*, *natal* → ***natal**s*, *naval* → ***naval**s*.

---

1. Quand « banal » signifie « sans originalité », il s'écrit « banals » au masculin pluriel. Mais la forme « banaux » existe aussi : on la trouve dans quelques expressions appartenant au vocabulaire du Moyen Âge : « des fours banaux », « des moulins banaux », « des pressoirs banaux ». Les fours, moulins et pressoirs banaux appartenaient au seigneur et leur usage était obligatoire et public.

■ **Cas de deux adjectifs se terminant par *-eu* au masculin singulier**

bleu : un volet bleu → des volets **bleu**s
hébreu : un prénom hébreu → des prénoms **hébreu**x

IV. L'accord des adjectifs : les cas particuliers

1 Règle générale

On accorde l'adjectif en genre et en nombre avec le nom ou le pronom auquel il se rapporte.

■ **En genre**

– Si le nom ou le pronom est masculin, l'adjectif est masculin :
Ton fils est **intelligent**.   Il est **intelligent**.
– Si le nom ou le pronom est féminin, l'adjectif est féminin :
Ta fille est **intelligente**.   Elle est **intelligente**.

■ **En nombre**

– Si le nom ou le pronom est singulier, l'adjectif est singulier :
Nous avons passé un après-midi **agréable**.
– Si le nom ou le pronom est pluriel, l'adjectif est pluriel :
Nous avons passé des moments **agréables**.

2 Cas particuliers

■ **L'accord de l'adjectif se rapportant à plusieurs noms ou pronoms**

– S'il se rapporte à plusieurs noms ou pronoms, l'adjectif se met toujours au pluriel, même si ces noms ou pronoms sont au singulier.

Il porte un pantalon et un pull **bleus**.
Elle porte une veste et une jupe **bleues**.
Lui et moi sommes suffisamment **riches**.

– S'il se rapporte à des noms ou pronoms dont l'un, au moins, est au masculin, l'adjectif se met toujours au masculin pluriel.

Il porte une chemise et un pantalons **bleus**.
Elle et lui étaient **ravis** de se revoir.

1. LES NOMS, LES ADJECTIFS ET LES DÉTERMINANTS

■ L'accord de l'adjectif composé

L'adjectif peut être composé.
– S'il est composé de deux adjectifs, ces deux adjectifs s'accordent :

un fils sourd-muet → une fille **sourde-muette**

– S'il est composé d'un mot qui n'est pas un adjectif et d'un adjectif, seul l'adjectif s'accorde :

un accord franco-germanique → des accords **franco-germaniques**

REMARQUE : dans l'adjectif *nouveau-né*, *nouveau* signifie « nouvellement » et a donc une valeur d'adverbe. C'est pourquoi il ne s'accorde pas en nombre. On écrit : « des enfants **nouveau-nés** ».

■ L'accord de l'adjectif de couleur

En règle générale, les adjectifs de couleur s'accordent. Mais **certains adjectifs de couleur sont invariables** :
– ***orange, marron,*** et quelques autres adjectifs exprimant la couleur par une image : *crème, noisette, chocolat, cerise…*

des volets **marron**   des yeux **noisette**

– **les adjectifs de couleur composés de deux adjectifs** – *vert clair, gris foncé, rouge sombre, bleu vert, jaune pâle…* – **ou d'un adjectif et d'un nom** – *bleu ciel, bleu marine, jaune paille, rouge cerise…*

| des rideaux rouges | MAIS | des rideaux rouge sombre |
| une robe bleue | MAIS | une robe bleu ciel |

V. Les adjectifs indéfinis (1)

Les adjectifs indéfinis *autre*, *même* et *quelconque*, comme tous les adjectifs, se rapportent à un nom ou un pronom et s'accordent avec lui.

1 *Autre*

L'adjectif indéfini *autre* exprime la différence. Il peut se rapporter à un nom ou à un pronom tonique.

■ *Autre* employé avec un nom

– **Quand *autre* est placé avant le nom, il peut être employé avec la plupart des déterminants**.
   • Article indéfini + *autre(s)* :

On se verra **un autre** jour.   Il a **d'autres** amis.

ATTENTION : *d'autres* est le pluriel de *un(e) autre*.

- Article défini + *autre(s)* :

    Connais-tu **les autres** membres de la famille ?
    Je me souviens **des autres** poèmes.

ATTENTION : *des autres* (= préposition *de* + *les autres*) est le pluriel de *de l'autre*.

- Déterminant démonstratif ou possessif + *autre(s)* :

    Examinons **cette autre** difficulté.
    Tu me montreras **tes autres** tableaux.

- Déterminant indéfini + *autre(s)* :

    Il a consulté **quelques autres** ouvrages.

- Déterminant interrogatif + *autre(s)* :

    Quelle autre ville pouvons-nous visiter ?

- Déterminant numéral + *autre(s)* :

    Il a consulté **trois autres** ouvrages.

REMARQUE : on trouve *autre* employé seul devant un nom dans le proverbe « Autres temps, autres mœurs ».

– **Quand *autre* est placé après le nom, il est généralement employé avec l'article indéfini et suivi de *que* et d'un complément** :

    Peut-on assurer sa voiture dans **un** pays **autre que** celui de son domicile ?

– ***Autre* est le plus souvent épithète du nom auquel il se rapporte mais se rencontre parfois comme attribut** :

    Nos désirs sont **autres**.

■ *Autre* employé avec un pronom tonique

***Autre* peut être employé avec deux pronoms toniques : *nous* et *vous*.** Il permet alors de renforcer l'opposition entre le groupe désigné par le pronom et les personnes qui n'en font pas partie :

    Vous ignorez tout mais **nous autres** savons la vérité.

Même

L'adjectif indéfini *même* exprime l'identité ou la ressemblance. Il peut se rapporter à un nom ou à un pronom tonique.

■ *Même* employé avec un nom

Quand *même* se rapporte à un nom, il peut être placé avant ou après ce nom.
– ***Même* placé avant le nom s'emploie surtout avec les articles définis et indéfinis, et les déterminants démonstratifs et numéraux.**

- Article indéfini + *même(s)* :

    Un même fait peut-il être sanctionné plusieurs fois ?

- Article défini + *même(s)* :

    J'ai **le même** livre que toi.

- Déterminant démonstratif + *même(s)* :

    Je fais toujours **ce même** cauchemar.

- Déterminant numéral + *même(s)* :

    Ce sont **deux mêmes** destinées.

Mais on le trouve parfois employé seul devant un nom :

« Elle était toute pareille à lui ; **mêmes** yeux, **même** regard » (Pierre Loti, *Mon Frère Yves*)

– *Même* placé après le nom s'emploie normalement avec l'article défini ou le déterminant démonstratif et permet d'insister sur l'identité de ce qui est désigné.

Je l'ai vu le jour **même** de son arrivée. (= précisément le jour de son arrivée)
Ce jour **même**, nous nous rencontrions. (= ce jour, précisément)

■ ***Même* employé avec un pronom tonique**

Quand l'adjectif indéfini *même* s'associe à un pronom tonique, il se place après ce pronom et est toujours relié à celui-ci par **un trait d'union**. Il permet, là encore, de souligner l'identité :

Elle a fait sa robe elle-**même**.
Nous-**mêmes** avons failli oublier ce rendez-vous. / Nous avons nous-**mêmes** failli oublier ce rendez-vous. (= nous aussi)
Allô ? Pourrais-je parler à M. Chevalier, s'il vous plaît ?
– C'est lui-**même**.

NOTER : *nous autres, vous autres*, mais *nous-mêmes, vous-mêmes*.

Quelconque

– **L'adjectif indéfini *quelconque* exprime l'indétermination.**
Il signifie *n'importe quel(le)*. Il est normalement employé avec l'article indéfini ou le déterminant numéral (notamment en mathématiques) et peut être placé avant ou après le nom auquel il se rapporte.

Cet homme a-t-il exercé une **quelconque** influence sur vous ?
(*une quelconque influence* = une influence quelle qu'elle soit)
Il est parti pour une raison **quelconque**.
(*une raison quelconque* = une raison ou une autre)
Soient deux droites **quelconques**...
(*deux droites quelconques* = n'importe quelles droites.)

– **Dans la langue familière**, *quelconque* peut aussi signifier « ordinaire », « sans valeur », « sans intérêt », « médiocre ». Il fonctionne alors comme un adjectif qualificatif.

C'est une femme **quelconque**.

REMARQUE : *quelconque* est le plus souvent épithète, mais il peut être employé comme attribut dans la langue familière, quand il a la valeur d'un adjectif qualificatif.

Cette femme est très **quelconque**. (*quelconque* = ordinaire)

VI. Les adjectifs indéfinis (2)

L'adjectif indéfini *tel* peut exprimer
- **la similitude** : il signifie alors « semblable », « pareil », « pareil à » ;
- **l'intensité** : il signifie alors « si grand », « si fort », « si important ».

Il présente des possibilités d'emplois particulièrement diverses.

■ *Tel* placé avant le nom auquel il se rapporte

Lorsqu'il est placé avant le nom auquel il se rapporte, *tel* est toujours précédé de l'article indéfini.

> Il faut penser à adapter les conditions de travail de l'étudiant souffrant d'un handicap et à l'aider. En effet, **un tel** étudiant a généralement besoin de plus de temps que les autres.
> (*un tel étudiant* = un étudiant comme celui-là. *Tel* a ici une valeur anaphorique : il rappelle « souffrant d'un handicap »)
> Pourquoi ce chanteur a-t-il **un tel** succès ?
> (*un tel succès* = un si grand succès)

Et peut être associé à *que* :

> Il a **une telle** audace qu'il serait capable de se lancer dans cette aventure.
> (*une telle audace* = une si grande audace).

Dans ce cas, il est le support d'une proposition subordonnée de conséquence.

EXCEPTION

Dans les proverbes « Tel père, tel fils », « Tel maître, tel valet », l'adjectif *tel*, bien que placé devant le nom auquel il se rapporte, n'est pas précédé d'un déterminant.

REMARQUE : le pluriel de *un tel* est *de tels* ; le pluriel de *une telle* est *de telles*.

> un tel fardeau → **de tels** fardeaux
> une telle catastrophe → **de telles** catastrophes

■ *Tel* placé après le nom auquel il se rapporte

Lorsqu'il est placé après le nom auquel il se rapporte, *tel* peut être suivi de *que* ou utilisé seul.

- *Tel que* :

> J'ai rarement vu un homme **tel que** lui.
> (*tel que* = comme)
> Le jardin est planté d'arbres exotiques, **tels que** des palmiers, des eucalyptus ou des mimosas.
> (*tels que* = comme. *Tels que* introduit ici une énumération précisant un terme synthétique, « arbres exotiques »)
> Il est d'une fantaisie **telle qu'**il est difficile de le contraindre.
> (*telle* = si grande. *Tel* est ici est le support d'une proposition subordonnée de conséquence. Dans cet emploi, il peut aussi être placé devant le nom auquel il se rapporte : « Il est d'une telle fantaisie qu'il est difficile de le contraindre ». Voir l'exemple plus haut : « Il a une telle audace qu'il serait capable de se lancer dans cette aventure ».)

- *Tel* employé seul :

> Louis XIV, **tel** Apollon, voulait dominer le monde   (*tel* = comme, semblable à, pareil à)
> L'enfant s'est précipité, **tel** un bolide.   (*tel* = comme, semblable à, pareil à)

Tel, dans ce cas, fonctionne toujours comme un outil de comparaison. Son emploi relève de la langue soutenue (la langue courante utilise plutôt « comme »). Quand le second terme de la comparaison est un nom précédé d'un déterminant, *tel* se place devant le groupe « déterminant + nom ». Sinon, il se place immédiatement devant le nom.

Remarque : *tel* (sans *que*) utilisé comme outil de comparaison peut également se rapporter au nom qui le suit. D'où deux possibilités d'accord : avec le premier ou avec le second terme de la comparaison, selon que l'on considère qu'il se rapporte à l'un plutôt qu'à l'autre. On peut écrire : « Il s'envole tel une fusée » (*tel* se rapporte à *Il*) ou « Il s'envole telle une fusée » (*telle* se rapporte à *fusée*). L'usage contemporain tend cependant à privilégier l'accord avec le premier terme.

■ *Tel* attribut

Tel peut aussi être attribut.

    Il est **tel** que je l'ai décrit.   (*tel* est attribut du pronom *Il*)

Tel attribut se rencontre souvent en début de phrase :

    Tel est mon avis. (= mon avis est tel = c'est mon avis)

En début de phrase, *tel* renvoie à ce qui précède ou annonce ce qui suit.

C. Les déterminants

I. Qu'est-ce qu'un déterminant ?

Quand on emploie un nom dans une phrase, plus particulièrement un nom commun, on le fait généralement **précéder d'un déterminant,** qui constitue avec lui le **groupe nominal** minimal. Le déterminant porte les marques du **genre** et du **nombre** du nom. En outre, il l'**actualise**, c'est-à-dire l'emploie dans un contexte particulier et lui permet de désigner un objet de la réalité.

Il existe plusieurs sortes de déterminants :
– **les articles** :
- l'article indéfini

    J'ai trouvé **un** travail.
- l'article défini

    Le travail que j'ai trouvé est intéressant.
- l'article partitif

    J'ai enfin **du** travail.

– **les déterminants possessifs** (appelés aussi adjectifs possessifs) :

   Mon travail est intéressant.

– **les déterminants démonstratifs** (appelés aussi adjectifs démonstratifs) :

   Ce travail est intéressant.

– **les déterminants indéfinis** (autres que l'article indéfini) :

   Tout travail mérite salaire.
   J'ai **beaucoup de** travail.

– **les déterminants interrogatifs** :

   Quel travail faites-vous ?

– **les déterminants exclamatifs** :

   Quel travail tu as !

– **les déterminants numéraux cardinaux** :

   Cela représente **deux** jours de travail.

II. L'article indéfini (1)

Formes

Les formes de l'article indéfini sont les suivantes :

	Masculin	Féminin
Singulier	un	une
Pluriel	des	

Elles peuvent être remplacées par la forme *de* dans certains cas particuliers. Voir L'ARTICLE INDÉFINI (2), p. 37.

Emplois

■ Devant un nom désignant un élément quelconque d'un ensemble

L'article indéfini peut être employé devant un nom désignant un élément quelconque d'un ensemble.
Comparez :

> J'ai vu **un** chat d'Hélène
> (Il s'agit d'un chat quelconque, parmi d'autres chats que possède Hélène)

et

> J'ai vu **le** chat d'Hélène
> (Hélène ne possède qu'un seul chat et c'est celui-là)

De ce fait, l'article indéfini est utilisé pour introduire dans le discours des êtres, objets, notions dont il n'a pas encore été question, et qui n'ont pas encore été identifiés :

> Il était une fois **un** roi très puissant...

Une fois introduits, ceux-ci doivent ensuite être désignés par des pronoms personnels ou des noms précédés de l'article défini ou du déterminant démonstratif : *ce roi..., le roi..., le monarque..., il...*

REMARQUE

Dans cet emploi, la forme de l'article indéfini singulier se confond avec celle du déterminant numéral cardinal *un / une*. Il n'est pas toujours facile de les distinguer. L'on convient d'accorder à l'article indéfini *un / une* une **valeur numérique** lorsqu'on peut le remplacer par d'autres déterminants numéraux.

> J'ai **un** chat et deux chiens.
> Vous prenez **un** sucre ? – Non, deux.

■ Devant un nom suivi d'une caractérisation

L'article indéfini est également employé quand ce qui est désigné par le nom (= le référent) est **caractérisé**

– par **un adjectif** :

> Il a du courage.
> (Il s'agit du courage en général)

mais : Il a **un** courage excessif.
> (Il s'agit d'un certain type de courage → caractérisation par l'adjectif *excessif*.)

– par **un complément du nom qui exprime une qualité** :

> J'ai faim.

mais : J'ai **une** faim de loup.
> (*une faim de loup* signifie « une grande faim ». Il s'agit donc d'un certain type de faim → caractérisation par le complément du nom *loup*.)

– par **un infinitif ou un groupe infinitif** :

> Il fait froid.

mais : Il fait **un** froid à fendre l'âme.
> (*Un froid à fendre l'âme* signifie « un très grand froid ». Il s'agit donc d'un certain type de froid → caractérisation par le groupe infinitif *à fendre l'âme*.)

– par **une proposition subordonnée relative qui exprime une qualité** :

> Il a de la fièvre.
> (Il s'agit de la fièvre en général.)

mais : Il a **une** fièvre qui le fait délirer.
> (Il s'agit d'un certain type de fièvre → caractérisation par la proposition relative *qui le fait délirer*.)

■ Devant un nom désignant une catégorie générale

Mais en même temps, l'article indéfini peut être utilisé devant un nom désignant une catégorie générale d'êtres ou d'objets et avoir une **valeur générique**.

> **Un** homme ne doit pas pleurer.
> **Un** chimpanzé est **un** mammifère.
> Il faut qu'**une** porte soit ouverte ou fermée.

Dans ce cas, l'article indéfini est **toujours singulier**.

■ Deux emplois particuliers

– L'article indéfini peut être employé **pour insister et amplifier** :

> J'ai eu **une** peur !
> (*une peur* = une très grande peur)
> Je t'ai attendu pendant **des** heures !
> (*des heures* = de nombreuses heures)

Il prend alors une **valeur emphatique**. Cet emploi relève de la langue familière.

– Il peut également être utilisé **devant un nom de peintre** pour désigner **une œuvre** de ce peintre :

> Il possède un Picasso.
> (= un tableau de Picasso)

Au pluriel, le nom propre peut prendre un *-s* ou rester invariable :

> On a volé **des** Monet / **des** Monets.

III. L'article indéfini (2)

Les formes *un*, *une*, *des* de l'article indéfini doivent, dans certains cas, être remplacées par une autre forme : *de*

1 Devant un nom précédé d'un adjectif

Quand le nom est précédé d'un adjectif, l'adjectif indéfini pluriel *des* est remplacé par *de* :

> Il a rencontré **des** personnes <u>charmantes</u>.
> adjectif placé après le nom

mais :

> Il a rencontré **de** <u>charmantes</u> personnes.
> adjectif placé devant le nom
>
> Il a rencontré **d'**<u>autres</u> personnes.
> adjectif placé devant le nom
>
> **De** <u>telles</u> personnes ne m'inspirent pas confiance.
> adjectif placé devant le nom

REMARQUES

– Cet emploi n'est pas toujours respecté dans la langue orale. Il se rencontre essentiellement dans la langue écrite.

– *Des* est conservé quand le groupe « adjectif + nom » est considéré comme un nom composé : *des petites filles, des jeunes filles, des jeunes gens, des grandes personnes, des grands magasins, des petites annonces, des petits pois*, etc.

2 Après un verbe à la forme négative

– **Après un verbe à la forme négative, quand la négation est totale** (= porte sur toute la phrase) *un, une, des* **sont remplacés par** *de*

- ***Un / une* → *de***

> J'ai **une** voiture → Je n'ai pas **de** voiture.
> J'ai **un** accordéon → Je n'ai pas **d'**accordéon.

- ***Des* → *de***

> J'ai **des** pinceaux → Je n'ai pas **de** pinceau.
> J'ai **des** enfants → Je n'ai pas **d'**enfant.

De même :

> Il n'a plus **de** cahier.
> Il ne porte jamais **de** chapeau.
> Je n'ai pas **de** crayon ni **de** stylo.

REMARQUE

À la place de *pas de... ni de...*, on peut utiliser *ni... ni...* Après *ni... ni...*, on omet fréquemment l'article indéfini : *Je n'ai **ni** crayon **ni** stylo*. Voir L'OMISSION DE L'ARTICLE, p. 43.

– **Mais *un*, *une*, *des* se maintiennent dans certains cas.**

• **Quand la négation est partielle** (= porte sur un élément de la phrase seulement) :

>Je n'ai pas **une** voiture : j'ai une moto.
>Je n'ai pas **une** voiture française : j'ai une voiture italienne.

• **Quand *un* / *une* signifie « un seul »** :

>Elle n'a pas fait **un** geste.
>Elle n'a pas dit **un** mot.

• **Après *être* dans une phrase exprimant une identification** :

>Ce n'est pas **une** voiture.
>Ce ne sont pas **des** voitures.
>« Ceci n'est pas **une** pipe » (Magritte, *La Trahison des images*, 1928.)

IV. L'article défini

Formes

	Masculin	Féminin
Singulier	le / l'	la / l'
Pluriel	les	

■ L'élision des articles *le* et *la*

Devant un nom commençant par une voyelle ou par un *h* muet, *le* et *la* deviennent *l'* (= « *l* » *apostrophe*) pour éviter l'hiatus (c'est-à-dire la rencontre de deux voyelles) :

>**le** jour, **le** soleil
>**le** héros   (le *h* de « héros » est aspiré, on ne fait donc pas la liaison)

mais :

>~~le arbre~~. → l'arbre
>~~le homme~~. → l'homme   (le *h* de « homme » est muet, on fait donc la liaison)
>**la** nuit, **la** lune
>**la** honte   (le *h* de « honte » est aspiré, on ne fait donc pas la liaison)

mais :

>~~la armée~~. → l'armée
>~~la héroïne~~. → l'héroïne   (le *h* de « héroïne » est muet, on fait donc la liaison)

■ La contraction des formes *le* et *les* avec les prépositions *à* et *de*

– *à + le* → ***au***

> Je vais **au** cinéma.

– *à + les* → ***aux***

> Il part **aux** Etats-Unis.

– *de + le* → ***du***

> Les enfants ont peur **du** loup.

– *de + les* → ***des***

> Le conférencier parle **des** maladies tropicales.

REMARQUES

– Ne pas confondre *du* article défini contracté et *du* article partitif.

> Il parle **du** dernier livre de Sartre.
> (*du = de + le* → article défini contracté)
> Est-ce que tu as encore **du** chocolat en poudre ?
> (*du* article partitif)

Quand on peut remplacer *du* par *un peu de*, *du* est un article partitif.

– Ne pas confondre *des* article défini contracté et *des* article indéfini :

> Il s'occupe **des** enfants de son frère.
> (*des = de + les* → article défini contracté)
> J'ai acheté **des** pommes.
> (*des* article indéfini)

2 Emplois

On distingue **deux emplois principaux de l'article défini** :

■ Devant un nom désignant une catégorie générale

L'article défini peut être utilisé devant un nom désignant une catégorie générale d'êtres ou d'objets et avoir une valeur **générique.**

> « **L'**homme est un loup pour **l'**homme » (Hobbes)
> **Les** loups sont des carnivores.

■ Devant un nom désignant un être ou un objet déjà identifié ou que la suite permet d'identifier

– **Un être ou un objet connu de tous :** *le soleil, le printemps, la liberté…*

– **Un être ou un objet identifié grâce au contexte situationnel ou linguistique** :

> Pose **le** pain sur **la** table.
> (*le pain, la table* → Il s'agit d'un pain et d'une table particuliers, présents dans la situation de celui qui parle, et que le destinataire du message identifie sans peine.)
> Un grand portail se dresse devant nous. [...] **Le** portail s'ouvre lentement, et nous entrons.
> (*le portail* → il s'agit du portail déjà évoqué auparavant dans le texte.)

– **Un être ou un objet désigné par un nom complété par un nom propre, un complément du nom, une proposition subordonnée relative.**

> Le roi Louis XIV a fait construire Versailles.
> (Le nom propre *Louis XIV* permet d'identifier de quel roi il s'agit.)
> La ville de Paris est illuminée.
> (Le nom propre *Paris* permet d'identifier de quelle ville il s'agit.)
> Je ne sais plus où est le sac de mon frère.
> (Le nom *frère* est complément du nom *sac* dont il précise le propriétaire.)
> Tu m'apportes la carte que nous avons achetée hier ?
> (La proposition subordonnée relative *que nous avons achetée hier* complète le nom *carte* dont elle précise le sens.)

Le nom propre, le complément du nom, la proposition subordonnée relative précisent le sens du nom qu'ils complètent et permettent d'identifier ce qu'il désigne. On peut dire qu'ils le **déterminent**.

REMARQUE : comment distinguer un complément du nom qui caractérise d'un complément du nom qui détermine ?
– Il y a détermination quand les deux noms désignent deux réalités distinctes : *la trousse de Pierre, un camarade de Paul.*
– Il y a caractérisation quand seul le premier nom désigne quelque chose ou quelqu'un : *la trousse de toilette, un camarade de classe.*

■ Utilisations plus particulières

Du fait de ces deux emplois principaux, on utilise l'article défini plus particulièrement devant certains noms.

● Les noms géographiques

L'Afrique compte près d'un milliard d'habitants.	(nom de continent)
L'océan Atlantique est un des cinq océans de la Terre.	(noms d'océan, de planète)
La Seine traverse Paris.	(nom de fleuve)
Les Alpes s'étendent de la mer Méditerranée jusqu'au Danube	(noms de montagne, de mer, de fleuve)
La Corse est une île magnifique.	(nom de grande île)

EXCEPTIONS : *Madagascar, Cuba, Israël.*

● Les noms désignant les astres ou les saisons

> Le soleil se lève.
> Le printemps est revenu.

● Les noms désignant des notions ou des matières

> le bonheur – la liberté – la vérité
> l'or – l'argent – le cuir – la soie etc.

● Les noms désignant des couleurs

> Le bleu est une couleur reposante.

● Les noms désignant des langues ou des disciplines

> l'anglais – le français – l'allemand – l'espagnol – l'italien
> la physique – la chimie – les mathématiques – la géographie etc.

1. LES NOMS, LES ADJECTIFS ET LES DÉTERMINANTS

● **Les noms d'habitants (de continents, de pays, de régions, de villes…)**

les Européens – **les** Chinois – **les** Alsaciens – **les** Strasbourgeois etc.

● **Les noms de famille**

Les Durand sont arrivés.
(= la famille Durand est arrivée)

NOTER : les noms de famille restent invariables.

● **Les dates et certains noms de fêtes**

La Saint-Jean est une fête qui a lieu **le** 24 juin.
On se reverra à **la** Toussaint.

● **Les noms désignant les jours de la semaine, ainsi que *matin*, *après-midi*, *soir*, *nuit***

L'article défini permet alors d'exprimer **l'habitude**.

Nous mangeons ensemble **le** lundi.
(= tous les lundis)
À quoi pensez-vous **le** matin en vous rasant ?
(le matin en général)

● **Les noms désignant des parties du corps**

Quand la relation de possession est évidente, l'article défini se substitue au déterminant possessif.

Il a mal à **la** tête.   (Il est évident qu'il s'agit de sa tête.)
Elle me regarde, **les** bras croisés.   (Il est évident qu'il s'agit de ses bras.)

La relation de possession est d'ailleurs souvent indiquée par un pronom complément d'objet indirect :

Je me lave **les** mains.   (On ne dit pas : « Je me lave mes mains »)
Je lui lave **les** mains.   (On ne dit pas : « Je lui lave ses mains »)

Cet emploi est fréquent avec les verbes pronominaux : *se laver les cheveux, se brosser les dents, se frotter les mains, se croiser les bras*, etc..

● **Les noms de mesure, avec une valeur distributive**

Ce tissu coûte 15 euros **le** mètre.
(= chaque mètre)
Le prix du gazole a atteint 1,40 € **le** litre.
(= chaque litre)
Ces pommes coûtent 2 euros **le** kilo.
(= chaque kilo)

■ Emploi particulier relevant de la langue familière

Dans la langue familière, l'article défini, placé devant un déterminant numéral, permet d'exprimer l'approximation :

Ça fait dans **les** vingt euros.
(= environ vingt euros)
Je viendrai vers **les** dix heures.
(= vers dix heures)
Il doit avoir dans **les** quarante ans.
(= environ quarante ans)

V. L'article partitif

L'article partitif s'emploie devant des noms désignant **des substances « non comptables ».** De ce fait, **il n'a pas de pluriel.** Ces substances peuvent être
– **concrètes** : *de l'eau, du beurre, du sable, de la farine…*
– **abstraites** : *de la prudence, du talent, du courage, de l'insouciance…*

1 Les formes de l'article partitif

	Masculin	Féminin
Singulier	du / de l'	de la / de l'
Pluriel	–	

2 L'article partitif après un verbe à la forme négative

– **Après un verbe à la forme négative, quand la négation est totale** (= porte sur toute la phrase), **l'article partitif est remplacé par** *de* (ou *d'* devant voyelle ou *h* muet)
- *du / de l'* → *de / d'*

  J'ai **du** temps. → Je n'ai pas **de** temps.
  J'ai **de l'**alcool. → je n'ai pas **d'**alcool.

- *de la / de l'* → *de / d'*

  J'ai **de la** patience → Je n'ai pas **de** patience.
  J'ai **de l'**huile → Je n'ai pas **d'**huile.

De même :

Je n'ai plus **de** sucre.
Je n'ai jamais **de** chance.
Je n'ai pas **de** sucre ni **de** farine.

REMARQUE : à la place de *pas de… ni de…*, on peut utiliser *ni… ni…* Après *ni… ni…*, on omet fréquemment l'article partitif – *Je n'ai **ni** sucre **ni** farine.* Voir L'OMISSION DE L'ARTICLE, p. 43.

– En revanche, **on ne modifie pas l'article** dans les deux cas suivants :
- **quand la négation est partielle** (= porte sur un élément de la phrase seulement) :

  Je n'ai pas **du** vinaigre mais de l'huile.
  Je n'ai pas **de l'**huile d'olive mais de l'huile de tournesol.

- **après *être* dans une phrase exprimant l'identification** :

  Ce n'est pas **du** talent, c'est du génie !
  Ce n'est pas **de la** gelée de pomme.
  Ce n'est pas **de la** tarte !
  (Expression familière signifiant « c'est difficile ! »)

3 L'article partitif devant un nom propre de personne

On peut trouver l'article partitif devant un nom propre de personne, plus particulièrement devant un nom d'auteur. Il est alors **toujours à la forme *du*** :

> Paul joue **du** Beethoven.
>> (*du Beethoven* = un morceau de Beethoven)
>
> Elle déclame **du** Racine.
> On dirait **du** Picasso
> Cela ressemble a **du** Sartre / **du** Simone de Beauvoir.
> J'en suis sûr, c'est **du** Arthur Rimbaud.

On peut aussi noter cette expression familière :

> C'est **du** Gérard / **du** Philippe / **du** Sophie **tout craché** !
>> (= C'est caractéristique de Gérard / de Philippe / de Sophie.)

VI. L'omission de l'article

Il est assez fréquent, en français, qu'un nom soit employé sans article. On parle alors d'**omission de l'article**, ou d'**article zéro**.

1 Après la préposition *de*

■ L'omission de l'article indéfini pluriel

On omet l'article indéfini pluriel après la préposition *de*.
– *de* + *des* → *de* (*d'*)

> J'achète des champignons. → J'ai besoin **de** champignons.
>> (avoir besoin de)
>
> Je ramasse des œufs. → J'ai envie **d'**œufs.
>> (avoir envie de)

– *de* + *de* (*d'*) → *de* (*d'*)

> Il consulte de nombreux ouvrages → Il me parle **de** nombreux ouvrages.
>> (parler de)
>
> Elle a d'adorables enfants → Il s'occupe **d'**adorables enfants.
>> (s'occuper de)

■ L'omission de l'article partitif

On omet l'article partitif après la préposition *de.*

> Je mange du poisson. → J'ai envie **de** poisson.   (avoir envie de)
> Il faut du charisme. → Il manque **de** charisme.   (manquer de)
> Tu as de la patience. → Tu fais preuve **de** patience.   (faire preuve de)
> Il y a de l'agressivité en lui → Il est plein **d'**agressivité.   (plein de)

■ L'omission des trois articles

On omet tout article après la préposition *de* dans certains cas.

● *de* suivi d'un complément de nom indiquant une matière, une caractéristique, un contenu ou un usage

> un collier **de perles** – un manteau **de fourrure**
> un matin **de printemps** – un portait **de femme** – un besoin **de liberté**
> un paquet **de cigarettes** – un sac **de billes** – une boîte **d'allumettes**
> des chaussures **de marche**

● *de* suivi d'un complément indiquant une origine, et étant un nom de pays ou de région féminin

> Il vient **de Suède**.
> Il est originaire **de Normandie**.

Mais :

> Il vient **du Maroc**.
> Il est originaire **du Poitou**.
> (L'article défini masculin est maintenu et se contracte avec *de*)

● *de* introduisant le complément d'un verbe tel que *changer* (*de*), *se tromper* (*de*)

> Il a changé **d'habitude**.
> Je me suis trompé **de route**.

2 Après les prépositions *à*, *sans*, *avec*, *par*...

■ L'omission de l'article après la préposition *à*

L'article est omis après la préposition *à* quand celle-ci est suivie d'un complément de nom indiquant une caractéristique ou un usage :

> une robe **à pois** – un chapeau **à plumes** – une chemises **à carreaux**...
> un verre **à eau** – un sac **à dos**...

Et dans des expressions telles que : *à bicyclette, à pied, à cheval*.

■ L'omission de l'article après la préposition *en*

L'article est omis après la préposition *en* dans certains cas.

● *en* suivi d'un complément de nom indiquant une matière

> une bague **en or** – une bracelet **en argent** – une maison **en pierre** – une pipe **en bois** - un pot **en terre** – un immeuble **en béton** – une veste **en laine**...

● *en* suivi d'un nom de pays ou de région féminin

> en France – en Suisse – en Allemagne
> en Normandie – en Bretagne – en Savoie

REMARQUE : si l'on souhaite utiliser un article, il faut remplacer *en* par *dans* – **dans la** *France d'aujourd'hui*, **dans une** *France de 63 millions d'habitants*.

🔵 *en* utilisé dans certaines expressions

> en été – en hiver – en marche – en route – en règle – en silence – en tenue de…
> en avion – en vélo – en voiture – en train – en métro.

REMARQUE : si l'on souhaite utiliser un article, il faut remplacer *en* par *dans* – **dans l'(un)** *avion*, **dans le (un)** *métro*, **dans le (un)** *train*… Ou encore : **dans le** plus grand silence, dans **un** silence absolu.

🔵 *en* introduisant le complément de verbes tels que *se déguiser, se changer, se transformer, se métamorphoser*

> Vincent s'est déguisée **en pirate**.
> La sorcière s'est métamorphosée / s'est changée **en lapin**.
> La citrouille de Cendrillon s'est transformée **en carrosse**.

REMARQUE : l'article indéfini se maintient quand ce qui est désigné par le nom est caractérisé par un adjectif, un complément du nom ou une proposition subordonnée relative – *La citrouille de Cendrillon s'est transformée en* **un** *superbe carrosse /* **un** *carrosse en or /* **un** *carrosse qui a belle allure.*

■ L'omission de l'article après les prépositions *avec* et *sans*

L'article est omis après les prépositions *avec* et *sans* quand celles-ci forment avec le nom une locution plus ou moins figée (équivalant à un adjectif ou à un complément circonstanciel de manière) :
– *avec plaisir, avec joie, avec tendresse, avec courage, avec amabilité, avec soin…*

> Elle m'a accueilli **avec amabilité**.

– *sans gants, sans difficulté, sans problème, sans joie, sans aide, sans illusions…*

> Il est **sans illusions** sur ses chances de réussir.

Mais on conserve l'article défini si le nom est déterminé :

> Sans **l'aide** de son professeur, il aurait échoué.

Et l'article indéfini, si ce qui est désigné par le nom est caractérisé :

> Il a agi avec **un** courage remarquable / **un** courage qui impose le respect.
> Mon grand-père ouvrait ses cadeaux avec **une** joie d'enfant.

La détermination ou la caractérisation redonne au nom sa pleine valeur de nom.

EXCEPTIONS : *avec grand plaisir, sans grande difficulté* qui sont des expressions plus ou moins figées.

■ L'omission de l'article après la préposition *par*

L'article est omis après la préposition *par*
– quand *par* est suivi d'un nom désignant une quantité :

> par dizaines ; par centaines ; par milliers…

– dans certaines expressions :

> par hasard ; par chance ; par bonheur ; par malheur…

Mais l'article se maintient si ce qui est désigné par le nom est caractérisé :

> Il a été sauvé par **un** heureux hasard / par **une** chance inouïe

3 L'omission de l'article dans certaines locutions

L'article est omis dans un certain nombre de locutions verbales constituant des assemblages figés. Entre autres :
– *avoir soif* ; *avoir faim* ; *avoir sommeil*
– *avoir cours*
– *avoir mal (à la tête, aux pieds…)*
– *avoir envie (de qc, de faire qc)*
– *avoir besoin (de qc, de faire qc)*
– *rendre justice*
– *faire mal* ; *faire peur* ; *faire envie*
– *donner envie (de faire qc)*
– *parler politique / médecine / affaires*

Mais là encore, il faut rétablir l'article défini quand le nom est déterminé :

        J'ai eu peur.

mais :   J'ai eu **la** peur de ma vie.

Et l'article indéfini quand ce qui est désigné par le nom est caractérisé :

        J'ai faim.

mais :   J'ai **une** faim terrible.

        J'ai sommeil.

mais :   J'ai **un** sommeil de plomb.

4 Autres cas d'omission de l'article

■ Dans les coordinations par *ni… ni*, *sans… ni*

– Après *ni… ni…*, on omet fréquemment l'article indéfini et l'article partitif.

    Il n'a ni femme ni enfant.   (omission de l'article indéfini)
    Je n'ai ni argent ni pouvoir.   (omission de l'article partitif)

Mais on les rétablit dans une phrase exprimant une identification :

    Nous ne sommes **ni des** voyous **ni des** délinquants.
    Ce n'est **ni du** beurre **ni de la** margarine.

L'article défini se maintient toujours :

    Je n'aime **ni le** vin **ni la** bière.

– Après *sans… ni…*, on omet généralement l'article indéfini et l'article partitif.

    C'est une vieille ferme **sans** eau **ni** électricité.   (omission de l'article partitif)
    Comment faire du feu **sans** allumette **ni** briquet ?   (omission de l'article indéfini)

Mais on conserve l'article défini :

    12 % des élèves quittent le lycée **sans le** brevet **ni le** bac ni aucun diplôme équivalent.

■ Devant un nom de profession attribut

Un nom de profession attribut prend une valeur d'adjectif qualificatif et de ce fait est employé sans article :

> Mon fils est **médecin**.
> Vincent est **boulanger**.

Mais on rétablit l'article indéfini s'il y a caractérisation :

> Mon fils est **un** excellent médecin.
> Mon fils est **un** médecin qui est très aimé de ses patients.

Et on rétablit l'article défini s'il y a détermination :

> Mon fils est **le** médecin de Monsieur le maire.

■ Devant un groupe nominal isolé

L'article est **fréquemment omis** devant un groupe nominal isolé : titres, inscriptions, appositions, apostrophes.

– Titres :   **Inondations** en Vendée
             Grammaire française

– Inscriptions :
> **Boulangerie**

– Appositions :
> Madame Bovary, **roman** de Flaubert.
> Paris, **capitale** de la France.

– Apostrophes :
> Croyez-vous que ce soit grave, **docteur** ?
> **Garçon**, un café, s'il vous plaît !
> **Chauffeur**, à la gare, s'il vous plaît !
> **Fillette**, où vas-tu donc ?
> Allons, **camarades**, au travail !
> En route, **compagnons** !

REMARQUE : devant un nom mis en apostrophe, on ne peut employer que l'article défini et le déterminant possessif de la première personne – *Ma fille, les enfants, mon ami…*

> Allons-y, **les** enfants !
> **Mon** ami, il faut savoir ce que tu veux.

■ Dans les formules proverbiales

Il arrive que l'article soit omis dans un proverbe. Son absence donne l'impression d'une plus grande généralité.

> **Pierre** qui roule n'amasse pas **mousse**.
> **Chat** échaudé craint l'eau froide.

■ Dans les énumérations

De même, l'absence d'article dans une énumération donne l'impression d'une plus grande généralité.

> Ce ne sont que **ruses**, **mystères**, **secrets**…

■ Dans les petites annonces ou les télégrammes

Enfin, l'article est fréquemment omis dans les petites annonces et les télégrammes, dont le texte doit être le plus court possible.

    10 mn **plage**, belle **maison** sur **terrain** arboré, 500 000 € à débattre. (petite annonce)
    Parents en Espagne – STOP – **Lettre** suit – STOP – Louise. (télégramme)

VII. Le déterminant possessif

Le déterminant possessif (dit aussi « adjectif possessif »), permet de marquer un rapport de possession – au sens large. Il varie en genre et en nombre selon le nom qu'il détermine. En outre, ses formes dépendent de la personne à laquelle il renvoie.

1 Formes

Les formes du déterminant possessif sont les suivantes :

Personne représentée	Un objet possédé		Plusieurs objets possédés	
	Masculin	Féminin	Masculin	Féminin
1re personne du singulier (*je*)	mon	ma / mon	mes	mes
2e personne du singulier (*tu*)	ton	ta / ton	tes	tes
3e personne du singulier (*il / elle*)	son	sa / son	ses	ses
1re personne du pluriel (*nous*)	notre	notre	nos	nos
2e personne du pluriel (*vous*)	votre	votre	vos	vos
3e personne du pluriel (*ils / elles*)	leur	leur	leurs	leurs

On note deux formes au féminin singulier lorsque le « possesseur » est unique :
– devant un nom féminin commençant par une consonne ou un *h* aspiré (ne permettant pas la liaison), on écrit *ma*, *ta*, *sa*.

    ma faute – ta clé – sa honte

– devant un nom féminin commençant par une voyelle ou un *h* muet (permettant la liaison), on écrit *mon*, *ton*, *son*.

    mon arme – ton errance – son humilité

Emplois

■ Les nuances du déterminant possessif

Le déterminant possessif peut exprimer diverses nuances. Entre autres :
– la possession au sens strict :
>Voici **ma** voiture.

– un lien de parenté :
>Je vais te présenter **mon** cousin.

– une caractéristique :
>J'apprécie **sa** loyauté.

– une relation occasionnelle ou créée par l'habitude :
>Je vais passer à la poste. C'est sur **mon** chemin.
>Vous venez de rater **votre** train.

– l'affection, dans la langue familière :
>Marie est triste. **Son** Jean est parti.
>Tu m'ennuies, avec **ton** Jean.

■ Le déterminant possessif et l'article défini

– Le déterminant possessif et l'article défini ont en commun d'être des déterminants définis, c'est-à-dire employés devant un nom dont le référent est considéré comme déjà connu.

– On substitue l'article défini au déterminant possessif dans certains cas, notamment **devant les noms désignant des parties du corps** :
>Il leva **la** tête.   (« Il leva sa tête » ne se dit pas)

En effet, la relation de possession est alors évidente et n'a pas besoin d'être précisée. Elle est d'ailleurs fréquemment indiquée par un pronom complément d'objet indirect :
>Je **me** lave **les** mains.   (« Je me lave mes mains » ne se dit pas.)
>Je **lui** lave **les** mains.   (« Je lui lave ses mains » ne se dit pas.)

– Cependant, on rétablit le déterminant possessif si ce que désigne le nom est caractérisé. Comparez :
>Il leva **les** yeux vers moi.
>Il leva vers moi **ses** grands yeux sombres.
>(caractérisation par les adjectifs *grands* et *sombres*)

■ Le renforcement du déterminant possessif

Le déterminant possessif peut être renforcé, surtout à l'oral, par un pronom tonique précédé de la préposition *à*.
– Le pronom tonique permet d'insister sur le rapport de possession :
>Ce n'est pas ton idée. C'est **mon** idée **à moi**.

– Il permet aussi de clarifier la phrase quand il peut y avoir un doute sur le possesseur :
>Elle rappelle à Pierre **son** aventure **à elle**.

VIII. Le déterminant démonstratif

Le **déterminant démonstratif** (dit aussi « adjectif démonstratif ») est un **déterminant défini**, tout comme l'article défini et le déterminant possessif. Il est donc utilisé devant un nom désignant un être, une chose ou une notion déjà identifiés.

1 Formes

	Masculin	Féminin
Singulier	ce / cet	cette
Pluriel	ces	

Le déterminant démonstratif présente deux formes au masculin singulier, *ce* et *cet* :
– *ce* se place devant un nom commençant par une consonne ou un *h* aspiré :

> **ce** sac
> **ce** hérisson

– *cet* se place devant nom commençant par une voyelle ou un *h* muet :

> **cet** arbre
> **cet** homme

Attention : la forme du féminin pluriel est *ces*, comme au masculin pluriel (et non pas **cettes*, qui n'existe pas).

REMARQUE : il ne faut pas confondre ***ces***, déterminant démonstratif, et ***ses***, déterminant possessif.

2 Emplois

– Le déterminant démonstratif peut être utilisé pour désigner un être, une chose ou une notion présents dans la situation de celui qui parle.

> Passe-moi **ce** livre.
> Je vais aller voir un film **cet** après-midi.

Dans ce cas, son emploi peut s'accompagner d'un regard, ou d'un geste de la main ou de la tête.

– Le déterminant démonstratif peut être également utilisé pour reprendre – par le même nom ou par un autre nom – un terme déjà mentionné.

> J'ai acheté un livre à Pierre. **Ce** livre est passionnant.
>   (*un livre* → ***ce** livre*)
> J'ai lu *Robinson Crusoe*. **Ce** roman est passionnant.
>   (*Robinson Crusoe* → ***ce** roman*)

Dans ce dernier emploi, il joue un rôle de véritable **lien logique** en permettant **la cohérence** du discours.

3 Formes composées

Comme le pronom démonstratif, le déterminant démonstratif présente des formes renforcées par les particules *-ci* ou *-là*. Ces formes sont dites « composées ». Les particules *-ci* et *-là* se placent après le nom.

> Je vais prendre **ce** gâteau**-là**.
> **Cette** fois**-ci**, tu devrais réussir.

Comment employer *-ci* et *-là* ?

– Les formes en *-là* sont privilégiées à l'oral :

> À **cette** allure**-là**, nous n'arriverons pas avant ce soir.
> Il faudra tailler **cet** arbre**-là**.

– *-ci* et *-là* peuvent être employés ensemble pour différencier deux éléments :

> Ce mur a l'air plus humide **de ce côté-ci** que **de ce côté-là**.

– *-ci* peut marquer la proximité dans l'espace ou dans le temps, et *-là* l'éloignement :

> Restons **de ce côté-ci** de la Manche.
> (Si le locuteur est en France, *ce côté-ci* désigne la France. S'il est en Angleterre, il s'agit de l'Angleterre. La particule *-ci* marque la proximité dans l'espace.)
> Je ne l'ai pas vu **ces jours-ci**.
> (*ces jours-ci* signifient ici « ces derniers jours ». La particule *-ci* marque la proximité par rapport au moment présent.)
> **Ce mois-ci**, nous pouvons faire quelques économies.
> (*ce mois-*ci désigne le mois qui est en cours. La particule *-ci* marque la proximité par rapport au moment présent.)
> « **En ce temps-là**, nous vivions ensemble » (Charles Trenet)
> (*En ce temps-là* renvoie au passé. La particule *-là* marque l'éloignement par rapport au moment présent.)
> Que s'est-il passé **ce jour-là** ?
> (*ce jour-là* renvoie au passé. La particule *-là* marque l'éloignement par rapport au moment présent.)
> J'irai te chercher **ce jour-là / à ce moment-là**.
> (*ce jour-là*, *à ce moment-là* renvoient au futur. La particule *-là* marque l'éloignement par rapport au moment présent.)

Cependant, l'emploi de la particule *-ci* se fait rare dans la langue actuelle, et c'est souvent l'opposition des formes simples et des formes en *-là* qui tend à exprimer la proximité ou l'éloignement. Dans l'expression du temps, plus particulièrement, les formes simples permettent de marquer la proximité par rapport au moment présent, et les formes en *-là*, l'éloignement dans le passé ou le futur :

> **Cet hiver**, je suis allé à la montagne.
> (*Cet hiver* désigne l'hiver qui vient de s'écouler. La forme simple marque la proximité par rapport au moment présent.)
>
> **Cet hiver**, j'irai à la montagne.
> (*Cet hiver* désigne l'hiver qui va arriver. La forme simple marque la proximité par rapport au moment présent.)
>
> **Cet hiver-là**, il avait neigé le jour de Noël.
> (La forme en *-là* marque l'éloignement dans le passé.)
>
> **Cette semaine**, je suis allé skier / je vais aller skier dans les Vosges.
> (*Cette semaine* désigne la semaine qui est en train de s'écouler. La forme simple marque la proximité par rapport au moment présent.)

> **Cette semaine-là** je suis allé skier / j'irai skier dans les Vosges.
> (La forme en -*là* marque l'éloignement dans le passé ou le futur.)
>
> **Ce matin**, je suis en retard / j'étais en retard.
> (*Ce matin* désigne le matin du jour qui est en train de s'écouler. La forme simple marque la proximité par rapport au moment présent.)
>
> **Ce matin-là**, il faisait un temps splendide.
> (La forme en -*là* marque l'éloignement dans le passé.)

On fera attention notamment à bien distinguer ***en ce moment*** et ***à ce moment-là***.

> Qu'est-ce que tu fais **en ce moment** ?
> (*en ce moment* signifie « dans le moment présent ». La forme simple marque la proximité par rapport au moment présent.)
>
> **À ce moment-là**, j'ignorais encore la vérité.
> (La forme en -*là* marque l'éloignement dans le passé.)
>
> Nous passerons te voir **à ce moment-là**.
> (La forme en -*là* marque l'éloignement dans le futur.)

REMARQUE : l'expression *à cette époque* renvoie au passé, sans qu'il soit besoin de la particule -*là*.

4 Valeur affective

Le déterminant démonstratif peut se charger d'une valeur affective. Il peut exprimer, entre autres, l'emphase, le mépris ou la déférence.

– L'emphase

Le déterminant démonstratif peut être précédé de *de* :

> Il a parfois **de ces** idées !
> Il dit **de ces** bêtises !

Ou précédé de *un(e) de* :

> J'ai eu **une de ces** peurs !

– Le mépris

> Méfie-toi. **Ces** gens-**là** ne sont pas comme nous.

– La déférence

> **Ces** messieurs sont servis.

IX. Les déterminants indéfinis (1)

Les déterminants indéfinis sont des déterminants qui marquent soit une **identification imprécise**, soit une **quantité indéterminée**. Les déterminants indéfinis de quantité sont particulièrement nombreux et divers. Deux déterminants indiquent la **totalité** : *tout* et *chaque*.

Le déterminant indéfini *tout*

■ Les formes

Le déterminant indéfini *tout* varie en genre et en nombre selon le nom qu'il détermine.

	Masculin	Féminin
Singulier	tout	toute
Pluriel	tous	toutes

De plus, *tout* présente la particularité de pouvoir être employé non seulement avec un nom mais aussi avec un pronom.

■ *Tout* placé avant le nom qu'il détermine ou suivi d'un autre déterminant

● *Tout* placé avant le nom qu'il détermine

– Au singulier

Tout au singulier s'emploie **le plus souvent comme distributif** (= il permet d'envisager chacun des éléments d'un ensemble, en même temps que la totalité qu'ils constituent).

> **Tout élève** doit apporter son matériel.
> Il peut surgir à **tout moment**.
> De **tout temps**, les hommes ont désiré voler.
> **Toute peine** mérite salaire.

Mais il peut aussi exprimer **la totalité**. C'est le cas dans certaines expressions figées :

> Il a **tout intérêt** à partir maintenant.
> Il file à **toute allure**.
> Il recule à **toute vitesse**.

– Au pluriel

Tout au pluriel exprime **toujours la totalité**. On le trouve dans certaines expressions figées :

> Je regarde de **tous côtés**.
> La société a lancé une campagne de publicité **tous azimuts**.
> Les dons affluent de **toutes parts**.

REMARQUE : on peut écrire

> de **toute** façon *ou* de **toutes** façons
> de **toute** manière *ou* de **toutes** manières
> de **toute** part *ou* de **toutes** parts
> de **tout** côté *ou* de **tous** côtés

● *Tout* suivi d'un autre déterminant

Il exprime **la totalité.** Il peut être suivi :
– d'un article défini ou indéfini :
> Il vient me voir **tous les** jours.
> Il a travaillé **toute une** journée.

– d'un déterminant possessif :
> Il a perdu **toutes ses** affaires.

– d'un déterminant démonstratif :
> **Toute cette** histoire est bizarre.

■ *Tout* suivi d'un pronom

● Le déterminant *tout* suivi d'un pronom démonstratif ou d'un pronom possessif

> **Tout ce** que tu me dis ne me surprend pas.
> **Tout cela** me paraît normal.
> Que **tous ceux** qui sont d'accord lèvent la main.
> Tu as tes bagages ? J'ai perdu **tous les miens**.

● Le déterminant *tout* suivi d'un pronom numéral

> **Tous deux** marchaient d'un bon pas.

Le pronom numéral peut être précédé ou non de l'article défini.
> **Tous les trois** espèrent réussir.

2 Le déterminant indéfini *chaque*

■ *Chaque* + nom singulier

Chaque est un déterminant singulier. Il est donc toujours suivi d'un nom singulier. De plus, il ne varie pas en genre. Et il s'emploie comme **distributif**.
> À **chaque** jour suffit sa peine.

■ Différence entre *tout* employé comme distributif et *chaque*

On peut employer *tout* même si aucun des objets visés n'existe effectivement, alors que *chaque* présuppose l'existence effective d'au moins un de ces objets.
> **Tout** acte de violence sera sévèrement puni.
> (Les actes de violences ne sont qu'envisagés, ils ne sont qu'une éventualité.)
> Pierre fait son devoir de mathématiques. Il répond à **chaque** question avec soin.
> (Les questions auxquelles Pierre répond existent effectivement.)

X. Les déterminants indéfinis (2)

Outre les déterminants *tout* et *chaque*, **de nombreux autres déterminants indéfinis indiquent la quantité.** Parmi ceux-ci :

■ *Quelques*

Quelques indique une petite quantité. Il est suivi d'un nom au pluriel.

>J'ai apporté **quelques** photos.

Il peut être précédé d'un article défini, d'un déterminant démonstratif ou d'un déterminant possessif :

>Je t'écris **ces quelques** mots pour te dire que je pense à toi.

■ *Certains*

Certains indique une petite quantité. Il envisage, à l'intérieur d'un ensemble, un nombre limité d'objets ou d'êtres ayant une ou des caractéristiques particulières. Il est suivi d'un nom au pluriel. Il varie en genre : le féminin est ***certaines.***

>**Certains** étudiants sont arrivés en retard, mais la plupart étaient à l'heure.

■ *Plusieurs*

Plusieurs indique une quantité supérieure à deux. Il est toujours suivi d'un nom au pluriel. Il est **invariable**. S'il est associé à *quelques*, il indique une quantité supérieure à *quelques*.

>J'ai annulé ce contrat pour **plusieurs** raisons.

■ *Divers, différents*

Divers et ***différents*** expriment à la fois l'idée de quantité peu importante et celle de variété. Ils ne s'emploient qu'au pluriel et varient selon le genre du nom qu'ils déterminent : le féminin de *divers* est ***diverses.*** Le féminin de *différents* est ***différentes.***

>Le gouvernement a annoncé **diverses** mesures en faveur des transporteurs routiers.
>Cet ouvrage aborde **différents** sujets.

Ils peuvent être précédés d'un article défini, d'un démonstratif ou d'un possessif. Dans ce cas-là, ils expriment plutôt la variété, et ont un sens assez semblable à celui des adjectifs qui leur correspondent.

>Il m'a parlé de **ses diverses** occupations.
>Voici **les différents** exemples qui vous sont proposés.

■ *Beaucoup de, quantité de, nombre de* (ou *bon nombre de*)

Ces déterminants indiquent une quantité importante. *Beaucoup de* peut être suivi d'un nom singulier ou pluriel. *Quantité de* et *nombre de* (ou *bon nombre de*) sont toujours suivis d'un nom pluriel :

>J'ai **beaucoup de** sympathie pour cette personne.
>J'ai fait **beaucoup de** fautes dans ma dictée.
>**Bon nombre de** gens ignorent les dangers de cette maladie.
>**Quantité de** livres traitent de cette question.

■ *Peu de, un peu de*

Peu de indique une faible quantité, qu'il présente comme proche de la quantité nulle – d'où son association fréquente à la négation *ne… que*, qui exprime la restriction. Il peut être suivi d'un nom singulier ou pluriel.

> Je n'ai encore que **peu de** travail.
> **Peu d'**habitations ont été épargnées par cet incendie.

Un peu de indique également une faible quantité, mais présente celle-ci, au contraire, comme opposée à la quantité nulle. Il peut être suivi d'un nom singulier ou pluriel.

> Ses encouragements m'ont apporté **un peu de** réconfort.
> Il faut faire **un peu de** travaux dans cette maison.

■ *Trop de, assez de, suffisamment de*

Trop de indique une quantité excessive. Il peut être suivi d'un nom singulier ou pluriel.

> Cette machine fait **trop de** bruit.
> Vous avez **trop de** dettes.

Assez de, suffisamment de indiquent une quantité suffisante. Ils peuvent être suivis d'un nom singulier ou pluriel.

> J'ai **assez d'**argent.
> J'ai **suffisamment d'**argent.
> Y a-t-il **assez de** magistrats en France ?
> Y a-t-il **suffisamment de** magistrats en France ?

■ *Autant de, plus de, davantage de, moins de*

Ces déterminants indiquent une quantité qu'ils comparent à une autre, et peuvent être suivis d'un nom singulier ou pluriel.

> J'ai trois chats et **autant de** chiens.
> Nous avons reçu **plus de** dossiers que l'année dernière.
> Tu bois **moins de** lait qu'avant.
> Faut-il prendre **davantage de** risques ?

■ *Tant de, tellement de*

Tant de et ***tellement de*** indiquent une grande quantité. Ils impliquent souvent une idée de conséquence. Ils peuvent être suivis d'un nom singulier ou pluriel.

> J'ai **tant de** choses à te dire que je ne sais par quoi commencer.
> J'ai eu **tellement de** chance !

REMARQUE : après les déterminants *beaucoup de, peu de, un peu de, trop de, assez de, suffisamment de, plus de, moins de, autant de, tant de, tellement de* … **il ne faut pas mettre d'article**.

> C'est **beaucoup de** bruit pour rien.
> Il y a **beaucoup de** candidats à ce concours.

ATTENTION

Il ne faut pas confondre **le déterminant *beaucoup de*** et **le pronom *beaucoup***. Il est incorrect de dire : *« J'ai acheté beaucoup des livres ». Il faut dire : « J'ai acheté beaucoup de livres ». Mais l'on peut dire : « Beaucoup des livres que j'ai achetés m'ont intéressé ». Dans cette dernière phrase, il ne s'agit plus du déterminant *beaucoup de* mais du pronom *beaucoup* suivi de l'article défini contracté *des* (= de + les). De même : « Certains des livres que j'ai achetés m'ont intéressé ».

XI. Les déterminants indéfinis (3)

Les déterminants indéfinis *aucun*, *nul* et *pas un* ont en commun d'indiquer **une quantité nulle**. Ils **varient en genre** selon le nom qu'ils déterminent.

▪ *Aucun*

Aucun a pour féminin *aucune*. Il est généralement suivi d'un nom singulier. Il se rencontre le plus souvent **dans des phrases négatives.** Ou **après la préposition** *sans* (qui a un sens négatif) :

> **Aucun** homme **n'**avait jamais abordé sur cette île.
> Tu **n'**as plus **aucune** chance de réussir.
> Nous pouvons dépenser cette somme **sans aucun** remords.

ATTENTION : avec *aucun*, **la négation** *ne... pas* **se réduit à** *ne*.

REMARQUES
– Dans la langue soutenue, on trouve parfois *aucun (e)* avec le sens positif de *un*, dans des phrases interrogatives ou dans certaines subordonnées.

> Je doute qu'**aucune** solution puisse être trouvée
> (= Je doute qu'une solution puisse être trouvée).

– *Aucun(e)s* se rencontre parfois devant un nom pluriel quand celui-ci n'existe qu'au pluriel : *sans aucuns frais, sans aucunes fiançailles*. On le rencontre aussi dans l'expression courante *sans aucuns travaux* :

> Belle maison normande à vendre, sans aucuns travaux.

▪ *Nul*

Nul a pour féminin *nulle*. Il appartient à la langue soutenue, sauf dans la locution *nulle part*, tout à fait courante, et est généralement suivi d'un nom au singulier. Il se rencontre **dans des phrases négatives, ou après la préposition** *sans* :

> Vous **n'**avez **nul** besoin d'assister à cette conférence.
> Il **n'**a **nulle** envie de venir.
> Vous avez raison, sans **nul** doute.

ATTENTION : avec *nul*, **la négation** *ne... pas* **se réduit à** *ne*.

REMARQUE : *nul(le)s* se rencontre parfois devant un nom pluriel quand celui-ci n'existe qu'au pluriel – *nulles funérailles, nulles ténèbres, nuls frais*...

■ Pas un

Pas un a pour féminin ***pas une.*** Il est suivi d'un singulier et s'emploie dans des phrases négatives.

> **Pas une** assiette n'a été cassée.
> **Pas un** bruit. Tout est silencieux.

Pas un se rencontre essentiellement dans des phrases nominales (= sans verbe) ou devant des noms sujets.

ATTENTION : avec *pas un*, **la négation *ne… pas* se réduit à *ne*.**

XII. Les déterminants indéfinis (4)

Les déterminants indéfinis ***tel*** et ***n'importe quel***, marquent plus particulièrement l'**indétermination**, ainsi que ***quelque*** et ***certain*** employés au singulier.

■ Tel

Tel varie en genre et en nombre selon le nom qu'il précède :

	Masculin	Féminin
Singulier	tel	telle
Pluriel	tels	telles

Il permet de désigner de manière vague :

> Gérard arrive toujours à l'improviste. Il est incapable de me dire : « J'arriverai **tel** jour à **telle** heure » !

On le rencontre aussi fréquemment sous les formes redoublées ***tel et tel***, ***tel ou tel***.

> Il est important de comprendre pourquoi un enfant réagit de **telle ou telle** manière.
> « Tous les jours, dans les journaux, à la télévision, à la radio, sur des affiches publicitaires ou simplement dans une conversation, nous sommes conviés à acheter quelque chose, à nous procurer **tel** produit, à recourir à **tel et tel** service. » (Benoît Duguay, *Consommation et image de soi*, Éd. Liber, Montréal, 2006)

■ N'importe quel

Le déterminant ***n'importe quel*** varie également en genre et en nombre selon le nom qu'il précède :

	Masculin	Féminin
Singulier	n'importe quel	n'importe quelle
Pluriel	n'importe quels	n'importe quelles

N'importe quel exprime **l'indétermination** ou **l'indifférence** :

> Je peux te rencontrer à **n'importe quelle** heure.

Avec le même sens, on trouve les locutions *je ne sais quel, on ne sait quel, Dieu sait quel*, qui, de la même façon, fonctionnent comme des déterminants indéfinis et s'accordent avec le nom qu'elles précèdent :

> Tu auras encore raconté **je ne sais quelle** histoire.

■ *Quelque*

Quelque au singulier a **un sens proche de celui de l'article indéfini singulier** (*un(e)*), ou exprime **une quantité indéterminée**, généralement faible. On le rencontre
– **dans la langue écrite et soutenue** :

> Il s'est sans doute adressé à **quelque** employé de cette administration.
>   (= à un employé de cette administration)
> J'ai **quelque** inquiétude à ce sujet.
>   (= une certaine inquiétude à ce sujet)

– **dans des expressions figées courantes** : *quelque temps, quelque part, en quelque sorte* (= pour ainsi dire)…

■ *Certain*

Certain au singulier relève également de **la langue soutenue**. Il a pour féminin *certaine*. On l'utilise quand on ne veut pas préciser l'identité de ce dont on parle.

> **Certaine** personne que tu connais bien m'a parlé de toi.
> J'ai appris **certaine** nouvelle qui ne m'a pas fait plaisir.

REMARQUE : aujourd'hui, *certain* au singulier placé devant un nom ne se rencontre le plus souvent que précédé de l'article indéfini et employé comme adjectif – *Il a un certain courage*. Dans cet emploi, devant un nom propre de personne, il indique que l'on ne connaît que le nom de l'individu désigné : *Connaissez-vous une certaine Madame Vincent ?*
ATTENTION : placé devant le nom, l'adjectif *certain* marque l'indétermination ; placé après le nom, il signifie *sûr, réel*. Comparez : *Il a un certain succès* et *Il a un succès certain*.

XIII. Les déterminants interrogatifs

Les **déterminants interrogatifs** sont employés dans l'interrogation partielle (= qui ne porte que sur l'un des termes de la phrase). Ils permettent d'interroger l'identité (*quel*) ou la quantité (*combien de*) de ce qui est désigné par le nom qu'ils déterminent – un être, une chose, une idée…

■ *Quel*

Quel permet d'interroger l'identité de ce qui est désigné par le nom qu'il détermine, et varie en genre et en nombre selon ce nom.

	Masculin	**Féminin**
Singulier	quel	quelle
Pluriel	quels	quelles

Quel peut s'employer de deux manières différentes.

- ● *Quel* + nom

Quel peut être placé, comme tout autre déterminant, **devant le nom qu'il détermine** :

> **Quel métier** voulez-vous faire plus tard ?
> **Quels sports** vous intéressent ?
> **Quelle lectrice** êtes-vous ?

Ou devant le nom précédé d'un adjectif épithète :

> **Quelles autres solutions** proposez-vous ?
> **Quel nouveau projet** avez-vous ?

Dans cet emploi, il peut être **précédé d'une préposition** :

> Avec **quels plats** vaut-il mieux consommer ce vin ?
> Pour **quelle raison** es-tu parti ?

REMARQUE : attention à **l'accord du participe passé** quand le nom qui suit le déterminant interrogatif est complément d'objet direct (COD) d'un verbe à un temps composé.

> **Quelles démarches** avez-vous **faites** ?
> **Quels obstacles** avez-vous **rencontrés** ?

- ● *Quel* + *être* + déterminant + nom

Mais le déterminant interrogatif *quel*, qui est un déterminant plus autonome que les autres, présente aussi cette particularité de pouvoir être employé comme **attribut**.

> **Quel** est votre animal favori ?
> **Quelle** est votre opinion ?
> **Quels** sont ses défauts ?
> **Quelles** sont les habitudes de ta sœur ?

Si le sujet du verbe *être* est une personne, il peut être remplacé par le pronom interrogatif *qui* :

> **Quel** est cet homme ?

ou

> **Qui** est cet homme ?

■ Combien de

Combien de permet d'interroger la quantité de ce qui est désigné par le nom qu'il détermine. Il peut être suivi d'un nom au singulier ou d'un nom au pluriel, mais demeure invariable.

> **Combien de** temps passes-tu devant la télévision ?
> Tu as acheté **combien de** billets ?

XIV. Les déterminants exclamatifs

Les déterminants exclamatifs marquent un haut degré de qualité (*quel*) ou de quantité (*combien de*, *que de*), et ont toujours une valeur affective. Selon l'intonation, ils peuvent traduire l'étonnement, la compassion, la sympathie ou l'antipathie, l'admiration ou le mépris, la satisfaction ou la colère, l'indignation…

■ *Quel*

Le déterminant exclamatif *quel* marque un haut degré de qualité et varie en genre et en nombre selon le nom qu'il détermine.

	Masculin	Féminin
Singulier	quel	quelle
Pluriel	quels	quelles

● *Quel* **se place devant le nom qu'il détermine**

Il se place immédiatement devant le nom, ou devant le nom précédé d'un adjectif épithète :

> **Quel travail** !
> **Quelle chance** inouïe !
> **Quelle étrange situation** !

Il peut être précédé d'une préposition :

> **Avec quel acharnement** il s'est battu !

REMARQUE : **attention à l'accord du participe passé** quand le nom qui suit le déterminant exclamatif est complément d'objet direct (COD) d'un verbe à un temps composé.

> **Quelle jolie soirée** vous avez **organisée** !
> **Quelle belle bague** elle s'est **offerte** !
> **Quels livres** intéressants nous avons **reçus** !

● **Les expressions** *quel dommage, quelle chance, quel bonheur, quelle tristesse, quelle surprise, quelle déception*, **etc.**

Ces expressions sont fréquemment suivies :

– d'un infinitif précédé de la préposition *de* :

> Quel dommage **de quitter** un endroit si agréable !
> Quel bonheur **de se revoir** bientôt !

– d'une proposition complétive introduite par la conjonction *que* :

> Quel dommage **que nous ayons manqué ce rendez-vous** !
> Quelle chance **que tu aies pu assister à ce spectacle** !

REMARQUE : le verbe de cette subordonnée est toujours au subjonctif. (Voir LE SUBJONCTIF DANS LES COMPLÉTIVES (3), p. 182).

● **Les expressions** *quelle idée !, quelle bonne / mauvaise / drôle d'idée !*, **etc.**

Ces expressions sont fréquemment suivies d'un infinitif précédé de la préposition *de* :

> Quelle idée **de mettre** un pull par cette chaleur !
> Quelle bonne idée **d'avoir emporté** ce guide !

■ *Combien de, que de*

Les déterminants exclamatifs ***combien de*** et ***que de*** marquent un haut degré de quantité. Ils peuvent être suivis d'un nom au singulier ou d'un nom au pluriel, mais sont invariables.

Que de est de nos jours d'un usage beaucoup plus fréquent que *combien de* :

> **Que de** travail !
> **Que d'**ennuis !
> **Combien de** navires ont échoué sur ses côtes !

XV. Les déterminants numéraux cardinaux

Les déterminants numéraux cardinaux indiquent le nombre exact des éléments désignés par le nom qu'ils déterminent.

> J'ai **trois** chats, **deux** tortues, et **cinq** poules.
> Nous avons récompensé les **dix** premiers candidats.

Certains d'entre eux sont des noms : *un million, un milliard, un billion, un trillion…* et sont suivis de la préposition *de*.

> Cette maison coûte **un million** d'euros.

1 Emplois

Les déterminants numéraux cardinaux peuvent être :
– employés seuls devant le nom

> J'ai rapporté **deux** livres.

– précédés de l'article défini, du déterminant démonstratif ou du déterminant possessif :

> J'ai rapporté à Paul **les deux** livres qu'il m'avait prêtés.
> J'ai rapporté à Paul **ces deux** livres.
> J'ai rapporté à Paul **ses deux** livres.

Par contre, on ne peut les employer avec l'article indéfini, ou les déterminants indéfinis indiquant la quantité : *quelques, plusieurs, beaucoup de*, etc.

2 Difficultés d'orthographe et de prononciation

■ Le genre

Les déterminants numéraux cardinaux ne varient pas en genre.
EXCEPTION : *un* qui a pour féminin *une*.

■ Le nombre

Les déterminants numéraux cardinaux ne varient pas en nombre.

EXCEPTIONS : *vingt*, *cent*, et les déterminants numéraux qui sont aussi des noms.

● Vingt, cent prennent un *-s* quand ils sont multipliés et ne sont pas suivis d'un autre nombre

Ce livre a **quatre-vingts** pages.   (4 X 20 → *quatre-vingts*)
Ce livre a **deux cents** pages   (2 X 100 → *deux cents*)

Mais :

Ce livre a **quatre-vingt-une** pages.   (4 X 20 + 1. → *vingt*)
Ce livre a **deux cent onze** pages.   (2 X 100 + 11 → *cent*)

● Les noms *million, milliard, billion, trillion* prennent un *-s* quand ils sont multipliés

Il y a près de **soixante-trois millions** d'habitants en France.

REMARQUE : le déterminant numéral ***mille* est toujours invariable**. À ne pas confondre avec l'unité de mesure employée par les marins, *le mille*, qui est un nom et prend un *-s* au pluriel.

■ Le trait d'union

Il faut mettre un trait d'union entre les éléments numériques des nombres inférieurs à cent, sauf s'ils sont reliés par la conjonction *et* :

dix-neuf ; vingt-deux ; trente-cinq ; soixante-douze ; quatre-vingts ;
trois cent quarante-huit ; mille cinq cent soixante-douze…

On note que *un* est toujours coordonné au nombre de la dizaine :

vingt et un ; trente et un ; quarante et un…

EXCEPTION : *quatre-vingt-un*.

On note également que *onze* est coordonné à *soixante* : *soixante et onze* (et non pas **soixante-onze*)

■ Les variations de prononciation

– *Six* et *dix* se prononcent :

- [si] et [di] devant une consonne.

  La fermière a six poules.
  J'ai acheté dix tranches de jambon.

EXCEPTION : *dix-neuf* [dis-nœf].

- [siz] et [diz] devant une voyelle.

  La fermière ramasse six œufs.
  J'ai acheté dix oranges.

- [sis] et [dis] devant une pause.

  La fermière en a ramassé six.
  J'en ai acheté dix.
  10 + 6 = 16

– Le [k] final de *cinq*, devant une consonne, est tantôt prononcé tantôt supprimé.
– Le [t] final de *huit* est supprimé devant une consonne.
– Le [t] final de *vingt*, est prononcé devant une consonne dans des nombres composés tels que *vingt-deux*.
– Le [t] final de *cent* ne se prononce pas dans *cent un* et *cent onze*.

2
Les pronoms

Les pronoms sont des mots qui **fonctionnent comme des groupes nominaux.** Ils peuvent **renvoyer à un élément du texte** – fréquemment un nom ou un groupe nominal (ils sont alors « substituts »)–, ou **désigner immédiatement un être ou un objet se trouvant dans la situation de celui qui parle** (ce sont les pronoms dits « nominaux »).

Il existe diverses sortes de pronoms :
– **les pronoms personnels** : *je, tu, il, lui, eux…*
– **les pronoms relatifs** : *qui, que, quoi, lequel…*
– **les pronoms possessifs** : *le mien, le tien, le sien…*
– **les pronoms démonstratifs** : *celui-ci, ceci, cela…*
– **les pronoms indéfinis** : *certains, plusieurs, quelques-uns…*
– **les pronoms interrogatifs :** *qui, que, quoi, lequel…*
– **les pronoms numéraux** : *un, deux, trois, les deux, les trois…*

A Les pronoms personnels

I.	Les pronoms personnels sujets	67
II.	Les pronoms personnels COD	70
III.	Les pronoms personnels COI conjoints	72
IV.	Les pronoms disjoints, dits « pronoms toniques »	75
V.	Les pronoms réfléchis	79
VI.	Le pronom *y*	80
VII.	Le pronom *en* (1)	83
VIII.	Le pronom *en* (2)	86
IX.	Le pronom *en* (3)	89
X.	La place des pronoms personnels compléments	90
XI.	L'ordre des pronoms personnels compléments	91
XII.	Les pronoms à l'impératif	93
XIII.	Le pronom neutre *le*	95

B Les pronoms relatifs

I. Les pronoms relatifs et les propositions relatives 97
II. Le pronom relatif *qui* 99
III. Les pronoms relatifs *que* et *quoi* 100
IV. Le pronom relatif *dont* 102
V. Le pronom relatif *où* 104
VI. Les pronoms relatifs composés 105

C Les pronoms possessifs et les pronoms démonstratifs

I. Les pronoms possessifs 108
II. Les pronoms démonstratifs (1) 109
III. Les pronoms démonstratifs (2) 111

D Les pronoms indéfinis et les pronoms numéraux

I. Les pronoms indéfinis (1) 115
II. Les pronoms indéfinis (2) 117
III. Les pronoms indéfinis (3) 120
IV. Les pronoms indéfinis (4) 122
V. Les pronoms indéfinis (5) 124
VI. Les pronoms indéfinis (6) 125
VII. Les pronoms indéfinis (7) 126
VIII. Les pronoms indéfinis (8) 128
IX. Les pronoms indéfinis (9) 129
X. Les pronoms numéraux 130

E Les pronoms interrogatifs

I. Les pronoms interrogatifs simples 132
II. Les pronoms interrogatifs composés 135

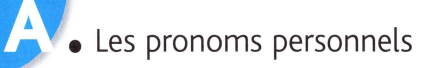 A. Les pronoms personnels

Les pronoms personnels sont nombreux et variés. On distingue :
– les pronoms sujets
– les pronoms COD
– les pronoms COI conjoints, étroitement liés au verbe.
– les pronoms disjoints, dits « toniques », plus autonomes.
– les pronoms réfléchis.

I. Les pronoms personnels sujets

1 Formes

Personnes	Pronoms personnels sujets
1re personne du singulier (masc. et fém.)	je / j'
2e personne du singulier (masc. et fém.)	tu
3e personne du singulier (masc.)	il
3e personne du singulier (fém.)	elle
1re personne du pluriel (masc. et fém.)	nous
2e personne du pluriel (masc. et fém.)	vous
3e personne du pluriel (masc.)	ils
3e personne du pluriel (fém.)	elles

– Le pronom de la 1re personne du singulier peut prendre deux formes, *je* ou *j'* :
   • *je* s'emploie devant une consonne ou un *h* aspiré : ***je** sais*, ***je** veux*, ***je** hais*, ***je** harcèle*…
   • *j'* s'emploie devant une voyelle ou un *h* muet : ***j'***aime*, ***j'***enlève*, ***j'***influence*, ***j'***ose*, ***j'***utilise*, ***j'***hésite*…

– Les pronoms *je*, *tu*, *nous*, *vous* ne peuvent représenter que des personnes – ou des êtres humanisés –, à la différence des pronoms des 3es personnes du singulier et du pluriel qui peuvent représenter des animés aussi bien que des inanimés.

> Le directeur n'est pas là. **Il** est sorti.
> J'ai acheté ce livre dans une braderie. **Il** est un peu abîmé.
> Son ambition ? **Elle** n'a pas de limite.

– Seuls les pronoms des 3es personnes du singulier et du pluriel marquent l'opposition des genres : *il* / *elle*, *ils* / *elles*

> Paul m'a téléphoné. **Il** est malade.
> Marie m'a téléphoné. **Elle** est malade.

2 Quelques emplois particuliers

■ Le *vous* de politesse

Le pronom de la seconde personne du singulier, *tu*, ne peut s'employer que quand on parle à **une personne dont on est proche** : un camarade, un ami, un membre de la famille…

Si l'on ne connaît pas la personne à qui l'on s'adresse, ou qu'on la connaît peu, ou bien que celle-ci est plus âgée ou d'un rang supérieur, on emploie un autre pronom : ***vous***. Comparez :

> Bonjour papa. Comment vas-**tu** ?
> Bonjour, Monsieur. Comment allez-**vous** ?

Comme ce *vous* « de politesse » représente une personne, et non plusieurs, on met au singulier le participe ou l'adjectif qui s'accorde avec lui :

> Etes-vous **prête**, Mademoiselle ?
> Vous êtes **arrivé**, Monsieur.

■ L'emploi de *on* à la place de *nous*

Dans **la langue familière** ou **la langue orale courante,** le pronom *on* s'emploie fréquemment **à la place du pronom personnel sujet *nous*.**

> **On** y va ?
>   (langue familière ou langue orale courante)
> **Nous** y allons ?
>   (langue orale plus soutenue)

Comment faire les accords ? Quand *on* signifie *nous* :
– **Le verbe** dont *on* est le sujet est toujours à la 3e personne du singulier.
– **Le participe passé** ou **l'adjectif** qui s'accorde avec *on* peut s'écrire au singulier, ou bien s'accorder avec le *nous* que signifie *on*.

> Marie – Paul est avec moi. On est **arrivé** il y a deux heures, et on est **fatigué**.
>   arrivés   fatigués

Mais il se met naturellement au pluriel quand est souligné le fait que *on* représente plusieurs individus :

> Marie – Paul et moi, on est **arrivés** <u>tous les deux</u> avec une heure d'avance.

Et, de plus, au féminin, quand *on* représente uniquement des personnes féminines :
> MARIE – Anne et moi, on est bien content**es**.

● **Le *nous* de « majesté » et le *nous* de « modestie »**

Il peut arriver que le pronom *nous* soit employé à la place du pronom *je*.
Nous peut se substituer à *je* quand le locuteur – généralement un personnage important – s'exprime avec **une certaine solennité**. On a alors affaire à un ***nous*** dit **« de majesté »**.
> « **Nous** l'ordonnons, dit le roi. Obéissez ! »
> (= Je l'ordonne)

Nous peut aussi se substituer à *je* lorsque le locuteur recourt à **la langue scolaire ou universitaire**. Il s'agit alors plutôt d'un ***nous* « de modestie »,** permettant d'atténuer une affirmation trop forte du moi :
> **Nous** étudierons d'abord le thème dominant de ce poème.
> (= J'étudierai)

On l'emploie dans les dissertations, les mémoires, les thèses…
Comme le *nous* de majesté et le *nous* de modestie représentent une 1re personne du singulier, les mots qui se rapportent à ces pronoms se mettent au singulier :
> « **Nous** sommes **content** de vous », dit le roi à son officier.
> (= Je suis content)

3 La place du pronom personnel sujet

Le pronom personnel sujet se place habituellement devant le verbe dont il est sujet :
> **Je** prends quelques jours de vacances.
> (pronom sujet + verbe)
> **Il** va partir ?
> (pronom sujet + verbe)
> Est-ce que **nous** pouvons compter sur lui ?
> (pronom sujet + verbe)

Mais il doit être placé après le verbe dans certains cas :
– dans une phrase à la forme interrogative avec inversion du pronom sujet :
> Viendrez-**vous** à la soirée de Paul ?
> (verbe + pronom sujet)
> Marie va-t-**elle** se rendre à Toulouse ?
> (verbe + pronom sujet)

– dans une phrase commençant par un adverbe tels que *aussi, peut-être, sans doute, ainsi*, entraînant l'inversion du pronom sujet :
> Peut-être devrais-**tu** me dire la vérité.
> (verbe + pronom sujet)
> Aussi Paul n'**est-il** pas parti.
> (verbe + pronom sujet)

– dans une proposition incise permettant de rapporter des paroles :
> « Il faut, **dit-il**, être persévérant ».
> « Il faut être persévérant », **dit-il.**

II. Les pronoms personnels COD

Les pronoms personnels **compléments d'objet direct** (COD), en français, sont des pronoms **conjoints**, c'est-à-dire étroitement liés au verbe : seul un autre pronom conjoint peut les en séparer. Ils peuvent précéder ou suivre le verbe.
Le plus souvent, ils sont placés **avant le verbe**, aux temps simples comme aux temps composés :

> Elle chante cette chanson → Elle **la** chante.
> Elle a chanté cette chanson → Elle **l'**a chantée.

Mais à **l'impératif affirmatif**, on les trouve **après :**

> Chante cette chanson → Chante-**la** !

(Voir LES PRONOMS À L'IMPÉRATIF, p. 93).

Formes

Voici les formes des pronoms personnels COD, mises en correspondance avec celles des pronoms personnels sujets :

Personnes	Pronoms personnels sujets	Pronoms personnels COD
1re personne du singulier	*je / j'*	*me / m'* (*moi* à l'impératif)
2e personne du singulier	*tu* + *vous* de politesse	*te / t'* (*toi* à l'impératif) + *vous* de politesse
3e personne du singulier	*il* *elle*	*le / l'* *la / l'* *en*
1re personne du pluriel	*nous* + *on* dans la langue familière	*nous*
2e personne du pluriel	*vous*	*vous*
3e personne du pluriel	*ils* *elles*	*les* *les* *en*

NOTER : pour plus de clarté ne sont pas mentionnés, dans ce tableau, les pronoms réfléchis, étudiés dans LES PRONOMS RÉFLÉCHIS, p. 79.

Emplois

■ L'élision des pronoms *me, te, le, la*

Les pronoms *me, te, le, la* s'élident devant une voyelle ou un *h* muet :

> Il **me** méprise et **m'**humilie.

> Je t'aime et je te quitte.
> Nous le serrons dans nos bras et l'embrassons.
> Tu la regardes et tu l'admires.

■ Pas de forme COD pour le pronom *on*

Le pronom *on*, qui remplace fréquemment le pronom personnel sujet *nous* dans la langue familière ou la langue orale courante (voir LES PRONOMS PERSONNELS SUJETS, p. 67), est toujours sujet. Il n'a donc pas de forme COD :

> **On** a demandé à un touriste de **nous** prendre tous les deux en photo.
> (sujet)   (COD)

■ *Me, te, nous, vous* COD ou COI

Les formes des 1res et 2es personnes des pronoms personnels COD sont les mêmes que celles des 1res et 2es personnes des pronoms personnels COI conjoints (voir LES PRONOMS PERSONNELS COI CONJOINTS, p. 72). Pour les distinguer, il faut regarder la construction du verbe :

> Paul **me** regarde.
>   (*regarder quelqu'un* → construction directe, donc le pronom *me* est COD)
> Paul **me** téléphone.
>   (*téléphoner à quelqu'un* → construction indirecte, donc le pronom *me* est COI)

REMARQUE : de même, les formes *moi* et *toi*, à l'impératif, peuvent être COD (*regarde-moi*) ou COI (*téléphone-moi*).

■ Emploi des pronoms COD de la 3e personne

– *le, la, les* remplacent **un nom précédé d'un article défini, d'un déterminant possessif ou d'un déterminant démonstratif** :

> Je préfère la bière au vin. → Je **la** préfère au vin.
> J'ai vu ce film. → Je **l'**ai vu.
> J'apprécie ses travaux. → Je **les** apprécie.

– *en* COD remplace **un nom précédé d'un article partitif ou de l'article indéfini aux formes *des / de*** :

> Je bois du café. → J'**en** bois.
> J'achète des livres. → J'**en** achète.
> Je n'ai pas de voiture → Je n'**en** ai pas.

REMARQUE : quand *en* renvoie à un nom précédé de l'article indéfini singulier, d'un déterminant indéfini tel que *quelques, certains, plusieurs, aucun*, ou d'un déterminant numéral cardinal, il n'a pas exactement la fonction de COD mais est complément d'un pronom COD (J'**en** achète **un** / **quelques-uns**). Voir LE PRONOM *EN* (2), p. 86, où ce pronom est étudié dans l'expression de la quantité.

III. Les pronoms personnels COI conjoints

Les pronoms personnels compléments d'objet indirect (COI) peuvent être **conjoints** ou **disjoints**. Quand ils sont conjoints, ils sont étroitement liés au verbe. Ils ne peuvent en être séparés que par une autre forme conjointe (les pronoms *en* et *y*).

> Il **me** parle.
> Je **leur** téléphone.

Quand ils sont disjoints, ils sont beaucoup plus autonomes : séparés du verbe par une préposition.

> Je pense **à elle**.
> Il s'occupe **d'eux**.

Nous étudions ici les pronoms COI conjoints. Pour les pronoms COI disjoints, voir ci-dessous, p. 75.

1 Formes des pronoms COI conjoints

Les pronoms personnels COI conjoints, comme les pronoms personnels COD peuvent précéder ou suivre le verbe.

Ils sont **le plus souvent placés avant le verbe**, aux temps simples comme aux temps composés :

> Elle écrit à Pierre. → Elle **lui** écrit.
> Elle a écrit à Pierre. → Elle **lui** a écrit.

Mais à **l'impératif affirmatif**, ils se placent après le verbe :

> Écris-**lui**.

Voici leurs formes, mises en correspondance avec celles des pronoms personnels sujets :

Personnes	Pronoms personnels sujets	Pronoms personnels COI conjoints
1re personne du singulier	*je / j'*	*me / m'* (*moi* à l'impératif)
2e personne du singulier	*tu* (+ *vous* de politesse)	*te / t'* (*toi* à l'impératif) + *vous* de politesse
3e personne du singulier	*il* *elle*	*lui* *lui* *en* *y*
1re personne du pluriel	*nous* (+ *on* dans la langue familière)	*nous*
2e personne du pluriel	*vous*	*vous*
3e personne du pluriel	*ils* *elles*	*leur* *leur* *en* *y*

2 Emplois des pronoms COI conjoints

■ L'élision des pronoms *me* et *te*

Les pronoms *me* et *te* s'élident devant une voyelle ou un *h* muet :

>Il **m'**offre un cadeau.
>Je **t'**ai téléphoné hier.

■ Pas de forme COI pour le pronom *on*

Le pronom *on*, qui remplace fréquemment le pronom personnel sujet *nous* dans la langue familière ou la langue orale courante (voir p. 68), est toujours sujet. Il n'a donc pas de forme COI :

>**On** a demandé si **on** pouvait faire des photos à l'intérieur du château, mais le gardien
>(sujet)   (sujet)
>**nous** a répondu que c'était interdit.
>(COI)

■ *Me*, *te*, *nous*, *vous* COD ou COI

Les formes des 1res et 2es personnes des pronoms personnels COI conjoints sont les mêmes que celles des 1res et 2es personnes des pronoms personnels COD (voir Les pronoms personnels COD, p. 70). Pour les distinguer, il faut regarder la construction du verbe :

>Il **vous** salue.
>   (*saluer quelqu'un* → construction directe, donc le pronom *vous* est COD)
>Il **vous** parle.
>   (*parler à quelqu'un* → construction indirecte, donc le pronom *vous* est COI)

Remarque : de même, les formes *moi* et *toi*, à l'impératif, peuvent être COD (*regarde-moi*) ou COI (*téléphone-moi*).

■ Emploi des pronoms COI *me*, *te*, *lui*, *nous*, *vous*, *leur*

– *Me*, *te*, *nous*, *vous* représentent des personnes (ou des êtres humanisés). *Lui* et *leur* représentent des animés ou des inanimés. *Lui* renvoie à un nom masculin ou féminin singulier. *Leur*, à un nom masculin ou féminin pluriel.

– Par ailleurs, tous ces pronoms COI conjoints s'emploient avec des **verbes suivis de la préposition *à*** :

>Il **me** souhaite une bonne année.
>   (souhaiter à)
>Je **t'**annonce une bonne nouvelle.
>   (annoncer à)
>J'écris une lettre <u>à François.</u> → Je **lui** écris une lettre.
>   (écrire à)
>Je parle <u>à mon cheval.</u> → Je **lui** parle.
>   (parler à)
>J'envoie un colis <u>à mes cousins.</u> → Je **leur** envoie un colis.
>   (envoyer à)
>Je donne un coup de brosse <u>à mes chaussures.</u> → Je **leur** donne un coup de brosse.
>   (donner à)

Attention

Tous les verbes suivis de la préposition *à* ne peuvent être construits avec les pronoms COI conjoints. Ces pronoms sont utilisés, entre autres, avec les verbes *parler (à), ressembler (à), plaire (à), sourire (à), téléphoner (à)* et avec des verbes admettant une double construction (COD + COI) tels que :
– *dire (à), expliquer (à), annoncer (à), souhaiter (à), demander (à), ordonner (à), écrire (à), promettre (à)…*
– *donner (à), offrir (à), prêter (à), rendre (à), envoyer (à), permettre (à), refuser (à)…*
En revanche, on ne peut les employer avec des verbes comme *penser (à), réfléchir (à), songer (à), participer (à), s'intéresser (à), contribuer (à), veiller (à)…* qui se construisent avec des pronoms COI disjoints (*à* + pronom tonique) ou le pronom *y*.

> J'écris **à ma sœur**. → Je **lui** écris.

Mais :

> Je pense **à ma sœur** → Je pense **à elle**.

■ *En* et *y*

En et ***y*** **COI** représentent **des inanimés** (= des choses ou des abstractions).

● *En* = *de* + nom

En **COI renvoie à un nom COI d'un verbe suivi de la préposition *de*.** Ce nom peut être masculin ou féminin, singulier ou pluriel :

> Je me sers **de cet ordinateur**. → Je m'**en** sers.
> Je me souviens **de ces histoires**. → Je m'**en** souviens.

Remarque : dans la langue courante, le pronom *en* est souvent utilisé pour représenter des personnes, mais dans la langue écrite et soutenue il est préférable de réserver son emploi aux noms désignant des inanimés. Pour les noms de personnes, on utilise *de* + pronom tonique.

> Je m'occupe **de ces problèmes**. → Je m'**en** occupe.
> Je m'occupe **de mes petits frères**. → Je m'occupe **d'eux**.

● *Y* = *à* + nom

Y **COI renvoie à un nom COI d'un verbe suivi de la préposition *à*.** Ce nom peut être masculin ou féminin, singulier ou pluriel :

> Je pense souvent **à notre rencontre**. → J'**y** pense souvent.
> Il a participé **à ces réunions**. → Il **y** a participé.

Mais tous les verbes suivis de la préposition *à* ne peuvent être construits avec *y* COI. On emploie *y* COI avec des verbes tels que *penser (à), réfléchir (à), songer (à), participer (à), contribuer (à), veiller (à)…* et les verbes pronominaux : *s'intéresser (à), s'adonner (à), s'astreindre (à)…*

Noter : les cas de *en* et *y* COI sont étudiés plus particulièrement dans Le pronom y, p. 80, et Le pronom en (1), p. 83.

■ *Leur* ou *leur(s)* ?

Il ne faut pas confondre **le pronom personnel COI *leur*** et **le déterminant possessif *leur(s)*.** Le pronom personnel *leur* renvoie à un nom et est invariable. Il est le pluriel de *lui*. Le déterminant possessif *leur(s)* précède un nom, qu'il détermine, et prend un *-s* final quand ce nom est pluriel.

> Je prête des stylos <u>aux élèves</u> → Je **leur** prête des stylos.
> (*leur* est un pronom personnel)
> Les élèves ont oublié **leur** trousse et **leurs** crayons.
> (*leur* et *leurs* sont des déterminants possessifs)

IV. Les pronoms disjoints, dits « pronoms toniques »

Les **pronoms personnels**, nous l'avons dit, comportent des **formes disjointes.** Ce sont des formes qui ont pour caractéristique de pouvoir **être séparées du verbe**, notamment par une pause ou une préposition :

> **Moi**, j'ai dix-huit ans.
> Tu connais Pierre ? Je t'emmène chez **lui**.

Elles sont traditionnellement appelées « pronoms toniques », par opposition aux formes conjointes désignées comme « atones ». Nous pouvons conserver ici cette appellation, qui est courante, mais en précisant que celle-ci ne correspond pas toujours à l'accentuation de ces pronoms en français moderne.

1 Formes des pronoms toniques

Personnes	Pronoms toniques
1re personne du singulier	*moi* (+ *nous* de majesté ou de modestie)
2e personne du singulier	*toi* (+ *vous* de politesse)
3e personne du singulier	*lui* *elle* *soi* (réfléchi)
1re personne du pluriel	*nous*
2e personne du pluriel	*vous*
3e personne du pluriel	*eux* *elles*

2 Emplois des pronoms toniques

Comment les pronoms toniques doivent-ils être employés ?

■ Insistance sur l'identité

On emploie les pronoms toniques **pour insister sur l'identité**.

> J'aime la mer. Paul, **lui**, préfère la montagne.
> **Moi**, je veux bien t'accompagner.
> Louise a des difficultés à l'école. Mais sa sœur, **elle**, est une élève brillante.
> Je les ai vus, **eux**.

Dans cet emploi, les pronoms toniques soulignent souvent **une opposition**.

REMARQUE : en outre, dans cet emploi, les pronoms toniques des 3es personnes du singulier et du pluriel peuvent remplacer les pronoms sujets *il(s)* et *elle (s)*.

> Je suis au chômage mais **lui** a du travail.
>   (= lui, il a du travail)
> Vous êtes riches mais **eux** n'ont rien.
>   (= eux, ils n'ont rien)

À l'oral, une légère pause suit souvent le pronom tonique et permet de souligner l'effet d'insistance.

■ Remplacement des pronoms sujets

On emploie les pronoms toniques **pour remplacer les pronoms personnels sujets quand le verbe est sous-entendu**.

● Dans une réponse

– Après une phrase affirmative :

> LISE – J'ai vu ce film l'année dernière.
> ANTOINE – **Moi** aussi.   (= j'ai aussi vu ce film)
> BÉATRICE – Pas **moi**. / **Moi** non / **Moi** pas.   (= je n'ai pas vu ce film)

– Après une phrase négative :

> LISE – Je n'ai pas aimé cette histoire.
> ANTOINE – **Moi** non plus.   (= je n'ai pas non plus aimé cette histoire)
> BÉATRICE – **Moi** si.   (= j'ai aimé cette histoire)

● Dans une opposition

> Il a pris un taxi, mais pas **moi**.   (= mais je n'ai pas pris de taxi)

● Dans une comparaison

> Elle est plus habile que **lui**.   (= qu'il est habile)
> Vous avez moins de travail que **nous**. (= que nous en avons)

■ Emploi après certains mots

On emploie les pronoms toniques après *c'est, et, ou, ni, soit*, et après une préposition.

● Après *c'est*

> C'est **moi** !
> Je le reconnais. C'est **lui** que j'ai vu tout à l'heure.

REMARQUE : devant les pronoms toniques *eux* et *elles*, *c'est* devient *ce sont*
– ***c'est*** *moi /toi /elle / lui /nous /vous*.
– ***ce sont*** *eux / elles*.

● Après *et, ou, ni, soit*

> Et **toi**, qu'est-ce que tu veux ?
> Stéphane et **lui** marcheront en tête.
> Paul et **moi**, nous avons besoin de mieux nous connaître.
> Ni **vous** ni **eux** ne pouvez affirmer cela avec certitude.
> Qui dirige cette entreprise, sa sœur ou **lui** ?
> L'un de nous deux t'accompagnera, soit **lui**, soit **moi**.

● Après une préposition

> Je vais voir Marie. Je passe la soirée chez **elle**.
> Tu étais le dernier. Il n'y avait personne après **toi**.
> Mes cousins ont voyagé avec **nous**. J'étais assis à côté d'**eux**.

■ Un cas particulier : l'emploi après les prépositions *à* et *de*.

● *De* + pronom tonique

Le pronom tonique précédé de la préposition *de* est utilisé de préférence pour représenter un animé.

> J'ai peur de cet homme. → J'ai peur **de lui**.

Pour représenter un inanimé, on préfère utiliser le pronom *en* :

> J'ai peur de l'orage. → J'**en** ai peur.

REMARQUE : dans la langue soutenue, on distingue rigoureusement l'emploi du pronom *en* de celui du pronom tonique précédé de *de*. Mais dans la langue courante ou familière, on utilise assez fréquemment *en* pour représenter un animé : *J'ai peur de ton père.* → *J'ai peur de lui / J'en ai peur.*

● *À* + pronom tonique

Le pronom tonique précédé de la préposition *à* représente un nom de personne.

> Je pense à mes parents. → Je pense **à eux**.

Pour représenter un inanimé, on utilise le pronom *y* :

> Je pense à ce rendez-vous. → J'**y** pense.

Par ailleurs, le pronom tonique précédé de la préposition *à* ne peut être employé avec tous les verbes qui se construisent avec la préposition *à*. Comparez :

> Je pense à mes parents. → Je pense **à eux**.
> J'écris à mes parents. → Je **leur** écris.

– **À + pronom tonique** s'emploie après les verbes pronominaux : *s'adresser à* qn, *s'intéresser à* qn, *s'attacher à* qn, *se donner à* qn… et après des verbes comme *penser à* qn, *songer à* qn, *faire attention à* qn, *être à* qn, *tenir à* qn…

– **Dans les autres cas, on utilise les pronoms personnels COI conjoints** : *me*, *te*, *lui*, *nous*, *vous*, *leur*.

REMARQUE : les animaux ne sont ni des personnes ni des inanimés. Quels pronoms employer ? Une hésitation se maintient. L'usage semble privilégier le pronom tonique quand l'animal est perçu comme proche de l'homme, et donc personnifié, et recourir aux pronoms *y* et *en* si ce n'est pas le cas.

■ Le pronom *soi*

Le pronom *soi* est un pronom tonique réfléchi et correspond au pronom indéfini **on**. À la différence des autres pronoms toniques, on ne peut guère l'employer qu'après une préposition.

> On est sûr de **soi**.

Il peut également renvoyer aux pronoms indéfinis *chacun*, *quelqu'un*, *personne*, et à l'expression *tout le monde* (assimilée à un pronom indéfini).

> Chacun rentre chez **soi**.

3 Le pronom tonique suivi de *même(s)*

Tous les pronoms toniques peuvent être associés à l'adjectif indéfini *même(s)*. Dans ce cas, ils permettent d'insister sur l'identité.

– *moi / toi / lui / elle / nous* **(de majesté ou de modestie)** */ vous* **(de politesse)** */ soi* + *même*

> **Moi-même**, je n'en sais rien.
> Peut-on le faire **soi-même** ?
> Paul, vous y allez **vous-même** ?

– *nous / vous / ils / elles* + *mêmes*

> Je veux aider mes enfants à devenir **eux-mêmes**.
> Sophie et sa mère ont tricoté ces pulls **elles-mêmes**.
> Vous n'êtes pas très sûrs de **vous-mêmes**.

V. Les pronoms réfléchis

Les pronoms personnels réfléchis sont les pronoms qui **précèdent les verbes pronominaux,** d'une part, et, d'autre part, **le pronom** *soi*.

1 Les pronoms qui précèdent les verbes pronominaux

Ils sont toujours de la même personne que le sujet du verbe.

■ **Formes**

Sujets du verbe	Pronoms qui précèdent les verbes pronominaux
1re personne du singulier	*me*
2e personne du singulier	*te*
3e personne du singulier	*se*
1re personne du pluriel	*nous*
2e personne du pluriel	*vous*
3e personne du pluriel	*se*

■ **Fonctions**

Les pronoms réfléchis qui précèdent les verbes pronominaux peuvent être
– **compléments d'objet direct (= COD) du verbe** :
> Je **me** regarde dans le miroir.
> (*regarder quelqu'un*, donc *me* est COD du verbe *regarder*.)

– **compléments d'objet indirect (= COI) du verbe** :
> Nous **nous** téléphonons tous les jours.
> (*téléphoner à quelqu'un*, donc *nous* est COI du verbe *téléphoner*.)

– **sans fonction** :
> Elle **se** souvient de son enfance.

Dans ce cas, ils font totalement partie du verbe.

■ **Emplois du pronom** *se*

Le pronom *se* renvoie aux **pronoms personnels sujets de la 3e personne**. Mais il peut aussi renvoyer
– **à un pronom indéfini** : *on, quelqu'un, personne, quelque chose, rien, aucun, nul, chacun, tout, tou(te)s, beaucoup…*

> **Rien** ne **s'**est déroulé comme je l'avais prévu.
> Est-ce que **quelqu'un se** souvient de cet événement ?
> Tout dépend du point de vue où l'**on se** place.
> **Chacun se** dit qu'il a eu de la chance.
> **Personne** ne **s'**est réveillé.
> **Tous s'**inquiètent.
> **Beaucoup se** demandent ce que tu es devenu.

– **à l'expression *tout le monde*** (assimilée à un pronom indéfini)
> **Tout le monde se** couche à sept heures.

– **à un pronom possessif**
> Ton chien n'a pas réagi mais **le mien s'**est mis à gronder.

– **à un pronom démonstratif**
> Ce modèle n'a pas beaucoup de succès. **Celui-là**, par contre, **se** vend bien.
> **Cela se** passe au XVIIIe siècle.
> **Ça se** voit.

■ Le pronom réfléchi dans une proposition relative introduite par *qui*

Quand le pronom réfléchi est employé dans une proposition subordonnée relative introduite par *qui*, il doit toujours être de la même personne que le groupe nominal ou le pronom que reprend *qui*.
> Vous qui **vous** occupez de cette affaire, dites-moi ce que vous en pensez.
> Je m'intéresse à ce qui **se** passe dans ce pays.

De même, après la tournure *c'est … qui*, le pronom réfléchi doit être de la même personne que le groupe nominal ou le pronom tonique encadré par cette tournure.
> C'est moi qui **me** lève.
> C'est toi qui **te** lèves.
> C'est mon fils / ma fille / lui / elle qui **se** lève.
> C'est nous qui **nous** levons.
> C'est vous qui **vous** levez.
> Ce sont mes frères / mes sœurs / eux / elles qui **se** lèvent.

2 Le pronom *soi*

Le pronom *soi* est un pronom réfléchi de la troisième personne du singulier. C'est une forme tonique correspondant à certains pronoms indéfinis singuliers et au pronom démonstratif neutre. Il est employé généralement après une préposition.
> **On** est fier de **soi**.
> **Cela** ne va pas de **soi**.

Voir le chapitre précédent.

VI. Le pronom *y*

Le pronom *y* est un **pronom personnel**. Il peut avoir **trois fonctions** :
– complément circonstanciel de lieu
– complément d'objet indirect (COI)
– complément de l'adjectif.

1. *Y* complément circonstanciel de lieu

***Y* est complément circonstanciel de lieu** quand il renvoie à un nom ou un groupe nominal désignant **un lieu où l'on est** ou **un lieu où l'on va.**

▪ Le lieu où l'on est

Je suis à la mairie. → J'**y** suis.
(y = à la mairie)
J'habite dans le Sud. → J'**y** habite.
(y = dans le Sud)
Je passe mes vacances en Normandie. → J'**y** passe mes vacances.
(y = en Normandie)

▪ Le lieu où l'on va

Je vais à Paris. → J'**y** vais.
(y = à Paris)
Je dois aller chez le dentiste. → Je dois **y** aller.
(y = chez le dentiste)
Es-tu déjà allé en Angleterre ? → **Y** es-tu déjà allé ?
(y = en Angleterre)

2. *Y* complément d'objet indirect

Le pronom *y* est complément d'objet indirect (COI) quand il est employé avec des verbes se construisant avec la préposition *à* :
– des verbes pronominaux tels que : *s'intéresser à, s'adonner à, s'astreindre à…*
– ou des verbes tels que *penser à, réfléchir à, songer à, participer à, contribuer à, réussir à, parvenir à, tenir à, veiller à…*

Il peut renvoyer à :
– un nom ou un groupe nominal :

Je réfléchis à mon futur métier. → J'**y** réfléchis.
(y = à mon futur métier)

– un pronom :

J'ai assisté à ta conférence. → J'ai assisté à la tienne. → J'**y** ai assisté.
(y = à la tienne)

– un infinitif ou un groupe infinitif :

Tu penseras à acheter du pain. → Tu **y** penseras.
(y = à acheter du pain = à cela)

– une proposition :

Il tient à ce que nous venions. → Il **y** tient.
(y = à ce que nous venions = à cela)

S'il renvoie à un nom, un groupe nominal ou un pronom, il représente un **inanimé** (= une chose ou une abstraction). S'il renvoie à un infinitif, un groupe infinitif ou une proposition, il signifie « à cela » et est un **pronom neutre**.

3 Y complément de l'adjectif

Le pronom *y* est complément de l'adjectif quand il est employé avec des adjectifs se construisant avec la préposition *à* : *prêt à, disposé à, favorable à, défavorable à, opposé à…*

Il peut renvoyer à :

– un nom ou un groupe nominal

> Vous êtes opposés <u>à ces mesures</u>. → Vous **y** êtes opposés.
> (*y* = à ces mesures)

– un pronom

> Elle est favorable à mes propositions. → Elle est favorable <u>aux miennes.</u>
> → Elle **y** est favorable.
> (*y* = aux miennes)

– un infinitif ou un groupe infinitif

> Je suis prêt <u>à lui parler.</u> → J'**y** suis prêt.
> (*y* = à lui parler = à cela)

– une proposition.

> Il est disposé <u>à ce que nous le voyions</u>. → Il **y** est disposé.
> (*y* = à ce que nous le voyions = à cela)

S'il remplace un nom, un groupe nominal ou un pronom, il représente un **inanimé** (= une chose ou une abstraction). S'il remplace un infinitif, un groupe infinitif ou une proposition, il signifie *à cela* et est un **pronom neutre**.

4 La place de *y* dans la phrase

Y se place **immédiatement devant le verbe aux temps simples**, ou **devant l'auxiliaire *avoir* ou *être* aux temps composés** :

> J'**y** vais. - Je n'**y** vais pas. - **Y** vas-tu ?
> J'**y** suis allé. - Je n'**y** suis pas allé. - **Y** es-tu allé ?
> Je m'**y** intéresse. - Je ne m'**y** intéresse pas. - T'**y** intéresses-tu ?
> Je m'**y** suis intéressé. - Je ne m'**y** suis pas intéressé. - T'**y** es-tu intéressé ?
> J'**y** suis favorable. - Je n'**y** suis pas favorable. - **Y** es-tu favorable ?
> J'**y** ai été favorable. - Je n'**y** ai pas été favorable. - **Y** as-tu été favorable ?

EXCEPTION

À l'impératif affirmatif, *y* se place **immédiatement après le verbe**, auquel il est relié par un trait d'union.

> Réfléchis-**y** sérieusement !
> Sois-**y** disposé.

Dans ce cas, pour éviter un hiatus, on ajoute un *-s* à la 2e personne du singulier de certains verbes :

– tous les verbes du 1er groupe :

> Pense à cette proposition sérieusement ! → Penses-**y** sérieusement !

– les verbes du 3ᵉ groupe ayant un impératif en *-e*, comme *offrir, cueillir, ouvrir*… :
> Cueille quelques fleurs dans le jardin ! → Cueilles-y quelques fleurs !

– le verbe *aller* :
> Va à l'université ! → Vas-y !

Par contre, à l'impératif négatif, *y* reprend sa place habituelle, devant le verbe :
> N'y réfléchis pas.
> N'y sois pas disposé.

Et il n'y a plus de cas de hiatus nécessitant l'ajout d'un *-s* final :
> Ne pense pas à cette proposition. → N'y pense pas.
> Ne cueille pas de fleurs dans le jardin. → N'y cueille pas de fleurs.
> N'y va pas.

Pour l'emploi de *y* avec un verbe suivi d'un infinitif, voir La place des pronoms personnels compléments, p. 90.

VII. Le pronom *en* (1)

Le pronom *en* est un **pronom personnel**. Il peut avoir de nombreuses fonctions. Il peut être notamment :
– complément circonstanciel
– complément d'objet indirect (COI)
– complément de l'adjectif.

1 *En* complément circonstanciel

– ***En*** **est complément circonstanciel de lieu quand il remplace un nom ou un groupe nominal précédé de la préposition *de* et représente un lieu d'où l'on vient, ou une origine**.
> Je viens de la gare. → J'en viens.
>   (*en* = de la gare)
> Je reviens du Japon. → J'en reviens.
>   (*en* = du Japon)
> Ces ananas proviennent de Côte d'Ivoire. → Ils en proviennent.
>   (*en* = de Côte d'Ivoire)

– ***En*** **est également complément circonstanciel dans des phrases telles que :**
> Que penses-tu de cette couleur ? → Qu'en penses-tu ?
> (*en* signifie « au sujet de cette couleur ».)
> On dit beaucoup de bien de son dernier roman. → On en dit beaucoup de bien.
> (*en* signifie « au sujet de son dernier roman ».)
> Il a attrapé le paludisme et il en a été très affaibli.
> (*en* signifie « à cause de cela ».)

Dans cette dernière phrase, le pronom *en* reprend toute une proposition. Il est donc un pronom neutre.

REMARQUE : dans la langue soutenue, on préfère ne pas utiliser le pronom *en* pour reprendre un nom de personne, mais *de* + pronom tonique.

> Que penses-tu de ce professeur ? → Que penses-tu **de lui** ?

Cependant, dans la langue courante ou familière, il arrive qu'on emploie *en* pour reprendre un nom de personne :

> Que penses-tu de ce professeur ? → Que penses-tu **de lui** ? / Qu'**en** penses-tu ?

2 *En* complément d'objet indirect

Le pronom *en* est COI du verbe quand il est employé **avec des verbes se construisant avec la préposition *de*** : *parler de, s'occuper de, profiter de, se souvenir de, …*
Il peut renvoyer à :
– un nom ou un groupe nominal :

> Nous parlons de ce roman. → Nous **en** parlons.
> (*en* = de ce roman)

– un pronom :

> Elle a besoin de ce livre. → Elle a besoin de celui-ci. → Elle **en** a besoin.
> (*en* = de celui-ci)

– un infinitif ou un groupe infinitif :

> Je m'occupe d'organiser cette réunion. → Je m'**en** occupe.
> (*en* = d'organiser cette réunion = de cela)

– une proposition :

> Il se souvient qu'il est trop tard. → Il s'**en** souvient.
> (*en* = qu'il est trop tard = de cela)

S'il remplace *de* suivi d'un nom, d'un groupe nominal ou d'un pronom, il représente un **inanimé** (= une chose ou une abstraction).
S'il remplace la préposition *de* suivi d'un infinitif ou d'un groupe infinitif, ou s'il reprend toute une proposition, il signifie « de cela » et est un **pronom neutre**.

REMARQUE : dans la langue soutenue, on préfère ne pas utiliser le pronom *en* pour représenter un animé, mais *de* suivi du pronom tonique.

> Je me souviens de ce cours. → Je m'**en** souviens.
> Je me souviens de ce professeur.. → Je me souviens **de lui**.

Cependant, dans la langue courante ou familière, il arrive que *en* soit employé pour représenter un animé :

> Je me souviens de ce professeur. → Je me souviens **de lui**. / Je m'**en** souviens.

3 *En* complément de l'adjectif

En est complément de l'adjectif quand il est employé avec des adjectifs se construisant avec la préposition de : *content de, heureux de, satisfait de, triste de, désolé de, fier de, digne de…*

Il peut renvoyer à
– un nom ou un groupe nominal :

>Tu es content de ce travail. → Tu **en** es content.
>(*en* = de ce travail)

– un pronom :

>Il est fier de ses résultats. → Il est fier des siens → Il **en** est fier.
>(*en* = des siens)

– un infinitif ou un groupe infinitif :

>Elle est désolée de partir. → Elle est désolée de cela → Elle **en** est désolée.
>(*en* = de partir = « de cela »)

– une proposition :

>Je suis heureux que tu sois là. → Je suis heureux de cela → J'**en** suis heureux.
>(*en* = que tu sois là = « de cela »)

S'il renvoie à un nom, un groupe nominal ou un pronom, il représente un inanimé. S'il renvoie à un infinitif, un groupe infinitif ou une proposition, il signifie « de cela » et est un **pronom neutre.**

REMARQUE : dans la langue soutenue, on préfère ne pas utiliser le pronom *en* pour représenter un animé mais *de* suivi du pronom tonique.

>Je suis contente de cette lettre. → J'**en** suis contente.
>Je suis contente de ma fille. → Je suis contente **d'elle**.

Mais dans la langue courante ou familière, il arrive que l'usage de *en* s'étende aux animés :

>Je suis contente de ma fille. → Je suis contente **d'elle**. / J'**en** suis contente.

4 Place de *en* dans la phrase

En se place immédiatement **devant le verbe, aux temps simples**, ou **devant l'auxiliaire** *avoir* ou *être* **aux temps composés** :

>J'**en** profite - Je n'**en** profite pas - **En** profites-tu ?
>J'**en** ai profité - Je n'**en** ai pas profité - **En** as-tu profité ?
>J'**en** suis satisfait - Je n'**en** suis pas satisfait - **En** es-tu satisfait ?
>J'**en** ai été satisfait - Je n'**en** ai pas été satisfait - **En** as-tu été satisfait ?

EXCEPTION

À l'impératif affirmatif, *en* se place immédiatement **après le verbe**, auquel il est relié par un trait d'union.

>Reviens-**en** sain et sauf !
>Sois-**en** digne !

Pour éviter un hiatus, on ajoute un *-s* à la 2ᵉ personne des verbes dont l'impératif est en *-e* (tous les verbes du 1ᵉʳ groupe et certains verbes du 3ᵉ groupe, comme *offrir, cueillir, ouvrir, savoir…*) :

>Profites-**en** !

Si *en* est complément d'un verbe pronominal, le pronom réfléchi s'intercale entre le verbe et *en* :

>Souviens-t'**en** !
>Souvenons-nous-**en** !
>Souvenez-vous-**en**

Par contre, à l'impératif négatif, *en* reprend sa place habituelle, devant le verbe :

>N'**en** reviens pas.
>N'**en** sois pas digne.
>Ne t'**en** souviens pas.

Et il n'y a plus de cas de hiatus nécessitant l'ajout d'un *-s* final :

>N'**en** profite pas.

Pour l'emploi de *en* avec un verbe suivi d'un infinitif, voir La place des pronoms personnels compléments, p. 90.

VIII. Le pronom *en* (2)

Le pronom *en* joue un rôle essentiel en français dans l'expression de la quantité, qu'il reprenne un nom précédé de l'article partitif, de l'article indéfini, d'un déterminant numéral cardinal, d'un déterminant interrogatif ou d'un déterminant indéfini (ce qui montre – puisque le pronom *en* remplace toujours un nom ou un groupe nominal précédé de la préposition *de* – qu'un *de* est toujours plus ou moins présent dans celle-ci, même lorsqu'il n'est pas exprimé).

Quand il participe de l'expression de la quantité, *en* peut représenter un animé comme un inanimé.

1 Reprise d'un nom précédé de l'article partitif

>J'ai fait du café. → J'**en** ai fait.
>Il fait du tennis. → Il **en** fait.
>Nous pouvons ajouter de la crème. → Nous pouvons **en** ajouter.
>Avez-vous de l'huile. → **En** avez-vous ?

2 Reprise d'un nom précédé de l'article indéfini

■ Un nom précédé de *un(e)*

Dans une phrase affirmative ou interrogative, *en* se combine avec *un(e)*

   Il a acheté un vélo. → Il **en** a acheté **un**.
   Elle prend une photo. → Elle **en** prend **une**.
   Est-ce que tu as remplacé une roue ? → Est-ce que tu **en** as remplacé **une** ?
   As-tu un sac ? → **En** as-tu **un** ?

REMARQUE : quand *en* est employé avec *un(e)*, *un(e)* n'est plus un article indéfini mais un pronom, dont *en* est le complément.

Dans une phrase négative, *en* est employé seul

   Vous faites un gâteau ? → Non, nous n'**en** faisons pas.
      (= Nous ne faisons pas de gâteau. Ne pas dire : « Nous n'en faisons pas un. »)

■ Un nom précédé de *des*

   J'ai pris des vacances au mois de mai. → J'**en** ai pris au mois de mai.

REMARQUE : le nom que remplace *en* peut être accompagné d'un adjectif épithète. On obtient alors :

   Elle prend une belle photo. → Elle **en** prend **une belle**.
   J'ai cueilli de jolies fleurs. → J'**en** ai cueilli **de jolies**.
   J'ai lu des livres intéressants. → J'**en** ai lu **d'intéressants**.
      (Ne pas dire : *« J'en ai lu des intéressants. »)

3 Reprise d'un nom précédé d'un déterminant numéral

En se combine alors avec le pronom numéral correspondant (et dont il est le complément).

   Nous avons deux voitures. → Nous **en** avons **deux**.
   J'ai emprunté trois livres. → J'**en** ai emprunté **trois**.

4 Reprise d'un nom précédé de *combien de*

   Combien de frères et sœurs avez-vous ? → **Combien en** avez-vous ?
   Ton appartement a combien de pièces ? → Ton appartement **en** a **combien** ?

5 Reprise d'un nom précédé d'un déterminant indéfini de quantité

■ Un nom précédé d'un déterminant indéfini de quantité comportant la préposition *de*

En peut reprendre un nom précédé des déterminants indéfinis *beaucoup de, peu de, assez de, suffisamment de, trop de, plus de, moins de…*

> Vous avez beaucoup de chance. → Vous **en** avez **beaucoup**.
> Il a peu d'amis. → Il **en** a **peu**.
> Je n'ai pas gagné assez d'argent. → Je n'**en** ai pas gagné **assez**.
> Il a suffisamment de livres. → Il **en** a **suffisamment**.
> Nous mangeons trop de viande. → Nous **en** mangeons **trop**.
> Tu n'as pas fait plus de fautes. → Tu n'**en** as pas fait **plus**.
> Nous avons moins de difficultés. → Nous **en** avons **moins**.
> Ils ont parcouru autant de kilomètres que toi. → Ils **en** ont parcouru **autant** que toi.

REMARQUE : les combinaisons *en… quantité / nombre / bon nombre* sont rares mais possibles.

> J'ai vu quantité de (/ nombre de / bon nombre de) choses qui n'existaient pas avant.
> → J'**en** ai vu quantité (/ nombre / bon nombre) qui n'existaient pas avant.

■ Un nom précédé de *quelques*, *plusieurs*, *certains* ou *aucun*

En se combine avec le pronom indéfini correspondant au déterminant (et dont il est le complément).

> J'ai retrouvé quelques camarades. → J'**en** ai retrouvé **quelques-uns**.
> Est-ce qu'il reste quelques places ? → Est-ce qu'il **en** reste **quelques-unes** ?
> Le professeur a relevé plusieurs erreurs. → Le professeur **en** a relevé **plusieurs**.
> J'ai parcouru certains documents. → J'**en** ai parcouru **certains**.
> Il n'a pris aucun risque. → Il n'**en** a pris **aucun**.

ATTENTION

Il ne faut pas confondre les déterminants indéfinis et les pronoms indéfinis.

Déterminants indéfinis	Pronoms indéfinis
quelques + nom	en… *quelques-un(e)s*
plusieurs + nom	en… *plusieurs*
certain(e)s + nom	en … *certain(e)s*
aucun (e) + nom	en… *aucun (e)*

IX. Le pronom *en* (3)

En est aussi fréquemment complément du nom :

> J'apprécie la valeur de cet objet. → J'**en** apprécie la valeur.
> (*en* = de cet objet, complément du nom *valeur*)

Il renvoie notamment souvent à un nom complément d'**un nom exprimant la quantité ou précédé d'un déterminant exprimant la quantité.**

> Ils ont cueilli trois kilos d'abricots. → Ils **en** ont cueilli **trois kilos**.
> (*en* = d'abricots, complément de *trois kilos*)
> Ma mère achète un cageot de pommes. → Ma mère **en** achète **un cageot**.
> (*en* = de pommes, complément de *un cageot*)
> Les enfants ont mangé plusieurs boîtes de chocolats. → Les enfants **en** ont mangé **plusieurs boîtes**.
> (*en* = de chocolats, complément de *plusieurs boîtes*)
> J'ai pris une part de gâteau. → J'**en** ai pris **une part**.
> Nous avons entendu la plupart des candidats. → Nous **en** avons entendu **la plupart**.
> Il a obtenu la majorité des suffrages. → Il **en** a obtenu **la majorité**.

En complément du nom peut représenter **un animé ou un inanimé.**

Remarque

La plupart de / la majeure partie de / la plus grande partie de / la majorité de peuvent s'employer avec l'article défini, le déterminant démonstratif ou le déterminant possessif : *la plupart des gens, la majorité de ces affaires, la plus grande partie de son temps…*

– *La plupart de* peut être suivi d'un nom singulier, mais l'est plus fréquemment d'un nom pluriel.

> La plupart du personnel est en congé   (*du = de + le*)
> La plupart des employés sont partis en vacances.   (*des = de + les*)

Quand le nom qui suit *la plupart de* est sujet, il faut accorder le verbe avec ce nom. Si le nom est singulier, le verbe est à la 3e personne du singulier ; si le nom est pluriel, le verbe est à la 3e personne du pluriel.

– *La majeure partie de, la plus grande partie de* sont généralement suivis d'un singulier.

– *La majorité de* peut être suivi d'un nom singulier, mais l'est plus fréquemment d'un nom pluriel.

X. La place des pronoms personnels compléments

1 Règle générale

Le pronom personnel complément se place toujours devant le verbe dont il est complément (sauf dans le cas particulier de l'impératif affirmatif : voir LES PRONOMS À L'IMPÉRATIF, p. 93).
Par conséquent, quand un verbe est suivi d'un infinitif, le pronom se place devant l'infinitif s'il est complément de l'infinitif et devant le verbe conjugué s'il est complément du verbe conjugué.

■ Verbe conjugué + pronom complément de l'infinitif + infinitif

– Avec un pronom COD de l'infinitif :

> Elle va chanter cette chanson. → Elle va **la** chanter.
> Tu peux faire du sport. → Tu peux **en** faire
> Voulez-vous emporter ces photos ? → Voulez-vous **les** emporter ?
> Je le regarde acheter ces fruits. → Je le regarde **les** acheter.
> Je vous entends jouer du piano. → Je vous entends **en** jouer.

– Avec un pronom COI de l'infinitif :

> Je vais téléphoner à François. → Je vais **lui** téléphoner.
> Nous pensons offrir des fleurs à tes parents. → Nous pensons **leur** offrir des fleurs.
> Je te vois faire signe aux voisins. → Je te vois **leur** faire signe.

– Avec *en* ou *y* complément circonstanciel de lieu :

> Il faut aller à Paris. → Il faut **y** aller.
> Elles doivent revenir d'Angleterre demain. → Elles doivent **en** revenir demain.
> Je vous laisse attendre votre bus à cet arrêt. → Je vous laisse **y** attendre votre bus.

■ Pronom complément du verbe conjugué + verbe conjugué + infinitif

On rencontre cette construction avec les verbes *voir, regarder, écouter, entendre, faire, laisser* suivis d'un infinitif. Le pronom complément de ces verbes est toujours COD.

> Je vois Pierre sortir. → Je **le** vois sortir.
> J'entends les oiseaux chanter. → Je **les** entends chanter.
> Je fais rire mon frère. → Je **le** fais rire.
> Je laisse l'eau bouillir. → Je **la** laisse bouillir.

REMARQUE : de même, des verbes tels que *emmener, envoyer* peuvent être suivis d'un infinitif dont le sujet est COD du verbe conjugué.

> J'envoie Vincent chercher du pain. → Je **l'**envoie chercher du pain.
> Il emmène ses enfants courir dans le parc. → Il **les** emmène courir dans le parc.

2 Cas particulier

Le pronom complément d'un infinitif précédé des verbes *faire, se faire, se laisser* se place devant le verbe conjugué et non devant l'infinitif :

> Je fais manger la soupe aux enfants. → Je **la** fais manger aux enfants.
> Il se fait raser la barbe par son coiffeur. → Il se **la** fait raser par son coiffeur.
> Il se laisse prendre son argent sans rien dire. → Il se **le** laisse prendre sans rien dire.

Voir LA PROPOSITION SUBORDONNÉE INFINITIVE, p. 214.

XI. L'ordre des pronoms personnels compléments

De nombreux verbes, en français, permettent d'**associer deux pronoms personnels compléments**. Plusieurs combinaisons sont possibles. Elles obéissent à un ordre bien précis, qu'il faut connaître.

1 Les pronoms personnels COI associés à *le, la, les*

Le, la, les sont toujours en deuxième position, sauf avec les pronoms COI *lui* et *leur*.

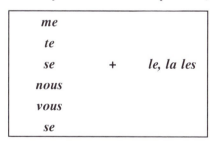

Il me prête ces livres. → Il **me les** prête.
Il s'achète cette caméra. → Il **se l'**achète.

Nous lui offrons ce collier. → Nous **le lui** offrons.
Vous leur envoyez ces fleurs. → Vous **les leur** envoyez.

2 Les pronoms personnels COD et COI associés à *y*

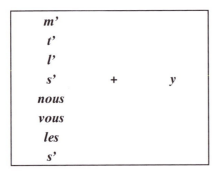

– Le pronom *y* est toujours en deuxième position.

> Elle me conduit à la gare. → Elle **m'y** conduit.
> Je le rencontre souvent à l'université. → Je **l'y** rencontre souvent.
> Il nous donne rendez-vous **chez lui**. → Il **nous y** donne rendez-vous.

– On ne peut pas combiner les pronoms *lui* et *leur* avec le pronom *y*.

> J'ai écrit à Paul à Paris. → Je **lui** ai écrit à Paris → ~~Je lui y ai écrit~~.
> J'ai téléphoné à mes amis à l'hôtel. → Je **leur** ai téléphoné à l'hôtel. → ~~Je leur y ai téléphoné~~.

3 Les pronoms personnels COD et COI associés à *en*

– Le pronom *en* est toujours en deuxième position.

> Il m'a offert des bonbons. → Il **m'en** a offert.
> Nous lui avons envoyé un colis. → Nous **lui en** avons envoyé un.
> Elles se sont acheté des chaussures. → Elles **s'en** sont acheté.

– Tous les pronoms personnels compléments peuvent se combiner avec *en*, sauf *y*.

EXCEPTION : *il y en a*.

REMARQUE : aux temps composés, les pronoms complément sont placés devant l'auxiliaire du verbe.

XII. Les pronoms à l'impératif

1 Particularités de l'impératif en phrase affirmative

■ Place des pronoms

À l'impératif en phrase affirmative, les pronoms personnels sont placés **après le verbe** et sont **reliés à celui-ci par un trait d'union.**

> Ouvre cette boîte → Ouvre-**la** !
> Montre ce document à ton collègue ! → Montre-**le-lui** !

En revanche, à l'impératif en phrase négative, ils restent devant le verbe, à leur place habituelle.

> N'ouvre pas cette boîte → Ne **l'**ouvre pas !
> Ne montre pas ce document à ton collègue ! → Ne **le lui** montre pas !

■ Les pronoms *moi* et *toi*

À l'impératif en phrase affirmative, **les pronoms personnels *me* et *te* sont remplacés par les formes *moi* et *toi*** sauf s'ils sont suivis des pronoms *en* et *y*.

> Regarde-**moi** !   MAIS   Ne **me** regarde pas !
> Donne-**moi** ce livre !   MAIS   Ne **me** donne pas ce livre !
> Assieds-**toi** !   MAIS   Ne **t'assieds** pas !

■ Ajout d'un *-s* devant *en* ou *y*

À l'impératif en phrase affirmative **on ajoute un *-s* à la 2e personne du singulier de certains verbes devant les pronoms *en* ou *y*.**

● À la 2e personne du singulier du verbe *aller*

> Va à Paris ! → Vas-**y** !

● À la 2e personne du singulier des verbes dont l'impératif est en *-e*

Ils s'agit des verbes du 1er groupe et de certains verbes du 3e groupe comme *offrir, cueillir, ouvrir, savoir…*

> Pense à ce que je t'ai dit. → Penses-**y** !
> Cueille des fleurs ! → Cueilles-**en** !

Ce *-s* final permet d'éviter un hiatus. À l'impératif en phrase négative, *y* et *en* reprenant leur place habituelle, il n'est plus nécessaire :

> N'**y** pense pas !
> N'**y** va pas !
> N'**en** cueille pas !

■ Ordre des pronoms

À l'impératif en phrase affirmative, l'ordre des pronoms compléments **n'est pas toujours le même qu'à l'impératif en phrase négative.** (Voir ci-après.)

2 L'ordre des pronoms compléments à l'impératif

Trois combinaisons sont possibles :

■ Les pronoms COI associés à *le, la, les*

À **l'impératif en phrase affirmative**, on a l'ordre suivant :

verbe	+	le, la, les	+	moi toi lui nous vous leur

Achète-moi ce livre ! → Achète-**le-moi** !
Lis-nous cette histoire ! → Lis-**la-nous** !
Dis-lui la vérité ! → Dis-**la-lui** !
Offre-leur ces fleurs ! Offre-**les-leur** !

En revanche, **à l'impératif en phrase négative**, les pronoms se présentent dans **l'ordre habituel** : *le, la, les* sont toujours en deuxième position, sauf avec les pronoms COI *lui* et *leur*.

me te se nous vous se	+	le, la, les	+	verbe

Ne m'achète pas ce disque ! → Ne **me** l'achète pas !
Ne nous lis pas cette histoire ! → Ne **nous la** lis pas !

le, la, les	+	lui leur	+	verbe

Ne lui dis pas la vérité ! → Ne **la lui** dis pas !
Ne leur offre pas ces fleurs ! → Ne **les leur** offre pas !

■ Les pronoms COD et COI associés à *en*

Les pronoms se présentent toujours dans l'ordre habituel, que ce soit en phrase affirmative ou négative :

m'		
t'		
lui	+	*en*
nous		
vous		
leur		

Donne-moi du pain ! → Donne-**m'en** ! → Ne **m'en** donne pas !
Achète-lui des livres ! → Achète-**lui-en** ! → Ne **lui en** achète pas !

■ Les pronoms COD *et* COI associés à *y*

Les pronoms se présentent toujours dans l'ordre habituel (voir L'ORDRE DES PRONOMS COMPLÉMENTS, p. 91). Mais cette association se rencontre surtout à l'impératif négatif. Car à l'impératif affirmatif, les combinaisons *m'y*, *t'y*, *l'y* ne sont jamais utilisées, et les combinaisons *nous-y*, *vous-y*, *les-y* sont peu fréquentes.

m'		
t'		
l'	+	*y*
nous		
vous		
les		

Ne nous emmenez pas <u>à la mer</u> ! → Ne **nous y** emmenez pas !
Ne te rends pas <u>à ce rendez-vous</u> ! → Ne **t'y** rends pas !
Promenez-vous <u>dans le jardin</u> ! → Promenez-**vous-y** !

XIII. Le pronom neutre *le*

Comme les pronoms personnels *y* et *en* (voir plus haut, p. 81 et 84), **le pronom personnel *le* peut être neutre**.
Il est neutre quand il remplace
– un adjectif attribut :

> Je crois que Paul est assez fier, et je **le** suis aussi.
> (*le* = fier)

– un nom ou un groupe nominal attribut :

> C'est à cette époque que Jean est devenu mon meilleur ami, et il **l'**est toujours.
> (*l'*= mon meilleur ami)

– un infinitif COD :

> Nous pensons revenir l'année prochaine. Et toi, **le** voudrais-tu aussi ?
> (*le* = revenir)

– une proposition complétive COD :

> À mon avis, un maire doit se consacrer à plein temps à sa commune. Mais certains ne **le** pensent pas.
> (*le* = qu'un maire doive se consacrer à plein temps à sa commune)

REMARQUES

– Le pronom neutre *le* est **souvent omis avec des verbes comme *savoir, pouvoir, croire*** :

> Je reviendrai dès que je **(le)** pourrai.
>
> Henri a rendez-vous cet après-midi chez le médecin.
> – Oui, je **(le)** sais.
>
> Tu crois qu'il est déjà parti ?
> – Non, je ne **(le)** crois pas.

– Lorsque le pronom neutre *le* est devant un verbe à un temps composé, le participe de ce verbe est toujours invariable :

> Sa maison était plus isolée que nous l'avions **imaginé**.
> (*l'*= qu'elle était isolée)

B. Les pronoms relatifs

I. Les pronoms relatifs et les propositions relatives

1 Les pronoms relatifs

■ **Définition**

Les pronoms relatifs sont les pronoms qui **introduisent les propositions subordonnées relatives**. Le plus souvent, ils renvoient à un nom, un groupe nominal ou un pronom placé avant, dans la proposition principale, et qu'on appelle « **antécédent** » (*ante*, en latin, signifie « avant »).

– Le pronom relatif *qui* introduit la proposition relative *qui s'appelle François*
– Le groupe nominal *un frère* est l'antécédent du pronom relatif *qui*.

– Le pronom relatif *qui* introduit la proposition relative *qui est posé sur la table*
– Le pronom démonstratif *celui,* qui renvoie au nom *parapluie*, est l'antécédent du pronom relatif *qui*.

■ **Pronoms relatifs simples et pronoms relatifs composés**

– **Les pronoms relatifs simples** sont *qui, que, quoi, dont, où*. Chacun de ces pronoms a une fonction qui lui est propre – ou des fonctions qui lui sont propres – dans la proposition subordonnée relative.

– **Les pronoms relatifs composés** sont *lequel, laquelle, lesquels, lesquelles*. Ils marquent l'opposition des genres et des nombres et peuvent se contracter avec les préposition *à* et *de* (*auquel, duquel...*).

2 Les propositions relatives

■ Définition

Les propositions subordonnées relatives sont des propositions introduites par un pronom relatif. Elles ont pour fonction de compléter l'antécédent de ce pronom.
Le plus souvent, elles précisent le sens de l'antécédent et jouent un rôle comparable à celui d'un adjectif qualificatif. C'est pourquoi elles peuvent être coordonnées à celui-ci :

> « Je sais que l'argent est cause de tous les maux qui désolent nos sociétés si **cruelles et dont nous sommes si fiers**. » (Anatole France, *Le Petit Pierre*.)

De plus, les propositions subordonnées relatives peuvent être **déterminatives** ou **explicatives.**
– Elles sont **déterminatives** quand on ne peut les supprimer sans modifier le sens de l'antécédent.

> Tu peux jeter les documents **qui sont périmés**.
> (= pas tous les documents, seulement ceux qui sont périmés)

– Elles sont **explicatives** quand on peut les supprimer sans modifier le sens de l'antécédent.

> Tu peux jeter ces documents, **qui sont périmés**.
> (= tous ces documents, car ils sont périmés)

Les propositions relatives explicatives sont généralement séparées de l'antécédent par une virgule.

■ Place des propositions relatives dans la phrase

● **Les propositions relatives peuvent occuper trois places dans la phrase**
– **Elles peuvent suivre la proposition principale** :

> Il y a des gens | **qui n'ont pas de scrupules**.

– **Elles peuvent s'insérer à l'intérieur de la proposition principale** :

> Les gens | **qui n'ont pas de scrupules** | sont capables de tout.

On dit alors qu'elles sont **enclavées** ou **insérées.** Et si elles sont explicatives, elles sont généralement précédées et suivies d'une virgule**.**

> Louise, | **qui s'est réveillée en retard,** | a manqué son train.

– **Elles peuvent précéder la proposition principale** :

> **Qui a bu** | boira.

C'est le cas particulier des propositions subordonnées relatives introduites par *qui* et qui n'ont pas d'antécédent (voir le chapitre suivant).

● **En outre, leur place peut varier par rapport à l'antécédent.**

Le plus souvent, les propositions subordonnées relatives se placent immédiatement après l'antécédent :

> J'aperçois Marie | **qui guette à sa fenêtre**.

Mais il arrive qu'elles se trouvent un peu séparées de celui-ci :

> Marie attend mon retour. Je l'aperçois au loin **qui guette à sa fenêtre**.
> (L'antécédent du pronom *qui* est le pronom personnel *l'* qui reprend Marie.)

■ Place du sujet dans les propositions relatives

En général, dans les propositions relatives, le sujet est placé **devant le verbe**.
Cependant, **avec les pronoms relatifs autres que *qui*,** il est parfois placé **après le verbe**.

ou :
> J'ai fait un tour avec la voiture **que** <u>mon père</u> <u>a achetée</u>.
>   S   V
>
> J'ai fait un tour avec la voiture **qu'**<u>a achetée</u> <u>mon père</u>.
>   V   S

ou :
> J'ai revu le square **où** <u>les enfants</u> <u>jouaient</u>.
>   S   V
>
> J'ai revu le square **où** <u>jouaient</u> <u>les enfants</u>.
>   V   S

Pour cela, il faut **que le sujet soit un nom et que le verbe n'ait pas d'autre complément que le pronom relatif.**

■ Le mode dans la proposition relative

Le verbe de la subordonnée relative est le plus souvent **à l'indicatif** et **exprime un fait réel**. Mais il peut être aussi au **subjonctif** ou **à l'infinitif.**
Pour plus de détails, voir Le subjonctif dans les propositions relatives, p. 185, et L'infinitif, p. 211.

II. Le pronom relatif *qui*

 ### *Qui* pronom relatif sujet

Le pronom relatif *qui* est généralement **sujet** du verbe de la proposition subordonnée relative. Il peut représenter un **animé** ou un **inanimé**, et adopte la personne, le genre et le nombre **de l'antécédent auquel il renvoie**.

> Ce **qui** m'ennuie, c'est que nous sommes de nouveau en retard.
> (L'antécédent est le pronom démonstratif neutre *ce*. Le verbe de la subordonnée relative est donc à la 3ᵉ personne du singulier : *ennuie*.)
> Il n'y a personne **qui** puisse faire ce travail.
> (L'antécédent est le pronom indéfini *personne*. Le verbe de la subordonnée relative est donc à la 3ᵉ personne du singulier : *puisse*.)
> J'ai mis au grenier les livres **qui** ne me servent plus.
> (L'antécédent est le groupe nominal *les livres*. Le verbe de la subordonnée relative est donc à la 3ᵉ personne du pluriel : *servent*.)
> J'ai mis ma plus jolie robe, celle **qui** est brodée.
> (L'antécédent est le pronom démonstratif *celle* qui représente le nom *robe*, le verbe de la subordonnée relative est donc à la 3ᵉ personne du singulier : *est*. Et le participe passé *brodée* est au féminin.)

2 Cas particulier de *qui* sans antécédent

Il arrive que le pronom *qui* n'ait pas d'antécédent. Dans ce cas, *qui* représente toujours **un être humain**. Il signifie : *celui qui, celui que, quiconque…*
Qui sans antécédent n'est pas toujours sujet du verbe de la proposition relative : il peut aussi être COD de ce verbe.

- *Qui* sans antécédent sujet

> **Qui** veut voyager loin ménage sa monture.
>   (= Celui qui veut voyager loin ménage sa monture.)
> **Qui** vivra verra.
>   (= Celui qui vivra verra)

Cet emploi est **fréquent dans les maximes, les proverbes ou les dictons**, dont le propos est général. La proposition subordonnée relative est toujours **en tête de la phrase**, devant la proposition principale.

- *Qui* sans antécédent COD

> Embrassez **qui** vous voulez.
>   (= Embrassez la personne que vous voulez)

REMARQUE : la proposition subordonnée relative introduite par *qui* sans antécédent fonctionne comme un groupe nominal et peut être, entre autres :
– sujet du verbe principal :

> **Qui aime bien** châtie bien.
>   (La proposition subordonnée relative *Qui aime bien* est sujet du verbe *châtie*)

– COD du verbe principal :

> J'aime **qui m'aime**
>   (La proposition subordonnée relative *qui m'aime* est COD du verbe *aime*.)

– COI du verbe principal. Dans ce cas, *qui* est précédé d'une préposition :

> Il se plaint **à qui veut l'entendre**.
>   (La proposition subordonnée relative *à qui veut l'entendre* est COI du verbe *se plaint*.)

ATTENTION : ne pas confondre la fonction du pronom relatif et celle de la proposition relative.

III. Les pronoms relatifs *que* et *quoi*

1 Le pronom relatif *que*

Le pronom relatif *que* peut être **COD du verbe** de la proposition subordonnée relative ou **attribut du sujet** de cette proposition.

Il peut représenter un **animé** ou un **inanimé** et adopte le genre et le nombre de l'antécédent auquel il renvoie.
Il s'élide (= *que* **devient** *qu'***)** devant une voyelle ou un *h* muet :

> Le parapluie **qu'**il m'a prêté appartient à son père.

■ *Que* COD du verbe de la proposition relative

> Je te ferai goûter le vin **que** nous produisons.
> > (L'antécédent est le groupe nominal *le vin*. Le pronom *que* représente donc un masculin singulier.)
>
> Prenez ce **que** vous voulez.
> > (L'antécédent est le pronom démonstratif neutre *ce*. Le pronom *que* représente donc un neutre singulier.)
>
> Voilà des personnes **que** je connais bien.
> > (L'antécédent est le groupe nominal *des personnes*. Le pronom *que* représente donc un féminin pluriel.)

REMARQUE : si le verbe de la proposition relative est à un temps composé, il ne faut pas oublier de faire l'accord du participe passé avec le pronom *que*.

> J'ai apporté les disques **que** tu m'as **demandés**.
> > (L'antécédent est le groupe nominal *les disques*. Le pronom *que* représente donc un masculin pluriel. Comme *que* est COD et placé avant l'auxiliaire *avoir*, on a : *demandés*)
>
> C'est elle **que** tu as v**ue** tout à l'heure ?
> > (L'antécédent est le pronom personnel tonique *elle*. Le pronom *que* représente donc un féminin singulier. Comme *que* est COD et placé avant l'auxiliaire *avoir*, on a : *vue*.)

■ *Que* attribut du sujet de la proposition relative

> J'aimais beaucoup l'enfant **que** tu étais.
> > (L'antécédent est le groupe nominal *l'enfant*. Le pronom *que* est attribut du sujet *tu*.)
>
> J'admire l'homme **que** tu es devenu.
> > (L'antécédent est le groupe nominal *l'homme*. Le pronom **que** est attribut du sujet *tu*.)

ATTENTION : il ne faut pas confondre la conjonction de subordination *que* avec le pronom relatif *que*. Le pronom relatif a un antécédent et introduit une proposition subordonnée relative qui complète l'antécédent, alors que la conjonction n'a pas d'antécédent et introduit une proposition subordonnée conjonctive.

> Je pense **que** Marc m'a dit la vérité.
> > (*que* est conjonction de subordination)
>
> Marc, **que** j'ai interrogé, m'a dit la vérité.
> > (*que* est pronom relatif)

2 Le pronom relatif *quoi*

Le pronom relatif *quoi* s'emploie toujours **après une préposition.** Il peut avoir pour antécédent :
– le pronom démonstratif neutre *ce* :

> Je vais te dire ce **à quoi** je travaille.

– les pronoms indéfinis *quelque chose* ou *rien* :

> Cela surprend. C'est quelque chose **à quoi** l'on ne s'attend pas.
> Je ne vois rien **contre quoi** je puisse m'appuyer.

Cependant, on n'emploie pas le pronom relatif *quoi* après la préposition *de*.
On ne dit pas :
> **C'est ce **de quoi** je parle*
> (phrase incorrecte)

mais :
> *C'est ce **dont** je parle.*
> (phrase correcte)

EXCEPTION : l'expression figée « *de quoi* + infinitif », dans laquelle *quoi* n'a pas d'antécédent mais renvoie à la phrase ou à la proposition qui précède :
> *Encore un zéro en mathématiques ! Il y a **de quoi** se mettre en colère !*

Quoi fait d'ailleurs partie d'autres expressions figées – *grâce à quoi, après quoi, faute de quoi* – dans lesquelles, de même, il renvoie à la phrase ou à la proposition qui précède.

IV. Le pronom relatif *dont*

Le pronom relatif *dont* remplace un nom, un groupe nominal ou un pronom **précédé de la préposition *de*** :
> *J'avais peur de cet homme. Il était plutôt grand.*
> (*avoir peur de* qn)
> → *Cet homme, **dont** j'avais peur, était plutôt grand.*
> (*dont* = de cet homme)
> *Ces machines sont solides. Celle-ci n'est jamais tombée en panne. Je m'en sers depuis dix ans.*
> (*se servir de* qc)
> → *Celle-ci, **dont** je me sers depuis dix ans, n'est jamais tombée en panne.*
> (*dont* = de celle-ci)

Il peut représenter un **animé** ou un **inanimé**. Et peut être plus particulièrement :
– complément d'objet indirect
– complément circonstanciel
– complément du nom
– complément de l'adjectif.

En outre, il faut signaler un emploi particulier de *dont*, où la fonction de ce pronom est plus difficile à préciser : celui où *dont* signifie « parmi lesquel(le)s ».

1 *Dont* complément d'objet indirect

Dont est complément d'objet indirect (COI) quand il complète un verbe se construisant **avec la préposition *de*** : *il s'agit de, parler de, rêver de, s'occuper de, se souvenir de, souffrir de, se plaindre de, avoir besoin de, avoir envie de, avoir peur de, avoir honte de*…

Tout le monde parle <u>de ce spectacle</u>. (*parler de* qc, qn...)
→ Je suis allé voir ce spectacle, **dont** tout le monde parle.
  (*dont* COI du verbe *parler*)
Elle rêve <u>de cette maison</u>. (*rêver de* qc, qn)
→ Voici la maison **dont** elle rêve.
  (*dont* COI du verbe *rêver*)
Tous les employés se plaignent de ce patron. (*se plaindre de* qc, qn)
→ J'ai rencontré ce patron **dont** tous les employés se plaignent.
  (*dont* est COI du verbe *se plaindre*)

2 *Dont* complément circonstanciel

Dont est complément circonstanciel dans des phrases telles que :

Examinons la façon **dont** Descartes conçoit l'union du corps et de l'âme.
  (*dont* = de cette façon)
La manière **dont** nous avons géré cette affaire est irréprochable.
  (*dont* = de cette manière)
Pierre, **dont** on sait pourtant qu'il n'aime pas les romans, a dévoré votre livre.
  (*dont* = de Pierre = au sujet de Pierre)
Les œufs, **dont** elle fait ses omelettes, sont toujours frais.
  (*dont* = de ces œufs = à partir de ces œufs)

3 *Dont* complément du nom

Dont est complément du nom quand il représente un complément du nom précédé de la préposition *de* :

L'histoire de ce film est à la fois drôle et surprenante.
  (Dans cette phrase, le groupe nominal *ce film* est un complément du nom précédé de la préposition *de*. Il complète le nom *histoire*)
→ Va voir ce film **dont** l'histoire est à la fois drôle et surprenante.
  (*dont* équivaut à *de ce film* et est complément du nom *histoire*)

– ATTENTION : ne pas dire

*Le professeur punira les élèves dont **leurs** exercices n'auront pas été faits.
  (phrase incorrecte)

mais :

Le professeur punira les élèves dont **les** exercices n'auront pas été faits.
  (phrase correcte)

Le nom que complète le pronom relatif *dont* ne doit pas être précédé d'un déterminant possessif.

– ATTENTION : ne pas dire

*N'oubliez pas de mentionner le nom de l'auteur **sous la direction dont** cet ouvrage collectif a été rédigé.
  (phrase incorrecte)

mais :

                                                                        de qui
N'oubliez pas de mentionner le nom de l'auteur **sous la direction duquel** cet ouvrage collectif a été rédigé.
  (phrase correcte)

103

Le pronom relatif *dont* doit toujours être en tête de la proposition subordonnée relative. Il ne peut être placé juste après le nom dont il est complément.
Pour plus de précisions sur ce point, voir Les pronoms relatifs composés, p. 105.

4 *Dont* complément de l'adjectif

Dont est complément de l'adjectif quand il complète un adjectif se construisant avec la préposition *de* : *content de, satisfait de, heureux de, fier de, digne de, triste de*...

    Je suis assez fier **de cet ouvrage**.   (*fier de* qc, qn)
    → J'ai fini <u>un ouvrage</u> **dont** je suis assez fier.
        (*dont* équivaut à *de cet ouvrage* et est complément de l'adjectif *fier*)

5 *Dont* signifiant « parmi lesquel (le)s »

Enfin, le pronom *dont* peut signifier « parmi lesquel (le)s ». On le rencontre couramment avec cette signification dans deux cas :
— lorsque *dont* complète un pronom de quantité tel que *plusieurs, certains, un, deux*...

    J'ai cassé plusieurs verres. Un **de ces verres** est en cristal.
    → J'ai cassé plusieurs verres **dont** un en cristal.
        (Le pronom *dont* équivaut à *de ces verres* et est complément du pronom numéral *un*.
        La phrase signifie : « J'ai cassé plusieurs verres parmi lesquels un est en cristal. »)

— lorsque *dont* précède un pronom tonique, un pronom démonstratif ou un pronom possessif dans des phrases telles que celles-ci :

    On a embauché plusieurs étudiants **dont moi**.
        (*dont moi* = parmi lesquels je suis.)
    J'ai gardé quelques photos de mon frère **dont celles-ci**.
    Nous avons essayé plusieurs recettes **dont la tienne**.

On notera que lorsque *dont* signifie « parmi lesquel (le)s », le verbe *être* est généralement sous-entendu dans la proposition relative.

V. Le pronom relatif *où*

Le pronom relatif *où* peut avoir deux fonctions : il peut être **complément circonstanciel de lieu** ou **complément circonstanciel de temps**.

1 *Où* complément circonstanciel de lieu

Où est complément circonstanciel de lieu quand il **représente**
— **un nom désignant un lieu :**

    C'est <u>le pays</u> où je suis né.

– **les adverbes de lieu** *là* **et** *partout*, qui jouent alors le rôle d'antécédent :

> Ton livre ? Il est toujours là **où** je l'ai rangé.
> Je te suivrai partout **où** tu iras.

Par ailleurs, *où* complément circonstanciel de lieu peut être **précédé des prépositions** *de* **et** *par* :

> C'est le village **d'où** elle est originaire.
> Peux-tu m'indiquer les villages **par où** nous passerons ?

2 *Où* complément circonstanciel de temps

Où est complément circonstanciel de temps quand il représente **un nom désignant un moment.**

> C'est le jour **où** je suis né.

Quand l'antécédent est le nom *heure*, *date* ou *époque*, on emploie souvent le pronom relatif composé *à laquelle* à la place de *où*.

> C'est l'heure **à laquelle** je me réveille.
> Savez-vous la date **à laquelle** cette réunion aura lieu ?
> C'est une époque **à laquelle** j'aurais aimé vivre.

REMARQUE : il ne faut pas confondre le pronom relatif *où*

– **avec la conjonction de coordination** *ou* (= *ou bien*) qui s'écrit sans accent.

> Tu préfères que nous achetions des pommes **ou** des poires ?
>   (= ou bien des poires)

– **avec l'adverbe interrogatif** *où*.

> **Où** vas-tu ?
> Je ne sais pas **où** il s'est caché.

VI. Les pronoms relatifs composés

Formes

Les pronoms relatifs composés marquent l'opposition des genres et des nombres. Ils sont du même genre et du même nombre que leur antécédent (= le groupe nominal ou le pronom qu'ils représentent).

	Masculin	**Féminin**
Singulier	*lequel*	*laquelle*
Pluriel	*lesquels*	*lesquelles*

Par ailleurs, les pronoms *lequel, lesquels* et *lesquelles* **se contractent** avec les prépositions *à* et *de* :

	Masculin	**Féminin**
Singulier	*auquel* (= à + lequel) *duquel* (= de + lequel)	*à laquelle* *de laquelle*
Pluriel	*auxquels* (= à + lesquels) *desquels* (= de + lesquels)	*auxquelles* (= à + lesquelles) *desquelles* (= de + lesquelles)

Emplois

■ L'emploi de *lequel, laquelle, lesquels, lesquelles*

On emploie ces pronoms **après une préposition autre que *à* ou *de*.**

> Je voudrais visiter les villes **par lesquelles** nous passerons.
> Je suis impressionné par le courage **avec lequel** il fait face à la maladie.

Ils peuvent représenter **un animé** ou **un inanimé.** Cependant, quand l'antécédent est un nom désignant un être humain, ils sont fréquemment remplacés par le pronom *qui* :

> Je vais te présenter les amis **chez lesquels** je loge.
> **chez qui**

ATTENTION :

– Quand l'antécédent est le pronom indéfini *quelqu'un* ou *personne*, on n'emploie pas le pronom *lequel* mais le pronom *qui* :

> C'est quelqu'un **avec qui** je travaille avec plaisir.
> Il n'y a personne **sur qui** je puisse compter.

– Quand l'antécédent est le pronom démonstratif *ce*, ou le pronom indéfini *quelque chose* ou *rien*, on n'emploie pas le pronom *lequel* mais le pronom *quoi*. (Voir LES PRONOMS RELATIFS *QUE* ET *QUOI*, p. 100).

■ Emploi de *auquel, à laquelle, auxquels, auxquelles*

Ces formes s'emploient avec les verbes et les adjectifs se construisant **avec la préposition *à*** :

> C'est la conclusion **à laquelle** je suis arrivé.
> Nous avons adopté les mesures **auxquelles** l'ensemble du comité était favorable.

Quand l'antécédent est un nom désignant un être humain, elles sont souvent remplacées par *à qui* :

> Je vais te donner la liste des personnes **auxquelles** j'ai écrit.
> **à qui**

■ Emploi de *duquel, de laquelle, desquels, desquelles*

On doit employer ces formes quand l'emploi du pronom relatif *dont* est impossible. Soit, dans deux cas :

– quand **l'antécédent est précédé d'un *de* faisant partie d'une locution prépositive** (= un groupe de mots jouant le rôle d'une préposition) : *près de, à côté de, en face de, au long de, au cours de, au milieu de, au-dessus de, au-dessous de…*

> Les gens **à côté desquels** je voyage sont charmants.

– quand **le pronom relatif est complément d'un nom ou d'un groupe nominal précédé d'une préposition** :

> Les gens **en compagnie desquels** je voyage sont charmants.

Ces formes sont par ailleurs souvent remplacées par ***de qui*** quand l'antécédent est un nom désignant un être humain :

> Les gens **à côté de qui** je voyage sont charmants.
> Les gens **en compagnie de qui** je voyage sont charmants.

Pour plus de précisions, voir LE PRONOM RELATIF *DONT*, p. 102.

C. Les pronoms possessifs et les pronoms démonstratifs

I. Les pronoms possessifs

Les pronoms possessifs renvoient le plus souvent à un groupe nominal se trouvant dans le texte. Ils représentent **un nom précédé d'un déterminant possessif.**

Tu as pris ton parapluie ? → Tu as pris **le tien** ? (*le tien* = ton parapluie)
Mon immeuble est plus ancien que **le vôtre**. (*le vôtre* = votre immeuble)

Voici leurs formes :

Possesseur	Un objet possédé		Plusieurs objets possédés	
	Masculin	Féminin	Masculin	Féminin
Je	le mien	la mienne	les miens	les miennes
Tu	le tien	la tienne	les tiens	les tiennes
Il / Elle	le sien	la sienne	les siens	les siennes
Nous	le nôtre	la nôtre	les nôtres	les nôtres
Vous	le vôtre	la vôtre	les vôtres	les vôtres
Ils / Elles	le leur	la leur	les leurs	les leurs

ATTENTION

Il faut bien distinguer les déterminants possessifs *notre* et *votre* des pronoms possessifs *le nôtre* et *le vôtre* :
– Les déterminants *notre* et *votre* sont placés devant un nom alors que les pronoms *le nôtre* et *le vôtre* représentent un groupe nominal (*notre* + nom ou *votre* + nom).
– Leur prononciation est également différente :
– **o ouvert** ([ɔ]) : *notre, votre*.
– **o fermé** ([o]) : *le nôtre, le vôtre*.

Par ailleurs, il faut penser à la contraction de *le* et *les* quand le pronom possessif est précédé des prépositions *à* et *de* :
– *à* + **pronom possessif** : *le* et *les* se contractent avec la préposition *à*.

Son caractère s'oppose **au mien**. (*au mien* = à + le mien)
Ses idées s'opposent **aux miennes**. (*aux miennes* = à + les miennes)

– *de* + **pronom possessif** : *le* et *les* se contractent avec la préposition *de*.

Il a un caractère différent **du mien**. (*du mien* = de + le mien)
Il a des idées différentes **des miennes**. (*des miennes* = de + les miennes)

II. Les pronoms démonstratifs (1)

Les pronoms démonstratifs sont des pronoms qui peuvent renvoyer à **un élément du texte** aussi bien qu'à **un élément extérieur au texte**, appartenant à la situation de celui qui parle, et qui permettent de **désigner** cet élément.
Ils comprennent des formes variables en genre et en nombre, et d'autres, dites « neutres », qui sont invariables.
Les formes variables sont les suivantes :

	Masculin	Féminin
Singulier	*celui* (*-ci*, *-là*)	*celle* (*-ci*, *-là*)
Pluriel	*ceux* (*-ci*, *-là*)	*celles* (*-ci*, *-là*)

Tout comme celles des déterminants démonstratifs, **elles peuvent être renforcées** au moyen de particules adverbiales : *-ci* ou *-là*. Quand elles ne sont pas suivies de ces particules, elles sont dites « **simples** ». Quand elles le sont, elles sont dites « **composées** ». Formes simples et formes composées présentent des ressemblances évidentes, mais elles ont **des emplois très différents**, qui ne doivent pas être confondus.

Emploi des formes simples et des formes composées

■ Emploi des formes simples

Les formes simples ne sont jamais employées seules. Elles sont toujours suivies
– d'un complément précédé de la préposition *de* ou *à* :

> C'est ta voiture ?
> – Non, c'est **celle** de mon père.
> Tu aimes ces bonbons ?
> – Non, je préfère **ceux** au caramel.

– d'une proposition relative :

> **Celui** qui aura obtenu le meilleur score à ce jeu gagnera deux places de cinéma.
> Ce pantalon te va beaucoup mieux que **celui** que tu portais hier.

– ou d'un participe passé :

> Je n'aime pas ce dentifrice. Je préfère **celui** recommandé par mon dentiste.

ATTENTION : une forme simple **ne peut être suivie d'un adjectif épithète.** On ne dit pas : « Cet exercice est celui le plus difficile ». Mais : « Cet exercice est celui qui est le plus difficile ».

■ Emploi des formes composées

Les formes composées, au contraire, s'emploient seules. Elles ne sont donc pas suivies d'un complément précédé de la préposition *de* ou *à*, d'une proposition relative ou d'un participe passé.

> Ces sacs sont magnifiques, surtout ***celui-là***.

2 Quelle différence entre *-ci* et *-là* ?

Comme pour les formes composées du déterminant démonstratif, il existe, pour les formes composées du pronom démonstratif **certaines différences de sens et d'emploi entre** *-ci* **et** *-là*.

■ À l'oral, pour désigner un être ou un objet, on emploie plus souvent *-là* que *-ci*

> Je voudrais essayer une paire de sandales. **Celle-là**.

■ *-là* et *-ci* et s'emploient ensemble quand on veut différencier deux éléments

> De ces deux foulards, lequel préférez-vous ? **Celui-ci** ou **celui-là** ?

Dans ce cas, il peut y avoir une nuance entre *-ci* et *-là*, *-ci* exprimant la proximité et *-là*, l'éloignement.

> Si **ceux-là** vous plaisent, vous pouvez les emporter. Je prendrai **ceux-ci**.
> (les plus éloignés)   (les plus proches)

À l'écrit, plus particulièrement, *-ci* et *-là* permettent de distinguer deux groupes nominaux placés avant : *-ci* renvoie au groupe nominal le plus proche et *-là* au groupe nominal le plus éloigné.

> Mon voisin a deux chevaux, un percheron blanc et un pur-sang noir. **Celui-ci** est fin,
>   (le pur-sang noir)
> nerveux et rapide, tandis que **celui-là** est trapu, robuste et puissant.
>   (le percheron blanc)

■ À l'écrit, la forme composée en *-ci* permet de reprendre un groupe nominal placé immédiatement avant

Lorsque l'usage du pronom personnel de la 3e personne risque de conduire à une confusion, on recourt fréquemment à la forme composée en *-ci* pour reprendre un groupe nominal placé immédiatement avant.

> Mon voisin a deux chevaux, un percheron blanc et un pur-sang noir. **Celui-ci** est fin, nerveux et rapide.

Si l'on écrit « **Il** est fin, nerveux et rapide », le sens n'est pas clair, car on ne sait pas à quel groupe nominal renvoie le pronom *il* : « mon voisin » ? « un percheron blanc » ? « un pur-sang noir » ? Au contraire, l'emploi du pronom démonstratif *celui-ci* lève toute ambiguïté : *celui-ci* ne peut reprendre que le groupe nominal placé juste avant, c'est-à-dire « un pur-sang noir ».

REMARQUE : dans cet emploi, le pronom démonstratif peut être remplacé par *ce dernier* / *cette dernière* / *ces derniers* / *ces dernières*.

> **Celui-ci**
> Mon voisin a deux chevaux, un percheron blanc et un pur-sang noir. **Ce dernier** est fin, nerveux et rapide.

III. Les pronoms démonstratifs (2)

Les pronoms démonstratifs comportent également des formes invariables, traditionnellement dites **neutres**. Elles sont au singulier. Ce sont les suivantes :

Forme simple	Formes composées
ce	ceci cela / ça

1 Le pronom *ce* suivi du verbe *être*

Le pronom *ce* peut être suivi du verbe *être* (éventuellement précédé des verbes *pouvoir* ou *devoir*). Il est alors le sujet de ce verbe.

■ Orthographe

Ce sujet du verbe *être* s'élide devant les formes du verbe commençant par une voyelle et prend, en outre, une cédille devant la voyelle *a-* :

    C'est   (présent)
    C'était   (imparfait)
    Ç'a été   (passé composé)
    Ç'aura été   (futur antérieur)

Mais :

    Ce sera   (futur simple)
    Ce serait   (conditionnel présent)

■ Principaux emplois

● *Ce* **sujet du verbe *être* permet d'introduire un nom, un groupe nominal ou un pronom.**

– *C'est* + nom / groupe nominal :

    C'est Dominique.
    C'est un professeur.
    C'est mon poisson rouge.
    C'est l'ordinateur de François.
    C'est le meuble dont je t'ai parlé.

Devant un groupe nominal pluriel, *c'est* devient *ce sont* :

    Ce sont les Martin.
    Ce sont mes voisins.

Mais dans la langue familière, il reste invariable : *C'est les Martin. C'est mes voisins.*

– *C'est* + pronom :

    Voilà ta chambre ?
    – Oui, **c'est** la mienne.

Devant un pronom pluriel, *c'est* devient *ce sont* :

> À qui sont ces lunettes ?
> – **Ce sont** celles de Marie.

Mais dans la langue familière, *c'est* reste invariable : *C'est celles de Marie.*

– ***C'est* + pronom tonique**

Après *c'est*, les pronoms personnels sont toujours à la forme tonique.

> ~~C'est je~~ → C'est **moi**.

Par ailleurs, *c'est* s'emploie devant les pronoms toniques singuliers, mais aussi, curieusement, devant *nous* et *vous*. On ne dit pas **ce sont nous, *ce sont vous*.

	moi		
	toi		eux
C'est	lui / elle	**Ce sont**	
	nous		elles
	vous		

Dans la langue familière, on peut dire *c'est eux, c'est elles.*

🔵 ***Ce* sujet du verbe *être* peut également représenter ou annoncer un élément du contexte.**

Normalement, il reprend ou annonce un élément n'ayant ni genre ni nombre :

> Nager, **c'est** bon pour la santé.
> (c' reprend l'infinitif qui précède)
> **C'est** bon pour la santé de nager.
> (c' annonce l'infinitif qui suit)
> Que François ne m'ait pas vu lors de cette réunion, **c'est** tout à fait possible.
> (c' reprend la proposition qui précède)

Mais dans langue familière, il arrive fréquemment qu'il représente un nom. Il s'agit alors le plus souvent d'un nom **générique** (= représentant une catégorie générale) :

> **C'est** mignon, les enfants, mais **c'est** parfois bien fatigant.
> Une vieille personne, **c'est** plein d'expérience.
> Les romans, **c'est** passionnant.
> Le théâtre, **c'est** toute ma vie.

Dans cet emploi, si le verbe *être* est construit avec un adjectif attribut du sujet, *ce* est toujours suivi du verbe *être* au singulier, et l'adjectif attribut accordé au masculin singulier.

REMARQUE : si le nom est envisagé sous sa forme particulière, et que le verbe *être* est construit avec un adjectif attribut du sujet, on emploie en général les pronoms *il(s)* ou *elle(s)* et non pas le pronom *ce*.

> **Ils** sont mignons, tes enfants, mais **ils** sont parfois bien fatigants.
> Cette vieille personne, **elle** est pleine d'expérience.
> Le roman que tu m'as prêté, **il** est passionnant.

● *Ce* **sujet du verbe** *être* **peut remplacer le pronom impersonnel** *il* **suivi du verbe** *être* **dans une construction impersonnelle.**

> C'est facile de critiquer.
> (= Il est facile de critiquer.)
> C'est dommage que tu ne sois pas là.
> (= Il est dommage que tu ne sois pas là.)

REMARQUE : *il est* est d'un usage plus soutenu et s'emploie de préférence à l'écrit. *C'est* est d'un usage courant.

■ Ce ou ça ?

Ce sujet du verbe *être* est concurrencé dans la langue familière par le pronom *ça*, sauf devant *est* et *était* à la forme affirmative.

Langue courante	Langue familière
C'est bien.	~~Ça est bien~~.
C'était bien.	~~Ça était bien~~
Ce n'est pas bien.	Ça n'est pas bien.
Ce n'était pas bien.	Ça n'était pas bien.
Ce sera bien.	Ça ne sera pas bien.

2 Le pronom *ce* suivi d'un pronom relatif

Le pronom *ce* peut également être **suivi d'un pronom relatif** : *qui*, *que*, *quoi* précédé d'une préposition, ou *dont*. Il est alors l'antécédent de ce pronom (c'est-à-dire le mot que représente ce pronom). Et dans cet emploi, il renvoie à la situation de celui qui parle ou reprend un élément du contexte :

– *ce qui* :

> Je t'ai apporté quelques échantillons. Choisis **ce qui** te plaît.
> Henri a été insolent, **ce qui** n'a pas plu à son professeur.

– *ce que* :

> Je vais te montrer **ce que** j'ai trouvé.
> Il a décidé de licencier son employé, **ce que** je désapprouve totalement.

– *ce* + **préposition** + *quoi*

> Tu devines **ce à quoi** je pense.
> Alain nous aidera – c'est du moins **ce sur quoi** nous comptons.

– *ce dont* :

> Voilà **ce dont** on parle dans les journaux en ce moment.
> On dit qu'il est capable de mener à bien cette entreprise, **ce dont** je doute.

REMARQUE : on n'emploie pas le pronom relatif *quoi* après la préposition *de*. On ne dit pas : **C'est ce de quoi je parle* (phrase incorrecte) mais *C'est ce **dont** je parle*.
VOIR LES PRONOMS RELATIFS *QUE* ET *QUOI*, p. 100.

3 Les pronoms *ceci, cela, ça*

■ *Ceci*

Le pronom ***ceci*** est assez peu employé dans la langue courante. Il permet d'annoncer ce que l'on va dire :

> Je vais te dire **ceci** : il ne faut pas croire tout ce que l'on raconte.

On le trouve également dans l'expression figée *ceci dit* (en concurrence avec *cela dit*).

■ *Cela, ça*

Comme le pronom *ce*, les pronoms ***cela*** et ***ça***, qui est la forme familière de ***cela***, ne peuvent, normalement, représenter un nom. Ils sont d'abord utilisés
– **pour désigner un objet qu'on ne veut ou ne peut nommer :**

> Qu'est-ce que **cela** ?   (langue soutenue)
> Qu'est-ce que c'est que **ça** ?   (langue familière)
> Range-moi **ça**.   (langue familière)

– **pour reprendre ou annoncer un élément du contexte n'ayant ni genre ni nombre :**

> Aller toutes les semaines au cinéma, **cela** finit par coûter cher.
> **Cela** finit par coûter cher d'aller au cinéma toutes les semaines.
> Serge a dit qu'il passerait nous voir demain. **Ça** ne t'ennuie pas ?

Cependant, **dans la langue orale,** de même que le pronom *ce*, *cela* et *ça* s'emploient aussi fréquemment pour reprendre ou annoncer un nom. Ils représentent alors en général des noms désignant des **inanimés :**

> Arles, **cela** mérite qu'on s'y arrête.
> Mon travail est facile : **cela** consiste à classer des dossiers par ordre alphabétique.
> Cet instrument ? **Ça** servait à battre le blé.
> Alors, le travail, **ça** marche ?
> **Cela** me passionne, la chimie.
> Le nougat, vous aimez **ça** ?

Mais *ça* peut aussi représenter un nom désignant des **animés** (avec une nuance, souvent, de mépris ou d'admiration) :

> Les femmes, **ça** ne comprend jamais rien à la mécanique !
> **Ça**, c'est un homme !

En outre, *cela* et *ça* se rencontrent couramment dans **l'expression *cela / ça fait …(que)*** qui permet **d'exprimer la durée** :

> **Cela / Ça fait** combien de temps que tu es parti ?
> (= Il y a combien de temps que tu es parti ?)
> **Cela / Ça fait** dix ans que je vis en France.
> (= Il y a dix ans que je vis en France)

REMARQUE : *ça* dans la langue familière remplace *cela*, mais aussi *ceci*.

> Il m'a dit **ça** : « Toi, t'es un chic type ».

De manière générale, le pronom *ça* ne doit pas être employé dans la langue écrite.

D. Les pronoms indéfinis et les pronoms numéraux

I. Les pronoms indéfinis (1)

Les pronoms indéfinis sont des pronoms qui permettent d'exprimer **l'indétermination**, **la quantité**, **la différence** ou **la ressemblance** :
– **l'indétermination** : *on, quelqu'un, n'importe qui, n'importe lequel, quiconque, quelque chose…*

– **la quantité** :   - **la pluralité** : *quelques-un(e)s, certain(e)s, plusieurs, beaucoup, peu.*
                        - **la totalité** : *tout, tous, toutes, chacun(e).*
                        - **la quantité nulle** : *personne, aucun, rien, nul (le), pas un(e).*

– **la différence** : *autre chose, l'un(e)… l'autre, les un(e)s… les autres…, un(e) autre, d'autres.*

– **la ressemblance** : *le même, la même, les mêmes.*
Considérons d'abord les pronoms *on, quelqu'un, personne, quelque chose* et *rien*.

 On

On est un pronom indéfini **neutre singulier.** Il est **toujours sujet**. Selon le contexte, il peut signifier notamment :
- *les gens*
> La fête battait son plein. **On** dansait, **on** buvait.

- *quelqu'un, des personnes* :
> **On** vous demande au téléphone.
> **On** a cambriolé sa boutique.

- *nous*, dans la langue familière :
> Et si **on** allait au restaurant ?
> (= Et si nous allions au restaurant ?)

Quand *on* signifie *nous*, il peut être considéré comme un pronom personnel. De plus, l'adjectif ou le participe passé qui s'accordent avec *on* peuvent s'écrire au masculin singulier ou bien s'accorder avec le *nous* que signifie *on* :
> Luc et moi, **on** est parti(s) à dix heures.

(Voir le chapitre consacré aux pronoms personnels sujets.)

REMARQUE : dans la langue soutenue, *on* est souvent précédé d'un *l'*, notamment après *et, ou, où, qui, quoi, si* afin d'éviter un hiatus.
> Comment savoir **si l'on** vous dit la vérité ?

2 Quelqu'un, quelque chose

Quelqu'un et *quelque chose* sont des pronoms indéfinis **neutres singuliers** :
– *Quelqu'un* désigne **une personne indéterminée.**

> Je crois que **quelqu'un** nous a vus.
> J'ai entendu **quelqu'un** se plaindre.

– *Quelque chose* désigne **une chose ou une idée indéterminées.**

> Vous voulez manger **quelque chose** ?
> Je voudrais te parler de **quelque chose**.

3 Personne, rien

Personne et *rien* sont également des pronoms indéfinis **neutres singuliers**.
– *Personne* est **le contraire de** *quelqu'un, on, tout le monde.*
– *Rien* est **le contraire de** *quelque chose* et de *tout*.

■ Emplois de *personne* et de *rien*

Personne et *rien* s'emploient toujours dans des phrases négatives.
Ils peuvent être corrélés à ***ne*** (sans *pas*) :

– *personne … ne / ne … personne*

> **Personne n**'est venu.
> Tu as vu quelqu'un ? - Non, je **n**'ai vu **personne**.
> Je **ne** dirai ton secret à **personne**.

– *rien … ne / ne … rien*

> **Rien** de tout cela **ne** me satisfait.
> Tu as pris quelque chose ? - Non je **n**'ai **rien** pris.
> Merci, je **n**'ai besoin de **rien**.

On peut aussi employer *personne* et *rien* avec *ne… plus, ne… jamais, ne… encore.*

> Tout le monde est parti. Il **n**'y a **plus personne**.
> Il **ne** me confie **jamais rien**.
> Il **n**'y a **encore personne** dans la salle.

■ Places de *personne* et de *rien* COD du verbe

Quand *personne* et *rien* sont compléments d'objet direct (COD) du verbe, ils occupent la même place si le verbe est à un temps simple, mais des places différentes si le verbe est à un temps composé ou s'il est suivi d'un infinitif.

– Verbe à un temps simple :

> Il **ne** voit **personne**.
> Il **ne** voit **rien**.

– Verbe à un temps composé :

> Il **n**'a vu **personne**.
> Il **n**'a **rien** vu.

– Verbe suivi d'un infinitif :

> Il **ne** veut voir **personne**.
> Il **ne** veut **rien** voir.

4 *Quelqu'un / personne / quelque chose / rien + de + adjectif*

Les pronoms *quelqu'un*, *personne*, *quelque chose*, *rien* peuvent être suivis d'un adjectif précédé de la préposition *de*. Cet adjectif est toujours au masculin singulier. Il peut être au comparatif.

quelqu'un	
personne	+ ***de*** + adjectif qualificatif au masculin singulier.
quelque chose	
rien	

C'est **quelqu'un d'honnête**.
Je ne connais **personne d'aussi intelligent**.
Tu as vu **quelque chose d'autre** ?
Vous n'avez **rien de plus solide** et **de moins cher** ?

On peut aussi faire suivre la préposition *de* de l'adverbe ***bien*** (qui est alors employé comme adjectif) :

C'est **quelqu'un de bien**.
Je ne vois **rien de bien**.

NOTER : quand *rien* est COD du verbe

– *de* + adjectif (ou *de* + *bien*) se place après le participe passé aux temps composés :

Je n'ai rien **vu de bien**.

– *de* + adjectif (ou *de* + *bien*) se place après l'infinitif si le verbe est suivi d'un infinitif :

Il ne peut **rien** faire **d'intéressant**.

II. Les pronoms indéfinis (2)

Les pronoms indéfinis *quelques-uns, certain(e)s, plusieurs* expriment **la pluralité**. On peut leur adjoindre *peu* et *beaucoup* dans leur emploi pronominal.

1 *Quelques-uns, certain(e)s, plusieurs*

■ *Quelques-uns*

Le pronom indéfini pluriel *quelques-uns* a pour féminin *quelques-unes*. Il représente un nombre peu important, avec une certaine valeur restrictive (il est d'ailleurs souvent employé avec la tournure *ne… que*).

Quand il renvoie à un nom ou un groupe nominal se trouvant dans le texte, il peut représenter des animés ou des inanimés :

> J'écris des poèmes. Je peux t'en lire **quelques-uns**, si tu veux.

Sinon, il ne peut représenter que des animés. Il signifie alors « quelques personnes ».

> **Quelques-uns** m'ont dit t'avoir aperçu.

■ *Certain(e)s*

Le pronom indéfini pluriel *certains* a pour féminin *certaines*. Il représente un nombre peu important mais sans la nuance restrictive qu'implique le pronom *quelques-un(e)s*.

Quand il renvoie à un nom ou un groupe nominal se trouvant dans le texte, il peut représenter des animés ou des inanimés.

> Il faut manger ces fruits. **Certains** sont déjà trop mûrs.

Sinon, il ne peut représenter que des animés. Il signifie alors « certaines personnes ».

> **Certains** affirment que le lait contient des lipides nuisibles à la santé.

En outre, *certains* s'emploie fréquemment en corrélation avec le pronom indéfini *d'autres*. Voir Les pronoms corrélés, p. 126.

■ *Plusieurs*

Le pronom *plusieurs* est un pronom indéfini pluriel dont **la forme est la même au féminin qu'au masculin**. Il représente un nombre supérieur à deux, plus ou moins important, et comporte une certaine valeur augmentative (par opposition à *quelques-uns* ou *certains*).

Quand il renvoie à un groupe nominal se trouvant dans le texte, il peut représenter des animés ou des inanimés.

> Ce sont de bonnes idées. **Plusieurs** peuvent être retenues.

Sinon, il ne peut désigner que des animés. Il signifie alors « plusieurs personnes ».

> Le jeu de ces acteurs est bien meilleur que ce que **plusieurs** prétendent.

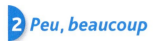

Peu, beaucoup

■ *Peu*

Peu, employé comme pronom, représente un nombre peu important. Quand il renvoie à un groupe nominal se trouvant dans le texte, il peut représenter des animés ou des inanimés.

> Parmi ces champignons, **peu** sont comestibles.

Sinon, il ne peut désigner que des animés. Il signifie alors « peu de gens », « peu de personnes ».

> Ce sont des questions complexes. **Peu** osent en parler ouvertement.

▪ *Beaucoup*

Beaucoup, employé comme pronom, représente **un nombre important**. Quand il renvoie à un groupe nominal se trouvant dans le texte, il peut désigner des animés ou des inanimés.

> La France compte 450 barrages, dont **beaucoup** sont en mauvais état.

Sinon, il ne peut représenter que des animés. Il signifie alors « beaucoup de gens », « beaucoup de personnes ».

> Je dis tout haut ce que **beaucoup** pensent tout bas.

Constructions particulières

▪ Pronom indéfini + *de* + déterminant + nom

Quelques-uns, *certains*, *plusieurs*, *beaucoup*, *peu* peuvent être suivis d'un groupe nominal précédé d'un déterminant défini (= article défini, déterminant possessif ou déterminant démonstratif) et de la préposition *de* :

> Il m'a révélé **quelques-uns de ses secrets**.
> **Certaines de mes questions** sont restés sans réponse.
> Il a nié **plusieurs des faits** dont on l'accuse.
> (*des* = *de* + *les*)
> **Peu de mes amis** savent la vérité.

▪ Pronom indéfini + *de* + pronom démonstratif ou possessif

> Je voudrais te montrer mes tableaux, surtout **quelques-uns de ceux** que j'ai peints ces dernières semaines.
> **Beaucoup de ceux** qui la critiquent ne valent pas mieux qu'elle.

▪ Pronom indéfini + *d'entre* + pronom tonique

> **Quelques-uns d'entre eux** sont restés avec nous.
> **Peu d'entre nous** sont capables d'un tel courage.

▪ *En* + pronom indéfini

Le pronom *en* se combine avec les pronoms indéfinis *quelques-uns*, *certains*, *plusieurs*, *beaucoup*, *peu* dans l'expression de la quantité :

		quelques-un(e)s
		certain(e)s
en	+	*plusieurs*
		peu
		beaucoup

III. Les pronoms indéfinis (3)

Tout, tous, toutes sont des pronoms indéfinis qui expriment **la totalité**. On peut leur adjoindre la locution ***tout le monde***, qui a valeur de pronom indéfini et signifie « tous les gens ».

1 *Tout*

Le pronom *tout* est un pronom indéfini **neutre singulier**. Il représente un ensemble de choses qui peuvent être indéterminées – dans ce cas, il signifie « toute chose » – ou précisées dans le texte.

> On se reverra l'année prochaine, si **tout** va bien.
> (*tout* signifie « toute chose »)
> Nouveau directeur, nouveaux locaux, nouvelle stratégie : **tout** a changé.
> (*tout* renvoie aux trois groupes nominaux qui précèdent)

■ Le verbe dont *tout* est le sujet : à la 3e personne du singulier

> Robes, pantalons, pulls : tout **est** neuf.

■ Place de *tout* COD dans la phrase

– Avec un verbe **à un temps simple,** *tout* se place **après le verbe** :

> Je donne **tout**.   Il te dit **tout**.
> Je ne donne pas **tout**.   Il ne te dit pas **tout**.

– Avec un verbe **à un temps composé,** *tout* se place **entre l'auxiliaire** (*être* ou *avoir*) **et le participe passé** :

> J'ai **tout** donné.   Il t'a **tout** dit.
> Je n'ai pas **tout** donné. Il ne t'a pas **tout** dit.

– Avec un verbe conjugué **suivi d'un infinitif**, *tout* se place **entre le verbe conjugué et l'infinitif**. S'il y a un autre pronom complément, *tout* se place devant ce pronom :

> Je vais **tout** donner   Il va **tout** te dire
> Je ne vais pas **tout** donner Il ne va pas **tout** te dire.

2 *Tous, toutes*

Le pronom *tous* (il faut prononcer le *-s* final) est **un pronom indéfini** qui renvoie à un groupe nominal ou un pronom **masculin pluriel**. Le féminin de *tous* est ***toutes.***

Si *tous* et *toutes* renvoient à un groupe nominal ou un pronom se trouvant dans le texte, ils peuvent représenter des animés aussi bien que des inanimés :

> Je peux compter sur mes collègues. **Tous** sont des personnes très fiables.
> Ces projets méritent d'être examinés avec soin. **Tous** sont intéressants.

Sinon, ils ne peuvent représenter que des personnes :

> Un pour **tous**, **tous** pour un !

Par ailleurs *tous* et *toutes* peuvent soit se substituer au groupe nominal ou au pronom auquel ils renvoient :

> Les familles sont sans nouvelles des soldats blessés. **Toutes** sont inquiètes.

soit s'associer à celui-ci. Dans ce dernier cas, on peut avoir :
– groupe nominal … *tous* / *toutes* :

> **Mes amis** sont **tous** partis en vacances.

– pronom personnel … *tous* / *toutes* :

> Tu as reçu une carte de tes cousines. **Elles** te souhaitent **toutes** un joyeux anniversaire.
> **Vous** devez **tous** être à l'heure.
> Je n'ai plus de billets de tombola. Je **les** ai **tous** vendus.
> Bonjour à **vous tous** !

■ Place de *tous* et *toutes* associés à un pronom sujet

– Avec un verbe **à un temps simple**, *tous* et *toutes* se placent **après le verbe** :

> Ils acceptent **tous** ta proposition.
> Ils n'acceptent pas **tous** ta proposition.

– Avec un verbe **à un temps composé**, *tous* et *toutes* se placent en général **entre l'auxiliaire** (*être* ou *avoir*) **et le participe passé** :

> Ils ont **tous** accepté ta proposition.
> Ils n'ont pas **tous** accepté ta proposition.

– Avec un verbe conjugué **suivi d'un infinitif**, *tous* et *toutes* se placent en général **entre le verbe conjugué et l'infinitif** :

> Ils vont **tous** accepter ta proposition.
> Ils ne vont pas **tous** accepter ta proposition.

■ Place de *tous* et *toutes* associés au pronom COD *les*

– Avec un verbe **à un temps simple**, *les* se place **avant le verbe** et *tous* **après** :

> Je lis tous ces livres. → Je **les** lis **tous**.
> Je ne lis pas tous ces livres → Je ne **les** lis pas **tous**.

– Avec un verbe **à un temps composé,** *les* se place **avant le verbe** et *tous* en général **entre l'auxiliaire** (avoir ou être) et **le participe passé** :

> J'ai lu tous ces livres. → Je **les** ai **tous** lus.
> Je n'ai pas lu tous ces livres. → Je ne **les** ai pas **tous** lus.

– Avec un verbe conjugué **suivi d'un infinitif**, il y a **deux possibilités :**

> Je vais lire tous ces livres. → Je vais **tous les** lire / Je vais **les** lire **tous**.
> Je ne vais pas lire tous ces livres. → Je ne vais pas **tous les** lire / Je ne vais pas **les** lire **tous**.

3 *Tout le monde*

La locution *tout le monde* a la valeur d'un pronom indéfini. Elle signifie « tous les gens » mais est neutre singulier. C'est pourquoi, quand *tout le monde* est sujet, le verbe doit être à la 3e personne du singulier.

> Tout le monde **est** rassuré.
> Tout le monde **sait** bien que tu as raison.

IV. Les pronoms indéfinis (4)

Chacun est un **pronom indéfini singulier.** Ce pronom permet de désigner individuellement les éléments d'un ensemble. Il exprime donc **la totalité** tout en insistant sur **l'individualité**. La forme du féminin est *chacune*.

1 Ce que représente le pronom *chacun(e)*

Si le pronom *chacun(e)* renvoie à un groupe nominal se trouvant dans le texte, il peut représenter des animés aussi bien que des inanimés :

> Il a consulté **chacun** de ses collaborateurs.
> Il pèse soigneusement **chacune** de ses décisions.

S'il ne renvoie pas à un groupe nominal se trouvant dans le texte, il ne peut représenter que des personnes. Il signifie alors « toute personne », « tout le monde » et est le plus souvent au masculin :

> Il faut respecter les droits de **chacun**.
>   (= de tout personne)
> L'été est propice, comme **chacun** sait, à la paresse.
>   (= comme tout le monde le sait)

ATTENTION : le verbe dont *chacun(e)* est le sujet est toujours à la 3ᵉ personne du singulier.

> **Chacun** des participants **peut** se sentir concerné.

REMARQUE : quand *chacun(e)* est employé avec le pronom relatif sujet *qui*, et que ce pronom relatif reprend un groupe nominal pluriel, le verbe doit s'accorder avec *qui* et non avec *chacun(e)*. Le verbe doit donc se mettre au pluriel :

> Je me suis acheté plusieurs robes, **qui coûtent chacune** plus de 100 euros.

2 Pronoms personnels et déterminants possessifs associés

– Les pronoms personnels sujets qui permettent de reprendre *chacun* et *chacune* sont ceux de la 3ᵉ personne du singulier : *il* et *elle*.

> **Chacun** a dit ce qu'**il** pensait.
> **Chacune** a fait ce qu'**elle** avait décidé.

– Si *chacun(e)* est le sujet de la phrase, les déterminants possessifs et les pronoms personnels compléments qui lui sont associés sont également ceux de la troisième personne du singulier. On aura donc comme déterminants possessifs *son, sa, ses* et comme pronoms personnels *le, la, lui* ou *se* :

> **Chacun s'**est permis de faire ce qui **lui** était le plus facile et **le** dérangeait le moins.

– Si *chacun(e)* n'est pas sujet de la phrase, le choix du déterminant possessif et du pronom personnel se fait en général avec le sujet de la phrase, mais il peut y avoir une hésitation à la 3ᵉ personne :

> **Ils** ont fait **chacun** ce qui **leur** plaisait.
>   (*leur* renvoie à *ils*)

Vous savez **chacune** ce qui **vous** attend.
  (*vous* COD renvoie à *vous* sujet)
Nous avons donné **chacun notre** avis.
  (*notre* renvoie à *nous*)
Ils sont repartis **chacun de son** côté. / Ils sont repartis **chacun de leur** côté.
  (*son* renvoie à *chacun*)   (*leur* renvoie à *ils*)

– Comme les pronoms indéfinis *on*, *quelqu'un*, *personne*, etc., le pronom *chacun(e)* peut être associé au pronom tonique *soi* :

  Chacun est rentré chez **soi**.

3 Constructions particulières

Chacun(e) peut être suivi d'un complément précédé de la préposition *de*.
– ***Chacun de* + déterminant défini + nom pluriel**
  Le professeur a appelé **chacun des élèves**.   (*des* = de + les)

RAPPEL : les déterminants définis sont les articles définis, les déterminants possessifs et les déterminants démonstratifs.
– ***Chacun de* + pronom tonique pluriel**
  Le professeur a appelé **chacun d'eux**.

– ***Chacun d'entre* + pronom tonique pluriel.**
  Chacune d'entre nous sait ce qu'elle risque.

4 Expressions familières

– Dans la langue familière, *chacune* peut être précédé du déterminant possessif *sa*. Il permet alors de désigner la femme dans un couple dont l'homme est représenté par *chacun* :

  Chacun danse avec **sa chacune**.

– De même, dans la langue familière, le pronom *chacun* peut être précédé de *tout un*. *Tout un chacun* signifie : « une personne quelconque », « tout le monde ».

  Il aime l'argent, comme **tout un chacun**.

V. Les pronoms indéfinis (5)

Les pronoms indéfinis **nul**, **aucun** et **pas un** expriment la quantité nulle. Ils s'emploient toujours dans des phrases négatives. **La négation *ne… pas* est réduite à *ne*.**

1) *Nul*

Le pronom *nul* s'emploie dans la **langue soutenue** comme équivalent de *personne*. Il ne peut être que sujet. Le verbe dont il est sujet est toujours à la 3ᵉ personne du singulier :

> **Nul n'**est venu.
> (= Personne n'est venu)
> **Nul ne** peut ignorer la loi.
> **Nul n'**est content.

Nul ne comporte généralement pas de distinction de genre. La forme du féminin, *nulle*, est rare.

REMARQUE : dans la langue littéraire, le pronom *nul* peut renvoyer à un groupe nominal, de la même façon que le pronom *aucun*.

2) *Aucun(e)*

Le pronom *aucun* est d'un usage courant. Il a pour féminin *aucune*. Il renvoie à un groupe nominal se trouvant dans le texte. Ce peut être un groupe nominal désignant
– **un animé :**
> Les élèves se taisaient. **Aucun ne** pouvait répondre à la question du professeur.

– **un inanimé :**
> J'ai planté trois rosiers. **Aucun n'**a fleuri.

■ *Aucun(e)* suivi d'un complément introduit par la préposition *de*

– *Aucun(e)* + *de* + **déterminant défini** + **nom pluriel**
> **Aucune de ses idées ne** me plaisait.

– *Aucun(e) d'entre* + **pronom tonique pluriel**
> Que tu partes ? **Aucun d'entre nous ne** le souhaite.

■ *Aucun(e)* associé au pronom *en*

> Tu as lu tous ces livres ?
> – Non, je **n'en** ai lu **aucun**.
>
> Vous avez cueilli quelques fleurs ?
> Non, nous **n'en** avons cueilli **aucune**.

NOTER : quand *aucun (e)* est le sujet du verbe, le verbe est à la 3ᵉ personne du singulier.

3 Pas un(e)

Le pronom **pas un** a pour féminin **pas une**. Comme *aucun(e)*, il renvoie à un groupe nominal désignant un animé ou un inanimé et peut être suivi d'un complément introduit par la préposition *de*. Il est toujours sujet du verbe.

> J'avais invité tous mes cousins. **Pas un** n'est venu.
> **Pas un de mes amis** n'a voulu venir.
> On ne nous a rien dit. **Pas un d'entre nous** n'est au courant.

Pas un(e) ne se rencontre qu'en position de sujet. Le verbe dont il est le sujet est à la 3ᵉ personne du singulier.

VI. Les pronoms indéfinis (6)

L'autre, un autre, les autres, d'autres sont des pronoms indéfinis qui expriment **la différence.** On peut leur adjoindre la locution *autre chose* qui a valeur de pronom indéfini et signifie « quelque chose d'autre », « quelque chose de différent ». Et le pronom *autrui*, qui appartient à langue soutenue.

1 Autre chose

La locution *autre chose* est neutre singulier. Et comme *quelque chose*, elle peut être suivie de *de* + adjectif.

> J'aimerais qu'on m'offre **autre chose**.
> Je voudrais vous dire **autre chose**.
> Vous n'auriez pas **autre chose de moins cher** ?

2 L'autre, les autres

Le pronom *l'autre* s'emploie pour désigner **un élément différent dans un ensemble où il n'y en a que deux**. Il peut être masculin ou féminin. Le pluriel est *les autres,* qui permet de désigner un groupe différent dans un ensemble où il n'y en a que deux.

> Pierre raconte quelque chose à son camarade. Il fait de grands gestes. **L'autre** rit aux éclats.

REMARQUE : les pronoms *l'autre* et *les autres* peuvent être **corrélés** aux pronoms *l'un(e)* ou *les un(e)s*. Voir le chapitre suivant.

3 Un(e) autre, d'autres

Le pronom *un autre* s'emploie pour désigner **un élément différent dans un ensemble où il y en a plus de deux.** Le féminin d'*un autre* est **une autre**. Le pluriel d'*un(e) autre* est **d'autres**. *D'autres* désigne donc un groupe dans un ensemble où il y en a plus de deux.

> Dans la classe, personne ne travaille. Un élève joue. **Un autre** dort.

REMARQUE : les pronoms *un(e) autre* et *d'autres* peuvent être **corrélés** aux pronoms *l'un(e)*, *les un(e)s* ou *certain(e)s*. Voir le chapitre suivant.

4 Autrui

Autrui est un pronom indéfini **neutre singulier.** Il signifie « l'autre » ou « les autres ». Il appartient à la langue soutenue et est utilisé plus particulièrement dans les domaines de la morale, de la philosophie et du droit.

> « Un homme est plus fidèle au secret d'**autrui** qu'au sien propre ; une femme, au contraire, garde mieux son secret que celui d'**autrui**. » (Jean de La Bruyère)

VII. Les pronoms indéfinis (7)

1 L'un(e) ... l'autre, les un(e)s ... les autres

Le pronom indéfini *l'un* – au féminin *l'une* – peut s'employer seul. Il est alors toujours suivi d'un complément introduit par la préposition *de* :

> **L'un d'entre nous** passera te voir.
> J'ai perdu **l'une de ces photos**.

Mais on le trouve très fréquemment associé au pronom *l'autre*. Quand les pronoms *l'un(e)* et *l'autre* sont employés ensemble, on dit qu'ils sont **corrélés,** c'est-à-dire liés. Les pronoms corrélés *l'un(e)... l'autre* permettent de distinguer **deux éléments ou, au pluriel, deux groupes, dans un ensemble où il n'y en a que deux.** Le pluriel de *l'un(e)* est *les un(e)s*. Le pluriel de *l'autre* est *les autres.*

■ L'un(e) et l'autre après des verbes pronominaux de sens réciproque

Dans cet emploi, qui est fréquent, ils soulignent la réciprocité.

> Ils se craignent **l'un l'autre**.   (craindre qn)
> Ils s'accusent **les uns les autres**.   (accuser qn)
> Ils se répondent **l'un à l'autre**.   (répondre à qn)

■ L'un(e) et l'autre liés par diverses prépositions

On peut trouver : *l'un(e) à l'autre, l'un(e) de l'autre, l'un(e) contre l'autre, l'un(e) envers l'autre, l'un(e) dans l'autre*, etc.

> Elles se ressemblent tellement. J'ai du mal à les distinguer **l'une de l'autre**.
> Ils pensent **les uns aux autres**.
> On ne nous a pas présentés **l'un à l'autre**.
> Ils se répondent **l'un à l'autre**.
>
> « On dort **les uns contre les autres**
> On vit **les uns avec les autres**
> On se caresse, on se cajole
> On se comprend, on se console »
> (Paroles d'une chanson de Céline Dion, « Les uns contre les autres »)

■ L'un(e) et l'autre liés par les conjonctions de coordination *et*, *ni*, *ou*

On peut trouver : *l'un(e) et l'autre, l'un(e) ou l'autre, ni l'un(e) ni l'autre, les un(e)s et les autres*, etc.

> *Les Uns et les autres* est un film de Claude Lelouch.
> Je ne les connais **ni l'un ni l'autre**.
> Je pense que **l'une ou l'autre** de ces propositions devrait nous convenir.

■ L'un(e) ... l'autre, les un(e)s ... les autres

Dans cet emploi, ils s'accompagnent souvent d'une idée d'opposition :

> La fête battait son plein. **Les uns** se pressaient autour du buffet, **les autres** dansaient.
> **L'un** est un travailleur acharné, **l'autre** ne fait rien.

2 L'un(e) ... un(e) autre, les un(e)s ... d'autres

Les pronoms *l'un(e)* et *un(e) autre* sont également **souvent corrélés**. Dans ce cas, ils permettent de **distinguer deux éléments ou, au pluriel, deux groupes dans un ensemble où il y en a plus de deux**. Le pluriel de *l'un(e)* est ***les un(e)s***. Le pluriel de *un(e) autre* est ***d'autres***.

> Dans la classe, personne ne travaille. **L'un** joue. **Un autre** dort.

Il est possible de répéter plusieurs fois *un(e) autre*.

Un troisième
> Dans la classe, personne ne travaille. **L'un** joue. **Un autre** dort. **Un autre** dessine sur sa table.

Dans ce cas, le dernier *un(e) autre* est souvent précédé de *et* et/ou suivi de *encore* :

> Dans la classe, personne ne travaille. **L'un** joue. **Un autre** dort. **Et un autre encore** dessine sur sa table.

ATTENTION

Il ne faut pas confondre ***d'autres*** avec ***des autres*** (= *de* + *les autres*).

> Il a besoin **des autres**.   (avoir besoin de)
>   (des autres = de + les autres)
> Je n'aime pas tous les romans de cet écrivain. **Les uns** me plaisent. **D'autres** m'ennuient.

3 Certain(e)s... d'autres

D'autres s'emploie aussi fréquemment **après *certain(e)s*** :

> J'ai visité beaucoup d'appartements, mais en vain. **Certains** sont trop chers, **d'autres** trop bruyants...

Il est possible de répéter plusieurs fois *d'autres*. Dans ce cas, le dernier *d'autres* est souvent précédé de *et* et/ou suivi de *encore* : *certain(e)s ... d'autres ... (et) d'autres (encore)*.

> J'ai visité beaucoup d'appartements, mais en vain. **Certains** sont trop chers, **d'autres** trop bruyants, **et d'autres** trop éloignés des transports publics...

VIII. Les pronoms indéfinis (8)

Les pronoms *le même, la même, les mêmes* expriment **la similitude**. Le plus souvent, ils renvoient à un groupe nominal se trouvant dans le texte.

	Masculin	Féminin
Singulier	le même	la même
Pluriel	les mêmes	

– Tu as changé d'ordinateur ?
– Non, j'ai toujours **le même** que l'année dernière.

– Vous voudriez une bague différente de celle que vous avez perdue ?
– Non, je voudrais **la même**.

J'aime bien ces lunettes. Hier, j'ai vu **les mêmes**, mais moins chères.

Les formes *le même, la même* et *les mêmes* se contractent avec les prépositions *à* et *de* :

	Masculin	Féminin
Singulier	au même (= à + le même) du même (= de + le même)	à la même de la même
Pluriel	aux mêmes (= à + les mêmes) des mêmes (= de + les mêmes)	

> Nous sommes d'accord avec vos conclusions. Nous sommes arrivés **aux mêmes**.
> Il ne s'agit pas d'un autre homme mais bien **du même**.

REMARQUE : **il ne faut pas confondre les pronoms *le même, la même, les mêmes***
– avec l'adjectif indéfini ***même*** précédé des articles définis ***le, la, les***. L'adjectif se trouve toujours placé devant le nom auquel il se rapporte alors que le pronom représente un nom :

> Tu as **le même** stylo que moi ?   (article défini + adjectif)
> – Oui, j'ai **le même**   (pronom)

– **avec l'adverbe *même***. L'adverbe *même* permet d'insister sur un mot ou d'exprimer une gradation. Il est invariable.

IX. Les pronoms indéfinis (9)

N'importe se combine avec *quoi, qui, lequel, laquelle, lesquels, lesquelles,* pour constituer une série de pronoms exprimant l'indétermination.

1 *N'importe qui*

N'importe qui désigne **une personne quelconque.**

> **N'importe qui** te dira que j'ai raison.
> Il ne faut pas parler à **n'importe qui**.
> Demande à quelqu'un, **n'importe qui**.

2 *N'importe quoi*

N'importe quoi désigne **un inanimé quelconque.**

> Tu dis **n'importe quoi**.
> (= Tu dis des bêtises)

3 *N'importe lequel / laquelle / lesquels / lesquelles*

Ces pronoms renvoient toujours à un groupe nominal du texte et peuvent représenter
– **un animé :**

> Tu devrais en parler à l'un de tes voisins. **N'importe lequel**. Je suis sûr qu'il pourra t'aider.

– **un inanimé :**

> Mets un pull, dépêche-toi, **n'importe lequel**.

Ils sont du même genre et du même nombre que le nom qu'ils représentent :

	Masculin	Féminin
Singulier	*n'importe lequel*	*n'importe laquelle*
Pluriel	*n'importe lesquels*	*n'importe lesquelles*

X. Les pronoms numéraux

On distingue les **pronoms numéraux cardinaux** et les **pronoms numéraux ordinaux.**

1 Les pronoms numéraux cardinaux

Les pronoms numéraux cardinaux présentent **deux séries** de formes :
– des formes se confondant avec celles des déterminants numéraux cardinaux : *un(e), deux, trois, quatre*…
– des formes précédées de l'article défini *les* ou du déterminant démonstratif *ces* : *les deux / ces deux, les trois / ces trois, les quatre/ces quatre*…

À l'exception de *un(e)*, ces formes sont **invariables**.

REMARQUE : *l'un(e)* est perçu comme un pronom indéfini davantage que comme un pronom numéral. Il s'emploie en contraste avec *l'autre, un autre* (voir LES PRONOMS INDÉFINIS (7), p. 126).

■ *Un(e), deux, trois, quatre…*

Ces pronoms renvoient en général à un groupe nominal qui se trouve dans le texte. Ils désignent un sous-ensemble d'un groupe introduit auparavant.

> J'ai quatre fils. **Trois** sont dans l'armée.
>> (Le pronom *trois* renvoie au groupe nominal *quatre fils*.)
>
> Des solutions ? Je n'en vois que **deux**.
>> (Le pronom *deux* renvoie au groupe nominal *des solutions*.)

Ils peuvent être suivis d'un complément introduit par la préposition *de*. On peut avoir
– pronom numéral + *de* + dét. + nom :

> **Deux de mes fils** sont dans l'armée.

– pronom numéral + *d'entre* + pronom tonique :

> Ce patron brime ses employés. **Trois d'entre eux** se sont plaints.

Et ils peuvent occuper, entre autres, les fonctions de
– sujet :

> La plupart des étudiants ont échoué. **Trois**, seulement, ont eu la moyenne.

– COD : dans ce cas, ils sont toujours employés avec le pronom *en*, qui les complète.

> Ces melons sont magnifiques. Je vais **en** prendre **trois**.
>> (*Je vais en prendre trois* signifie *Je vais prendre trois de ces melons*. Le pronom *en* représente *de ces melons*, et est complément du pronom numéral *trois*).
>
> Ce ne sont pas des élèves très sérieux. Je n'**en** vois qu'**un** qui travaille.
>> (Le pronom **en** représente *des élèves*, et est complément du pronom numéral *un*)

REMARQUE : on note que les formes du pronom numéral *un(e)* et du pronom indéfini *un(e)* se confondent, de même que celles du déterminant numéral *un(e)* et de l'article indéfini singulier.

■ *Les deux, les trois, les quatre...*

Ces pronoms reprennent en général un groupe nominal (ou un nom, un pronom) qui se trouve dans le texte. Ils désignent tous les éléments d'un groupe introduit auparavant.

> Tu as rencontré le fils de Pierre, ou celui de Marie ?
> – **Les deux**. Ils étaient ensemble.

Ils ne sont habituellement **pas suivis d'un complément introduit par la préposition** *de* et **ne se combinent pas avec le pronom** *en*.

Ils peuvent être, entre autres,

– **sujet** :

> – À ton avis, lequel de ces pulls me va le mieux ?
> – **Les trois** te vont bien.

– **COD** :

> Ces deux jupes sont vraiment jolies. Je ne parviens pas à me décider. Je crois que je vais prendre **les deux**.

Ils sont fréquemment **précédés du déterminant** *tous/toutes* :

> Pierre et Marie sont d'accord. **Tous les deux** pensent la même chose.

Dans ce cas, il est possible de supprimer l'article *les* devant *deux* ou *trois* :

> **Tous les deux** pensent la même chose / **Tous deux** pensent la même chose.
> Ils s'en revinrent **tous trois** fort contents.

Tous deux, *tous trois* sont d'un usage plus soutenu que *tous les deux*, *tous les trois*.

2 Les pronoms numéraux ordinaux

Les adjectifs numéraux ordinaux peuvent fonctionner comme des pronoms. Ils sont alors précédés d'un article défini – *le premier, le deuxième (le second), le troisième...* – et à la différence des pronoms numéraux cardinaux, présentent des **variations de genre et de nombre** : *le premier, la première, les premiers, les premières...*

Ils peuvent renvoyer à la situation de celui qui parle ou à un groupe nominal se trouvant dans le texte.

> Et maintenant, je veux le silence. **Le premier** qui parle est puni.
> De tous les candidats que nous avons entendus, c'est **le troisième** qui m'a le plus impressionné.
> (Le pronom *le troisième* renvoie au groupe nominal *tous les candidats*)

Dans ce dernier cas, il faut signaler, à l'écrit, **l'emploi en corrélation des pronoms *le premier* et *le second*** dans un sens proche de *l'un... l'autre*. Ces pronoms corrélés permettent de distinguer deux groupes nominaux (ou noms, pronoms) placés avant : *le premier* renvoie à celui que l'on a mentionné d'abord, et *le second*, au suivant :

> François et Henri se connaissent depuis longtemps. **Le premier** est ingénieur. Il travaille chez Dassault. **Le second**, professeur.
> (*Le premier* renvoie à *François*. *Le second* renvoie à *Henri*)

E. Les pronoms interrogatifs

Les **pronoms interrogatifs** s'emploient dans **l'interrogation partielle** (= interrogation qui porte sur un élément de la phrase).

On distingue :
– **les pronoms interrogatifs simples** : *qui, que, quoi* et **leurs formes renforcées** avec *est-ce qui* ou *est-ce que*.
– et **le pronom interrogatif composé** *lequel*, dont les formes varient selon le groupe nominal qu'il reprend.

I. Les pronoms interrogatifs simples

Les pronoms interrogatifs simples varient selon l'opposition **animé** (= personne) / **inanimé** (= chose ou abstraction).
– Si l'interrogation porte sur **un ou plusieurs animés**, on emploie le pronom interrogatif *qui* ou les formes renforcées qui lui correspondent.
– Si l'interrogation porte sur **un ou plusieurs inanimés**, on emploie les pronoms *que* ou *quoi* ou les formes renforcées qui leur correspondent.

REMARQUE : qu'en est-il des animaux ?
Le français n'a pas vraiment stabilisé le statut grammatical des animaux en ce qui concerne les pronoms interrogatifs. Ainsi, on ne peut dire « Qui aboie ? » pour parler d'un chien, car *qui* implique qu'on ait affaire à une personne, mais « Qu'est-ce qui aboie ? » ne convient pas non plus. La langue oblige à préciser : « Quel chien aboie ? ». On recourt donc à l'adjectif interrogatif *quel* suivi d'un nom.

1 L'interrogation porte sur un animé

■ Le pronom interrogatif *qui*

Le pronom *qui* permet d'interroger sur l'identité d'un ou de plusieurs animés. Il peut être sujet, COD ou attribut.
– ***Qui* sujet** :

>   **Qui** est venu hier soir ?   (*qui* est sujet du verbe *est venu*)

Le verbe dont *qui* est le sujet est toujours à la 3e personne du singulier, même si la réponse attendue concerne plusieurs animés.
– ***Qui* attribut** :

>   **Qui** est cet homme ?   (*qui* est attribut du nom *homme*)
>   **Qui** est-il ?   (*qui* est attribut du pronom *il*)

– *Qui* **COD** :

    Qui as-tu vu ?   (*qui* est COD du verbe *as vu*)

Il peut aussi être un **complément précédé d'une préposition** :

    À qui parlez-vous ?   (*qui* est COI du verbe *parlez*)
    Par qui a-t-il été informé ? (*qui* est complément du verbe passif *a été informé*)
    Chez qui dormiras-tu ?   (*qui* est complément circonstanciel de lieu)

■ Les formes renforcées de *qui*

Il y a plusieurs manières de poser une question en français selon le niveau de langue que l'on choisit : langue soutenue, courante ou familière. Les variantes portent essentiellement sur l'emploi des pronoms et la place du sujet par rapport au verbe (ordre S + V ou V + S).

***Qui* s'emploie dans les trois niveaux de langue**. Mais dans la **langue courante**, on utilise plutôt ces deux formes renforcées : *qui est-ce qui* et *qui est-ce que*.
– ***Qui est-ce qui*** est utilisé quand l'interrogation porte sur le sujet.
– ***Qui est-ce que*** est utilisé quand l'interrogation porte sur le COD ou quand le pronom est précédé d'une préposition.
Les formes renforcées sont toujours suivies de **l'ordre S + V**.

Tableau récapitulatif

	Langue soutenue	Langue courante	Langue familière
Sujet	*Qui* est venu ?	*Qui* est venu ? ou *Qui est-ce qui* est venu ?	*Qui* est venu ?
Attribut	*Qui* est cet homme ?	Cet homme, *qui* est-ce ?	Cet homme, c'est *qui* ? ou Cet homme, *qui* c'est ?
COD	*Qui* as-tu vu ?	*Qui est-ce que* tu as vu ?	Tu as vu *qui* ?
prép. + qui	À *qui* parles-tu ?	À *qui est-ce que* tu parles ?	Tu parles à *qui* ?

ATTENTION : à l'écrit, la langue doit être soutenue.

2 L'interrogation porte sur un inanimé

■ Le pronom interrogatif *que*

Que permet d'interroger sur l'identité d'un ou de plusieurs inanimés (animal non personnifié, chose ou abstraction). Il peut être **attribut** ou **COD**.

– *Que* attribut :   **Qu'est-ce ?**   (*que* est attribut du pronom *ce*)
– *Que* COD :   **Que** dis-tu ?   (*que* est COD du verbe *dis*)

■ Les formes renforcées de *que*

Il existe deux formes renforcées : *qu'est-ce qui* et *qu'est-ce que.*
– *Qu'est-ce qui* est utilisé dans les trois niveaux de langues pour interroger sur l'identité d'un inanimé en fonction de sujet.

>   **Qu'est-ce qui** t'intéresse ?   (langue soutenue, courante ou familière)

– *Qu'est ce que* remplace souvent **que** dans la langue soutenue quand la question porte sur l'attribut, et dans la langue courante quand la question porte sur l'attribut ou le COD.

>   Langue soutenue → La francophonie, **qu**'est-ce ? / **Qu'est-ce que** la francophonie ?
>   (La question porte sur l'attribut.)

>   Langue courante → La francophonie, **qu'est-ce que** c'est ?
>   (La question porte sur l'attribut.)
>   **Qu'est-ce que** vous faites en ce moment ?
>   (La question porte sur le COD.)

REMARQUE : dans **la langue familière**, quand la question porte sur l'attribut, *qu'est-ce que* peut devenir, par un nouveau renforcement, *qu'est-ce que c'est que.*

>   **Qu'est-ce que c'est que** la francophonie ?

■ Le pronom *quoi*

– Dans **la langue familière**, le pronom *quoi* remplace souvent le pronom *que* en fonction d'attribut ou de COD et est rejeté après le verbe :

>   La francophonie, c'est **quoi** ?
>   Vous faites **quoi** en ce moment ?

– **Quel que soit le niveau de langue,** on emploie toujours le pronom quoi **après une préposition** :

>   **À quoi** penses-tu ?   (langue soutenue)
>   **Contre quoi** se bat-il ?   (langue soutenue)
>   Elle parle **de quoi** ?   (langue familière)

Dans la langue courante, on utilise souvent la forme renforcée « préposition + *quoi* + *est-ce que* » :

>   **À quoi est-ce que** tu penses ?   (langue courante)

Tableau récapitulatif

	Langue soutenue	Langue courante	Langue familière
Sujet	*Qu'est-ce qui* t'intéresse ?	*Qu'est-ce qui* t'intéresse ?	*Qu'est-ce qui* t'intéresse ? *C'est quoi qui* t'intéresse ?
Attribut	*La francophonie, qu'est-ce ?* ou *Qu'est-ce que la francophonie ?*	*La francophonie, qu'est-ce que c'est ?*	*La francophonie, c'est **quoi** ?* ou *Qu'est-ce que c'est que la francophonie ?*
COD	*Que faites-vous ?*	*Qu'est-ce que vous faites ?*	*Vous faites **quoi** ?*
prép. + quoi	*À quoi penses-tu ?*	*À quoi est-ce que tu penses ?*	*Tu penses à quoi ?*

RAPPEL : à l'écrit, la langue doit être soutenue.

II. Les pronoms interrogatifs composés

Les pronoms interrogatifs composés permettent de formuler **des questions impliquant un choix**. Ils reprennent un nom et sont l'équivalent de ce nom précédé de l'adjectif interrogatif *quel / quelle / quels / quelles*. Ils peuvent désigner **un animé** ou **un inanimé** :

> Je la vois qui arrive entre deux hommes. **Lequel** est son fiancé ? (*lequel* = quel homme ?)
> Voici deux livres. **Lequel** veux-tu ? (*lequel* = quel livre ?)

1 Formes

	Masculin	Féminin
Singulier	*lequel*	*laquelle*
Pluriel	*lesquels*	*lesquelles*

2 Emplois

● **Les pronoms interrogatifs composés peuvent être sujets, COD ou précédés d'une préposition**

– Sujet du verbe :

> Ces deux modèles me plaisent. **Lequel** est le plus récent ?
> (*lequel* = quel modèle)

– COD du verbe :

> Parmi ces marques, **lesquelles** préférez-vous ?
> (*lesquelles* = quelles marques)

– Précédés d'une préposition :

> C'est toi qui as fait mes valises. **Dans laquelle** as-tu mis mes cravates ?
> (*dans laquelle* = dans quelle valise)

ATTENTION : les formes *lequel*, *lesquels* et *lesquelles* se contractent avec les prépositions *à* et *de*.

	Masculin	Féminin
Singulier	*auquel* (= à + lequel) *duquel* (= de + lequel)	*à laquelle* *de laquelle*
Pluriel	*auxquels* (= à + lesquels) *desquels* (= de + lesquels)	*auxquelles* (= à + lesquelles) *desquelles* (= de + lesquelles)

● **Les pronoms interrogatifs composés peuvent être suivis d'un complément introduit par la préposition *de*.**

– *Lequel de* + dét. + nom

> **Laquelle de ces fleurs** préférez-vous ?

NOTER : le groupe nominal introduit par *de* peut être détaché et placé en tête de phrase, devant le pronom interrogatif.

De ces fleurs, laquelle préférez-vous ?

– ***Lequel de* + pronom numéral (précédé de *les* ou *ces*) :**

Lequel des deux me conseillez-vous ?
(= *lequel de + les deux*)

NOTER : le pronom numéral introduit par *de* peut être détaché et placé en tête de phrase, devant le pronom interrogatif.

Des deux, lequel me conseillez-vous ?
(*Des deux = de + les deux*)

– ***Lequel d'entre* + pronom tonique :**

Lequel d'entre eux est le plus âgé ?

● **Niveaux de langue**

Les pronoms interrogatifs composés s'emploient dans les trois niveaux de langue (langue soutenue, courante, familière). Mais, comme avec les pronoms interrogatifs simples, il est possible de formuler une question commençant par un pronom interrogatif composé de plusieurs manières différentes, selon le niveau de langue utilisé :

Langue soutenue → Lesquels voulez-vous ?
(Pronom en tête de phrase ; ordre V + S)
Langue courante → Lesquels est-ce que vous voulez ?
(Pronom + *est-ce que* ; ordre S + V)
Langue familière → Vous voulez lesquels ?
(Ordre S + V ; rejet du pronom après le verbe)

À l'écrit, la langue doit être soutenue.

ATTENTION

Les pronoms interrogatifs composés et les pronoms relatifs composés ont des formes identiques. Il ne faut pas les confondre.

3
Les verbes

A. Les verbes français
I. Les trois groupes de verbes 139
II. Une forme variable 140

B. L'indicatif
I. Le présent de l'indicatif des verbes *être* et *avoir* 142
II. Le présent de l'indicatif des verbes du 1er groupe 142
III. Le présent de l'indicatif des verbes du 2e groupe 144
IV. Le présent de l'indicatif des verbes du 3e groupe 145
V. Les principaux emplois du présent de l'indicatif 148
VI. L'imparfait de l'indicatif 149
VII. Le passé composé 151
VIII. L'imparfait de l'indicatif ou le passé composé ? 154
IX. Le plus-que-parfait de l'indicatif 155
X. Le passé simple 156
XI. Le passé antérieur 160
XII. Exprimer un fait récent : *venir de* + infinitif 161
XIII. Exprimer un fait imminent 161
XIV. Le futur simple 162
XV. Le futur antérieur 165

C. Le conditionnel
I. Le conditionnel présent 167
II. Le conditionnel passé 170
III. Les futurs dans le passé 172

D. Le subjonctif et l'impératif

I.	Le subjonctif présent	174
II.	Le subjonctif passé	177
III.	Le subjonctif dans les complétives (1)	178
IV.	Le subjonctif dans les complétives (2)	181
V.	Le subjonctif dans les complétives (3)	182
VI.	Quelques conjonctions suivies du subjonctif	183
VII.	Le subjonctif dans les propositions relatives	185
VIII.	Le subjonctif dans les complétives (4)	186
IX.	L'imparfait et le plus-que-parfait du subjonctif	187
X.	La concordance des temps	190
XI.	L'impératif	193

E. Le verbe au passif, les verbes pronominaux et les verbes et tournures impersonnels

I.	Le verbe au passif	196
II.	Les verbes pronominaux	196
III.	Les verbes et les tournures impersonnels	198

F. Les constructions verbales et l'accord du participe passé

I.	Verbes transitifs, intransitifs, avec un attribut	204
II.	L'accord du participe passé	208

G. L'infinitif, le gérondif et le participe présent

I.	L'infinitif	211
II.	La proposition subordonnée infinitive	214
III.	Le gérondif	216
IV.	Le participe présent	218

A. Les verbes français

I. Les trois groupes de verbes

Le **verbe** est un mot essentiel de la phrase. Il permet d'**exprimer un état ou une action** et de les situer dans le temps. Il permet aussi de **mettre en relation** les divers éléments de la phrase et de **donner un sens** à celle-ci.

En français, on classe traditionnellement les verbes en **trois groupes.** Chacun présente des caractéristiques particulières.

1 Les verbes du 1er groupe

Ce sont les plus nombreux – ils sont environ quatre mille –, et certains, tels que *photocopier, faxer…*, sont très récents. Ces verbes ont un infinitif qui se termine en **-er** :

> chant**er**, dans**er**, travaill**er**, mang**er**…

Une exception : *aller*, dont la conjugaison est irrégulière, et que l'on rattache généralement au 3e groupe.

2 Les verbes du 2e groupe

Ils sont environ trois cents – donc peu nombreux. Ils présentent deux caractéristiques :
– un infinitif se terminant en **-*ir***

> fin**ir** – chois**ir** – réuss**ir** – noirc**ir**…

– la **présence de l'infixe** *-iss* dans certaines formes, notamment à l'imparfait ou au participe présent

> je fin**iss**ais, tu fin**iss**ais, il fin**iss**ait…   (imparfait)
> fin**iss**ant   (participe présent)

Par ailleurs, certains verbes du 2e groupe sont formés **à partir d'adjectifs** :

> grand → grandir, gros → grossir, maigre → maigrir, mince → mincir, vieux → vieillir, jeune → rajeunir, beau → embellir, laid → enlaidir…

Et on note que plusieurs d'entre eux sont formés **à partir d'adjectifs de couleur** :

> blanc → blanchir, noir → noicir, rouge → rougir, vert → verdir, bleu → bleuir, rose → rosir, jaune → jaunir

3. Les verbes du 3ᵉ groupe

Ce sont tous les autres verbes. Leur infinitif se termine en **-ir**, en **-re**, ou en **-oir** :
– **Les verbes en** *-ir* :

    courir, partir, dormir, sentir...

Ils se distinguent des verbes du 2ᵉ groupe par l'**absence de l'infixe -iss**.

    je courais, tu courais, il courait...   (imparfait)
    courant   (participe présent)

– **Les verbes en** *-re* :

    vendre, prendre, dire, écrire...

– **Les verbes en** *-oir* :

    voir, recevoir, pouvoir, vouloir...

On peut par ailleurs adjoindre à ces trois séries le verbe *aller*, qui est irrégulier.

REMARQUE : les verbes *être* et *avoir* sont à part. Ils ne sont classés dans aucun de ces trois groupes.

II. Une forme variable

En français, le verbe a une forme variable : il varie en personne, en nombre et en genre, et est porteur de marques de temps, d'aspect et de mode.

1. Variable en personne, en nombre et en genre

– **En personne et en nombre :** on distingue trois personnes du singulier (*je, tu, il / elle*) et trois personnes du pluriel (*nous, vous, ils/elles*)

    Je **vais** à la gare.   (1ʳᵉ personne du singulier)
    Tu **vas** à la gare.   (2ᵉ personne du singulier)
    Il / Elle **va** à la gare.   (3ᵉ personne du singulier)
    Nous **allons** à la gare.   (1ʳᵉ personne du pluriel)
    Vous **allez** à la gare.   (2ᵉ personne du pluriel)
    Ils / Elles **vont** à la gare.   (3ᵉ personne du pluriel)

– **En genre :**

    Il **est allé** à la gare.
    Elle **est allée** à la gare.

2 Porteur de marques de temps, d'aspect et de mode

– **Marques de temps :** le fait exprimé par le verbe peut se situer dans le **passé**, le **présent** ou **le futur**.

>Je **vais** à la gare. (présent)
>Je **suis allé** à la gare. (passé)
>J'**irai** à la gare. (futur)

– **Marques d'aspect** : le fait exprimé par le verbe peut être en cours d'accomplissement au moment considéré ou, au contraire, achevé ; il peut se dérouler avec ou sans durée, se répéter… Les **formes simples**, par exemple, permettent d'exprimer l'aspect **inaccompli** : le fait est présenté comme étant en cours d'accomplissement. Les **formes composées**, au contraire, à la forme active, expriment l'**accompli** : le fait est présenté comme achevé.

>Je **vais** à la gare. – J'**allais** à la gare. – J'**irai** à la gare.
> (= Formes simples)
>Je **suis allé** à la gare. – J'**étais allé** à la gare. – Je **serai allé** à la gare.
> (= Formes composées : *avoir* ou *être* + participe passé)

– **Marques de mode** : le fait exprimé par le verbe peut être considéré par le locuteur (= celui qui parle) comme « réel », « possible », « probable », « incertain »…, ou encore « à réaliser » :

>Je **vais** à la gare.
>J'**irais** à la gare, si je le pouvais.
>Il faudrait que j'**aille** à la gare.
>**Va** à la gare !

On distingue traditionnellement quatre modes personnels (= dont les formes varient en personne) : **l'indicatif**, **le subjonctif**, **l'impératif** et **le conditionnel**. Le conditionnel a cependant un double statut – il est à la fois un mode et un temps (voir LE CONDITIONNEL, p. 167) – et est souvent rattaché, dans les grammaires récentes, à l'indicatif, dont il est proche.

B. L'indicatif

L'indicatif est le mode qui permet de présenter **un fait comme réel.** Il comprend huit temps :
– quatre temps simples : le présent, l'imparfait, le passé simple, le futur simple.
– quatre temps composés (c'est-à-dire formés avec *avoir* ou *être* suivi du participe passé du verbe conjugué) : le passé composé, le plus-que-parfait, le futur antérieur, le passé antérieur.

On peut par ailleurs lui associer les temps du conditionnel présent et du conditionnel passé employés dans leur valeur de « futurs dans le passé » (voir LES FUTURS DANS LE PASSÉ, p. 172).

I. Le présent de l'indicatif des verbes *être* et *avoir*

Le présent de l'indicatif est le temps le plus employé. Et celui, également, dont la formation est la plus variée.
Voici d'abord la conjugaison des verbes *être* et *avoir*, qui est très irrégulière :

Être	Avoir
je suis	j'ai
tu es	tu as
il est	il a
nous sommes	nous avons
vous êtes	vous avez
ils sont	ils ont

II. Le présent de l'indicatif des verbes du 1er groupe

Les verbes du 1er groupe sont ceux dont **l'infinitif se termine par -er**, à l'exception du verbe *aller*, qui est irrégulier. Ils ont une conjugaison régulière au présent (comme aux autres temps) mais cette conjugaison présente **un certain nombre de particularités** qui doivent être mémorisées.

3. LES VERBES

1 Règle générale

**Le présent des verbes du 1ᵉʳ groupe se forme ainsi :
radical du verbe + terminaisons *-e, -es, -e, -ons, -ez, -ent*.**

Chanter	Plier
je chante	je plie
tu chantes	tu plies
il chante	il plie
nous chantons	nous plions
vous chantez	vous pliez
ils chantent	ils plient

2 Cas particuliers

■ Les verbes en *-ger*

À la 1ʳᵉ personne du pluriel, le *-g-* du radical est suivi d'un *-e-* devant la voyelle *-o-* (le *-e-* permet de garder le son [ʒ]) :

ranger : je **range**, tu **ranges**, il **range**, nous **rangeons**, vous **rangez**, ils **rangent**.

■ Les verbes en *-cer*

À la 1ʳᵉ personne du pluriel, le *-c-* du radical prend une cédille devant la voyelle *-o-* (la cédille permet de garder le son [s]) :

bercer : je **berce**, tu **berces**, il **berce**, nous **berçons**, vous **bercez**, ils **bercent**.

■ Les verbes en *-eler* et *-eter*

– On met un accent grave sur le *-e-* lorsque *-l-* et *-t-* sont suivis d'un *e* muet :

peler : je **pèle**, tu **pèles**, il **pèle**, nous **pelons**, vous **pelez**, ils **pèlent**.
acheter : j'**achète**, tu **achètes**, il **achète**, nous **achetons**, vous **achetez**, ils **achètent**.

EXCEPTIONS : *appeler*, *jeter* et leurs composés qui redoublent le *-l* et le *-t* devant *e* muet :

appeler : j'**appelle**, tu **appelles**, il **appelle**, nous **appelons**, vous **appelez**, ils **appellent**.
jeter : je **jette**, tu **jettes**, il **jette**, nous **jetons**, vous **jetez**, ils **jettent**.

Pour ces deux verbes, phonétiquement, le *-e-* qui précède la consonne redoublée s'ouvre et se prononce [ɛ].

REMARQUE : nous suivons, dans cette grammaire destinée à être utilisée par un public étranger, les *Rectifications de l'orthographe* de 1990, qui proposent de généraliser l'accent grave sur le *-e-* et la consonne simple à tous les verbes exceptés *appeler*, *jeter* et leur famille. Traditionnellement, en effet, on distingue deux séries de verbes :
– des verbes redoublant la consonne comme *appeler* et *jeter* : *atteler, chanceler, épeler, ficeler, renouveler, ruisseler, cacheter, empaqueter, épousseter, feuilleter*, etc.

– d'autres verbes, moins nombreux, se conjuguant comme *geler* et *acheter* : *congeler, écarteler, marteler, peler, modeler, crocheter, haleter,* etc.

■ Les verbes en *-ayer, -oyer, -uyer*

● Les verbes en *-oyer* et *-uyer*

Le *-y-* devient toujours *-i-* devant *e* muet.

> tutoyer : je **tutoi**e, tu **tutoi**es, il **tutoi**e, nous **tutoy**ons, vous **tutoy**ez, ils **tutoi**ent.
> essuyer : j'**essui**e, tu **essui**es, il **essui**e, nous **essuy**ons, vous **essuy**ez, ils **essui**ent.

● Les verbes en *-ayer*

Le *-y-* peut devenir *-i-* devant *e* muet, mais ce n'est pas obligatoire. Deux conjugaisons sont acceptées :

> payer : je **pay**e, tu **pay**es, il **pay**e, nous **pay**ons, vous **pay**ez, ils **pay**ent.
> je **pai**e, tu **pai**es, il **pai**e, nous **pay**ons, vous **pay**ez, ils **pai**ent.

■ Les verbes ayant un *-e-* ou un *-é-* à l'avant-dernière syllabe

Le *-e-* et le *-é-* deviennent *-è-* quand la consonne de la dernière syllabe est suivie d'un *e* muet.

> mener : je m**è**ne, tu m**è**nes, il m**è**ne, nous m**en**ons, vous m**en**ez, ils m**è**nent.
> Préférer : je préf**è**re, tu préf**è**res, il préf**è**re, nous préf**ér**ons, vous préf**ér**ez, ils préf**è**rent.

EXCEPTION : *créer*, dont le radical ne se modifie pas.

III. Le présent de l'indicatif des verbes du 2ᵉ groupe

Les verbes du 2ᵉ groupe ont tous un infinitif qui se termine par *-ir*. Ils ont une conjugaison régulière au présent (comme aux autres temps).

> **Le présent des verbes du 2ᵉ groupe se forme ainsi :**
> personnes du singulier → **radical + terminaisons *-is, -is, -it*.**
> personnes du pluriel → **radical + *-iss-* + terminaisons *-ons, -ez, -ent*.**

Finir	Remplir
je fin**is**	je rempl**is**
tu fin**is**	tu rempl**is**
il fin**it**	il rempl**it**
nous fin**issons**	nous rempl**issons**
vous fin**issez**	vous rempl**issez**
ils fin**issent**	ils rempl**issent**

IV. Le présent de l'indicatif des verbes du 3ᵉ groupe

Les verbes du 3ᵉ groupe ont des infinitifs qui peuvent se terminer par *-ir*, *-oir* et *-re*. On peut leur adjoindre le verbe *aller* qui est irrégulier. Leur conjugaison au présent est complexe.

1 *Faire* et *aller*

Les verbes *faire* et *aller* ont une conjugaison tout à faire irrégulière au présent :

Faire	Aller
je fais	je vais
tu fais	tu vas
il fait	il va
nous faisons	nous allons
vous faites	vous allez
ils font	ils vont

2 Les verbes à un radical

Certains verbes ont un présent formé sur un radical unique.

■ Un radical + terminaisons *-e*, *-es*, *-e*, *ons*, *-ez*, *-ent*

C'est le cas de trois verbes, *cueillir*, *offrir*, *ouvrir*, et de leurs composés.

cueillir → je **cueille**, tu **cueilles**, il **cueille**, nous **cueillons**, vous **cueillez**, ils **cueillent**.
offrir → j'**offre**, tu **offres**, il **offre**, nous **offrons**, vous **offrez**, ils **offrent**.
ouvrir → j'**ouvre**, tu **ouvres**, il **ouvre**, nous **ouvrons**, vous **ouvrez**, ils **ouvrent**.

■ Un radical + terminaisons *-s*, *-s*, *-t*, *-ons*, *-ez*, *-ent*

C'est le cas des verbes *courir*, *rire* et de leurs composés, ainsi que des verbes *inclure* et *conclure*.

courir → je **cours**, tu **cours**, il **court**, nous **courons**, vous **courez**, ils **courent**.
rire → je **ris**, tu **ris**, il **rit**, nous **rions**, vous **riez**, ils **rient**.
inclure → j'**inclus**, tu **inclus**, il **inclut**, nous **incluons**, vous **incluez**, ils **incluent**.
conclure → je **conclus**, tu **conclus**, il **conclut**, nous **concluons**, vous **concluez**, ils **concluent**.

■ Un radical + terminaisons *-s*, *-s*, *–*, *-ons*, *-ez*, *-ent*

C'est le cas de nombreux verbes en *-dre* comme *attendre*, *vendre*, *entendre*, *perdre*, *mordre*, *répondre*…

vendre → je **vends**, tu **vends**, il **vend**, nous **vendons**, vous **vendez**, ils **vendent**.
perdre → je **perds**, tu **perds**, il **perd**, nous **perdons**, vous **perdez**, ils **perdent**
mordre → je **mords**, tu **mords**, il **mord**, nous **mordons**, vous **mordez**, ils **mordent**.

Et du verbe *vêtir* et de ses composés (*dévêtir*, *revêtir*)

> vêtir → je **vêt**s, tu **vêt**s, il **vêt**, nous **vêt**ons, vous **vêt**ez, ils **vêt**ent.

3 Les verbes à deux radicaux

Certains verbes ont un présent formé sur deux radicaux.

■ Deux radicaux + terminaisons *-s, -s, -t, -ons, -ez, -ent*

● **Ce sont de nombreux verbes tels que**

> sortir → je **sor**s, tu **sor**s, il **sor**t, nous **sort**ons, vous **sort**ez, ils **sort**ent.
> partir → je **par**s, tu **par**s, il **par**t, nous **part**ons, vous **part**ez, ils **part**ent.
> dormir → je **dor**s, tu **dor**s, il **dor**t, nous **dorm**ons, vous **dorm**ez, ils **dorm**ent.
> mourir → je **meur**s, tu **meur**s, il **meur**t, nous **mour**ons, vous **mour**ez, ils **meur**ent.
> voir → je **voi**s, tu **voi**s, il **voi**t, nous **voy**ons, vous **voy**ez, ils **voi**ent.
> croire → je **croi**s, tu **croi**s, il **croi**t, nous **croy**ons, vous **croy**ez, ils **croi**ent.
> lire → je **li**s, tu **li**s, il **li**t, nous **lis**ons, vous **lis**ez, ils **lis**ent.
> écrire → j'**écri**s, tu **écri**s, il **écri**t, nous **écriv**ons, vous **écriv**ez, ils **écriv**ent.
> savoir → je **sai**s, tu **sai**s, il **sai**t, nous **sav**ons, vous **sav**ez, ils **sav**ent.
> naître → je **nai**s, tu **nai**s, il **naî**t, nous **naiss**ons, vous **naiss**ez, ils **naiss**ent.
> conduire → je **condui**s, tu **condui**s, il **condui**t, nous **conduis**ons, vous **conduis**ez, ils **conduis**ent.

EXCEPTION : *dire*, dont la 2ᵉ personne du pluriel est irrégulière :

> dire → je **di**s, tu **di**s, il **di**t, nous **dis**ons, vous **dites**, ils **dis**ent

De même, *redire*.

Mais *interdire, contredire, prédire, médire* ont une 2ᵉ personne du pluriel régulière : *vous prédis**ez**, vous interdis**ez**, vous contredis**ez**, vous prédis**ez**, vous médis**ez**.*

Et *maudire* se conjugue, aux trois personnes du pluriel, sur le modèle des verbes du 2ᵉ groupe : *nous maudiss**ons**, vous maudiss**ez**, ils maudiss**ent**.*

REMARQUE : le verbe *croître* prend un accent circonflexe au présent aux trois personnes du singulier, pour éviter la confusion avec le verbe *croire* : *je croîs, tu croîs, il croît, nous croissons, vous croissez, ils croissent.*

● **Ce sont aussi tous les verbes en *-aindre, -eindre, -oindre* et les verbes *dissoudre* et *résoudre***

> craindre → je **crain**s, tu **crain**s, il **crain**t, nous **craign**ons, vous **craign**ez, ils **craign**ent.
> peindre → je **pein**s, tu **pein**s, il **pein**t, nous **peign**ons, vous **peign**ez, ils **peign**ent.
> joindre → je **join**s, tu **join**s, il **join**t, nous **joign**ons, vous **joign**ez, ils **joign**ent.
> dissoudre → je **dissou**s, tu **dissou**s, il **dissou**t, nous **dissolv**ons, vous **dissolv**ez, ils **dissolv**ent.
> résoudre → je **résou**s, tu **résou**s, il **résou**t, nous **résolv**ons, vous **résolv**ez, ils **résolv**ent.

■ Deux radicaux + terminaisons *-s, -s, –, -ons, -ez, -ent*

Ce sont les verbes *mettre* et *battre* et leurs composés, *coudre* et ses composés, et le verbe *moudre*.

> mettre → je **met**s, tu **met**s, il **met**, nous **mett**ons, vous **mett**ez, ils **mett**ent.
> battre → je **bat**s, tu **bat**s, il **bat**, nous **batt**ons, vous **batt**ez, ils **batt**ent.
> coudre → je **coud**s, tu **coud**s, il **coud**, nous **cous**ons, vous **cous**ez, ils **cous**ent.
> moudre → je **moud**s, tu **moud**s, il **moud**, nous **moul**ons, vous **moul**ez, ils **moul**ent.

■ Deux radicaux + terminaisons -x, -x, -t, -ons, -ez, -ent

C'est le verbe *valoir*.

> valoir → je **vau**x, tu **vau**x, il **vau**t, nous **val**ons, vous **val**ez, ils **val**ent.

REMARQUE : le présent du verbe *falloir*, qui est impersonnel, se rapproche de celui du verbe *valoir* à la troisième personne du singulier – ***il faut.***

Les verbes à trois radicaux

■ Trois radicaux + terminaisons -s, -s, -t, -ons, -ez, -ent

Ce sont les verbes
– se terminant par *quérir* :

> acquérir → j'**acquier**s, tu **acquier**s, il **acquier**t, nous **acquér**ons, vous **acquér**ez, ils **acquièr**ent.

– les verbes *boire* et *devoir* :

> boire → je **boi**s, tu **boi**s, il **boi**t, nous **buv**ons, vous **buv**ez, ils **boiv**ent.
> devoir → je **doi**s, tu **doi**s, il **doi**t, nous **dev**ons, vous **dev**ez, ils **doiv**ent.

– le verbe *mouvoir* et ses composés :

> mouvoir → je **meu**s, tu **meu**s, il **meu**t, nous **mouv**ons, vous **mouv**ez, ils **meuv**ent.

– les verbes se terminant par *–cevoir* :

> recevoir → je **reçoi**s, tu **reçoi**s, il **reçoi**t, nous **recev**ons, vous **recev**ez, ils **reçoiv**ent.

– les verbes *venir* et *tenir* et leurs composés :

> venir → je **vien**s, tu **vien**s, il **vien**t, nous **ven**ons, vous **ven**ez, ils **vienn**ent.
> tenir → je **tien**s, tu **tien**s, il **tien**t, nous **ten**ons, vous **ten**ez, ils **tienn**ent.

NOTER : dans les verbes se terminant par *-cevoir*, le *c* prend une cédille devant la voyelle *o*.

■ Trois radicaux + terminaisons -s, -s, –, -ons, -ez, -ent

C'est le verbe *prendre* et ses composés.

> prendre → je **prend**s, tu **prend**s, il **prend**, nous **pren**ons, vous **pren**ez, ils **prenn**ent.

■ Trois radicaux + terminaisons -x, -x, -t, -ons, -ez, -ent

Ce sont les verbes *pouvoir* et *vouloir*.

> pouvoir → je **peu**x, tu **peu**x, il **peu**t, nous **pouv**ons, vous **pouv**ez, ils **peuv**ent.
> vouloir → je **veu**x, tu **veu**x, il **veu**t, nous **voul**ons, vous **voul**ez, ils **veul**ent.

V. Les principaux emplois du présent de l'indicatif

Le présent de l'indicatif peut avoir **différentes valeurs**. Voici ses principaux emplois :

1. Le présent d'énonciation et le présent étendu

Le présent peut indiquer que le fait se déroule au moment même où il est exprimé (présent d'énonciation), ou dans la période qui entoure ce moment (présent étendu au passé ou au futur) :

> Le train **part**. Au revoir ! (présent d'énonciation ou présent immédiat)
> Je **suis** devant la gare.
>
> Il **pleut** depuis ce matin. (présent étendu au passé)
> Ce mois-ci, je **me repose**. (présent étendu au futur)

2. Le présent à valeur répétitive

Le présent peut exprimer un fait qui se répète, ou une habitude, sans limitation de temps.

> Je **suis** toujours triste quand il **part**.
> Jacques me **téléphone** chaque matin.
> Je **nage** tous les lundis.

3. Le présent à valeur de futur ou de passé récent

Le présent peut exprimer **un fait futur**, plus ou moins proche :

> Je te **vois** demain.
> Je **pars** dans un an en Angleterre.

Ou bien **un fait récent** :

> J'**arrive** à l'instant.
> Je **reviens** juste de Paris.

Ces emplois sont fréquents dans la langue parlée.

4. Le présent de vérité générale

Le présent peut exprimer **un fait valable de tous les temps**. Il prend alors une valeur dite « de vérité générale ». Cette valeur se rencontre plus particulièrement dans les proverbes, les maximes, mais aussi dans le langage scientifique :

> Pierre qui roule n'**amasse** pas mousse.
> L'eau **gèle** à 0 C°.

5 Le présent de narration ou présent historique

On peut également utiliser le présent pour **raconter des faits passés**.
– **Le récit peut être tout entier au présent**. Les faits semblent alors se produire au moment où on les raconte, et le récit est **plus vivant**.

> « Louis XIV, en cette année 1708, **a** soixante-dix ans. Il **vit** des jours funestes. Son corps **se dégrade**. » (Max Gallo)

Dans ce type de narration, les faits antérieurs sont au passé composé et les faits postérieurs au futur ou au futur antérieur.
– **Le présent peut aussi surgir brusquement dans le récit au passé**. Dans ce cas, le présent permet de **mettre en relief un fait** ou de donner **plus de vie** à un moment du récit.

6 Le présent dans l'expression de l'hypothèse ou de l'ordre

Enfin, le présent permet d'exprimer **l'hypothèse** ou **l'ordre.**
– L'hypothèse :

> Si tu **arrives** avant huit heures, je pourrai te présenter Marie.

– L'ordre :

> Tu **te lèves** tout de suite et tu **t'habilles**.
> (= Lève-toi tout de suite et habille-toi)

VI. L'imparfait de l'indicatif

L'imparfait de l'indicatif permet de situer des faits dans le passé, sauf quand il exprime un fait hypothétique ou irréel, ou qu'il est employé pour formuler une proposition ou un désir.

 Formation

L'imparfait de l'indicatif se forme ainsi :
radical de la 1re personne du pluriel de l'indicatif présent + terminaisons.
Les terminaisons de l'imparfait sont toujours : *-ais, -ais, -ait, -ions, -iez, -aient.*

Présent	Imparfait
nous dîn**ons**	je dîn**ais** / nous dîn**ions**
nous finiss**ons**	je finiss**ais** / nous finiss**ions**
nous pren**ons**	je pren**ais** / nous pren**ions**
nous croy**ons**	je croy**ais** / nous croy**ions**

EXCEPTION : l'imparfait du verbe *être*, qui se forme sur le radical « ét- » : *j'étais, nous étions*.

ATTENTION

– **Pour les verbes du 1ᵉʳ groupe en -*ger***, le -*g*- du radical est suivi d'un -*e*- devant la voyelle -*a*- :

> manger → je **mang**e**ais**, tu **mang**e**ais**, il **mang**e**ait**, nous **mang**i**ons**, vous **mang**i**ez**, ils **mang**e**aient**.

– **Pour les verbes du 1ᵉʳ groupe en -*cer***, le -*c*- du radical prend une cédille devant la voyelle -*a*- :

> avancer → j'**avanç**ais, tu **avanç**ais, il **avanç**ait, nous **avanc**ions, vous **avanc**iez, ils **avanç**aient.

2 Emplois

Il faut distinguer deux grandes valeurs de l'imparfait :
– **une valeur temporelle** – c'est celle de l'imparfait employé comme un temps du passé.
– **une valeur modale** – c'est celle de l'imparfait employé comme un équivalent du conditionnel.

■ Valeur temporelle

L'imparfait exprime un fait passé **en cours d'accomplissement** et qui **n'est pas limité précisément** dans le temps.
De ce fait, on l'utilise plus particulièrement pour
– décrire :

> L'enfant **riait** aux éclats. Il **avait** une tête toute ronde, des cheveux blonds et de bonnes joues rouges.

– exprimer une durée qui n'est pas déterminée avec précision :

> Cet été-là, Juliette et moi nous **trouvions** à Paris.

– exprimer un fait qui s'est répété :

> Chaque fois que le professeur le **regardait**, l'élève **replongeait** dans son livre, l'air absorbé.

– exprimer une habitude :

> Je **quittais** toujours la maison à huit heures.

■ Valeur modale

● **Dans une proposition subordonnée de condition introduite par *si*, l'imparfait exprime un fait hypothétique ou irréel.**

Il est alors **un équivalent du conditionnel présent**, et n'est donc plus un temps du passé.

> Si tu te **reposais**, tu **guérirais** plus vite.
> Tu fais **comme si** tu ne me **connaissais** pas.

REMARQUE : pour les emplois de l'imparfait dans les subordonnées introduites par *si*, voir les chapitres intitulés LE CONDITIONNEL PRÉSENT p. 168, et LES SUBORDONNÉES DE CONDITION (1) et (2), p. 335 et 337.

● **Après la conjonction *si*, en proposition indépendante ou principale, l'imparfait permet de formuler une proposition ou un regret.**

Là encore, l'imparfait **équivaut à un conditionnel présent**.

– Proposition :
> Si tu **venais** au cinéma avec nous ?

– Souhait ou regret :
> Ah ! si seulement elle **était** près de moi ! Si elle **pouvait** m'aimer !

● **On utilise également l'imparfait pour exprimer une conséquence imminente non réalisée ou pour atténuer l'expression d'un désir ou formuler une demande.**

– Conséquence imminente non réalisée :
> Un peu plus et **j'étais** en retard.
> (= un peu plus et j'aurais été en retard. L'imparfait exprime ici un « irréel du passé » et équivaut à un conditionnel passé)

– Demande :
> Excusez-moi, je **voulais** vous demander un service.

VII. Le passé composé

Le passé composé est, comme son nom l'indique, un temps composé. Il permet d'exprimer un fait antérieur au moment présent où l'on parle.

1 Formation

■ Formation du passé composé

Tous les temps composés, en français, se forment avec les verbes *être* et *avoir*, employés comme **auxiliaires**, suivis du participe passé. Le passé composé, qui est le temps composé qui correspond au présent, se forme ainsi :
auxiliaire *avoir* ou *être* au présent + participe passé.

Danser	Tomber
j'ai dansé	je suis tombé
tu as dansé	tu es tombé
il a dansé	il est tombé
nous avons dansé	nous sommes tombés
vous avez dansé	vous êtes tombés
ils ont dansé	ils sont tombés

REMARQUES

– Il ne faut pas oublier d'**accorder le participe passé avec le sujet lorsque le passé composé se forme avec l'auxiliaire** *être* (Exception : les verbes pronominaux dans certains cas particuliers). Voir L'ACCORD DU PARTICIPE PASSÉ, p. 208.

– Au passé composé, comme à tous les temps composés, **les verbes pronominaux se conjuguent avec l'auxiliaire** *être*.

■ Les terminaisons du participe passé

Le participe passé peut prendre des terminaisons très diverses.

● **Tous les verbes du 1ᵉʳ groupe ont un participe passé qui se termine par** *-é.*

> chanter → chant**é**
> préférer → préfér**é**
> créer → cré**é**

● **Tous les verbes du 2ᵉ groupe ont un participe passé qui se termine par** *-i.*

> finir → fin**i**
> choisir → chois**i**
> punir → pun**i**

● **Les verbes du 3ᵉ groupe ont des participes passés qui peuvent se terminer par** *-i, -is, -u, -us, -t, -ert, -ort.*

– Participe passé en *-i* :

> sortir → sort**i**
> dormir → dorm**i**
> partir → part**i**

– Participe passé en *-is* :

> mettre → m**is**
> prendre → pr**is**
> acquérir → acqu**is**

– Participe passé en *-u* :

> lire → l**u**
> recevoir → reç**u**
> croire → cr**u**

– Participe passé en *-us* :

> inclure → incl**us**

– Participe passé en *-t* :

> écrire → écri**t**
> dire → di**t**
> construire → construi**t**
> faire → fai**t**

– Participe passé en *-ert* :

> offrir → off**ert**
> ouvrir → ouv**ert**
> souffrir → souff**ert**

– Participe passé en *-ort* :

> mourir → m**ort**

REMARQUES

– Le participe passé du verbe *devoir* prend un accent circonflexe au masculin singulier : *dû*.

– Le participe passé du verbe *croître* prend toujours un accent circonflexe : *crû* (afin d'éviter la confusion avec celui du verbe *croire* : *cru*).

 Emplois

On peut distinguer **deux emplois différents** du passé composé.

■ Exprimer un fait passé dont les conséquences durent encore

Le passé composé peut s'employer pour exprimer un état ou une action antérieurs dont les conséquences durent encore au moment présent où l'on parle

> Vous **avez déposé** votre demande d'inscription trop tard et nous n'**avons** plus de place pour vous.
>
> Il **a contracté** plusieurs emprunts et **doit** maintenant beaucoup travailler pour payer ses dettes.

■ Exprimer un fait situé à un moment déterminé du passé

Le passé composé peut également s'employer pour exprimer un fait situé à un moment déterminé du passé. C'est pourquoi, il est utilisé pour :
– exprimer **une durée limitée** :

> Il **a fini** son livre en trois mois.
> J'**ai habité** à Paris de 2001 à 2003.
> Je **me suis** longtemps **levé** à sept heures.
>   (Action qui a duré, mais qui est accomplie au moment où l'on parle)

– évoquer **un fait ponctuel** :

> Il **est mort** en 1997.

– raconter **une succession d'événements** :

> Il **est entré** dans le bar, **s'est dirigé** vers le comptoir et **a commandé** une bière.

Dans cet emploi, **le passé composé est l'équivalent du passé simple**. Deux différences cependant :
– **le passé composé appartient à la langue courante** alors que le passé simple relève de la langue soutenue et écrite ;
– **au passé composé,** l'énoncé est **relié à la situation d'énonciation** (celui qui parle prend la situation dans laquelle il se trouve comme point de repère, et les faits évoqués semblent plus proches de lui)**,** alors qu'**au passé simple**, l'énoncé est **coupé de cette situation** (les faits évoqués paraissent lointains, totalement détachés du locuteur).

VIII. L'imparfait de l'indicatif ou le passé composé ?

Dans un récit au passé, l'imparfait de l'indicatif et le passé composé ont chacun un rôle bien défini.

– L'imparfait exprime **des faits en cours d'accomplissement** et qui ne sont **pas limités** précisément. On l'utilise pour **décrire**, exprimer **une durée qui n'est pas déterminée** avec précision, **un fait qui s'est répété, une habitude**. Il permet d'évoquer **l'arrière-plan du récit**, c'est-à-dire, en quelque sorte, **le décor, le cadre des événements.**

– Le passé composé exprime au contraire **des faits accomplis à un moment déterminé.** On l'utilise pour exprimer **une durée limitée,** évoquer **un fait ponctuel, une succession d'événements.** Il permet de rendre compte du **premier plan du récit**, qui est celui des **événements.**

Nous <u>parlions politique</u> depuis des heures quand minuit <u>a sonné</u> à l'horloge.
  action en cours   action ponctuelle,
  d'accomplissement   accomplie à un moment
  et qui n'est pas déterminée   déterminé.
  précisément.

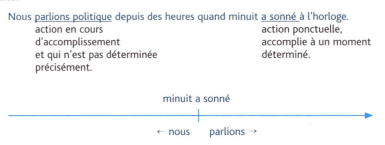

<u>J'habitais</u> à Paris depuis plus de dix ans quand un jour, comme je <u>lisais</u> le journal, une annonce <u>a retenu</u> mon attention : un particulier <u>louait</u> une maison en Normandie, tout près du village de mes parents. <u>J'ai</u> alors <u>décidé</u> de déménager.

– Les imparfaits *j'habitais, lisais, louait* expriment des actions en cours d'accomplissement et qui ne sont pas déterminées précisément. Ces actions constituent l'arrière-plan du récit.

– Les passés composés *a retenu* et *ai décidé* expriment des actions ponctuelles, accomplies à un moment déterminé (*un jour, alors*). Ces actions s'enchaînent chronologiquement et sont autant « d'événements » qui constituent le premier plan du récit.

IX. Le plus-que-parfait de l'indicatif

Le plus-que-parfait de l'indicatif est le temps composé qui correspond à l'imparfait. Il permet de situer un fait par rapport à un repère temporel passé. Et il possède, comme l'imparfait, des valeurs temporelles et des valeurs modales.

1 Formation

Le plus-que-parfait se forme ainsi :
auxiliaire *être* ou *avoir* à l'imparfait + participe passé.

Prendre	Venir
j'avais pris	j'étais venu
tu avais pris	tu étais venu
il avait pris	il était venu / elle était venue
nous avions pris	nous étions venu(e)s
vous aviez pris	vous étiez venu(e)s
ils avaient pris	ils étaient venu**s** / elles étaient venues

2 Emplois

■ Expression d'un fait antérieur à un fait passé

Le plus-que-parfait permet d'exprimer un fait antérieur à un fait passé, exprimé à l'imparfait, au passé composé ou au passé simple.

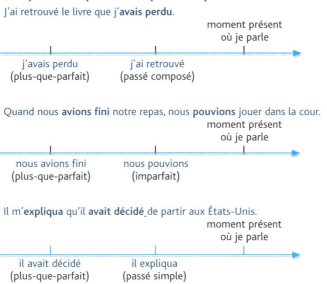

ATTENTION

Dans les propositions temporelles introduites par *quand, lorsque, aussitôt que, dès que, une fois que, après que,* on ne peut utiliser le plus-que-parfait que pour exprimer l'antériorité **par rapport à l'imparfait**. Pour exprimer l'antériorité par rapport au passé composé, on utilise le **passé surcomposé** (*avoir* ou *être* au passé composé + participe passé). Ce temps est cependant assez rare. Pour exprimer l'antériorité par rapport au passé simple, on utilise **le passé antérieur** (*avoir* ou *être* au passé simple + participe passé). Voir L'expression du temps, p. 281.

▄ Valeur modale

Comme l'imparfait, le plus-que-parfait a également une valeur modale. Dans ce cas, il est précédé généralement de **la conjonction *si*** et est employé comme **un équivalent du conditionnel passé.** Il se trouve dans une phrase exprimant **un fait passé hypothétique ou irréel.**

> Je n'ai plus de nouvelles de Pierre. Et s'il m'**avait oublié** ?
> Nous attendions ton retour, inquiets. Et si tu nous **avais trahi** ?
> Il est passé comme s'il ne m'**avait** pas **vu**.
> Si tu m'**avais dit** la vérité, je t'aurais pardonné.
> Ah, si seulement j'**avais travaillé** plus sérieusement ! (expression du regret)

Pour plus de précisions sur cet emploi du plus-que-parfait, voir Le conditionnel passé, p. 170.

X. Le passé simple

Le **passé simple** est un temps de l'indicatif qui permet d'exprimer un fait passé. On ne l'emploie guère à l'oral, mais il est d'un usage très fréquent dans la langue écrite. Il se caractérise par quatre types de formes : en *-a*, en *-i*, en *-u* et en *-in*.

Formation

▄ *Être* et *avoir*

Les verbes *être* et *avoir* ont **un passé simple en *-u* :** -us, -us, -ut, -ûmes, -ûtes, -urent.

Être	Avoir
je f**us**	j'**eus**
tu f**us**	tu **eus**
il f**ut**	il **eut**
nous f**ûmes**	nous **eûmes**
vous f**ûtes**	vous **eûtes**
ils f**urent**	ils **eurent**

■ Les verbes du 1ᵉʳ groupe

Les verbes du 1ᵉʳ groupe ont un **passé simple en** *-a*, à l'exception de la 3ᵉ personne du pluriel : ***-ai, -as, -a, -âmes, -âtes, -èrent.***

Aimer
j'aim**ai**
tu aim**as**
il aim**a**
nous aim**âmes**
vous aim**âtes**
ils aim**èrent**

Le verbe *aller* (3ᵉ groupe) se conjugue comme ces verbes :

aller → j'**all**ai, tu **all**as, il **all**a, nous **all**âmes, vous **all**âtes, ils **all**èrent.

ATTENTION

– **Dans les verbes du 1ᵉʳ groupe en *-ger*,** le *-g-* du radical est suivi d'un *-e-* devant la voyelle *-a* :

manger → je **mang**eai, tu **mang**eas, il **mang**ea, nous **mang**eâmes, vous **mang**eâtes, ils **man**gèrent

– **Dans les verbes du 1ᵉʳ groupe en *-cer*,** le *-c-* du radical prend une cédille devant la voyelle *-a-* :

avancer → j'**avanç**ai, tu **avanç**as, il **avanç**a, nous **avanç**âmes, vous **avanç**âtes, ils avancèrent

■ Les verbes du 2ᵉ groupe

Les verbes du 2ᵉ groupe ont un passé simple **en *-i* : *-is, -is, -it, -îmes, -îtes, -irent.***

Finir
je fin**is**
tu fin**is**
il fin**it**
nous fin**îmes**
vous fin**îtes**
ils fin**irent**

■ Les verbes du 3ᵉ groupe

Les verbes du 3ᵉ groupe présentent **trois types de formes : en *-i*, en *-in* ou en *-u*.**

● **Passé simple en *-i* : *-is, -is, -it, -îmes, -îtes, -irent***

– les verbes ayant un participe passé en *-i* : *dire, rire, suivre, prendre, mettre*…
– les verbes dont l'infinitif se termine par *-indre* : *peindre, craindre, atteindre, joindre*…
– les verbes *faire, entendre,* **voir**, *attendre, répondre, ouvrir*…

dire	peindre	faire	voir	répondre
je dis	je peignis	je fis	je vis	je répondis
tu dis	tu peignis	tu fis	tu vis	tu répondis
il dit	il peignit	il fit	il vit	il répondit
nous dîmes	nous peignîmes	nous fîmes	nous vîmes	nous répondîmes
vous dîtes	vous peignîtes	vous fîtes	vous vîtes	vous répondîtes
ils dirent	ils peignirent	ils firent	ils virent	ils répondirent

REMARQUE

Le verbe *naître* présente un radical particulier :

naître : je naquis, tu naquis, il naquit, nous naquîmes, vous naquîtes, ils naquirent

● **Passé simple en *-in* : *-ins, -ins, -int, înmes, -întes, -inrent***

Ce sont les verbes *tenir, venir* et leurs composés : *retenir, maintenir, devenir, revenir, se souvenir…*

Tenir	Venir
je tins	je vins
tu tins	tu vins
il tint	il vint
nous tînmes	nous vînmes
vous tîntes	vous vîntes
ils tinrent	ils vinrent

● **Passé simple en *-u* : *-us, -us, -ut, -ûmes, -ûtes, -urent***

Tous les autres verbes du 3e groupe : *lire, courir, savoir, devoir, recevoir, pouvoir, paraître, plaire, vivre…*

Lire	Savoir	Pouvoir
je lus	je sus	je pus
tu lus	tu sus	tu pus
il lut	il sut	il put
nous lûmes	nous sûmes	nous pûmes
vous lûtes	vous sûtes	vous pûtes
ils lurent	ils surent	ils purent

REMARQUE

Le verbe *vivre* présente un radical particulier :

vivre → vécus, tu vécus, il vécut, nous vécûmes, vous vécûtes, ils vécurent.

2 Emplois

Le passé simple est utilisé dans le récit au passé. De ce fait, il peut être employé avec l'imparfait ou le passé composé.

■ Imparfait / passé simple

Par opposition à l'imparfait, qui marque une action en cours de déroulement et sans limite précise, le passé simple exprime **une action limitée**.
Comparez :

>Il **ouvrait** la porte.   (l'action est envisagée dans son déroulement)
>Il **ouvrit** la porte.   (l'action est envisagée globalement, dans les limites de son début et de sa fin)

Dans le récit au passé, il marque la succession des actions qui forment **le premier plan du récit** alors que l'imparfait en indique **l'arrière-plan** : descriptions, actions en cours de déroulement, explications.

>Il **était** onze heures du soir et la place **était** déserte. Soudain, une silhouette **sortit** de l'ombre. Pierre **reconnut** l'homme qui le **suivait** depuis deux jours. C'**était** bien ce qu'il **redoutait**.

■ Passé composé / passé simple

Le passé composé et le passé simple s'emploient tous les deux dans le récit au passé, et, par rapport à l'imparfait, ont une valeur semblable. Cependant, il faut noter ces différences :

– Le **passé composé** appartient à la **langue courante**. Il s'emploie **à l'oral** et dans **la langue écrite qui reproduit la langue orale.** Le **passé simple** relève seulement de la **langue écrite**.

– Le **passé composé** exprime **une action reliée à la situation d'énonciation** (= la situation de celui qui parle) : les faits évoqués semblent proches du locuteur (= celui qui parle). Au **passé simple**, au contraire, l'énoncé est **coupé de cette situation**. Les faits évoqués paraissent lointains, totalement détachés du locuteur.

– Le **passé composé** peut exprimer **des faits passés ayant des conséquences au moment présent où l'on parle**. Le passé simple ne le peut pas.

>J'**ai acheté** des livres ce matin et m'apprête à les lire.
>   (le passé simple *j'achetai* est impossible dans cette phrase)

XI. Le passé antérieur

Le **passé antérieur** est le temps composé qui correspond au passé simple.

1 Formation

Le passé antérieur se forme ainsi :
auxiliaire *être* ou *avoir* au passé simple + participe passé.

Prendre	Sortir
j'eus pris	je fus sorti(e)
tu eus pris	tu fus sorti(e)
il eut pris	il fut sorti / elle fut sortie
nous eûmes pris	nous fûmes sorti(e)s
vous eûtes pris	vous fûtes sorti (e)s
ils eurent pris	ils furent sortis / elles furent sorties

2 Emplois

Le passé antérieur, comme le passé simple, appartient à **la langue écrite et soutenue**. Le plus souvent, il s'emploie dans une proposition subordonnée introduite par **une conjonction marquant l'antériorité** - *quand, lorsque, dès que, après que, aussitôt que, une fois que...* - pour exprimer **un fait antérieur à un fait principal exprimé au passé simple**.

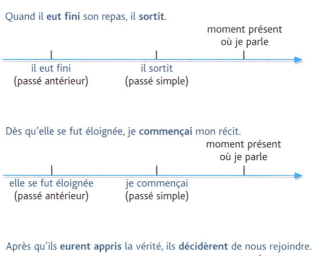

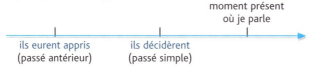

XII. Exprimer un fait récent : *venir de* + infinitif

Pour exprimer un fait qui s'est accompli il y a peu de temps, on peut utiliser : *venir de* **+ infinitif.**

Dans un énoncé au présent, le verbe *venir* est conjugué au présent :
> On va au cinéma ? Je **viens de terminer** mes exercices de français.

Dans un énoncé au passé, le verbe *venir* est conjugué à l'imparfait :
> Ce soir-là, il rentra l'air soucieux. Il **venait de parler** à son avocat.
> Ce jour-là, il m'a appelé tout heureux. Il **venait d'apprendre** sa promotion.

ATTENTION
–*Venir de* suivi de l'infinitif ne s'emploie normalement pas avec *il y a*. Cependant, si l'indication temporelle introduite par *il y a* est placée après, et suffisamment éloignée ou détachée, la phrase paraît acceptable. On peut dire :
> Je viens de rencontrer Pierre dans le hall de l'immeuble, il y a cinq minutes.

Par contre, « Il y a cinq minutes, je viens de rencontrer Pierre dans le hall de l'immeuble » n'est pas un énoncé correct.
–Aucun emploi n'est possible avec *depuis*.

REMARQUE
Venir de suivi de l'infinitif constitue une unité appelée « périphrase verbale ». Dans la périphrase verbale *venir de* + infinitif, *venir* devient un verbe **semi-auxiliaire**. Il perd son sens premier et n'est plus un verbe de mouvement.

Comparez ces deux phrases :
> Je **viens** voir ce qui se passe.
> > (*venir* est un verbe de mouvement)
> Il **vient de dormir** un peu.
> > (*venir* est employé comme semi-auxiliaire et indique un fait récent.)

XIII. Exprimer un fait imminent

1 *Aller* + infinitif

Aller suivi de l'infinitif permet de se situer **juste avant le début** de l'action.
Dans un énoncé au présent, le verbe *aller* est conjugué au présent :
> Je **vais finir** cet exercice.
> Je **vais aller** à Paris.
> Le climat change. Des espèces **vont disparaître**.

Dans un énoncé au passé, le verbe *aller* est conjugué à l'imparfait :

> Il **allait réussir**, il en était sûr.
> Nous **allions sortir** quand l'orage a éclaté.

REMARQUE

Aller **suivi de l'infinitif** constitue une unité appelée « périphrase verbale ». Dans cette périphrase, *aller* devient un verbe **semi-auxiliaire**. Il perd son sens premier et n'est plus un verbe de mouvement.
Comparez :

> Je **vais** à Paris.
> Vous partez ? - Oui, je **vais** chercher Pierre à la gare.
>   (*aller* est un verbe de mouvement)
> Je **vais relire** cette lettre tout à l'heure.
>   (*aller* est employé comme semi-auxiliaire et indique un fait imminent)

2 S'apprêter à + infinitif, être sur le point de + infinitif

Pour exprimer l'imminence d'une action, on peut aussi utiliser les périphrases verbales *s'apprêter à* + infinitif, et *être sur le point de* + infinitif.

> Je **m'apprête à partir** pour l'université. Peux-tu me rappeler ce soir ?
> Il était **sur le point de quitter** cette entreprise quand nous nous sommes rencontrés.

À la différence d'*aller* + infinitif qui n'est compatible qu'avec le présent et l'imparfait, ces deux périphrases peuvent s'employer à tous les temps.

XIV. Le futur simple

Le **futur simple** est un temps de l'indicatif qui permet de situer un fait dans l'avenir.

1 Formation

Au futur :
— il existe plusieurs types de radicaux, mais **tous se terminent par un -*r*.**
— les terminaisons sont **les mêmes** pour tous les verbes : **-*ai*, -*as*, -*a*, -*ons*, -*ez*, -*ont*.**

■ Verbes *être* et *avoir*

Le futur du verbe *être* se forme sur le radical *ser-* et le futur du verbe *avoir* se forme sur le radical *aur-*.

Être	Avoir
je ser**ai**	j'aur**ai**
tu ser**as**	tu aur**as**
il ser**a**	il aur**a**
nous ser**ons**	nous aur**ons**
vous ser**ez**	vous aur**ez**
ils ser**ont**	ils aur**ont**

■ Verbes des 1ᵉʳ et 2ᵉ groupes

– Le futur de ces verbes se forme toujours à partir de l'infinitif : **infinitif + terminaisons.**

Chanter	Finir
je chant**erai**	je fin**irai**
tu chant**eras**	tu fin**iras**
il chant**era**	il fin**ira**
nous chant**erons**	nous fin**irons**
vous chant**erez**	vous fin**irez**
ils chant**eront**	ils fin**iront**

EXCEPTION : *envoyer*, qui se forme sur un radical très différent, *enverr-* (par une confusion ancienne avec le radical de *voir* au futur : *verr-*).

   j'**enverr**ai / nous **enverr**ons.

– L'infinitif de certains verbes du 1ᵉʳ groupe se modifie pour former le futur.

◉ L'infinitif des verbes en *-eler* et *-eter*

Les verbes *appeler, jeter* et leurs composés doublent, comme au présent de l'indicatif, le -*l-* ou le -*t-* devant *e* muet :

   appeler → j'**appell**erai / nous **appell**erons
   jeter → je **jett**erai / nous **jett**erons

Les autres verbes prennent un accent grave sur le *-e-* qui précèdent -*l-* et -*t-* :

   geler → je **gèl**erai / nous **gèl**erons
   acheter → j'**achèt**erai / nous **achèt**erons

REMARQUE : nous suivons ici les *Rectifications de l'orthographe* de 1990. Voir la remarque p. 143.

◉ L'infinitif des verbes en *-uyer-*, *-oyer* (sauf *envoyer*)

Comme au présent de l'indicatif, le *-y-* devient *-i-* devant *e* muet :

   nettoyer → je **nettoie**rai / nous **nettoie**rons
   essuyer. → j'**essuie**rai / nous **essuie**rons

◉ L'infinitif des verbes en *-ayer*

Comme au présent de l'indicatif, le *-y-* peut devenir *-i-* devant *e* muet, mais ce n'est pas obligatoire.

Deux conjugaisons sont acceptées :

   payer → je **payer**ai / nous **payer**ons
      je **paier**ai / nous **paier**ons

◉ L'infinitif des verbes ayant un *-e-* ou un *-é-* à l'avant-dernière syllabe

Le *-e-* et le *-é-* deviennent *-è-*.

   mener → je **mèner**ai / nous **mèner**ons
   préférer → je **préfèrer**ai / nous **préfèrer**ons

EXCEPTION : le radical de *créer* ne se modifie pas.

■ Verbes du 3ᵉ groupe

● Le futur des verbes en *-ir* : infinitif + terminaisons

    partir → je **partir**ai, tu **partir**as, il **partir**a, nous **partir**ons, vous **partir**ez, ils **partir**ont.
    sortir → je **sortir**ai, tu **sortir**as, il **sortir**a, nous **sortir**ons, vous **sortir**ez, ils **sortir**ont.

Exceptions :

– *venir* et *tenir* qui ont un radical particulier, ainsi que leurs composés.

    venir → je **viendr**ai, tu **viendr**as, il **viendr**a, *etc.*
    tenir → je **tiendr**ai, tu **tiendr**as, il **tiendr**a, *etc.*

– *courir* et *mourir* qui prennent deux *-r*, ainsi que les composés de *courir*.

    courir → je **courr**ai, tu **courr**as, il **courr**a, nous **courr**ons, vous **courr**ez, ils **courr**ont.
    mourir → je **mourr**ai, tu **mourr**as, il **mourr**a, nous **mourr**ons, vous **mourr**ez, ils **mourr**ont.

– *acquérir*, *requérir* et *conquérir* qui prennent également deux *-r*.

    acquérir → j'**acquerr**ai, tu **acquerr**as, il **acquerr**a, nous **acquerr**ons, vous **acquerr**ez, ils **acquerr**ont.

– *cueillir* et ses composés dont le radical est *cueiller-*.

    cueillir → je **cueiller**ai, tu **cueiller**as, il **cueiller**a, nous **cueiller**ons, vous **cueiller**ez, ils **cueiller**ont.

● Le futur des verbes en *-re* : infinitif sans *-e* + terminaisons

    vendre → je **vendr**ai, tu **vendr**as, il **vendr**a, nous **vendr**ons, vous **vendr**ez, ils **vendr**ont.
    battre → je **battr**ai, tu **battr**as, il **battr**a, nous **battr**ons, vous **battr**ez, ils **battr**ont.
    boire → je **boir**ai, tu **boir**as, il **boir**a, nous **boir**ons, vous **boir**ez, ils **boir**ont.

● Le futur de certains verbes en *-oir* : infinitif sans *-oir* + *-r-* + terminaisons

Il s'agit des verbes *devoir, recevoir, décevoir, concevoir, percevoir*.

    devoir → je **devr**ai, tu **devr**as, il **devr**a, nous **devr**ons, vous **devr**ez, il **devr**ont.
    recevoir → je **recevr**ai, tu **recevr**as, il **recevr**a, nous **recevr**ons, vous **recevr**ez, ils **recevr**ont.

● Les verbes ayant un futur irrégulier

Le futur de ces verbes ne se forme pas à partir de l'infinitif mais à partir de radicaux particuliers.

    aller → ***ir*** + terminaisons   j'**ir**ai / nous **ir**ons
    faire → ***fer*** + terminaisons   je **fer**ai / nous **fer**ons
    pouvoir → ***pourr*** + terminaisons   je **pourr**ai / nous **pourr**ons
    vouloir → ***voudr*** + terminaisons   je **voudr**ai / nous **voudr**ons
    valoir → ***vaudr*** + terminaisons   je **vaudr**ai / nous **vaudr**ons
    savoir → ***saur*** + terminaisons   je **saur**ai / nous **saur**ons
    voir → ***verr*** + terminaisons   je **verr**ai / nous **verr**ons

2 Emplois

– Le futur simple permet d'**exprimer des faits situés dans l'avenir** :

    Demain, je t'**apporterai** un pot de confiture.
    La semaine prochaine, nous **mangerons** ensemble au restaurant.
    Dans dix ans, j'**habiterai** peut-être toujours à Paris.

– Il peut aussi parfois **exprimer un ordre** :

> Tu **te lèveras** à huit heures demain matin.
> Tu me **copieras** cent fois cette phrase : « Je ne bavarde pas en classe. »

On dit alors qu'il a une **valeur impérative.** L'ordre exprimé au futur est cependant souvent plus atténué que s'il est exprimé à l'impératif.

– Le futur peut aussi permettre d'**atténuer une affirmation** :

> Je ne suis pas sûr que ce soit une bonne solution. Je vous **dirai** même que vous avez tort.

XV. Le futur antérieur

Le **futur antérieur** est le temps composé qui correspond au futur simple.

1 Formation du futur antérieur

Il se forme ainsi : auxiliaire *être* ou *avoir* au futur simple + participe passé.

Lire	Devenir
j'aurai lu	je serai devenu
tu auras lu	tu seras devenu
il aura lu	il sera devenu / elle sera devenue
nous aurons lu	nous serons devenu(e)s
vous aurez lu	vous serez devenu(e)s
ils auront lu	ils seront devenus / elles seront devenues

2 Emplois du futur antérieur

■ Emploi avec un futur ou un impératif

Si le futur antérieur est employé avec un futur ou un impératif : il permet d'exprimer un fait futur antérieur à un autre fait futur.

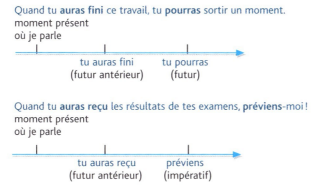

Quand tu **auras fini** ce travail, tu **pourras** sortir un moment.
moment présent où je parle
tu auras fini (futur antérieur)   tu pourras (futur)

Quand tu **auras reçu** les résultats de tes examens, **préviens**-moi !
moment présent où je parle
tu auras reçu (futur antérieur)   préviens (impératif)

■ Emploi du futur antérieur seul

– Il peut permettre d'insister sur **le caractère certain d'un fait futur en le présentant comme accompli** :

> Ne t'inquiète pas. Je **serai rentré** à dix heures, comme promis.
> Lundi prochain, à la même heure, nous **serons arrivés** à Tokyo.

– Il peut aussi exprimer **une supposition concernant un fait passé** :

> Marie n'est pas là. Elle **aura eu** un imprévu au dernier moment.
> (= Elle a peut-être eu un imprévu au dernier moment)

C. Le conditionnel

On peut considérer que le **conditionnel** est à la fois un **mode** et un **temps**.
– Quand il est employé dans sa **valeur modale**, c'est-à-dire comme mode, il permet d'exprimer ce qui est **éventuel** ou **imaginaire**.
– Quand il est employé dans sa **valeur temporelle**, c'est-à-dire comme temps, il équivaut à **futur dans le passé** et peut être considéré comme un temps de l'indicatif.
Il existe **deux temps du conditionnel : le conditionnel présent et le conditionnel passé**.

I. Le conditionnel présent

1 Formation du conditionnel présent

Le conditionnel présent se forme ainsi : **radical du futur + terminaisons de l'imparfait**.

Futur simple	Conditionnel présent
Être	
je **ser**ai	je **ser**ais
tu **ser**as	tu **ser**ais
il **ser**a	il **ser**ait
nous **ser**ons	nous **ser**ions
vous **ser**ez	vous **ser**iez
ils **ser**ont	ils **ser**aient

Avoir	
j'**aur**ai	j'**aur**ais
tu **aur**as	tu **aur**ais
il **aur**a	il **aur**ait
nous **aur**ons	nous **aur**ions
vous **aur**ez	vous **aur**iez
ils **aur**ont	ils **aur**aient

Futur simple	Conditionnel présent
Chanter	
je **chanter**ai	je **chanter**ais
tu **chanter**as	tu **chanter**ais
il **chanter**a	il **chanter**ait
nous **chanter**ons	nous **chanter**ions
vous **chanter**ez	vous **chanter**iez
ils **chanter**ont	ils **chanter**aient

ATTENTION

Au futur, les verbes *courir*, *mourir*, *acquérir*, *requérir* et *conquérir* prennent deux *-r*. Par conséquent, ils prennent aussi deux *-r* au conditionnel présent.

Ne pas confondre :

Imparfait	Conditionnel présent
je **cour**ais	je **courr**ais
je **mour**ais	je **mourr**ais
j'**acquér**ais	j'**acquerr**ais

REMARQUE : le verbe *savoir* au conditionnel présent peut prendre le sens de *pouvoir* dans la langue soutenue ou littéraire. Dans ce cas, il est le plus souvent à la forme négative, et employé avec une négation réduite à *ne* (c'est-à-dire sans *pas*) :

Je ne saurais répondre à vos questions
(= je ne pourrais répondre à vos questions).
« Cachez ce sein que **je ne saurais** voir » (Molière, *Tartuffe*)

2 Emplois du conditionnel présent

Le conditionnel présent peut avoir une **valeur modale** ou une **valeur temporelle**.

■ Valeur modale

Employé dans sa valeur modale, le conditionnel présent exprime **l'éventuel** ou **l'irréel dans le présent**.

● **Il permet de formuler :**

– une demande courtoise ou une suggestion.

Pourriez-vous m'accompagner ?
Vous **serait**-il possible de me communiquer ces informations ?
Je **voudrais** du pain, s'il vous plaît
On **pourrait** dîner ensemble ?

– un conseil.

devoir + infinitif → Tu **devrais** te reposer.
faire mieux de + infinitif → Tu **ferais** mieux de te reposer.
valoir mieux + infinitif → Il **vaudrait** mieux te reposer.
valoir mieux + *que* + subjonctif → Il **vaudrait** mieux que tu te reposes.

– un reproche.

> *pouvoir (au moins)* + infinitif → Tu **pourrais** au moins être discret !

– un désir ou un souhait.

> Marie **aimerait** te revoir.
> Ils **souhaiteraient** vous rencontrer avant votre départ.

● **Il permet de rendre compte d'une information incertaine**

> La croissance mondiale attendue pour l'année 2008 **serait** de 4,8 %.

Cet emploi est fréquent dans la presse.

● **Il permet d'évoquer une situation imaginaire :**

> Imagine ! Il nous **suffirait** de boire de cette eau magique et nous **aurions** de nouveau vingt ans !
> Sans ton aide, nous **renoncerions** à un tel projet.

De ce fait, on le rencontre fréquemment dans l'expression de **l'hypothèse**. Plus particulièrement :

– après la conjonction *au cas où* :

> Donne-moi ton adresse, **au cas où j'aurais** l'occasion de passer dans ta ville.

– ou dans **un système hypothétique** comportant une proposition subordonnée introduite par *si*.

> Si tu travaillais davantage, tu **réussirais**.

REMARQUE : la proposition subordonnée commençant par *si* peut exprimer une hypothèse **réalisable** ou une hypothèse **contredite par la réalité**.

– Hypothèse réalisable :

> Si tu venais à Paris le week prochain, | nous **visiterions** le Panthéon.
> proposition subordonnée de   proposition principale
> condition introduite par *si*

– Hypothèse contredite par la réalité :

> Si tu étais aujourd'hui à Paris, | nous **irions** au Bois de Boulogne.
> proposition subordonnée de   proposition principale
> condition introduite par *si*

Dans ce dernier cas, on parle d'**irréel du présent**, puisqu'on évoque une action ou une situation qui n'est pas réelle dans le moment présent.

ATTENTION

Le conditionnel présent ne se met jamais dans la proposition subordonnée introduite par *si* mais **toujours dans la proposition principale.** Le schéma syntaxique le plus courant est le suivant :

si + imparfait .... **conditionnel présent**
(proposition subordonnée)   (proposition principale)

Ou :

conditionnel présent .... *si* + imparfait
(proposition principale)   (proposition subordonnée)

Quand la proposition subordonnée est en tête, une virgule sépare en général les deux propositions.

> Si la pluie s'arrêtait, nous pourrions aller faire un tour.

Mais quand la proposition principale est en tête, il n'y en a habituellement pas.

> Nous pourrions aller faire un tour si la pluie s'arrêtait.

On trouvera d'autres combinaisons de temps dans L'EXPRESSION DE L'HYPOTHÈSE, p. 171.

■ Valeur temporelle

Employé dans sa valeur temporelle, le conditionnel présent est **un temps du passé** : il équivaut à un **futur simple dans le passé.**

> Présent / futur → Je **pense** qu'il **viendra**.
> Imparfait / conditionnel présent (= futur dans le passé) → Je **pensais** qu'il **viendrait**.

Cet emploi est étudié plus précisément dans LES FUTURS DANS LE PASSÉ, p. 172.

II. Le conditionnel passé

1 Formation du conditionnel passé

Le conditionnel passé est un temps composé. Il se forme ainsi :
auxiliaire *avoir* ou *être* au conditionnel présent + participe passé.

Avoir	Être
j'aurais eu	j'aurais été
tu aurais eu	tu aurais été
il aurait eu	il aurait été
nous aurions eu	nous aurions été
vous auriez eu	vous auriez été
ils auraient eu	ils auraient été

Aimer	Sortir
j'aurais aimé	je serais sorti
tu aurais aimé	tu serais sorti
il aurait aimé	il serait sorti / elle serait sortie
nous aurions aimé	nous serions sorti(e)s
vous auriez aimé	vous seriez sortis(e)
ils auraient aimé	ils seraient sortis / elles seraient sorties

2 Emplois du conditionnel passé

Comme le conditionnel présent, le conditionnel passé a deux valeurs bien distinctes : une **valeur modale** et une **valeur temporelle**.

▪ Valeur modale

Employé dans sa valeur modale, le conditionnel passé permet d'exprimer **l'éventuel** ou **l'irréel dans le passé.**

● **Il permet de formuler :**

– une demande courtoise.

> J'**aurais voulu** un billet pour le concert du 2 décembre. Est-ce qu'il vous reste des places ?

– un reproche.

> *pouvoi*r + infinitif → Tu **aurais pu** faire attention !
> *devoir* + infinitif → Tu **aurais dû** me prévenir de ton retard.
> *valoir mieux* + infinitif → Il **aurait** mieux **valu** me tenir informé de ta décision.
> *valoir mieux* + que + subjonctif → Il **aurait** mieux **valu** que tu me tiennes informé de ta décision.

– un regret.

> Nous **aurions** tellement **voulu** vous aider !
> *pouvoir* + infinitif → Quel dommage que je t'aie pas vu ! Nous **aurions pu** prendre un verre ensemble !
> *devoir* + infinitif → J'ai fait une bêtise. J'**aurais dû** te faire confiance.

● **Il permet de rendre compte d'une information incertaine :**

> Le gouvernement et les syndicats **seraient parvenus** à un accord.

Cet emploi est fréquent dans la presse.

● **Il permet d'évoquer une situation imaginaire :**

> Imagine que tu n'aies jamais rencontré Paul. Nous nous **serions mariés** et notre vie **aurait été** complètement différente.

C'est pourquoi on le rencontre fréquemment dans l'expression de **l'hypothèse**. Plus particulièrement :

– après la conjonction *au cas où.*

> Appelle-moi lundi soir, **au cas où** j'**aurais obtenu** des places gratuites pour ce concert.

– dans un système hypothétique comportant une proposition subordonnée introduite par *si*.

> Si tu avais suivi mes conseils, | rien de tout cela ne **serait arrivé**.
>   proposition subordonnée   proposition principale
>   introduite par si

La proposition subordonnée introduite par *si* exprime alors une hypothèse qui ne s'est pas réalisée dans le passé : on parle d'**irréel du passé**.

ATTENTION

Le conditionnel passé ne se met jamais dans la proposition subordonnée introduite par *si*. Il se met **toujours dans la proposition principale.**

Le schéma syntaxique le plus courant est le suivant :

***si* + plus-que-parfait**.......................**conditionnel passé**
(proposition subordonnée)   (proposition principale)

ou :

conditionnel passé.........................***si* + plus-que-parfait**
(proposition principale)   (proposition subordonnée)

Quand la proposition subordonnée est en tête, une virgule sépare généralement les deux propositions. Mais quand la proposition principale est en tête, il n'y en a habituellement pas.

On trouvera d'autres combinaisons de temps dans L'EXPRESSION DE L'HYPOTHÈSE, p. 171.

■ Valeur temporelle

Employé dans sa valeur temporelle, le conditionnel passé équivaut à un **futur antérieur dans le passé.**

>Présent / futur antérieur / futur simple → Il **pense** que, lorsque tu **auras fini** ce travail, tu **pourras** rentrer chez toi.
>Imparfait / conditionnel passé / conditionnel présent → Il **pensait** que, lorsque tu **aurais fini** ce travail, tu **pourrais** rentrer chez toi.

Cet emploi est étudié plus précisément dans LES FUTURS DANS LE PASSÉ, ci-dessous.

III. Les futurs dans le passé

Les conditionnels présent et passé peuvent être employés pour **exprimer un fait postérieur à un repère situé dans le passé**. Dans ce cas, ce sont des **futurs dans le passé.** Et on peut les considérer comme des temps de l'indicatif car ils n'ont plus leur valeur modale.

1 Le conditionnel présent : un futur simple dans le passé

Le conditionnel présent équivaut à un futur simple dans le passé.

>Tu **es** certain qu'il **viendra**.
>
>moment présent
>où je parle
>|―――――|―――――――――――→
>   Tu es   il viendra
> (présent)   (futur simple)

Tu **étais** certain qu'il **viendrait**.

2 Le conditionnel passé : un futur antérieur dans le passé

Le conditionnel passé équivaut à un futur antérieur dans le passé.

Il dit qu'il **rentrera** dans son pays quand il **aura fini** ses études.

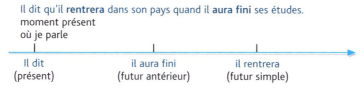

Il disait qu'il **rentrerait** dans son pays quand il **aurait fini** ses études.

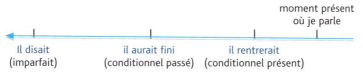

D. Le subjonctif et l'impératif

I. Le subjonctif présent

Le subjonctif est le mode du **virtuel**. Il permet de présenter un fait non pas comme appartenant à la réalité, mais comme **pensé, envisagé, voulu.** Il est souvent précédé de **la conjonction *que*** et il comprend **quatre temps** :
– **deux temps** que l'on utilise **couramment** : le présent et le passé.
– **deux temps** qui sont devenus **rares** et appartiennent à la langue **soutenue** ou **littéraire** : l'imparfait et le plus-que-parfait.
Voyons d'abord la conjugaison du subjonctif présent.

Au subjonctif présent, tous les verbes, exceptés *être* et *avoir*, ont les mêmes terminaisons : ***-e, -es, -e, -ions, -iez, -ent.***
Par ailleurs, il faut distinguer deux types de verbes : ceux dont le subjonctif se forme régulièrement et ceux dont le subjonctif se forme irrégulièrement.

1 *Être et avoir*

Ces deux verbes ont une conjugaison tout à fait particulière au subjonctif :

Avoir	Être
(que / qu')	*(que / qu')*
j'aie	je sois
tu aies	tu sois
il ait	il soit
nous ayons	nous soyons
vous ayez	vous soyez
ils aient	ils soient

2 Les subjonctifs présents réguliers

Tous les verbes des 1er et 2e groupes ont un subjonctif présent régulier, de même que la plupart des verbes du 3e groupe. Le subjonctif présent de ces verbes se forme ainsi :
– *je, tu, il, ils* : **radical de la 3e personne du pluriel du présent + terminaisons.**
– *nous, vous* : **même forme qu'à l'imparfait de l'indicatif.**

3. LES VERBES

■ Verbes du 1er groupe

Parler	Appeler	Jeter	Acheter
(que / qu')	*(que / qu')*	*(que / qu')*	*(que / qu')*
je parle	j'appelle	je jette	j'achète
tu parles	tu appelles	tu jettes	tu achètes
il parle	il appelle	il jette	il achète
nous parlions	nous appelions	nous jetions	nous achetions
vous parliez	vous appeliez	vous jetiez	vous achetiez
ils parlent	ils appellent	ils jettent	ils achètent

payer → que je paie / paye, que nous payions.
nettoyer → que je nettoie, que nous nettoyions
essuyer → que j'essuie, que nous essuyions
mener → que je mène, que nous menions
préférer → que je préfère, que nous préférions

■ Verbes du 2e groupe

Finir	Choisir
(que / qu')	*(que / qu')*
je finisse	je choisisse
tu finisses	tu choisisses
il finisse	il choisisse
nous finissions	nous choisissions
vous finissiez	vous choisissiez
ils finissent	ils choisissent

■ Verbes du 3e groupe

Prendre	Sortir	Devoir	Venir
(que / qu')	*(que / qu')*	*(que / qu')*	*(que / qu')*
je prenne	je sorte	je doive	je vienne
tu prennes	tu sortes	tu doives	tu viennes
il prenne	il sorte	il doive	il vienne
nous prenions	nous sortions	nous devions	nous venions
vous preniez	vous sortiez	vous deviez	vous veniez
ils prennent	ils sortent	ils doivent	ils viennent

mourir → que je meure, que nous mourions
ouvrir → que j'ouvre, que nous ouvrions
vendre → que je vende, que nous vendions
craindre → que je craigne, que nous craignions
dire → que je dise, que nous disions
mettre → que je mette, que nous mettions
construire → que je construise, que nous construisions

3 Les subjonctifs présents irréguliers

Certains verbes du 3ᵉ groupe ont un subjonctif présent irrégulier, c'est-à-dire **un radical particulier au subjonctif présent.**

■ Subjonctif présent formé sur ce seul radical particulier

faire → que je **fass**e, que nous **fass**ions
savoir → que je **sach**e, que nous **sach**ions
pouvoir → que je **puiss**e, que nous **puiss**ions
falloir → qu'il **faill**e

■ Subjonctif présent formé sur deux radicaux

aller → que j'**aill**e, que nous **all**ions
vouloir → que je **veuill**e, que nous **voul**ions
valoir → **vaill**e, **val**ions

4 Emplois du subjonctif présent

■ Dans une proposition subordonnée

Dans une proposition subordonnée au subjonctif, on met le verbe au subjonctif présent quand on veut indiquer que le fait exprimé dans la subordonnée est **simultané** ou **postérieur** au fait exprimé par le verbe principal.
– Il peut y avoir simultanéité ou postériorité par rapport à un verbe principal au présent, au futur ou au conditionnel présent.

Je regrette qu'il **parte**.
Pascal exigera que tu **sois** là.
Nous serions heureux qu'il **réussisse**.
Je veux que Pierre **prévienne** ses parents dès qu'il arrivera.

– Il peut aussi y avoir simultanéité ou postériorité par rapport à un verbe principal au passé.

Je craignais qu'il **se sente** seul.
J'aurais aimé que tu le **voies**.
Je souhaitais que Pierre **puisse** se libérer la semaine suivante.

Si l'on respectait rigoureusement la concordance de temps, le verbe de la proposition subordonnée devrait être au subjonctif imparfait. Mais ce temps est rare et ne s'emploie que très exceptionnellement. (Voir La concordance des temps, p. 190).

■ Dans une proposition indépendante ou principale

Quand il est employé dans une proposition indépendante ou principale, le subjonctif présent permet généralement d'exprimer un fait dont on veut ou dont on souhaite qu'il s'accomplisse.

Qu'il **entre** !
Pourvu qu'il **vienne** !

II. Le subjonctif passé

1 Formation du subjonctif passé

Le subjonctif passé est un temps composé. Il se forme ainsi :
auxiliaire *avoir* ou *être* au subjonctif présent + participe passé.

Avoir	Être
(que / qu') j'aie eu tu aies eu il ait eu nous ayons eu vous ayez ils aient eu	*(que / qu')* j'aie été tu aies été il ait été nous ayons été vous ayez été ils aient été

Parler	Venir
(que / qu') j'aie parlé tu aies parlé il ait parlé nous ayons parlé vous ayez parlé ils aient parlé	*(que / qu')* je sois venu tu sois venu il soit venu / elle soit venue nous soyons venu(e)s vous soyez venu(e)s ils soient venus / elles soient venues

2 Emplois du subjonctif passé

■ Dans une proposition subordonnée

● **Le subjonctif passé peut exprimer l'antériorité**

Dans une proposition subordonnée au subjonctif, on met le verbe au subjonctif passé quand on veut indiquer que le fait exprimé dans la subordonnée est **antérieur** au fait exprimé par le verbe principal.
– Il peut y avoir antériorité par rapport à un verbe principal au présent, au futur ou au conditionnel présent.

> Je **suis** / Je **serai** / Je **serais** désolé que tu **aies attendu** si longtemps.

– Il peut aussi y avoir antériorité par rapport à un verbe principal au passé.

> Je **craignais** qu'il **se soit senti** seul.

Si l'on respectait rigoureusement la concordance de temps, le verbe de la proposition subordonnée devrait être au subjonctif plus-que-parfait. Mais ce temps est rare et ne s'emploie que très exceptionnellement.

● Le subjonctif passé peut aussi exprimer l'accompli

Par ailleurs, on met aussi le verbe au subjonctif passé quand on veut présenter le fait comme **accompli** par rapport à un moment précis du futur :

> Il souhaite que tu **aies fini** tes études avant de te marier.

Pour ces différents emplois, voir La concordance des temps, p. 191.

■ Dans une proposition indépendante ou principale

Quand il est employé dans une proposition indépendante ou principale, le subjonctif passé permet généralement d'exprimer un fait dont on veut ou dont on souhaite qu'il ait été **accompli** au moment considéré.

> Qu'ils **aient fini** ce travail avant ce soir !
> Pourvu qu'il **ait fait** la vaisselle !

III. Le subjonctif dans les complétives (1)

Le subjonctif se rencontre dans **les propositions complétives** (= propositions subordonnées introduites par la conjonction *que*) qui dépendent de verbes ou de tournures impersonnels exprimant :
– **la nécessité** ou **l'obligation**
– **le conseil**
– **le souhait**
– **la volonté**.

Il peut aussi s'employer dans **une proposition indépendante exprimant un souhait** ou **un ordre**.

1 Dans une phrase exprimant la nécessité ou l'obligation

On emploie le subjonctif après *il faut que* et des tournures impersonnelles exprimant la nécessité ou l'obligation :

il faut	
il /c'est nécessaire	
il /c'est indispensable	
il /c'est essentiel	+ *que* + subjonctif
il /c'est impératif	
il /c'est obligatoire	
il /c'est temps	
il /c'est urgent	

> Il faut que tu **prennes** ces documents.
> Il est indispensable que tu **sois** là.
> Il est essentiel que nous le **voyions**.

Noter : la tournure *il est + adjectif + que* est souvent remplacée par *c'est + adjectif + que* dans la langue orale.

2 Dans une phrase exprimant le conseil

On emploie le subjonctif après des tournures impersonnelles exprimant le conseil :

> *il est / c'est préférable*
> *il serait / ce serait préférable*   + *que* + subjonctif
> *il vaut mieux*
> *il vaudrait mieux*

Ce serait préférable que tu **viennes** avec nous.
Il vaudrait mieux que vous **preniez** ce médicament.

3 Dans une phrase exprimant le souhait

■ Dans les propositions complétives dépendant de verbes exprimant le souhait.

> *aimer* (au conditionnel)
> *vouloir* (au conditionnel)
> *préférer*   + *que* + subjonctif
> *souhaiter*
> *désirer*

J'aimerais que tu **puisses** venir.
Je souhaite que nous nous **réunissions**.
Je préfère qu'il **soit** plus discret.

REMARQUE : *souhaiter* est suivi du subjonctif mais *espérer*, de l'indicatif.

Je souhaite qu'il nous **fasse** confiance.
J'espère qu'il nous **fera** confiance.

■ Dans une proposition indépendante au subjonctif.

Le subjonctif est alors précédé de *que* ou de *pourvu que* :

Que la nouvelle année vous **apporte** bonheur et santé, et vous **permette** de réaliser vos projets les plus chers !
Pourvu qu'elle **parvienne** à nous rejoindre !

REMARQUE : dans la langue soutenue, le souhait peut être exprimé au moyen d'une phrase indépendante introduite par le subjonctif présent de *pouvoir*. Dans ce cas, *que* est omis :

Puissiez-vous revenir sains et saufs !
Puisse-t-il réussir !

4 Le subjonctif dans une phrase exprimant la volonté

■ Dans les propositions complétives dépendant de verbes exprimant la volonté

vouloir	
ordonner	
exiger	+ *que* + subjonctif
demander	
défendre	
interdire	
tenir	+ *à ce que* + subjonctif

Le professeur veut que les élèves **soient** à l'heure.
J'exige que vous m'**obéissiez**.
Je tiens à ce que tu **finisses** ce travail d'ici demain.

■ Dans une proposition indépendante au subjonctif

Le verbe au subjonctif est alors à **la 3ᵉ personne du singulier ou du pluriel. Il est précédé de *que*, et équivaut à un impératif.**

Qu'il entre !
Qu'ils se taisent et fassent ce que je dis !
Que personne ne me dérange !

REMARQUE : on recourt à l'impératif pour la 2ᵉ personne du singulier et les 1ʳᵉ et 2ᵉ personnes du pluriel, et au subjonctif pour les 3ᵉ personnes du singulier et du pluriel car ces personnes n'existent pas à l'impératif.

	Impératif	Subjonctif
2ᵉ personne du singulier	*mange !*	
3ᵉ personne du singulier		*qu'il mange !*
1ʳᵉ personne du pluriel	*mangeons !*	
2ᵉ personne du pluriel	*mangez !*	
3ᵉ personne du pluriel		*qu'ils mangent !*

IV. Le subjonctif dans les complétives (2)

– Le subjonctif se rencontre dans **les propositions complétives** (= propositions subordonnées introduites par la conjonction *que*) qui dépendent de verbes ou de tournures impersonnelles exprimant **la possibilité, l'impossibilité ou l'incertitude** :

douter	+ *que* + subjonctif :
il se peut *il /c'est possible* *il /c'est impossible* *il semble* *il arrive* *il y a des chances* *il / c'est peu probable*	+ *que* + subjonctif

Je doute qu'il **soit** capable de réaliser ce travail.
Il se peut que nous **arrivions** avec un peu de retard.
Il arrive qu'il **se mette** en colère.

REMARQUE : *il est probable que* + indicatif ; mais : *il est peu probable que* + subjonctif (l'adverbe *peu* enlève de la certitude au fait énoncé dans la subordonnée).

– **Par ailleurs, certains verbes ou certaines tournures impersonnelles,** suivis de l'indicatif à la forme affirmative, sont fréquemment suivis du **subjonctif à la forme négative ou à la forme interrogative avec inversion du sujet.**

• Ce sont notamment les verbes *croire, penser, trouver* :

Je pense qu'il **est** arrivé.　　　　Je crois qu'il **peut** être sincère.
Je ne pense pas qu'il **soit** arrivé　Je ne crois pas qu'il **puisse** être sincère.
Pensez-vous qu'il **soit** arrivé ?　Crois-tu qu'il **puisse** être sincère ?

Je trouve que c'**est** normal.
Je ne trouve pas que ce **soit** normal.
Trouvez-vous que ce **soit** normal ?

• Ce sont aussi les tournures impersonnelles *il est évident, il est vrai, il est sûr, il est certain* :

Est-il vrai que vous l'**ayez** vu récemment ?
Il n'est pas évident que notre situation **soit** meilleure que la vôtre.
Il n'est pas sûr qu'il **soit** aussi bête qu'on le dit.
Est-il certain qu'il **puisse** se rendre à Lyon la semaine prochaine ?

Dans ce cas, le subjonctif s'explique par le fait que la forme négative ou interrogative enlève de la certitude au fait énoncé dans la subordonnée. Cependant, **il ne s'agit pas d'un emploi obligatoire** : le subjonctif caractérise un niveau de langue plus soutenu, mais il est possible, dans la langue courante, d'utiliser l'indicatif.

– De même, *être certain, être sûr, être persuadé, être convaincu*, suivis de l'indicatif à la forme affirmative, sont fréquemment suivis du **subjonctif à la forme négative ou à la forme interrogative avec inversion du sujet** :

Je suis convaincu qu'il **est** innocent
Je ne suis pas convaincu qu'il **soit** innocent.
Êtes-vous convaincu qu'il **soit** innocent ?

V. Le subjonctif dans les complétives (3)

Le subjonctif se rencontre dans **les propositions complétives** (= propositions subordonnées introduites par la conjonction *que*) qui dépendent d'une proposition principale exprimant **un sentiment** ou **un jugement.**

se réjouir *regretter* *s'étonner* *aimer* *détester* *craindre* *avoir peur* *redouter* *etc.*	+ *que* + subjonctif	*être content* *être heureux* *être ravi* *être triste* *être désolé* *être mécontent* *être fâché* *être malheureux* *etc.*	+ *que* + subjonctif
il / c'est triste *il /c'est regrettable* *il / c'est étonnant…* *il / c'est surprenant* *il / c'est ennuyeux* *etc.*	+ *que* + subjonctif	*il / c'est dommage* *quel dommage* *cela / ça m'étonne* *cela / ça m'inquiète* *cela / ça m'ennuie* *etc.*	+ *que* + subjonctif
il / c'est étrange *il /c'est normal* *il / c'est important* *il /c'est incroyable* *il /c'est invraisemblable* *il /c'est inacceptable* *etc.*	+ *que* + subjonctif	*c'est bien / mieux* *le mieux* *l'important* *l'essentiel* *l'étonnant* *le plus simple* *etc.*	+ *que* + subjonctif + *est que* + subjonctif

REMARQUE : après les verbes *redouter*, *craindre* et la locution verbale *avoir peur*, on rencontre très souvent un *ne* « explétif » dans la proposition subordonnée, c'est-à-dire un *ne* qui n'a pas de valeur négative. Sa suppression ne change pas le sens de la proposition :

    Je crains **qu'il se soit enfui.**
       = Je crains **qu'il ne se soit enfui.**

VI. Quelques conjonctions suivies du subjonctif

De nombreuses conjonctions sont suivies du subjonctif. En voici quelques-unes.

1. *Pour que, afin que, de sorte que*

Les conjonctions ***pour que***, ***afin que*** et ***de sorte que*** introduisent **une proposition subordonnée de but**.

> Nous vous inviterons **pour que** vous **fassiez** la connaissance de Robert.
> Je te téléphonerai après la réunion **afin que** tu **sois** au courant de nos décisions.
> L'hôtesse de l'air incline le siège du passager **de sorte que** celui-ci **puisse** dormir plus confortablement.

REMARQUES
– *Afin que* est plus soutenu que *pour que*.
– *De sorte que* permet d'insister sur la manière qui permet d'atteindre le but que l'on souhaite.
– Ne pas confondre *de sorte que* suivi du subjonctif qui exprime le but avec ***de sorte que*** **suivi de l'indicatif** qui exprime **la conséquence**.

2. *De peur que, de crainte que*

Les conjonctions ***de peur que*** et ***de crainte que*** introduisent également **une proposition subordonnée de but** mais indiquent, en outre, **un fait que l'on veut éviter**.

> Ils ne vous ont rien dit **de peur que** vous vous **fâchiez**.
>   (= Ils ne vous ont rien dit pour que vous ne vous fâchiez pas.)
> Elle se cache **de crainte qu**'on l'**aperçoive**.
>   (= Elle se cache pour qu'on ne l'aperçoive pas.)

REMARQUES
– Ces conjonctions peuvent être employées avec un ***ne* explétif**, c'est-à-dire un *ne* qui n'a **pas de valeur négative** et est **facultatif**. On peut dire :

> Ils ne vous ont rien dit **de peur que** vous vous **fâchiez**.

ou

> Ils ne vous ont rien dit **de peur que** vous **ne** vous **fâchiez**.

Cependant, le *ne* explétif caractérise un niveau de langue plus soutenu.
– *De crainte que* est plus soutenu que *de peur que*.

3. *Bien que, quoique*

Les conjonctions ***bien que*** et ***quoique*** introduisent **une proposition subordonnée de concession**.

> **Bien qu**'il **soit** talentueux, cet artiste n'a guère de succès auprès du public.
>   (= Cet artiste est talentueux mais il n'a guère de succès auprès du public.)

> **Quoique** que nous **travaillions** très sérieusement, nos résultats restent faibles.
> (= Nous travaillons très sérieusement mais nos résultats restent faibles.)

REMARQUES
– *Bien que* s'emploie plus souvent que *quoique*.
– La concession exprime à la fois une opposition et un paradoxe.

4. Avant que, en attendant que, jusqu'à ce que

Les conjonctions *avant que*, *en attendant que* et *jusqu'à ce que* introduisent **une proposition subordonnée de temps**.

> Prévenons-le **avant qu'**il **soit** trop tard.
> Je vais te prêter quelques meubles **en attendant que** tu **aies fini** d'emménager.
> Les employés ont décidé de faire grève **jusqu'à ce qu'**ils **aient obtenu** satisfaction.

REMARQUE : *avant que* peut être employé avec un ***ne* explétif**. On peut dire :

> Prévenons-le **avant qu'**il **soit** trop tard.

Ou :

> Prévenons-le **avant qu'**il **ne soit** trop tard.

Mais là encore, le *ne* explétif relève d'une langue plus soutenue.

5. À condition que

La conjonction ***à condition que*** introduit une proposition **subordonnée de condition** et exprime **une condition nécessaire**.

> Je peux t'accompagner **à condition que** nous **soyons** de retour avant le repas.

*

REMARQUE : les conjonctions *pour que*, *afin que*, *de peur que*, *de crainte que*, *avant que* et *en attendant que* ne peuvent être employées que si le verbe de la proposition principale et celui de la proposition subordonnée ont **des sujets différents**. Si le sujet est le même dans les deux propositions, il faut utiliser :

pour	
afin de	
de peur de	+ infinitif
de crainte de	
avant de	
en attendant de	

Ainsi, on peut dire :

> <u>François</u> travaille le soir pour que <u>ses enfants</u> ne manquent de rien.
> Sujet n° 1   Sujet n° 2
> (Les verbes *travaille* et *manquent* n'ont pas le même sujet)

Mais on ne peut pas dire :
> ~~François travaille le soir pour qu'il paye ses études.~~
> (Les verbes *travaille* et *manquent* ont le même sujet)

On doit utiliser la préposition *pour* suivie de l'infinitif :
> Il travaille le soir **pour payer** ses études.

Quant à la conjonction *à condition que*, il est possible de la remplacer par *à condition de* suivi de l'infinitif si le sujet est le même dans les deux propositions, mais ce n'est **pas obligatoire**.

On trouvera plus de précisions sur les conjonctions suivies du subjonctif dans L'EXPRESSION DU TEMPS ET LES GRANDS RAPPORTS LOGIQUES, p. 281 et suivantes.

VII. Le subjonctif dans les propositions relatives

Le verbe des propositions subordonnées relatives est **le plus souvent à l'indicatif** mais on peut le trouver **au subjonctif** dans certain cas.

1 Existence de l'objet envisagée comme incertaine

Le verbe d'une proposition subordonnée relative se met souvent au subjonctif quand l'existence de l'objet que désigne l'antécédent (= le nom que reprend le pronom relatif) n'apparaît pas certaine ou est niée.

Comparez :
> **Je connais** un endroit où nous **pourrons** parler tranquillement.
>   l'endroit
> (L'endroit existe réellement → indicatif)

et :
> **Connais-tu** un endroit où nous **puissions** parler tranquillement ?
> (Celui qui parle ne sait pas si l'endroit existe → subjonctif)
> **Je ne connais pas** d'endroit où nous **puissions** parler tranquillement.
> (Celui qui parle ne sait pas si l'endroit existe → subjonctif)
> **Je cherche** un endroit où nous **puissions** parler tranquillement.
> (Celui qui parle ne sait pas si l'endroit existe → subjonctif)
> **Il n'y a pas** d'endroit où nous **puissions** parler tranquillement.
> (L'endroit n'existe pas → subjonctif)

REMARQUE : on ne peut employer le subjonctif que si le déterminant placé devant l'antécédent est **indéfini.**

2 Principale avec idée de choix ou d'exception

Par ailleurs on rencontre fréquemment le subjonctif dans une proposition relative quand la proposition principale comporte l'idée d'un choix entre plusieurs objets possibles ou d'une exception.

■ Après un superlatif

>C'est l'exposition **la plus intéressante** que nous **ayons vue**.

REMARQUE : le subjonctif est alors souvent renforcé par l'adverbe *jamais* (qui n'a alors aucun sens négatif).

>C'est **la meilleure** tarte aux pommes que j'**aie jamais mangée**.
> (= que j'aie mangée jusqu'à maintenant)

■ Après *le seul, l'unique, le premier, le dernier*

>C'est **la seule** personne en qui nous **ayons** confiance.
>Voici **l'unique** prise de vue que le photographe **ait faite** de cet événement dramatique.
>C'est **le premier** candidat qui **ait retenu** l'attention du jury.
>Vous êtes **les dernières** personnes à qui nous **ayons parlé**.

■ Après *ne ... que*

>Il **n'**y a **que** lui qui **puisse** nous faire rire à ce point.

REMARQUE : l'emploi du subjonctif dans ces derniers cas n'est pas obligatoire. Il est en effet toujours possible de trouver l'indicatif après un superlatif, ou après *le seul, l'unique, le premier, le dernier, ne... que*. L'indicatif permet de présenter le fait exprimé par le verbe de la proposition relative comme réel, certain.

>Vous sonnerez à la première porte que vous **verrez** sur votre gauche.
>Tu es le seul à qui nous **avons plu**.
>C'est le premier qu'ils **ont vu** sortir.
>Voici la dernière annonce que j'**ai publiée**.
>Il n'y a que lui qui **peut** faire ce travail.

VIII. Le subjonctif dans les complétives (4)

Quand **une proposition complétive** (= proposition subordonnée introduite par la conjonction *que*) est **sujet du verbe**, elle est **toujours au subjonctif** :

>**Qu'il ait fait une découverte intéressante** est certain.

Et de même quand elle est **mise en relief par dislocation gauche** :

>**Que tu aies eu beaucoup de chance**, c'est évident.
> (La proposition complétive est reprise par le pronom *c'*.)
>   ça
>**Que tu aies obtenu un stage dans cette enteprise**, cela me paraît une bonne chose.
> (La proposition complétive est reprise par le pronom *cela* ou *ça*.)
>**Que cet étudiant soit capable de réussir brillamment**, je le crois.   (*croire* qc)
> (La proposition complétive est reprise par le pronom neutre *le*.)

> Qu'il parte seul à l'étranger, je ne m'y oppose pas. (s'opposer à qc)
> (La proposition complétive est reprise par le pronom neutre *y*.)
> Qu'on lui attribue une subvention, je n'y suis pas favorable. (être favorable à qc)
> (La proposition complétive est reprise par le pronom neutre *y*.)
> Que tu le trompes régulièrement, il s'en est bien aperçu. (s'apercevoir de qc)
> (La proposition complétive est reprise par le pronom neutre *en*.)
> Que cet écrivain ait du talent, nous en sommes certains. (être certain de qc)
> (La proposition complétive est reprise par le pronom neutre *en*.)

REMARQUE : quand la complétive est mise en relief par dislocation droite, elle est en général au subjonctif, mais elle peut être à l'indicatif si le sens le permet.

> J'en suis sûr, qu'il est encore en vie.

IX. L'imparfait et le plus-que-parfait du subjonctif

L'imparfait et le plus-que-parfait du subjonctif sont deux temps rares. Ils ne s'emploient pas à l'oral et on les utilise peu dans la langue écrite courante. Ils se rencontrent essentiellement dans **la langue écrite soutenue ou ancienne.**

 Formation

■ L'imparfait du subjonctif

Ce temps se forme ainsi :
radical du passé simple + *-sse, -sses, -^t, -ssions, -ssiez, -ssent*.

Chanter	Finir	Sortir	Courir	Venir
(que / qu')	(que / qu')	(que / qu')	(que / qu')	(que / qu')
je chanta**sse**	je fini**sse**	je sorti**sse**	je couru**sse**	je vin**sse**
tu chanta**sses**	tu fini**sses**	tu sorti**sses**	tu couru**sses**	tu vin**sses**
il chant**ât**	il fin**ît**	il sort**ît**	il cour**ût**	il v**înt**
nous chanta**ssions**	nous fini**ssions**	nous sorti**ssions**	nous couru**ssions**	nous vin**ssions**
vous chanta**ssiez**	vous fini**ssiez**	vous sorti**ssiez**	vous couru**ssiez**	vous vin**ssiez**
ils chanta**ssent**	ils fini**ssent**	ils sorti**ssent**	ils couru**ssent**	ils vin**ssent**

Attention à l'accent circonflexe à la 3ᵉ personne du singulier.

Ne pas confondre :

Passé simple	Imparfait du subjonctif
il fut	il fût
il eut	il eût
il chanta	il chantât
il finit	il finît
il sortit	il sortît
il courut	il courût
il vint	il vînt

■ Le plus-*que-parfait* du subjonctif

On forme ce temps ainsi :
auxiliaire *être* ou *avoir* à l'imparfait du subjonctif + participe passé.

Aimer	Venir
(que / qu')	*(que / qu')*
j'eusse aimé	je fusse venu
tu eusses aimé	tu fusses venu
il eût aimé	il fût venu
nous eussions aimé	nous fussions venus
vous eussiez aimé	vous fussiez venus
ils eussent aimé	ils fussent venus

Emplois

■ Dans des subordonnées au subjonctif dépendant d'un verbe principal au passé

L'imparfait et le plus-que-parfait du subjonctif permettent de respecter strictement **la concordance des temps** (voir le chapitre suivant).

– **L'imparfait du subjonctif** exprime **la simultanéité** ou **la postériorité** par rapport à un verbe principal au passé. Observez :

Verbe principal au présent. → verbe de la subordonnée au subjonctif présent
Il faut   qu'il **soit** heureux.
Nous voulons   que tu **viennes**.
Elle regrette   qu'il **pleuve**.
Je souhaiterais   que ce **soit** possible.

Verbe principal au passé → verbe de la subordonnée au subjonctif imparfait
Il fallait   qu'il **fût** heureux.
Nous voulions   que tu **vinsses**.
Elle regretta   qu'il **plût**.
J'aurais souhaité   que ce **fût** possible.

– **Le plus-que-parfait du subjonctif** exprime **l'antériorité** ou **l'accompli** par rapport à un verbe principal au passé. Observez :

Verbe principal au présent. → verbe de la subordonnée au subjonctif passé

Il faut	qu'il **soit parti** à six heures.
Nous voulons	que tu **aies reçu** cette lettre avant demain.
Elle regrette	qu'il **ait été** si peu respectueux envers elle.
Je souhaiterais	que vous **ayez achevé** ce travail.

Verbe principal au passé. → verbe de la subordonnée au subjonctif plus-que-parfait

Il fallait	qu'il **fût parti** à six heures.
Nous voulions	que tu **eusses reçu** cette lettre avant le lendemain.
Elle regretta	qu'il **eût été** si peu respectueux envers elle.
J'aurais souhaité	que vous **eussiez achevé** ce travail.

Cependant, de nos jours, **ce respect strict de la concordance au subjonctif est rare** (un peu plus fréquent cependant à la 3ᵉ personne du singulier qu'aux autres personnes). Dans **la langue courante**, que le verbe principal soit au présent ou au passé :
– c'est le **subjonctif présent** qui permet d'exprimer **la simultanéité** ou **la postériorité**.

Verbe principal au présent ou au passé → verbe de la subordonnée au subjonctif présent

Il faut / Il fallait	qu'il **soit** heureux.
Nous voulons / Nous voulions	que tu **viennes**.
Elle regrette / Elle regretta	qu'il **pleuve**.
Je souhaiterais / J'aurais souhaité	que ce **soit** possible.

– c'est le **subjonctif passé** qui permet d'exprimer **l'accompli** ou **l'antériorité**.

Verbe principal au présent ou au passé → verbe de la subordonnée au subjonctif passé

Il faut / Il fallait	qu'il **soit parti** à six heures.
Nous voulons / Nous voulions	que tu **aies reçu** cette lettre avant demain.
Elle regrette / Elle regretta	qu'il **ait été** si peu respectueux envers elle.
Je souhaiterais / J'aurais souhaité	que vous **ayez achevé** ce travail.

■ Le *plus-que-parfait* du subjonctif employé avec la valeur d'un conditionnel passé

Dans la langue écrite soutenue ou ancienne, l'irréel du passé peut être exprimé par le conditionnel passé ou le plus-que-parfait employé dans sa valeur modale de conditionnel passé :

Il **eût été** préférable de me le dire.
(= Il aurait été préférable de le dire.)

Dans un système hypothétique, on peut ainsi exprimer l'irréel du passé au moyen du plus-que-parfait du subjonctif dans la proposition subordonnée et la proposition principale.

« Si le nez de Cléopâtre **eût été** plus court, la face du monde en **eût été** changée. » (Pascal, *Pensées*)
(= Si le nez de Cléopâtre avait été plus court, la face du monde en aurait été changée)

X. La concordance des temps

Qu'est-ce que **la concordance des temps** ? C'est une **correspondance** qui s'établit, dans une phrase constituée au moins d'une proposition principale et d'une proposition subordonnée, **entre le temps du verbe de la principale et celui du verbe de la subordonnée.**

Considérons, par exemple, une phrase comportant une proposition principale et une proposition complétive (= proposition subordonnée introduite par la conjonction *que*) :
– le verbe de la principale peut être au **présent**, au **futur** ou au **passé**
– le verbe de la subordonnée peut être à l'**indicatif** ou au **subjonctif.**

Par ailleurs, le verbe de la subordonnée peut exprimer une action se déroulant **en même temps** que celle du verbe principal, ou **avant**, ou **après**. Le rapport temporel entre les deux propositions peut donc être de **simultanéité**, d'**antériorité** ou de **postériorité.**

Comment se fait la correspondance entre les temps ? À quelles règles obéit-elle ?

La subordonnée à l'indicatif

■ Verbe de la principale au présent ou au futur

On emploie dans la proposition subordonnée
– **le présent** si l'action de la subordonnée et celle de la principale sont **simultanées** :

> Je crois / je croirai qu'il **sort**.

– **le passé composé** ou **l'imparfait** si l'action de la subordonnée est **antérieure** à celle de la principale :

> J'apprends / j'apprendrai qu'il **a réussi** son concours.
> Je dis / je dirai qu'il **faisait** beau ce jour-là.

– **le futur** ou **le futur antérieur** si elle est **postérieure** :

> Je te confirme que nous **viendrons** la semaine prochaine.
> Je t'assure que je t'aiderai dès que j'**aurai terminé** ce travail.
>> (Le futur antérieur permet d'exprimer une action postérieure à celle de la principale mais antérieure à une autre action exprimée au futur dans la subordonnée.)
> Je te dis que demain soir nous **aurons quitté** Paris.
>> (Le futur antérieur permet de présenter le fait futur comme accompli.)

■ Verbe de la principale au passé

Dans ce cas,
– **l'imparfait** marque **la simultanéité** des deux actions :

> J'ai cru qu'il **sortait**.
> Je croyais qu'il **sortait**.
> Je crus qu'il **sortait**.
> J'avais cru qu'il **sortait**.

– **le plus-que-parfait** marque l'**antériorité** de l'action de la subordonnée :

> J'ai appris / J'apprenais / J'appris / J'avais appris qu'il **avait réussi** son concours.

– **le conditionnel présent** et **le conditionnel passé**, employés dans leur valeur de **futurs dans le passé**, marquent **sa postériorité :**

> Je te confirmais que nous **viendrions** la semaine suivante.
> Je t'assurais que je t'**aiderais** dès que j'**aurais terminé** ce travail.
>> (Le conditionnel passé permet d'exprimer une action postérieure à celle de la principale mais antérieure à une autre action exprimée au conditionnel présent dans la subordonnée.)
>
> Je te disais que, le lendemain au soir, nous **aurions quitté** Paris.
>> (Le conditionnel passé permet de présenter le fait futur comme accompli.)

Comparez :

		Rapport temporel entre les deux propositions		
		Simultanéité	**Antériorité**	**Postériorité**
Verbe principal au présent ou au futur	*Je crois / Je croirai*	qu'il sort (présent)	qu'il est sorti (passé composé)	qu'il sortira (futur simple) qu'il sera sorti (futur antérieur)
Verbe principal au passé	*J'ai cru / Je croyais Je crus / J'avais cru*	qu'il sortait (imparfait)	qu'il était sorti (plus-que-parfait)	qu'il sortirait (conditionnel présent avec valeur de futur simple dans le passé) qu'il serait sorti (conditionnel passé avec valeur de futur antérieur dans le passé)

On peut cependant ne pas respecter la règle de la concordance lorsque le verbe de la proposition subordonnée exprime un procès qui se poursuit au moment où s'énonce la phrase. C'est le cas lorsque la subordonnée exprime une vérité générale :

> Il m'expliquait que la terre **tourne** autour du soleil.
>> (La terre continue de tourner au moment où le locuteur parle, d'où un présent de vérité générale.)

Et de même, lorsque le verbe de la principale est au passé composé :

> On m'a dit que Pierre **travaille** maintenant chez Michelin.

Par ailleurs, on note qu'un verbe à l'imparfait ou au plus-que-parfait dépendant d'un verbe principal au présent ne se modifie pas lorsque le verbe principal est transposé au passé :

– **l'imparfait** est conservé pour exprimer un fait antérieur en cours d'accomplissement.

> Il est mort il y a deux ans. Je sais qu'il **écrivait** un livre à ce moment-là.
> Il était mort deux ans auparavant. Je savais qu'il **écrivait** un livre à ce moment-là.
>> (Le plus-que-parfait *avait écrit*, en présentant l'action comme achevée, modifierait le sens de la phrase.)

– **le plus-que-parfait** est également conservé.

> Je pense qu'à cette époque il **avait** déjà **décidé** de partir.

> Je pensais qu'à cette époque il **avait** déjà **décidé** de partir.

2 La subordonnée au subjonctif

■ Verbe de la principale au présent ou au futur

On emploie dans la proposition subordonnée
– **le subjonctif présent** si l'action de la subordonnée est **simultanée ou postérieure** à celle de la principale :

> Je regrette / je regretterai qu'il ne **dise** rien.
> Je veux qu'il **aille** à la poste demain.

– **le subjonctif passé** si elle est **antérieure** à celle de la principale ou présentée comme **accomplie**, **achevée**, au moment considéré :

> Je regrette / je regretterai qu'il **ait échoué**.
>   (Le subjonctif passé marque l'antériorité.)
> Je souhaite / je souhaiterai qu'il **ait retrouvé** ses forces avant notre départ.
>   (Le subjonctif passé marque l'accompli.)

■ Verbe de la principale au passé

On peut trouver dans la subordonnée
– **l'imparfait du subjonctif** si l'action est **simultanée** ou **postérieure** à celle de la principale :

> Je regrettais qu'il ne **dît** rien.
> Je voulais qu'il **allât** à la poste le lendemain.

– le **plus-que-parfait du subjonctif** si l'action est **antérieure** à celle de la principale ou présentée comme **accomplie** au moment considéré :

> Je regrettais qu'il **eût échoué**.
>   (Le subjonctif plus-que-parfait marque l'antériorité.)
> Je souhaitais qu'il **eût retrouvé** ses forces avant notre départ
>   (Le subjonctif plus-que-parfait marque l'accompli.)

La concordance est alors strictement respectée. Mais, comme nous l'avons expliqué au chapitre consacré à l'emploi de l'imparfait et du plus-que-parfait du subjonctif, ces deux temps sont devenus rares. De nos jours, on ne les utilise plus guère qu'à la 3e personne du singulier, et dans la langue écrite soutenue. Dans l'usage quotidien, on préfère employer dans la subordonnée :

– le **subjonctif présent** si l'action de la subordonnée est simultanée ou postérieure à celle de la principale ;

– le **subjonctif passé** si l'action de la subordonnée est antérieure à celle de la principale ou présentée comme accomplie au moment considéré.

Langue courante

		Rapport temporel entre les deux propositions	
		Simultanéité / Postériorité	Antériorité / Accompli
Verbe principal au présent ou au futur	*On veut / On voudra On voudrait*	*qu'il se taise* (subjonctif présent)	*qu'il se soit tu* (subjontif passé)
Verbe principal au passé	*On voulait On voulut / On aurait voulu*	*qu'il se taise* (subjonctif présent)	*qu'il se soit tu* (subjontif passé)

Langue écrite soutenue

		Rapport temporel entre les deux propositions	
		Simultanéité / Postériorité	Antériorité / Accompli
Verbe principal au présent ou au futur	*On veut / On voudra On voudrait*	*qu'il se taise* (subjonctif présent)	*qu'il se soit tu* (subjonctif passé)
Verbe principal au passé	*On voulait On voulut / On aurait voulu*	*qu'il se tût* (imparfait du subjonctif)	*qu'il se fût tu* (plus-que-parfait du subjontif)

XI. L'impératif

L'impératif est le mode qui permet d'exprimer **l'ordre**, mais aussi **le conseil, la demande polie, la prière…** Il implique **un destinataire**, et, de ce fait, n'existe qu'à certaines personnes :
– la 2ᵉ personne du singulier
– la 1ʳᵉ personne du pluriel
– la 2ᵉ personne du pluriel.
Il comporte deux formes : une **forme simple**, appelée « impératif présent », et une **forme composée**.

1 L'impératif présent

L'impératif présent se forme généralement sur la 2ᵉ personne du singulier (*tu*) et les 1ʳᵉ et 2ᵉ personnes du pluriel (*nous, vous*) du **présent de l'indicatif**.

Présent de l'indicatif	Impératif présent
tu prends	prends !
nous prenons	prenons !
vous prenez	prenez !

Pour les verbes pronominaux, les pronoms réfléchis sont placés après le verbe auquel ils sont reliés par un trait d'union, et *te* se change en *toi* :

Présent de l'indicatif	Impératif présent
tu te souviens	souviens-toi
nous nous souvenons	souvenons-nous
vous vous souvenez	souvenez-vous

■ Verbes *être, avoir, savoir* et *vouloir*

– Les verbes *être, avoir, savoir* sont irréguliers.

Être	Avoir	Savoir
sois	aie	sache
soyons	ayons	sachons
soyez	ayez	sachez

– Le verbe *vouloir* présente deux formes concurrentes aux 2es personnes du singulier et du pluriel : l'une régulière, formée sur le présent de l'indicatif et utilisée dans la langue courante, et l'autre irrégulière, utilisée dans la langue soutenue.

Vouloir
veux / veuille
voulons
voulez / veuillez

Veuillez permet de formuler une demande polie :
> **Veuillez** entrer, je vous prie.

Il est aussi utilisé à l'écrit dans les lettres formelles :
> **Veuillez** agréer, Madame, je vous prie, l'expression de mes sentiments distingués.

■ Verbes dont l'impératif est en *-e* à la 2e personne du singulier et verbe *aller*

● **Les verbes dont l'impératif est en *-e* à la 2e personne du singulier ne prennent pas de *-s* à cette personne, sauf s'ils sont suivis des pronoms *en* et *y***

Les verbes dont l'impératif est en *-e* à la 2e personne du singulier sont :
– tous les verbes du 1er groupe
– certains verbes du 3e groupe comme *offrir, cueillir, ouvrir, savoir, souffrir*…
– le verbe *avoir* (voir ci-dessus).

> chanter → chante, chantons, chantez.
> offrir → offre, offrons, offrez.

● **Le verbe *aller*, de même, ne prend pas de *-s*, sauf s'il est suivi d'un *y***

> aller → va, allons, allez.

NOTER : *S'en aller* fait à l'impératif : *va-t-en, allons-nous-en, allez-vous-en*.
Pour l'emploi de l'impératif avec les pronoms *en* et *y*, voir les chapitres p. 65.

2 La forme composée de l'impératif

La forme composée de l'impératif s'obtient ainsi :
   auxiliaire ***avoir*** ou ***être*** **à l'impératif + participe passé**

Ranger	Revenir
aie rangé	sois revenu
ayons rangé	soyons revenus
ayez rangé	soyez revenus

Cette forme composée est peu utilisée. Traditionnellement appelée « impératif passé », elle renvoie nécessairement, en fait, à un futur, tout comme la forme simple. Il s'agit bien plutôt d'un « accompli de l'impératif » qui permet de présenter l'action comme **accomplie, achevée** à un moment déterminé du futur – tandis que l'impératif présent la présente comme **inaccomplie, inachevée**.
Comparez :
> **Reviens** avant huit heures !
> **Sois revenu** avant huit heures !

3 Emplois de l'impératif

L'impératif permet, selon le contexte, d'exprimer **l'ordre** (ou, à la forme négative, **la défense, l'interdiction**), ou bien **le conseil, la demande polie, l'exhortation, la prière…**
– **l'ordre** → Taisez-vous et travaillez !
– **l'interdiction** → Ne sortez pas !
– **le conseil** → Demande l'avis d'un spécialiste !
– **la demande polie** → Asseyez-vous, je vous en prie.
– **la prière** → Ayez pitié de moi ! Ne m'abandonnez pas !

Il peut aussi marquer **une condition** quand il est suivi d'une proposition coordonnée :
> Travaille et tu réussiras !
>   (= si tu travailles, tu réussiras)
> Frappez et on vous ouvrira !
>   (= si vous frappez, on vous ouvrira)

Pour renforcer l'impératif, on utilise souvent ***donc*** : « *Tais-toi donc !* », « *Travaille donc !* ». *Donc* est toujours placé après le verbe.

REMARQUE : pour l'usage des pronoms à l'impératif, voir LES PRONOMS À L'IMPÉRATIF, p. 93.

E. Le verbe au passif, les verbes pronominaux et les verbes et tournures impersonnels

I. Le verbe au passif

Quand le verbe d'une phrase à la forme active est construit avec un complément d'objet direct, on peut généralement changer cette phrase en une phrase à la forme passive où le sujet subit l'action (voir La phrase passive, p. 266) :
– le complément d'objet direct devient le sujet de la phrase passive ;
– le sujet de la phrase active devient un complément d'agent introduit par la préposition *par* ou *de*.

> Isabelle récompense François. (= phrase active)
> François est récompensé par Isabelle. (= phrase passive)

Parfois, le complément d'agent n'est pas exprimé :

> François est récompensé.

Dans une phrase passive, le verbe se conjugue toujours avec **l'auxiliaire *être*.**

Le verbe au passif se forme ainsi :

> *être* (conjugué au temps que l'on souhaite) **+ participe passé**

Le participe passé s'accorde avec le sujet.

> **Présent** : je suis aimé(e), tu es choisi(e), il est admiré, nous sommes reçu(e)s...
> **Imparfait** : j'étais aimé(e), tu étais choisi(e), il était admiré(e), nous étions reçu(e)s...
> **Futur** : je serai aimé(e), tu seras choisi(e), il sera admiré(e), nous serons reçu(e)s...
> etc.

C'est le temps de l'auxiliaire *être* qui permet de reconnaître le temps d'un verbe au passif.

II. Les verbes pronominaux

Définition

Certains verbes, en français, sont précédés à l'infinitif du pronom personnel *se (*ou *s'devant une voyelle)*. On les appelle des « verbes pronominaux ».

▰ Le pronom *se* varie selon la personne

Se regarder
Je **me** regarde
Tu **te** regardes
Il **se** regarde
Nous **nous** regardons.
Vous **vous** regardez.
Ils **se** regardent.

Si le verbe pronominal est à l'infinitif et précédé d'un verbe conjugué, le pronom qui le précède est à la même personne que le sujet du verbe conjugué :

>Je veux **me** regarder dans la glace.   (Je veux se regarder dans la glace)

▰ Formation de l'impératif

À l'impératif, le pronom suit le verbe et est relié à celui-ci par un trait d'union. Le pronom *te* est remplacé par *toi*.

>Regarde-**toi** !
>Regardons-**nous** !
>Regardez-**vous** !

▰ Formation des temps composés

Aux temps composés, les verbes pronominaux se conjuguent avec l'auxiliaire *être* :

>Je **me suis regardé** dans la glace.
>Elle **s'est penchée** par la fenêtre.
>Nous **nous sommes levés** de bonne heure.

ATTENTION : pour les verbes pronominaux, l'accord du participe passé ne se fait pas toujours avec le sujet. Les cas particuliers sont vus dans L'ACCORD DU PARTICIPE PASSÉ, p. 208.

❷ Les deux types de verbes pronominaux

– Certains verbes pronominaux ne se rencontrent qu'à la forme pronominale. Par exemple : *s'enfuir, s'évanouir, s'efforcer…*
On dit qu'ils sont **essentiellement pronominaux.**

– Mais d'autres peuvent être aussi non-pronominaux. Par exemple : *regarder / se regarder, prendre / se prendre, dire / se dire…*

>Pierre **regarde** sa petite sœur.
>Pierre **se regarde** dans la glace.

Ces verbes peuvent avoir trois sens différents.
- **un sens réfléchi** :

>Pierre **se regarde** dans la glace.   (= Pierre regarde lui-même)

- **un sens réciproque** :
    Pierre et Paul **se regardent**.   (= Pierre et Paul se regardent l'un l'autre)
- **un sens passif** :
    Ce film **se regarde** avec plaisir.   (= On regarde ce film avec plaisir)

III. Les verbes et les tournures impersonnels

Certains verbes et certaines tournures de phrase sont dits **impersonnels**. Ils ont en effet pour sujet un *il impersonnel* qui ne désigne rien et est **invariable**. On distingue :
– les verbes ne pouvant être employés que de façon impersonnelle, ou essentiellement impersonnels.
– les verbes personnels pouvant être employés dans une tournure impersonnelle.

1 Les verbes essentiellement impersonnels

■ *Falloir*

Ce verbe exprime **l'obligation**.

- **Il faut + groupe nominal /** *quelqu'un* **/** *personne*

    Il **faut** de la persévérance.
    Il **faut** de meilleurs outils.
    Il **faut** quelqu'un de compétent.
    Il ne **faut** personne d'autre.

- *Il faut* **+ infinitif**

    Il **faut** travailler

- *Il faut que* **+ proposition complétive au subjonctif**

    Il **faut que** j'<u>aille</u> chez le dentiste.
                subjonctif

REMARQUE

il fallait (imparfait) - **il a fallu** (passé composé) - **il faudra** (futur simple) - **il aura fallu** (futur antérieur) - **il fallut** (passé simple) - **il faudrait** (conditionnel présent) - **il aurait fallu** (conditionnel passé).

■ *S'agir*

- *Il s'agit de* **+ groupe nominal / pronom tonique**

Il s'agit de suivi d'un groupe nominal ou d'un pronom tonique signifie « **il est question de** ».

    Il **s'agit de** ton avenir !
    Il ne **s'agit** pas **de** moi !

Il est plus particulièrement utilisé pour présenter un thème, un sujet :

> Dans cet article, **il s'agit** des problèmes liés à l'utilisation de l'informatique en médecine.

● *Il s'agit de* + **infinitif**
– **Pour indiquer l'objectif visé**.

> Dans ce roman, **il s'agit de** peindre l'homme et sa condition.

– **Pour exprimer l'obligation ou le conseil.**
Il s'agit de suivi de l'infinitif peut marquer **l'obligation**, mais de façon moins impérative que *il faut*, ou **le conseil**.

> Et maintenant, tu as fait assez de bêtises. **Il s'agit d'**être sage !

● *Il s'agit que* + **proposition complétive au subjonctif**
Il s'agit que permet également de marquer **l'obligation.**

> **Il s'agit que** tous puissent apporter leur contribution à ce projet.

■ Les verbes « météorologiques »

On présente généralement les verbes dits « météorologiques » comme des verbes essentiellement impersonnels :

pleuvoir	→	il pleut
neiger	→	il neige
geler	→	il gèle
grêler	→	il grêle
tonner	→	l tonne
venter	→	il vente

Mais il faut signaler des emplois personnels possibles pour certains d'entre eux : *les critiques pleuvent, les coups pleuvent, l'eau gèle, l'orage a grêlé les récoltes, le canon tonne…*

REMARQUE : ces verbes ne sont en général pas suivis d'un groupe nominal. L'on peut cependant trouver : « il pleut des cordes », « il pleut des hallebardes » (expressions familières)…

❷ Les verbes personnels dans une tournure impersonnelle

Les verbes personnels pouvant être employés dans une tournure impersonnelle sont nombreux. En voici certains, parmi les plus fréquents.

■ *Avoir*

Il y a peut être suivi d'un nom, d'un groupe nominal ou du pronom indéfini *quelqu'un* (à la forme négative, *personne.*). On l'utilise
– **pour indiquer l'existence d'un être ou d'un objet** :

> Tous mes amis sont là. **Il y a** Georges, Marie, François et Jules. **Il y a** aussi quelques personnes que je ne connais pas.
> **Il y a** un stylo sur ton bureau.
> **Il y a** beaucoup de vent aujourd'hui.

> **Il y a** quelqu'un ?
> - Non, **il n'y a** personne.

– **pour indiquer un moment dans le passé :**
> Je l'ai rencontré **il y a** huit ans.

■ *Être*

● *Il est* = *il y a*

Dans la **langue soutenue**, *il est* peut être employé avec le sens de *il y a* :
> **Il est** des jours qui n'en finissent pas.
> **Il était** une fois…

● *Il est* + indication de temps
> **Il est** midi / minuit / une heure.
> **Il est** l'heure de rentrer.
> **Il est** tard / encore tôt.

● *Il est* + adjectif

On note deux constructions :

– *Il est* + adjectif + *de* + infinitif
> **Il est important** d'être minutieux.
> **Il est normal** d'avoir peur avant d'entrer en scène.

– *Il est* + adjectif + *que* + proposition complétive à l'indicatif ou au subjonctif
> **Il est certain qu'**il veut réussir.
> **Il est clair qu'**il n'y a rien d'anormal à cela.
> **Il est probable qu'**il voudra nous accompagner.
> **Il est peu probable qu'**il puisse nous aider.
> **Il est possible qu'**elle aille mieux demain.
> **Il est préférable que** nous soyons deux.

REMARQUE

– Pour l'emploi de l'indicatif et du subjonctif dans la proposition complétive (= introduite par la conjonction *que*), voir les chapitres consacrés à l'emploi du subjonctif.
– Dans la langue orale, *il est* est fréquemment remplacé par *c'est*.
> **C'est possible qu'**elle aille mieux demain.

– D'autres verbes pouvant se construire avec un attribut du sujet peuvent être utilisés dans ce type de constructions : *devenir, paraître, sembler*…
> **Il paraît nécessaire** d'informer nos clients.
> **Il devient nécessaire de** vous mettre au courant de la situation.
> **Il semble préférable qu'**il soit tenu à l'écart de cette affaire.

● *Il n'est que de / Il n'y a qu'à* + infinitif

Il n'y a qu'à, d'un usage très courant, sert à introduire une condition nécessaire et suffisante.
> Si tu veux réussir, **il n'y a qu'**à travailler.
> Si tu es fatigué, **il n'y a qu'**à te reposer.

Dans la langue soutenue, on utilise *il n'est que de*.
> **Il n'est que de** lire ce compte-rendu pour se convaincre qu'il est temps d'agir.

■ *Faire*

– Dans certaines locutions verbales :
>**Il fait** beau / chaud / froid.
>**Il fait** bon rester chez soi / vivre à la campagne.   (*il fait bon* + infinitif)
>**Il fait** nuit / jour.

– *Il fait* + groupe nominal :
>**Il fait** du vent.
>**Il fait** un temps superbe.

■ *Valoir*

– *Il vaut mieux* + infinitif :
>**Il vaut mieux** attendre encore un peu.

– *Il vaut mieux que* + proposition complétive au subjonctif :
>**Il vaut mieux que** tu viennes en taxi.

REMARQUE : *mieux vaut* s'emploie sans *il*.
>**Mieux vaut** attendre encore un peu.

■ *Suffire*

– *Il suffit de* + nom :
>**Il suffit d'**un rien pour le mettre en colère.

– *Il suffit de* + infinitif :
>**Il suffit de** remuer et c'est prêt.

– *Il suffit que* + proposition complétive au subjonctif :
>**Il suffit que** vous ayez moins de vingt-cinq ans pour bénéficier de cette réduction.

Les emplois de *il suffit* sont étudiés plus longuement dans L'EXPRESSION DE LA CONSÉQUENCE, p. 308.

■ *Rester, manquer*

>**Il reste** une part de gâteau. Qui la veut ?
>**Il ne reste** que deux pommes.
>
>Dépêche-toi ! On t'attend : il ne **manque** plus que toi !
>
>**Il manque** un bouton à ta veste.
>– Ce n'est pas grave : **il en reste** encore deux !
>
>Tu as récupéré tous les bagages ?
>– Non, **il manque** encore une valise.

Il reste et *il manque* sont souvent employés avec *ne... que* ou *encore*.

■ *Arriver, venir, entrer, tomber*

– *Arriver* :
>**Il nous** arrive une aventure incroyable.
>**Il m'arrive** d'être en retard.
>**Il arrive** souvent **qu'**il ne soit pas là.

– *Venir* :

> **Il vient** un homme.
> **Il me vient** une idée.

– *Entrer* :

> « **Il entre** dans la composition de tout bonheur l'idée de l'avoir mérité. » (Joseph Joubert, *Pensées*)

– *Tomber* :

> **Il tombe** une pluie fine.
> **Il tombe** des cordes.
> (expression familière)

■ Certains verbes pronominaux

– *Se passer* :

> **Il se passe** de drôles de choses dans cette maison.
> Ici, **il** ne **se passe** rien.
> **Il se passe** quelque chose de bizarre.

– *Se produire* :

> **Il s'est produit** une explosion terrible.

– *Se raconter* :

> **Il se raconte** des horreurs sur ton compte.

– *S'avérer* :

> **Il s'est avéré que** j'avais raison.

– *Se pouvoir* :

> **Il se peut que** je sois en retard.

■ Certains verbes à la forme passive

Ces tournures sont particulièrement fréquentes dans la langue formelle.

– *Être défendu / Être autorisé* :

> **Il est défendu de** fumer
> Combien de fois **est-il autorisé de** tenter ce concours ?

– *Être décidé* :

> **Il a été décidé de** soumettre la question à une commission d'experts.
> **Il a été décidé que** nous partirions lundi.

– *Être recommandé* :

> **Il est recommandé d'**attacher sa ceinture.
> **Il est recommandé que** les décisions, dans l'entreprise, soient prises à l'unanimité.

– *Être rappelé* :

> **Il est rappelé de** ne pas se garer devant le portail du lycée.
> **Il est rappelé** aux candidats **que** la qualité de la rédaction entrera pour une part importante dans l'appréciation des copies.

– *Être prouvé* :

> **Il est prouvé** que ce produit est dangereux.

■ *Résulter, découler, s'ensuivre*

Enfin, on peut encore mentionner quelques verbes plus particulièrement utilisés **pour exprimer la conséquence.**

– *Résulter* : *il résulte* + groupe nominal, *il résulte que* + proposition à l'indicatif.

> Il **résulte** de cette étude **qu'**un tel phénomène survient régulièrement.

– *Découler* : *il découle* + groupe nominal, *il découle que* + proposition à l'indicatif.

> Nos dépenses ont été nombreuses cette année et **il** en **découle** un déficit plus important que prévu.

– *S'ensuivre* : *il s'ensuit* + groupe nominal, *il s'ensuit que* + proposition à l'indicatif.

> Il **s'ensuit** toute une série de malentendus.

REMARQUE : aux temps composés, le préfixe *en* est aujourd'hui séparé du participe passé par l'auxiliaire.

> Il **s'en est suivi** toute une série de malentendus. (passé composé)

F. Les constructions verbales et l'accord du participe passé

I. Verbes transitifs, intransitifs, avec un attribut

Les verbes peuvent se construire de diverses manières. On distingue notamment
– les verbes qui **n'admettent pas de complément d'objet** : ce sont les verbes **intransitifs** (notés dans le dictionnaire *v.i*).
– les verbes qui se construisent **avec un complément d'objet** : ce sont les verbes **transitifs** (notés dans le dictionnaire *v.t*).
– les verbes qui **se construisent avec un attribut.**

1 Les verbes intransitifs

Ce sont, par exemple, les verbes *venir, aller, dormir, naître, mourir*…

> Le naufragé **dort** sous un cocotier.
> Je **suis né** en 1990.
> Estrellita **vient** demain.

Ces verbes admettent des compléments circonstanciels (de lieu, de temps, de manière, etc.) mais pas de complément d'objet.

2 Les verbes transitifs

Ces verbes peuvent être :
– **transitifs directs**
– **transitifs indirects**
– **doublement transitifs**

■ Les verbes transitifs directs

Les verbes transitifs directs se construisent **avec un complément d'objet direct (COD)**.
Le complément d'objet direct (COD) complète le verbe **sans préposition**. On peut le reconnaître en posant la question *quoi ?* - ou *qui ?* s'il s'agit d'une personne.

> Je regarde la **montagne**.   (Je regarde quoi ?)
>   (Le nom *montagne* est COD du verbe *regarde*.)
> Je regarde mon **enfant**.   (Je regarde qui ?)
>   (Le nom *enfant* est COD du verbe *regarde*.)

Il peut être un nom ou un groupe nominal, un pronom, un infinitif ou une proposition.

> Il cache **un secret**.
> (*secret* = nom COD du verbe *cache*)
>
> Il cache un secret.
> (*un secret* = groupe nominal COD du verbe *cache*)
>
> Paul aime **lire**.
> (*lire* = infinitif COD du verbe *aime*)
>
> Paul aime que tu sois près de lui.
> (*que tu sois près de lui* = proposition COD du verbe *aime*)
>
> François est mon voisin. Je **le** connais bien.
> (*le* = pronom COD du verbe *connais*)

■ Les verbes transitifs indirects

Les verbes transitifs indirects se construisent **avec un complément d'objet indirect (COI).**

Le complément d'objet indirect (COI) complète le verbe **par l'intermédiaire d'une préposition.** On peut le reconnaître en posant la question *à quoi ? de quoi ? sur quoi ? en quoi ?...* - ou la question *à qui ? de qui ? sur qui ? en qui ?...* s'il s'agit d'une personne

> Je pense à mon pays.   (Je pense à quoi ?)
> (Le nom *pays* est COI du verbe *pense*.)
> Je pense à Julie.   (Je pense à qui ?)
> (Le nom *Julie* est COI du verbe *pense*.)

Le COI peut être un nom ou un groupe nominal, un pronom, un infinitif ou une proposition.

> Il obéit à Marie.   (*obéir à* qc, qn)
> (*Marie* = nom COI du verbe *s'intéresse*)
>
> Il s'intéresse à la réalisation de ce film. (*s'intéresser à* qc, qn)
> (*la réalisation de ce film* = groupe nominal COI du verbe *s'intéresse*)
>
> Tu lui téléphones.   (*téléphoner à* qn)
> (*lui* = pronom COI du verbe *téléphones*)
>
> Elles tiennent à venir.   (*tenir à* qc, qn)
> (*venir* = infinitif COI du verbe tenir)
>
> Elles ont peur que tu sois en retard. (*avoir peur de* qc, qn)
> (*que tu sois à l'heure* = proposition COI du verbe *avoir peur*)

ATTENTION : comme vous le voyez ci-dessus, la préposition n'est pas toujours exprimée.

■ Les verbes doublement transitifs

Les verbes doublement transitifs admettent **deux compléments d'objets** à la fois.
Le plus souvent, il sagit d'un COD et d'un COI :

> Je demande <u>un renseignement</u> à <u>un employé</u>.   (*demander* qc à qn)
>   COD   COI
>
> Je prête <u>un livre</u> à <u>ma sœur</u>. (*prêter* qc à qn)
>   COD   COI

Mais on trouve parfois deux COI :

> Il se plaint de <u>son patron</u> à <u>son voisin</u>.   (*se plaindre de* qc à qn)
>   COD   COI

Ce sont, entre autres, **des verbes exprimant l'idée de dire ou de donner** :
– *dire, demander, confier, répondre, conseiller, expliquer, écrire* … qc à qn
– *donner, offrir, prêter, envoyer, rendre, permettre, refuser* … qc à qn

> J'écris <u>une lettre</u> à <u>mes parents</u>.
>   COD   COI

> J'offre <u>un ordinateur</u> à <u>mon frère</u>.
>   COD   COI

> Je <u>te</u> conseille <u>de rester tranquille</u>.
>   COI   COD

Ce sont également des verbes tels que *avertir, prévenir, informer, féliciter, charger, accuser, excuser*… qui se construisent avec un COD et un COI introduit par la préposition *de*

> Tu accuses <u>ton collègue</u> d'<u>être toujours en retard</u>.
>   COD   COI

REMARQUE : le COI qui complète un verbe déjà accompagné d'un COD ou d'un autre COI est souvent appelé « complément d'objet second » (COS). Mais par souci de simplifier la terminologie, nous préférons lui garder, dans cet ouvrage, l'appellation de COI.

ATTENTION : certains verbes peuvent être employés avec des **constructions diverses.** Leur sens varie alors selon la construction utilisée.

Ce sont, par exemple, les verbes ***monter, descendre, rentrer, sortir, tomber, passer,*** qui peuvent être **tour à tour transitifs direct ou intransitifs.** Ils ont leurs temps composés avec *être* quand ils sont intransitifs et avec *avoir* quand ils sont transitifs :

> Je **suis sorti**.   (intransitif)
> J'**ai sorti** des billes de ma poche.   (transitif direct – *billes* est COD de *ai sorti*)
> Elle **est descendue** toute seule.   (intransitif)
> Elle **a descendu** la pente à toute allure. (transitif direct – *pente* est COD de *a descendu*)
> Il **est tombé** par la fenêtre.   (intransitif)
> Il **a tombé** la veste.*   (transitif direct – *veste* est COD de *a tombé*)

* *tomber la veste* est une expression familière qui signifie *enlever sa veste*.

C'est aussi le verbe ***tenir,*** qui peut être
– intransitif :

> La digue **a tenu** malgré la tempête.

– transitif direct :

> Il **tient** un bouquet dans une main.   (*bouquet* est COD de *tient*)

– transitif indirect :

> Je **tiens** à ce collier.   (*collier* est COI de *tiens*)

3 Les verbes qui se construisent avec un attribut

On distingue les verbes se construisant avec **un attribut du sujet** et les verbes se construisant avec **un attribut du COD**.

■ Les verbes se construisant avec attribut du sujet

Les verbes qui se construisent avec **un attribut du sujet** sont
– *être, paraître, sembler, avoir l'air de, se montrer, passer pour, être considéré comme…*
qui permettent d'exprimer ce qu'est ou ce que paraît le sujet.

> Paul est **sage**.   (*sage* = adjectif attribut du sujet Paul)
> Paul paraît **sage**.
> Paul se montre **sage**.

– *devenir, tomber, se faire…* qui marque l'entrée dans état.

> Il est devenu **riche**.
> Il est tombé **malade**.
> Il se fait **vieux**.   (= Il devient vieux)

– *demeurer, rester*, qui marque la persistance dans un état.

> La situation demeure **difficile**.
> Tu restes **silencieuse**.

L'attribut du sujet exprime une manière d'être du sujet par l'intermédiaire du verbe. Il est souvent un adjectif, comme dans les exemples ci-dessus. Mais il peut être aussi un nom ou un groupe nominal, un pronom, un infinitif, une proposition.

> Paul est **étudiant**.
>   (*étudiant* = nom attribut du sujet Paul)
> Paul est **un étudiant sérieux**.
>   (*un étudiant sérieux* = groupe nominal attribut du sujet Paul)
> Ce n'est pas **moi**.
>   (*moi* = pronom attribut du pronom *ce*)
> Partir, c'est **mourir** un peu.
>   (*mourir* = infinitif attribut du pronom sujet *ce*)
> La vérité est **qu'il t'aime**.
>   (*qu'il t'aime* = proposition attribut du sujet *vérité*)

■ Les verbes se construisant avec un attribut du COD

Les verbes qui peuvent se construire avec un attribut du COD sont peu nombreux, parmi les verbes transitifs. Ce sont des verbes tels que
– *avoir* :

> Il a les cheveux **blonds**.
>   (*blonds* = adjectif attribut du COD *cheveux*)

– *rendre* :

> Cela me rend **fou**.
>   (*fou* = adjectif attribut du COD *me*)

– *croire, trouver, penser, juger, considérer comme…*

> Je trouve Marie **intelligente**.
>   (*intelligente* = adjectif attribut du COD *Marie*)

– *nommer, proclamer…*

> On a nommé M. Dupont **directeur**.
> (*directeur* = nom attribut du COD *M. Dupont*)

L'attribut du COD exprime une manière d'être du COD par l'intermédiaire du verbe.

II. L'accord du participe passé

Quand le participe passé est employé seul, sans *avoir* ou *être*, il s'accorde comme un adjectif qualificatif, c'est-à-dire avec le nom auquel il se rapporte. Mais quand il est employé avec *avoir* ou *être* dans les temps composés et au passif, son accord est plus complexe et varie selon les cas.

1 Le participe passé employé avec *être*

En règle générale, le participe passé **employé avec *être*** s'accorde en genre et en nombre **avec le sujet du verbe** :

> Nous sommes rentr**és** très tard.
> Tes sœurs sont rest**ées** avec moi.
> Lucie s'est lev**ée** de bonne heure.
> Ils ont été reç**us** par le directeur.

Cependant, l'accord du participe passé des verbes pronominaux présente certaines particularités (voir ci-dessous)

2 Le participe passé employé avec *avoir*

Le participe passé **employé avec *avoir*** ne s'accorde **jamais avec le sujet.**

> Elle a tricoté un pull.

Mais il s'accorde **avec le COD** quand celui-ci est **placé avant *avoir*.**

Ils ont dîné.	(Pas de COD → pas d'accord)
Elle a acheté <u>des bottes</u>. COD	(COD placé **après** *avoir* → pas d'accord)
<u>Quelles décisions</u> as-tu pris**es** ? COD	(COD placé **avant** *avoir* → accord avec le COD)
Ces roses, où <u>les</u> as-tu cueilli**es** ? | pronom personnel COD qui reprend *roses*	(COD placé **avant** *avoir* → accord avec le COD)
C'est l'histoire <u>que</u> Louis a racont**ée**. | pronom relatif COD qui reprend *histoire*	(COD placé **avant** *avoir* → accord avec le COD)

3 Les cas particuliers

■ Le participe passé des verbes impersonnels

Le participe passé des verbes impersonnels est **invariable**.

> Tu ne sais pas quelle énergie il a **fallu** pour le convaincre.
> Quelle chaleur il a **fait** !

■ Le participe passé des verbes pronominaux

● **Les verbes essentiellement pronominaux ou les verbes pronominaux de sens passifs**

Ils suivent **la règle générale de l'accord du participe passé employé avec** *être*.

> Ils se sont **enfuis** précipitamment.
> Les œuvres de cet artistes se sont bien **vendues**.

● **Les verbes pronominaux de sens réfléchi ou réciproque**

Ils suivent **une règle comparable à celle de l'accord du participe passé employé avec** *avoir* : le participe passé ne s'accorde **pas avec le sujet** mais **avec le COD** quand celui-ci est **placé avant** *être*.

– **Verbes de sens réfléchi** :

> Ils <u>se</u> sont **regardés.**
>   COD
> (= *eux*)

(COD placé **avant** *être* → accord avec le COD)

> Ils <u>se</u> sont **fabriqué** <u>une cabane</u>.
>   COI   COD
> (= *à eux*)

(COD placé **après** *être* → pas d'accord)

> <u>Quelle jolie cabane</u> ils <u>se</u> sont **fabriquée** !
>   COD   COI
>   (= *à eux*)

(COD placé **avant** *être* → accord)

– **Verbes de sens réciproque** :

> Elles <u>se</u> sont **parlé** pendant une heure.
>   COI
> (= *à eux*)

(Pas de COD → pas d'accord)

> Ils <u>se</u> sont **échangé** <u>leurs adresses</u>.
>   COI   COD
> (= *à eux*)

(COD placé **après** *être* → pas d'accord)

> Elles <u>se</u> sont **rencontrées**.
>   COD

(COD placé **avant** *être* → accord)

> <u>Quels livres</u> <u>se</u> sont-ils **envoyés** ?
>   COD   COI
> (= *à eux*)

(COD placé **avant** *être* → accord)

● **Les verbes pronominaux suivis d'un infinitif**

Le participe s'accorde **avec le COD** quand celui-ci est **placé avant** *être* et qu'il fait **l'action de l'infinitif**.

> Ils se sont **vu** attribuer un chèque de 5 000 euros.
> Le COD (= *se*) ne fait pas l'action de l'infinitif → pas d'accord avec le COD.

> Elle s'est **sentie** revivre.
> Le COD (= s') fait l'action de l'infinitif → accord avec le COD.
>
> Elle s'est **laissé** séduire.
> Le COD (s') ne fait pas l'action de l'infinitif → pas d'accord avec le COD.
>
> Elle s'est **laissée** mourir.
> Le COD (= s') fait l'action de l'infinitif → accord avec le COD.

EXCEPTION : le participe passé de *se faire* suivi de l'infinitif est toujours invariable.

> Les trafiquants se sont **fait** arrêter à la frontière.
> Quelles hypocrites ! Elles se sont **fait** pleurer en se frottant les yeux avec des oignons !

■ Le participe passé des verbes conjugués avec *avoir* suivis d'un infinitif

Le participe s'accorde avec le COD quand celui-ci est placé avant *avoir* et qu'il fait l'action de l'infinitif :

> Ce sont les études qu'elle a **voulu** entreprendre.
> Le COD (= *que* qui reprend *études*) ne fait pas l'action de l'infinitif → pas d'accord avec le COD
>
> Les enfants que j'ai **vus** jouer devaient avoir une dizaine d'années.
> Le COD (= *que* qui reprend *enfants*) fait l'action de l'infinitif → accord avec le COD
>
> La comédie que j'ai **vu** jouer était vraiment très drôle.
> Le COD (= *que* qui reprend *comédie*) ne fait pas l'action de l'infinitif → pas d'accord avec le COD

L'invariabilité systématique est cependant acceptée (arrêté René Haby de 1990).

EXCEPTION : le participe passé des verbes *laisser* et *faire* suivis d'un infinitif est toujours invariable.

> La jeune femme que la secrétaire a **fait** entrer est très élégante.
> Les enfants que j'ai **laissé** sortir s'amusent dans la cour.

Pour plus de précision concernant *voir, regarder, entendre, écouter, envoyer* et *emmener* suivis de l'infinitif, voir LA PROPOSITION INFINITIVE, p. 214.

G. L'infinitif, le gérondif et le participe présent

I. L'infinitif

L'infinitif est considéré comme la forme nominale du verbe. Il ne varie pas en personne. Il peut être employé soit **comme un nom** soit **comme un verbe conjugué.**

1 Formes

■ Forme simple et forme composée

L'infinitif peut se présenter sous une forme simple ou une forme composée.

● **Forme simple (dite « infinitif présent »)**

La forme simple de l'infinitif se caractérise par les terminaisons suivantes :
– *-er* pour les verbes du 1er groupe
> aimer, chanter, danser…

– *-ir* pour les verbes du 2e groupe
> finir, choisir, réussir…

– *-er, -ir, -re* et *-oir* pour les verbes du 3e groupe
> aller
> courir, dormir, sentir…
> entendre, prendre, dire, rire…
> voir, devoir, vouloir, pouvoir, recevoir…

● **Forme composée (dite « infinitif passé »)**

La forme composée s'obtient ainsi : **infinitif d'*avoir* ou *être* + participe passé.**
> avoir été, avoir eu, avoir aimé, avoir chanté, être tombé, s'être endormi…

Cette forme permet d'exprimer une **action accomplie.**
> Il croit **s'apercevoir** de quelque chose.
> (Forme simple : action en cours d'accomplissement)
> Il croit **s'être aperçu** de quelque chose.
> (Forme composée : action accomplie)

■ L'infinitif au passif

L'infinitif peut également se mettre **au passif**. Dans ce cas, il n'oppose plus une forme simple et une forme composée, mais une forme composée et une forme surcomposée.

– Forme composée : ***être* + participe passé.**
> être aimé, être regardé, être pris...

– Forme surcomposée : ***avoir été* + participe passé.**
> avoir été aimé, avoir été regardé, avoir été pris...

2 L'infinitif employé comme un nom

L'infinitif peut être employé **comme un nom.** Dans ce cas, il en assume les principales fonctions. Il peut être
– sujet :
> **Lire** est mon passe-temps favori.
> (= la lecture)

– attribut :
> Lire, c'est **découvrir** d'autres mondes.

– complément d'objet direct ou indirect (c'est sa fonction la plus fréquente) :

Je veux **lire**.	(COD)
J'aime **lire**.	(COD)
Il tient à **s'instruire**.	(COI)
Il essaie de **s'instruire**.	(COI)

– complément circonstanciel :

Ils travaillent **pour vivre**.	(but)
Ils travaillent **sans s'arrêter**.	(manière)
Ils travaillent **sans y être obligés**.	(opposition)
Ils travaillent de nouveau **après s'être reposés**.	(temps)
Ils travaillent deux fois plus aujourd'hui **pour s'être reposés hier**.	(cause)

– complément du nom :
> Rien ne remplace, pour moi, le plaisir de **lire**.

– complément de l'adjectif :
> Il est content de **travailler**.

REMARQUE : quand l'infinitif a des compléments, il est le noyau d'**un groupe infinitif**.
> **Lire des romans** est mon passe-temps favori.
> > (Groupe infinitif composé de l'infinitif *lire* et d'un COD : *des romans*)
>
> Rien ne remplace, pour moi, le plaisir de **me promener dans la campagne**.
> > (Groupe infinitif composé de l'infinitif *me promener* et d'un complément circonstanciel de lieu : *dans la campagne*)

3 L'infinitif employé comme un verbe conjugué

L'infinitif peut également être employé **comme un verbe conjugué**. Il devient alors le **noyau d'une proposition**.

■ L'infinitif dans une périphrase verbale

Tout d'abord, l'infinitif est le noyau d'une proposition quand il forme une périphrase verbale avec un verbe tel que *aller, venir de, être en train de, être sur le point de, devoir, pouvoir, sembler…*

> Je **vais prendre** le train.
> Il **doit arriver** à l'aéroport
> On est **en train de vérifier** nos bagages.

Il est alors le verbe principal de la proposition. Le verbe conjugué, appelé « semi-auxiliaire », ne sert qu'à lui donner une valeur modale particulière (imminence, possibilité, probabilité…).

■ L'infinitif « de narration »

De même, l'infinitif est le noyau d'une proposition quand il permet d'exposer la conséquence d'un fait antérieur.

> Il s'était aperçu que tu n'étais plus là. **Et de s'inquiéter** de ton absence.
> (= Et il s'inquiétait)

On a affaire à un **infinitif dit « de narration », toujours précédé de *et de*.** Cet emploi relève de la langue soutenue, et se rencontre dans les récits.

■ Autres cas

Enfin, l'infinitif est le noyau d'une proposition quand il est le support
– d'une proposition interrogative ou exclamative
– d'une proposition injonctive (= exprimant un ordre)
– d'une proposition subordonnée infinitive
– d'une proposition subordonnée relative
– d'une proposition interrogative indirecte.

● L'infinitif support d'une proposition interrogative ou exclamative

> Moi, y **aller** ?
> Que **dire** ?
> Comment lui **faire** comprendre que je l'aime ?
> François, **faire** une chose pareille ! Mais, c'est incroyable !
> Ah ! **partir** et ne plus jamais **revenir** !

Il exprime alors l'étonnement, l'indignation, le désarroi ou le souhait (dernier exemple).

● L'infinitif support d'une proposition injonctive

> **Prendre** trois cachets par jour au moment des repas.

Dans ce cas, il équivaut à un impératif.

- **L'infinitif support d'une proposition subordonnée infinitive**

> Je vois les enfants **jouer** dans le jardin.
> (Le verbe principal est *vois* ; il a pour sujet *Je*. Le verbe de la proposition subordonnée infinitive est l'infinitif *jouer* ; il a pour sujet *enfants* – qui est également COD du verbe principal)

Ce type de proposition – tel que le définit la grammaire traditionnelle – a son sujet propre, différent du sujet du verbe principal (voir ci-dessous La proposition subordonnée infinitive).

- **L'infinitif support d'une proposition subordonnée relative**

Dans une proposition subordonnée relative, l'infinitif s'emploie après un pronom relatif précédé d'une préposition ou après le pronom *où* :

> Elle n'a personne **à qui se confier**.
> Je cherche quelqu'un **avec qui partir en vacances**.
> Je rêve d'un endroit **où me reposer**.

ATTENTION : le sujet de l'infinitif, dans ce cas, doit être **le même** que celui du verbe principal.

- **L'infinitif support d'une proposition interrogative indirecte**

> Je ne sais **que faire**.
> Il se demande **où aller**.

ATTENTION : là encore, le sujet de l'infinitif doit être **le même** que celui du verbe principal.

II. La proposition subordonnée infinitive

Définition

Certains verbes peuvent être suivis d'**une proposition subordonnée infinitive**, c'est-à-dire d'une proposition subordonnée dont le verbe est à l'infinitif et qui possède un sujet propre. Ce sont
– les verbes dits « de perception » – *voir, entendre, regarder, écouter, sentir* :

> Il voit **les nuages obscurcir le ciel**.
> (*nuages* est complément d'objet direct de *voit* et sujet de *obscurcir*, verbe support de la proposition infinitive)
> Il entend **le train siffler**.
> (*train* est complément d'objet direct de *entend* et sujet de *siffler*, verbe support de la proposition infinitive)

– les verbes *faire* et *laisser* :

> Il fait **danser Marie**.
> Je laisse **l'eau bouillir une minute**.

REMARQUE : des verbes tels que *emmener, envoyer* peuvent, de même, être suivis d'un infinitif dont le sujet est complément d'objet direct du verbe principal.

> J'envoie **Paul** prendre un billet à la gare.
> Il emmène **des amis** dîner.

Cette construction est très proche de celle de la proposition subordonnée infinitive. Une différence cependant : les actions exprimées par le verbe principal et l'infinitif ne se déroulent pas en même temps.

2 L'ordre des termes dans la proposition infinitive

L'ordre des termes dans la proposition subordonnée infinitive varie selon que le sujet de cette proposition est un nom ou un pronom.

■ Le sujet de la proposition infinitive est un nom

Si l'infinitif n'a pas de COD (= complément d'objet direct)

Le nom sujet peut se placer devant ou derrière l'infinitif :

> Il entend le train siffler / Il entend siffler le train.

EXCEPTION : avec *faire*, le sujet de l'infinitif se place toujours derrière celui-ci.

> Je fais **entrer** les élèves.

Si l'infinitif a un COD

Le nom sujet se place devant l'infinitif :

> Il voit **les nuages** obscurcir le ciel.
>   COD

EXCEPTION : avec *faire*, il faut recourir à une autre construction, avec un complément introduit par *à*.

> Il fait manger le bébé - Le bébé mange sa soupe
> → Il fait manger sa soupe **au bébé**.

La phrase *Il fait manger le bébé sa soupe est incorrecte.

■ Le sujet de la proposition infinitive est un pronom

Forme et place du pronom sujet

Le pronom sujet de la proposition subordonnée infinitive est à la forme *me, te, le, la*, etc. et se place devant le verbe conjugué :

> Il **m'**a entendu venir.
> Je **l'**ai vu sortir.
> Ils **nous** regardent partir.
> Elle **te** fait rire.
> On **la** laisse crier.

EXCEPTION : à l'impératif affirmatif, le pronom se place cependant après le verbe.

> Regarde-**la** danser.

(Voir L'EMPLOI DES PRONOMS PERSONNELS À L'IMPÉRATIF, p. 93.)

● **Si l'infinitif a un COD qui est un nom**

>Il **me** regarde préparer <u>le repas</u>.
>   COD
>Elle **les** entend prendre <u>un bain</u>.
>   COD

Mais avec *faire*, le sujet de l'infinitive, à la 3ᵉ personne, est *lui* ou *leur* (et non pas *le, la, les*).

>Il **lui** fait lire un roman.

Et avec *laisser*, on a le choix entre les formes *le, la, les* ou les formes *lui, leur*.

>Il **la** laisse faire ses devoirs / Il **lui** laisse faire ses devoirs.

● **Si l'infinitif a un COD qui est un pronom**

Il y a deux possibilités :

– les deux pronoms sont placés devant le verbe conjugué :

>Je te fais faire cet exercice. → Je **te le** fais faire.
>Je vous fais jouer du piano. → je **vous en** fais jouer.
>Je ne **te le** fais pas dire.   (expression familière)

À la 3ᵉ personne, le sujet de l'infinitif est alors à la forme *lui, leur* :

>Je lui fais faire cet exercice. → Je **le lui** fais faire.
>Je lui fais jouer du piano. → je **lui en** fais jouer.

Cette construction est **obligatoire avec le verbe *faire***, mais relève de la langue soutenue dans les autres cas :

>Je **te l'**entends encore dire.   (langue soutenue)

Elle est par ailleurs impossible avec *regarder et écouter* qui n'admettent pas les formes *lui, leur*.

– les deux pronoms sont séparés : le pronom sujet de la proposition subordonnée infinitive se place devant le verbe conjugué, et le pronom COD devant l'infinitif. Tous deux sont à la forme *me, te, le, la,* etc.

>Il **me** voit prendre un livre. → Il **me** voit **le** prendre.
>   (*me* est le sujet de l'infinitif, *le* est le COD)
>J'entends Paul jouer du piano. → Je **l'**entends **en** jouer.

EXCEPTION : à l'impératif affirmatif, les pronoms sont toujours placés après le verbe.

>Fais-lui écouter cet air. → Fais-**le-lui** écouter.

(Voir L'EMPLOI DES PRONOMS PERSONNELS À L'IMPÉRATIF, p. 93.)

III. Le gérondif

1 Formation du gérondif

Le gérondif est une forme verbale qui s'obtient ainsi :
préposition *en* + radical de la 1ʳᵉ personne du pluriel de l'indicatif présent + *-ant*.

>**nous écout**ons → en **écout**ant
>**nous finiss**ons → en **finiss**ant
>**nous voul**ons → en **voul**ant

EXCEPTIONS :
- être → en **ét**ant
- avoir → en **ay**ant
- savoir → en **sach**ant

2 Emplois du gérondif

■ Le gérondif exprime une action qui se déroule en même temps que celle du verbe principal

> François travaille **en écoutant** une symphonie de Mozart.

ATTENTION : son sujet **doit toujours être le même** que celui du verbe principal.

■ Le gérondif n'a pas de valeur propre : il prend celle que le contexte lui donne

Il équivaut à un adverbe, et, comme un adverbe, est toujours **complément circonstanciel (CC).** Il peut exprimer, entre autres :

– la simultanéité :
> J'ai aperçu Henri **en rentrant** de l'université.
> (= « tandis que je rentrais de l'université », CC de temps)

Dans cet emploi, il est souvent précédé de *tout* :
> Il m'expliquait la situation **tout en faisant** de grands gestes.

– la cause :
> Il s'est fait un bleu **en se cognant** contre la porte.
> (= « parce qu'il s'est cogné contre la porte », CC de cause)

– la manière :
> Il marche **en se dandinant**.
> (CC de manière)

– l'hypothèse :
> **En nous levant** de bonne heure, nous pourrions voir le soleil se lever au-dessus de la forêt.
> (= « si nous nous levons de bonne heure », CC de condition)

– la concession :
> Il réussit **en ne faisant pas** grand-chose.
> (= « bien qu'il ne fasse pas grand-chose », CC de concession)

Dans cet emploi, il est fréquemment précédé de *tout*.

■ La périphrase *aller* + gérondif (sans *en*)

Le verbe *aller* peut constituer une périphrase avec le gérondif employé sans la préposition *en*. Cette périphrase permet de marquer l'aspect progressif d'une action.

> Ce pays s'ouvre aux entreprises européennes, dont les investissements **vont croissant**.
> (= continuent de croître)
> Son mal **va s'aggravant**.
> (= continue de s'aggraver)

IV. Le participe présent

1 Formation du participe présent

Le participe présent est une forme verbale qui s'obtient ainsi :
radical de la 1re personne du pluriel de l'indicatif présent + -*ant*.

>   nous achet**ons** → achet**ant**
>   nous choisiss**ons** → choisiss**ant**
>   nous dev**ons** → dev**ant**

Exceptions :

>   être → **ét**ant
>   avoir → **ay**ant
>   savoir → **sach**ant

Il exprime une **action qui se déroule en même temps** que celle du verbe principal :

>   Ce poste est ouvert à tout chercheur **terminant** sa thèse.
>   (= en train de terminer sa thèse)

2 Emplois du participe présent

Le participe présent peut être employé comme adjectif ou comme verbe.

■ Le participe présent employé comme adjectif

Le participe présent employé comme adjectif **se rapporte à un nom ou un pronom**, mais demeure **invariable** :

>   Au XVIIIe siècle, les portraitistes, **abandonnant** la solennité du siècle précédent, s'orientent vers une expression plus humaine **reflétant** la psychologie du modèle.
>   (Le participe présent *abandonnant* se rapporte au nom *portraitistes*. Le participe présent *reflétant* se rapporte au nom *expression*.)

Il peut avoir **la valeur d'une proposition subordonnée relative introduite par** *qui* :

>   L'écureuil est un rongeur **appartenant** à la même famille que la marmotte.
>   (= qui appartient à la même famille que la marmotte.)

Il peut aussi avoir **la valeur d'une proposition subordonnée circonstancielle :**
– de **cause** :

>   Me **sachant** malade, elle téléphone souvent pour avoir de mes nouvelles.
>   (= Parce qu'elle me sait malade, elle téléphone souvent pour avoir de mes nouvelles.)

– de **temps** :

>   **Poursuivant** son interrogatoire, le juge demande à l'accusé quel a été son emploi du temps le jour du crime.
>   (= Tandis qu'il poursuit son interrogatoire, le juge demande à l'accusé quel a été son emploi du temps le jour du crime.)

■ Le participe présent employé comme verbe

Le participe présent employé comme verbe est **le support d'une proposition subordonnée participiale**, qui a **son sujet propre**, différent du sujet du verbe principal :

> Dans la soirée, le temps s'améliorant, nous avons fait une petite sortie en mer.
>   Sujet 1   Sujet 2
> (Le participe présent *s'améliorant* a pour sujet *le temps*. Le verbe principal, *avons fait*, a pour sujet *nous*.)

Il a le plus souvent **la valeur d'une proposition subordonnée circonstancielle** :
– de **cause** :

> Les transports publics étant en grève, je vais prendre un taxi.
> (= Parce que les transports publics sont en grève, je vais prendre un taxi.)

– de **temps** :

> François portant bien haut le drapeau de notre équipe, nous défilons sous les acclamations du public.
> (= Tandis que François porte bien haut le drapeau de notre équipe, nous défilons sous les acclamations du public.)

La proposition participiale est séparée de la proposition principale par une virgule, et est en général placée en tête de phrase.

3 La forme composée du participe présent

Le participe présent a une **forme composée**. Elle se constitue ainsi :
participe présent d'*avoir* ou *être* + participe passé

> lire → **ayant lu**
> partir → **étant parti**
> se regarder → **s'étant regardé**

Cette forme composée du participe présent permet d'exprimer une **action accomplie, antérieure** à celle exprimée par le verbe principal :

> Ce poste est ouvert à tout chercheur **ayant terminé** sa thèse.
> (= Ce poste est ouvert à tout chercheur qui a terminé sa thèse)

> Marie **ayant refusé** de nous accompagner, nous faisons le trajet en train.
> (= Parce que Marie a refusé de nous accompagner, nous faisons le trajet en train.)

4 Le participe présent et l'adjectif verbal

Il ne faut pas confondre le participe présent et l'adjectif verbal.
– Le participe présent est invariable, alors que l'adjectif verbal s'accorde en genre et en nombre avec le nom auquel il se rapporte :

> C'est une lotion **apaisant** les peaux sensibles.
> (participe présent)

> C'est une lotion **apaisante**.
> (adjectif verbal accordé avec le nom *lotion*).

L'adjectif verbal est en effet un ancien participe présent devenu adjectif.

– Le participe présent peut être suivi d'un complément, mais pas l'adjectif verbal :

C'est une lotion apaisant <u>les peaux sensibles</u>.
COD de *apaisant*

– Il peut y avoir une différence entre l'orthographe du participe présent et celle de l'adjectif verbal :

• Les adjectifs verbaux formés à partir des verbes finissant par *-quer* se terminent par *-cant* alors que le participe présent se termine par *-quant*.

Participe présent	Adjectif verbal
provoquant	provocant
suffoquant	suffocant

Les supporters ont envahi le stade, **provoquant** l'intervention des forces de police.
Je lui trouve un air **provocant**.

• Les adjectifs verbaux formés à partir des verbes finissant par *-guer* se terminent par *-gant* alors que le participe présent se termine par *-guant*.

Participe présent	Adjectif verbal
fatiguant	fatigant
naviguant	navigant
intriguant	intrigant

Il surveille les bateaux **naviguant** près des côtes.
Le personnel **navigant** s'est mis en grève.

• Certains adjectifs verbaux se terminent par *-ent* au lieu de *-ant*.

Participe présent	Adjectif verbal
excellant	excellent
somnolant	somnolent
différant	différent
précédant	précédent
convergeant	convergent
divergeant	divergent
négligeant	négligent

Le metteur en scène cherche un acteur **excellant** dans l'art du mime.
Il nous a servi un vin **excellent**.

4
Les mots invariables

A Les adverbes

I.	Emplois et places des adverbes	222
II.	Quelques difficultés d'emploi (1)	226
III.	Quelques difficultés d'emploi (2)	228
IV.	Les adverbes *tout* et *même*	233
V.	Les adverbes en *-ment*	234

B Les prépositions

I.	Les prépositions *à*, *de*, *en*, *par*, *pour*	236
II.	Les prépositions *dans*, *sur*, *sous*, *devant*, *derrière*	241
III.	Les prépositions devant les noms de lieux	245

A. Les adverbes

I. Emplois et places des adverbes

Les adverbes sont des mots **invariables** qui modifient un autre terme. On distingue **plusieurs types d'adverbes** : les adverbes **modifiant un élément de la phrase,** les adverbes **circonstanciels,** et les adverbes **modifiant l'ensemble de la phrase**.

1 Emplois des adverbes

■ Les adverbes modifiant un élément de la phrase

De nombreux adverbes modifient le sens d'**un mot** :
– un verbe :
> Il chante. → Il chante **bien**.
> (L'adverbe *bien* modifie le verbe *chante*.)

– un adjectif :
> Cette chanson est jolie. → Cette chanson est **très** jolie.
> (L'adverbe *très* modifie l'adjectif *jolie*.)

– un autre adverbe :
> Il chante bien. → Il chante **très** bien.
> (L'adverbe *très* modifie l'adverbe *bien*.)

– une préposition :
> Il chante à côté du piano. → Il chante **tout** à côté du piano.
> (L'adverbe *tout* modifie la préposition *à côté de*.)

– une conjonction de subordination :
> Il chante comme toi. → Il chante **exactement** comme toi.
> (L'adverbe *exactement* modifie la conjonction *comme*.)

– un déterminant :
> Il chante moins de chansons tristes qu'avant. → Il chante **beaucoup** moins de chansons tristes qu'avant.
> (L'adverbe *beaucoup* modifie le déterminant indéfini *moins de*.)

Beaucoup de ces adverbes expriment l'**intensité** ou le **degré** (*très, si, trop, autant, moins, plus, davantage…*). D'autres sont des adverbes de **manière** (*bien, mal, vite, lentement, soigneusement, tranquillement…*) :
> Il chante **merveilleusement**.
> (*merveilleusement* est un adverbe de manière)

▪ Les adverbes circonstanciels

D'autres adverbes indiquent le cadre dans lequel s'inscrit le procès exprimé par la phrase. Il s'agit des adverbes dits « circonstanciels ». Ce sont, pour l'essentiel, des **adverbes de temps** (*aujourd'hui, hier, demain, autrefois, souvent, toujours…*) ou des **adverbes de lieu** (*ici, là-bas, dessus, dedans…*).

> **Autrefois**, tu venais plus souvent nous voir.
> Nous habitons **là-bas**.

▪ Les adverbes modifiant l'ensemble de la phrase

Les adverbes modifiant l'ensemble de la phrase sont les **adverbes modaux**, les **adverbes d'énonciation** et les **adverbes de liaison**.

● Les adverbes modaux

Ils modifient **le sens de l'ensemble de la phrase**. On distingue
– les **adverbes modaux logiques** qui traduisent comment le locuteur évalue le **degré de probabilité d'un fait** – *peut-être, sans doute, probablement, certainement…* :

> Il partira demain. → Il partira **peut-être** demain.

– les **adverbes modaux appréciatifs**, qui permettent au locuteur d'exprimer un **jugement de valeur** ou des **sentiments** sur ce qu'il dit :

> J'ai dû annuler mon rendez-vous. → **Malheureusement**, j'ai dû annuler mon rendez-vous.

● Les adverbes d'énonciation

Ils traduisent **la manière dont le locuteur dit la phrase ou souhaite qu'elle soit comprise** :

> **Franchement**, ce musicien n'a aucun ce talent.
> (= Je parle franchement en disant : « Ce musicien n'a aucun talent ».)

● Les adverbes de liaison

Ils permettent d'**établir une relation entre deux phrases** ou d'**organiser un texte**. Ils expriment diverses relations : la cause (*en effet*), la conséquence (*ainsi*), l'opposition (*au contraire*), la concession (*cependant*), l'addition (*de plus*), etc.

> Il a donné plusieurs spectacles à Paris. **Cependant**, il est encore inconnu du grand public.

REMARQUE : les **adverbes de négation** représentent un cas particulier : ils peuvent modifier l'ensemble de la phrase si la négation est totale, ou un élément seulement de la phrase si la négation est **partielle**.

> Je vais à Paris. → Je **ne** vais **pas** à Paris.
> (négation totale)
> → Je **ne** vais **pas** à Paris mais à Amiens.
> (négation partielle)

2 Places des adverbes dans la phrase

■ Places des adverbes modifiant un élément de la phrase

● Si l'adverbe modifie un élément autre qu'un verbe

Si l'adverbe modifie un adjectif, un adverbe, une préposition, une conjonction ou un déterminant, il est toujours placé **devant ce mot.**

assez
Vincent est fou. → Vincent est **complètement** fou.

très
Gérard travaille rapidement. → Gérard travaille **trop** rapidement.
plus
Il est arrivé après moi. → Il est arrivé **un peu** après moi.
Il est arrivé avant que nous partions. → Il est arrivé **juste** avant que nous partions.
Tu as moins de chance que lui. → Tu as **nettement** moins de chance que lui.

● Si l'adverbe modifie un verbe

Plusieurs cas peuvent se présenter.
– Le verbe est à un temps simple : l'adverbe est généralement placé **immédiatement après le verbe**.

bien.
Il conduit. → Il conduit **prudemment**.

Mais les adverbes de manière en -*ment* peuvent occuper d'autres places dans la phrase.

Il demande **poliment** son chemin.
Il demande son chemin **poliment**.
Poliment, il demande son chemin.

– Le verbe est à un temps composé : l'adverbe est généralement placé **immédiatement devant le participe passé**.

trop
Il a dormi. → Il a **bien** dormi.
Il a nagé. → Il n'a pas **beaucoup** nagé.

Mais les **adverbes de manière en –*ment*** peuvent occuper d'**autres places dans la phrase.**

Le professeur m'a **patiemment** expliqué mon erreur.
Le professeur m'a expliqué **patiemment** mon erreur.
Patiemment, le professeur m'a expliqué mon erreur.
Le professeur m'a expliqué mon erreur **patiemment**.

■ Places des adverbes circonstanciels

Les **adverbes de temps** se placent le plus souvent
– après le verbe si le verbe est à un temps simple
– entre l'auxiliaire et le participe passé si le verbe est à un temps composé.
Mais il est possible de les déplacer :

Il se trompe **parfois** de chemin.
Parfois, il se trompe de chemin.
Il se trompe de chemin, **parfois**.

> Il a **longtemps** confondu ces deux élèves.
> Il a confondu **longtemps** ces deux élèves.
> **Longtemps**, il a confondu ces deux élèves.
> Il a confondu ces deux élèves **longtemps**.

Quant aux **adverbes de lieu**, ils peuvent occuper diverses places dans la phrase mais ne se trouvent jamais entre l'auxiliaire et le participe passé.

> Il a habité **ici** de 1989 à 2001.
> Je lui ai donné un sac et il a mis ces billes **dedans**.
> Ma chambre a une cheminée. **Au-dessus**, j'ai accroché un portrait de mon grand-père.

■ Places des adverbes modifiant l'ensemble de la phrase

● Les adverbes modaux

Ils peuvent occuper **diverses places dans la phrase.**

> Il est **peut-être** en retard.
> Il est en retard, **peut-être**.
> **Peut-être** est-il en retard.
> (Au sujet de l'inversion du pronom sujet, voir la remarque ci-dessous)
>
> **Heureusement**, je l'ai rencontré.
> Je l'ai rencontré, **heureusement**.
> Je l'ai, **heureusement**, rencontré.

● Les adverbes d'énonciation

Ils n'ont pas de place fixe, mais se trouvent souvent en tête de phrase.

> **Honnêtement**, je n'en sais pas plus que toi sur cette affaire.

● Les adverbes de liaison

Ils se placent **souvent en tête de phrase**, mais **peuvent occuper d'autres places.**

> Je n'ai pas vu Pierre. **En revanche**, j'ai longtemps parlé ave son frère.
> Je n'ai pas vu Pierre. J'ai, **en revanche**, longtemps parlé avec son frère.
> Je n'ai pas vu Pierre. J'ai longtemps parlé, **en revanche**, avec son frère.
> Je n'ai pas vu Pierre. J'ai longtemps parlé avec son frère, **en revanche**.

REMARQUE : certains adverbes de sens consécutif – *ainsi, aussi* – ou de sens restrictif – *à peine, du moins, encore, peut-être, sans doute…* – sont fréquemment suivis d'une inversion du pronom sujet quand ils sont placés en tête de phrase :

> Elle savait sans doute la vérité. → **Sans doute savait-elle** la vérité.

Si le sujet est un nom, l'inversion se fait comme dans une phrase interrogative :

> Sa sœur savait sans doute la vérité. → **Sans doute sa sœur savait-elle** la vérité.

II. Quelques difficultés d'emploi (1)

Les adverbes *très, trop, beaucoup, peu, un peu* et *bien* présentent quelques difficultés. Voyons plus précisément comment il faut les employer.

Très, trop, beaucoup

■ Très, trop

– **Très** porte sur un adjectif ou un adverbe. Il marque une **forte intensité**.

    Paul est un enfant **très** vif.   (*très* + adjectif)
    Il comprend **très** rapidement.   (*très* + adverbe)

– **Trop** porte sur un adjectif, un adverbe ou un verbe. Il marque **une intensité ou une quantité excessive.**

    Cet hôtel est **trop** bruyant. Je n'ai pas fermé l'œil de la nuit.   (*trop* + adjectif)
    Vous parlez **trop** rapidement. Je ne vous comprends pas.   (*trop* + adverbe)
    Je mange **trop** en ce moment, et je grossis peu à peu.   (verbe + *trop*)

Trop peut être renforcé par les adverbes *bien* ou *beaucoup* : **bien trop**, **beaucoup trop**.

    C'est **trop** cher → C'est **bien trop** cher.
    C'est **beaucoup trop** cher.

ATTENTION : **on ne peut pas employer les adverbes *très* et *trop***
– devant un adjectif ou un adverbe au comparatif.
– devant un adjectif ou un adverbe au superlatif ou devant un adjectif ayant une valeur de superlatif : *délicieux, magnifique, superbe, excellent…*

    Ce gâteau est ~~très~~ délicieux   (* *très délicieux* ne se dit pas)

■ Beaucoup

Beaucoup marque une **forte intensité ou une grande quantité**.

– **Verbe + *beaucoup* :**

    Il travaille **beaucoup**.
    Il n'économise pas **beaucoup**.

– ***Beaucoup* + *plus* (de), *moins* (de), *trop* (de) :**

    J'ai **beaucoup** plus de temps depuis que je suis à la retraite.
    Il fait **beaucoup** moins chaud aujourd'hui.
    Tu es **beaucoup trop** distrait pour que je te confie cette mission.

REMARQUE : le comparatif irrégulier *mieux* peut être renforcé par *beaucoup*.

    Vous avez progressé. Bravo ! C'est **beaucoup mieux**.

Par contre, on ne peut pas dire : **beaucoup meilleur*, **beaucoup pire*, **beaucoup moindre*.

2 Peu, un peu

Peu et **un peu** indiquent tous deux une petite quantité ou une intensité faible, mais ***peu* a un valeur négative** alors que ***un peu* a une valeur positive**.

> Paul est plutôt taciturne. Il parle **peu**.
> Cette nuit a été plus calme, et j'ai pu dormir **un peu**.

3 Bien

■ *Bien* peut être un adverbe de manière

Il s'oppose alors à l'adverbe *mal*.

> J'ai **bien** dormi.   ≠   J'ai **mal** dormi.
> Cette jupe te va **bien**.   ≠   Cette jupe te va **mal**.

■ *Bien* peut être un adverbe d'intensité

Il a alors le sens de « très », de « beaucoup » ou de « longtemps ».

– ***Bien*** (= *très*) **+ adjectif / adverbe**

> Elle est **bien** fatiguée.
>   (= très fatiguée)
>
> Tu te lèves **bien** tôt !
>   (= très tôt)
>
> Il y a **bien** longtemps qu'on ne l'a pas vu.
>   (= très longtemps)

– ***Bien*** (= *beaucoup*) **+ trop (de), plus (de), moins (de)**

> Ce film est **bien** trop long.
>   (= beaucoup trop long)
>
> C'est **bien** plus loin que tu ne l'imagines.
>   (= beaucoup plus loin)
>
> J'ai **bien** moins de temps qu'avant.
>   (= beaucoup moins de temps)

REMARQUE : les comparatifs irréguliers *mieux, meilleur, pire, moindre* peuvent être précédé de *bien* :

> Ce plat est **bien** meilleur avec de la crème fraîche.
> La situation économique est **bien** pire que l'année dernière.

– ***Bien*** (= *longtemps*) **+ avant (de/que), après (que)**

> Nous avons reçu de ses nouvelles **bien** après son départ.
>   (= longtemps après son départ)
>
> J'étais là **bien** avant toi.
>   (= longtemps avant toi)

REMARQUE : employé avec le verbe *aimer, bien* marque un degré d'intensité moindre que *beaucoup*.

> J'aime **bien** cette couleur.   ↓
> J'aime **beaucoup** cette couleur.   +

Quand le COD est un nom désignant une personne, *j'aime bien* ou *j'aime beaucoup* sont d'un sens souvent moins fort que *j'aime*. On peut figurer la gradation ainsi : *J'aime bien Olivier.* → *J'aime beaucoup Olivier.* → *J'aime Olivier.* (Cette phrase peut signifier : « Je suis amoureuse d'Olivier.»)

■ *Bien* peut être un adverbe permettant d'insister

Il a alors le sens de « tout à fait », d'« exactement », ou de « donc » (dans une interrogation directe ou indirecte).

> C'est **bien** ce que je t'ai dit.
>> (= C'est **exactement** ce que je t'ai dit.)
>
> C'est **bien** à lui que je pense.
>> (= C'est **exactement** à lui que je pense.)
>
> Que peut-il **bien** faire ?
>> (= Que peut-il **donc** faire ?)

III. Quelques difficultés d'emploi (2)

Voici encore un certain nombre d'adverbes présentant des difficultés d'emploi.

1 Alors

● *Alors* peut signifier « à ce moment-là » (dans le passé ou le futur)

> J'ai rencontré Pierre en 1970. Il avait **alors** une trentaine d'années.
> Je verrai Jacques lundi prochain. Nous réglerons **alors** cette affaire.

● *Alors* peut signifier « donc », « par conséquent »

> Je voulais être actrice. **Alors**, j'ai pris des cours de théâtre.

● *Alors* peut marquer une réaction affective

> **Alors**, on y va ?   (l'impatience)
> Ça, **alors** !   (la surprise)

2 Ainsi, aussi

■ *Ainsi*

● *Ainsi* peut signifier « de cette façon »

> Les peintres impressionnistes procèdent **ainsi** : par petites touches de couleurs.

S'il est en tête de phrase, il est souvent suivi d'une inversion du nom ou du groupe nominal sujet :

> **Ainsi** va le monde.
> ***Ainsi** parlait Zarathoustra* est un ouvrage de Nietzsche.

4. LES MOTS INVARIABLES

🔵 ***Ainsi* peut signifier « par exemple »**

> Son secrétariat est très souvent fermé. **Ainsi**, le lundi après-midi, le mardi matin, le jeudi...

REMARQUE : on évitera d'écrire « ainsi par exemple », qui est un pléonasme.

🔵 ***Ainsi* peut signifier « par conséquent »**

> Au moment de l'accident, je regardais de l'autre côté. **Ainsi**, je n'ai rien vu de ce qui s'est passé.

S'il est en tête de phrase, il peut entraîner une inversion du pronom sujet dans la langue soutenue :

> Elle est en voyage à l'étranger. **Ainsi** ne pourra-t-elle assister à cette cérémonie.

Si le sujet est un nom, l'inversion se fait comme dans une phrase interrogative :

> Elle est en voyage à l'étranger. **Ainsi** votre lettre ne lui est-elle pas parvenue.

■ Aussi

🔵 ***Aussi* peut signifier « également »**

Dans ce cas, il porte sur un élément de la phrase et se place **toujours à l'intérieur** de celle-ci.

> Ta réussite, c'est **aussi** la nôtre.
> Moi **aussi**, je suis contre cette forme de discrimination.
> Nous avons des droits mais **aussi** des devoirs.

🔵 ***Aussi* peut signifier « par conséquent »**

Dans ce cas, il est un adverbe de liaison et se place **toujours** en tête de la phrase. Dans la langue soutenue, il entraîne une inversion du pronom sujet :

> C'est une mission dangereuse. **Aussi** faut-il être prudent.
> L'Europe est notre avenir. **Aussi** devons-nous travailler à en consolider l'unité.

Si le sujet est un nom, l'inversion se fait comme dans une phrase interrogative :

> Les études coûtent très cher dans ce pays. **Aussi** les étudiants doivent-ils généralement demander un prêt.

🔵 ***Aussi* peut marquer un rapport d'égalité**

Dans ce cas, il porte toujours sur un adjectif ou un adverbe. Il ne faut pas le confondre avec *autant*, qui exprime également l'égalité, mais porte sur un verbe :
– *aussi* + adjectif / adverbe

> L'air de l'Himalaya est **aussi** pollué que celui des villes d'Europe. (*Le Monde*, 25 octobre 2008.)
> Voici un livre **aussi** sérieux que divertissant.
> Il travaille **aussi** bien que toi.

– verbe + *autant*

> J'aime **autant** le vin rouge que le vin blanc.

Voir L'EXPRESSION DE LA COMPARAISON, p. 328 et suivantes.

3 Si, tellement, tant

– *Si* + adjectif / adverbe

> Je suis **si** heureuse de vous revoir !
> Elle nous a reçus **si** gentiment !

– *Tellement* + adjectif / adverbe

> C'est une personne **tellement** susceptible !
> Ces deux couleurs vont **tellement** bien ensemble !

– Verbe + *tellement* / *tant*

> Il pleut **tellement** depuis hier !
> Vous travaillez **tant** ! Vous méritez bien de vous reposer un peu !

REMARQUES

– Dans la langue courante, *si* peut être employé avec une locution verbale, de même que *tellement* :

> J'ai **si** peur ! / J'ai **tellement** peur !

– Dans les phrases interrogatives ou négatives, *si* peut remplacer l'adverbe *aussi*. Il marque alors l'égalité :

> Est-il **aussi** riche qu'on le dit ? / Est-il **si** riche qu'on le dit ?

4 Au moins, du moins

– *Au moins* signifie « **au minimum** » :

> Il parle **au moins** trois langues.

– *Du moins* marque une **restriction :**

> Il parle couramment le hongrois. **Du moins**, c'est ce qu'il prétend.

5 Ailleurs, d'ailleurs, par ailleurs

– *Ailleurs* est un adverbe de lieu qui signifie « **autre part** », et désigne donc **un lieu autre** que celui où se situe le locuteur.

> Je voudrais vivre ailleurs.

– *D'ailleurs* est un adverbe de liaison logique qui permet d'**ajouter un argument présenté comme supplémentaire**, afin de **renforcer l'idée** que l'on avance.

> Il y a longtemps que je pense m'installer à la campagne. **D'ailleurs**, je t'en ai déjà parlé plusieurs fois.

– *Par ailleurs* est un adverbe de liaison logique qui signifie « **d'autre part** » et permet d'introduire **un autre point de vue** dans le raisonnement.

> Il y a longtemps que je pense m'installer à la campagne. Mais je crains de m'éloigner de mon lieu de travail. Et, **par ailleurs**, il faut songer aussi aux études des enfants.

6 En effet, de fait, en fait, au fait

En effet

– *En effet* peut marquer un rapport de **cause**.

> Paul n'a pas pu assister à cette réunion. Il avait **en effet** un rendez-vous urgent à ce moment-là.
> (= car il avait un rendez-vous urgent à ce moment-là)

– *En effet* peut aussi signifier « **effectivement**, **assurément** ». Il permet alors d'exprimer un accord avec un interlocuteur :

> Paul était absent ?
> – **En effet**. Qui te l'a dit ?

De fait, en fait, au fait

– *De fait* signifie « **effectivement** » :

> Paul était absent. **De fait**, il m'avait dit qu'il n'était pas certain de pouvoir venir.

– *En fait* signifie « **en réalité** » :

> Paul a dit qu'il avait un rendez-vous urgent. **En fait**, ce n'était qu'un prétexte pour ne pas assister à cette réunion.

– *Au fait* signifie « **à ce propos** », « **à ce sujet** » :

> Paul m'a dit qu'il n'assistera pas à cette réunion. **Au fait**, tu sais qu'il va quitter l'entreprise le mois prochain ?

7 Ici, là, là-bas

Ici, là et *là-bas* sont des adverbes de lieu.

– *Ici* désigne le **lieu où se situe** le locuteur (= celui qui parle) :

> Viens **ici** !
> **Ici**, nous avons le soleil. Et dans votre région, quel temps fait-il ?

– *Là-bas* désigne **un lieu que le locuteur perçoit comme nettement éloigné** de lui :

> J'ai quitté la Martinique en 1989, mais ma famille habite toujours **là-bas**.
> **Ici**, nous avons beau temps, mais **là-bas**, il pleut.

– *Là* peut être associé à *ici* : dans ce cas, il désigne **un lieu plus éloigné du locuteur que celui désigné par *ici*.**

> Où veux-tu t'asseoir ? **Ici** ? Ou **là** ?

Mais **souvent,** *là* **est employé seul**. Il peut alors désigner le **lieu où se situe** le locuteur, ou bien un **lieu plus ou moins éloigné de celui-ci**.

> Viens **là** !
> (= Viens ici)
> Je suis **là** !
> (= Je suis ici)
> Où est ton frère ?
> – Il est **là**.
> (*là*, dans ce cas, peut désigner un lieu tout proche du locuteur comme un lieu plus éloigné.)

Cependant, même si le lieu désigné par *là* est éloigné du locuteur, il est toujours perçu comme moins éloigné que celui désigné par *là-bas*.

REMARQUE : *là* remplace toujours *ici* dans un récit qui n'est pas ancré dans la situation de celui qui parle.

Comparez :

> Discours direct → « Je suis **ici** », cria Marc.
> Discours indirect → Marc cria qu'il était **là**.

Comment prononcer l'adverbe *plus* ?

■ Dans la négation *ne ... plus*

Plus se prononce **[ply]** ou **[plyz]**.

– *Plus* se prononce **[ply]** en fin de phrase ou devant un mot commençant par une consonne ou un *h* aspiré :

> Je ne l'aime **plus**.
> Je ne veux **plus** te revoir.
> Je n'ai **plus** honte.

– *Plus* se prononce **[plyz]** devant un mot commençant par voyelle ou *h* muet, en raison de la liaison.

> Il n'est **plus** ici.
> **Plus** un bruit.
> Je n'ai **plus** envie d'y aller.
> Il n'est **plus** homme à se laisser faire.

■ Dans le comparatif ou le superlatif d'un adjectif ou d'un adverbe

Plus se prononce **[ply] ou [plyz]**.

– *Plus* se prononce [ply] devant un mot commençant par une consonne ou un *h* aspiré.

> Lise est **plus** jolie que sa sœur.
> Parlez **le plus** lentement possible, s'il vous plaît.
> Il a agi **plus** hardiment que nous.

– *Plus* se prononce [plyz] devant un mot commençant par une voyelle ou un *h* muet en raison de la liaison.

> C'est **plus** important que vous ne le pensez.
> Il est **le plus** intelligent et **le plus** habile de la classe.

■ Quand *plus* porte sur un verbe et signifie *davantage*

Plus se prononce généralement **[plys]**

> David travaille **plus** cette année, beaucoup **plus** !
> Je ne fume pas **plus** que d'habitude.
> Je me suis **plus** ennuyée que vous.
> (Dans cette dernière phrase, la prononciation [plyz] est possible en raison de la liaison)

■ Dans les adverbes *de plus* et *en plus* marquant l'addition

Plus se prononce **[plys]**

> Nous arriverons en taxi. Il neige beaucoup trop pour venir à pied. Et **de plus**, nous ne connaissons pas le chemin.
> Tu arrives tous les jours en retard, et **en plus** tu ne t'excuses pas !

■ Dans une addition mathématique

Plus se prononce **[plys]**

> 2 + 2 = 4 s'écrit en toutes lettres : deux **plus** deux égalent quatre.

REMARQUE

– Dans le déterminant *plus de* marquant la comparaison, *plus* se prononce [plys].

> J'ai **plus d'**amis qu'avant
> Il a **plus de** temps libre que nous.

– Dans *plus de* suivi d'un nombre ou d'un nom exprimant une quantité, et marquant le dépassement, *plus* se prononce [ply] :

> Nous avons marché **plus de** vingt kilomètres.
> J'ai déjà dépensé **plus de** la moitié de mon salaire.
> Il te l'a répété **plus d'**une fois.

IV. Les adverbes *tout* et *même*

Même et *tout* peuvent être employés comme **adverbes**.

 Même

Même employé comme adverbe est toujours invariable et peut porter sur plusieurs sortes de mots.

– ***Même* + adjectif** (ou participe passé employé comme adjectif) :

> **Même** malade, il continue à assumer toutes ses fonctions.
> Un lion, **même** amaigri, ne deviendra jamais un chat, dit un proverbe africain.

– **Verbe + *même*** :

> Toyota a présenté un robot qui est à la pointe de la technologie. Il joue **même** du violon.
> Il n'aime pas beaucoup ce quartier. Il m'a **même** dit qu'il voulait déménager.

– ***Même* + nom / Nom + *même*** :

> Les enfants **même** peuvent regarder cette émission.

ou

> **Même** les enfants peuvent regarder cette émission.

REMARQUE : *même* placé après un nom peut être aussi un adjectif indéfini. Dans ce cas, il s'accorde avec le nom auquel il se rapporte. Comparez :

> Les enfants **mêmes** peuvent regarder cette émission   (= les enfants eux-mêmes)
> Les enfant **même** peuvent regarder cette émission   (= même les enfants)

– ***Même* + pronom tonique** :

Dans ce cas, même est toujours placé devant le pronom.

> **Même** moi qui ai suivi cette affaire depuis le début, je n'y comprends plus rien.
> Tout le monde est invité, **même** toi.

2 *Tout*

Tout employé comme adverbe signifie « totalement ». Il peut porter sur un adjectif ou un adverbe.

– ***Tout* + adjectif** :

> Paul est tout heureux.

– ***Tout* + adverbe** :

> C'est **tout** simplement impossible.

Tout employé comme adverbe est **invariable :**

> Tes livres sont **tout** neufs.
> Ils sont **tout** intimidés.

Cependant, lorsqu'il précède un **adjectif féminin commençant par une consonne ou un *h* aspiré**, il s'accorde en genre et en nombre :

> Marie a les joues **toutes** rouges.
> Mes sœurs sont **toutes** honteuses.

Si l'adjectif au féminin commence par une voyelle, *tout* est en principe invariable :

> C'est un danger pour l'humanité **tout** entière.
> Elle est **tout** heureuse.

Mais, l'accord est toléré :

> C'est un danger pour l'humanité **toute** entière.
> Elle est **toute** heureuse.

V. Les adverbes en *-ment*

Les adverbes qui se terminent par *-ment* sont formés **à partir d'un adjectif.**

1 Règle générale

Les adverbes se terminant par *-ment* se forment sur le féminin de l'adjectif.

> lent, lente → lentement
> sérieux, sérieuse → sérieusement
> général, générale → généralement
> universel, universelle → universellement
> vif, vive → vivement
> fou, folle → follement

> profond, profonde → **profondément**
> précis, précise → **précisément**
> confus, confuse → **confusément**

EXCEPTION : les adverbes ***gentiment*** et ***brièvement.***

> gentil, gentille → **gentiment** (et non *gentillement)
> bref, brève → **brièvement** (et non *brèvement)

2 Adverbes formés à partir d'un adjectif en *-i, -u, -ai, -é*

Les adverbes formés à partir d'un adjectif se terminant par *-i*, *-u*, *-ai*, *-é* se forment sur **le masculin de l'adjectif.**

> joli. → **joliment**
> poli. → **poliment**
> résolu. → **résolument**
> absolu → **absolument**
> vrai. → **vraiment**
> gai. → **gaiment**
> spontané. → **spontanément**

REMARQUE : pour l'adverbe formé à partir de l'adjectif *gai*, on rencontre encore fréquemment les orthographes *gaiement* (formé sur le féminin), et *gaîment*, qui sont antérieures à la révision orthographique de 1990.

3 Adverbes formés à partir d'un adjectif en *-ant* et *-ent*

Les adverbes formés à partir d'un adjectif se terminant par *-ant* et *-ent* (sauf *lent*) s'écrivent ***-amment*** et ***-emment.***

> bruyant → **bruyamment**
> élégant → **élégamment**
> constant → **constamment**
> prudent → **prudemment**
> ardent → **ardemment**

ATTENTION : *-amment* et *-emment* se prononcent de la même façon : [amã].

B. Les prépositions

I. Les prépositions *à, de, en, par, pour*

Les prépositions sont des **mots invariables** qui ont pour fonction de relier un élément de la phrase à un autre : par exemple, un nom à un autre nom (*Voici le tablier de Pierre*), ou à un verbe (*Il lutte pour sa liberté*), ou à un adjectif (*Il est digne de confiance*). On les définit souvent comme des « outils de relation » ou des « pivots » de la phrase.

Leur sens est généralement stable, et donc facile à préciser : *chez, parmi, contre, sans, grâce à*… Mais certaines d'entre elles, parmi les plus fréquentes, présentent plusieurs significations et, de ce fait, sont d'une interprétation et d'un emploi beaucoup plus complexes. Ce sont notamment les prépositions *à et de*, particulièrement polyvalentes, et les prépositions *en, par* et *pour*. Sans prétendre être exhaustifs, essayons d'en parcourir les emplois les plus caractéristiques.

1 Les principaux emplois des prépositions *à* et *de*

■ **À et *de* suivis d'un complément d'objet indirect du verbe**

De nombreux verbes se construisent avec un complément d'objet indirect (COI) introduit par la préposition *à* ou la préposition *de*.

– **Verbe + *à* + COI** : *penser à, parler à, écrire à, donner à, s'intéresser à, plaire à*, etc.
– **Verbe + *de* + COI** : *parler de, rêver de, s'occuper de, se servir de*, etc.

■ **À et *de* suivis d'un complément de l'adjectif**

Certains adjectifs se construisent également avec un complément introduit par la préposition *à* ou la préposition *de*.

– **Adjectif + *à* + complément de l'adjectif** : *prêt à, favorable à, enclin à*, etc.
– **Adjectif + *de* + complément de l'adjectif** : *content de, fier de, digne de, responsable de*, etc.

REMARQUE : certains adjectifs peuvent être suivis de « *à* + infinitif » ou de « *de* + infinitif ». Ce sont, par exemple, des adjectifs tels que *facile, difficile, simple, important, possible, utile, agréable, désagréable, ennuyeux, amusant*…

Ces adjectifs ne sont suivis de « *de* + infinitif » que dans une tout autre structure syntaxique – celle des tournures impersonnelles du type : *il est* + adjectif (ou, dans une langue moins soutenue, *c'est* + adjectif)

> Cet exercice est facile **à** faire.
> Il est facile **de** faire cet exercice. / C'est facile **de** faire cet exercice.

C'est un studio très agréable **à** vivre.
Il est agréable **de** vivre dans ce studio. / C'est agréable **de** vivre dans ce studio.

■ *À* et *de* suivis d'un complément du nom

Les prépositions *à* et *de* peuvent introduire un complément du nom précisant le sens du nom qu'il complète.

● *À* + complément du nom

Le complément du nom introduit par *à* peut indiquer, notamment :
– une caractéristique :

> une robe à pois, un pantalon à rayures, des souliers à talon, un bateau à moteur, un enfant aux cheveux blonds, une tarte aux pommes, un gâteau au chocolat, etc.

– un usage :

> une tasse à café, un verre à eau, une cuillère à soupe, une salle à manger, un patin à glace, etc.

● *De* + complément du nom

Le complément du nom introduit par *de* peut indiquer, notamment :
– une caractéristique :

> un artiste de talent ; un homme d'une grande sagesse

– un usage :

> une salle de concert ; un instrument de musique

– une appartenance :

> le stylo de François ; la maison de mes parents

– un contenu :

> une tasse de café ; un verre d'eau

– une matière :

> un foulard de soie ; un chapeau de paille

REMARQUE : noter la différence entre *un verre à eau* (= un verre pour boire de l'eau) et *un verre d'eau* (= un verbe qui contient de l'eau), *un verre à vin* et *un verre de vin*, *une tasse à café* et *une tasse de café*, etc.

■ *À* et *de* suivis d'un complément circonstanciel

Les prépositions *à* et *de* peuvent aussi introduire un complément circonstanciel.

● À / de + complément circonstanciel de lieu

– *À* + le lieu où l'on est / le lieu ou l'on va :

> J'habite **à** Toulouse. Je travaille **à** la mairie.
> Je vais **à** Paris. Je me rends **à** la gare.

– *De* + le lieu d'où l'on vient :

> Je viens **de** Cannes.
> Je reviens **de** l'université.
> Je sors **de** la bibliothèque.

● *à* + complément circonstanciel de temps

– *À* + indication d'heure :

> J'ai rendez-vous **à** huit heures.
> Le film commence **à** 14h30.

– *À* + nom de fête :

> À Noël, à Pâques, à la Toussaint.

– *Au printemps, à l'automne* :

> On se reverra **à** l'automne.
> **Au** printemps, les oiseaux font leur nid.

– *Au XIXe siècle, au XXe siècle, au XXIe siècle*, etc.

REMARQUE : *au printemps, à l'automne*, mais : *en été, en hiver*. On peut également dire *en automne*.

● *De* + complément circonstanciel de cause

> Ces pauvres gens meurent **de** faim.
> Elle tremble **de** froid.

● *À / de* + complément circonstanciel de manière

> Les enfants parlent **à** voix basse.
> Elle pleure **à** chaudes larmes.
> Vous marchez **à** grands pas.
> Nous avons ri **aux** éclats.
> Elle marche **d'**un pas rapide.
> Tu te conduis **d'**une manière curieuse.
> Il parle **d'**une voix forte.

● *À / de* + complément circonstanciel de moyen

> Je fais le trajet **à** bicyclette.
> Vous vivez **de** vos économies.
> On l'a abattu **d'**une balle dans la tête.
> Il me montre quelqu'un **du** doigt.

■ *De ... à*

Les prépositions *à* et *de* peuvent être **associées**. Elles permettent alors de mettre en relation **deux limites spatiales ou temporelles :**

> **De** Paris **à** Lyon, il y a environ 500 km.
> **De** chez moi **à** l'université, il y a une demi-heure de route.
> Ce magasin est ouvert **du** lundi **au** samedi, **de** 9 h **à** 20 h.

Ou d'exprimer une **approximation** :

> Ce paysan possède **de** 50 **à** 60 moutons.
> Ces livres de poche coûtent **de** 5 **à** 10 euros.

REMARQUE : on ne peut utiliser *de … à* pour exprimer l'approximation que si l'on envisage une différence fractionnable. Ainsi, il ne faut pas dire : * *Il fume de trois à quatre cigarettes par jour* mais *Il fume trois ou quatre cigarettes par jour*.

2 Les principaux emplois de la préposition *en*

■ *En* suivi d'un complément du nom

En peut être suivi d'un complément du nom indiquant une **matière** :

>Un pull **en** laine ; une maison **en** pierre ; une bague **en** or ; un jouet **en** bois

■ *En* suivi d'un complément d'objet indirect

En peut être suivi d'un complément d'objet indirect après des verbes tels que ***croire, abonder, (se) déguiser, (se) transformer, (se) changer…***

>Il croit **en** Dieu.
>Les forêts de cette région abondent **en** gibier et **en** truffes.
>Les enfants se sont déguisés **en** pirates.
>La sorcière s'est transformée **en** souris.

■ *En* suivi d'un complément circonstanciel

En peut être suivi d'un complément circonstanciel indiquant
- **le lieu où l'on est ou le lieu où l'on va :**

>Les élèves sont **en** classe.
>J'habite **en** France.
>Je suis allée **en** Angleterre.

- **le temps :**

>**en** 1789 ; **en** 2008 ; **en** 52 avant J.-C
>**en** été ; **en** hiver ; **en** automne
>**en** janvier ; **en** février ; **en** mars
>**en** deux jours ; **en** quelques heures
>   (*en* marque ici la durée d'accomplissement d'une action)

- **la manière :**

>Il m'a reçu **en** pyjama.
>Il a filé **en** douce.

- **le moyen :**

>Nous voyagerons **en** train.

■ *De … en*

Les prépositions *de* et *en* peuvent être **associées**. Elles marquent alors une idée de **progression**.

>Cette affaire est **de** plus **en** plus mystérieuse.
>Benoît travaille **de** mieux **en** mieux.
>La situation empire **de** jour **en** jour.
>Le cirque se déplace **de** ville **en** ville.
>Les enfants vont **de** maison **en** maison.

3 Les principaux emplois de la préposition *par*

■ *Par* suivi d'un complément d'agent

La préposition *par* peut introduire le complément d'agent d'un verbe au passif :

> Les jardins de Versailles ont été dessinés **par** Le Nôtre.
> Ce poème a été composé **par** un étudiant de notre université.

Dans une phrase passive, le complément d'agent indique qui fait l'action (Voir La phrase passive, p. 266).

■ *Par* suivi d'un complément circonstanciel

Elle peut également être suivie d'un **complément circonstanciel** indiquant
– **le lieu de passage** :

> Est-ce que ce train pour Grenoble passe **par** Lyon ?
> La porte est bloquée. Passons **par** la fenêtre.
> Elle regarde **par** la fenêtre.

– **la fréquence** :

>   an
> Nous nous voyons une fois **par** mois.
>   semaine
>   jour

– **le moyen** :

> Nos meubles arriveront de Chine **par** bateau.
> Je t'ai envoyé ce colis **par** avion.

– **la cause** :

> J'ai vérifié mon compte bancaire **par** prudence.
> Je te dis cela **par** amitié.

4 Les principaux emplois de la préposition *pour*

■ *Pour* suivi d'un complément circonstanciel

La préposition *pour* peut introduire un **complément circonstanciel** indiquant
– **le but** :

> Il travaille **pour** réussir.
> Il ne travaille que **pour** l'argent.

– **le lieu de destination** :

> Je pars **pour** Paris.

– **la personne au bénéfice de laquelle on accomplit l'action** :

> J'ai fait cet effort **pour** toi.
> Il a acheté un bouquet de fleurs **pour** sa belle-mère.

– **le temps** :

> Je dois finir ce travail **pour** lundi.

– **la cause** :

> Le magasin est fermé **pour** inventaire.
> Il a été condamné **pour** vol à main armée.
>   **pour** une série de cambriolages.
>   **pour** avoir escroqué ses clients.

(Après *pour* marquant la cause, l'infinitif est généralement à la forme composée.)

■ *Pour* suivi d'un attribut

Elle peut également introduire un **attribut du sujet ou du complément d'objet direct (COD)** :

– *passer pour* + **attribut du sujet**

> Il passe **pour** intelligent.

– *prendre* **qn / qc** *pour* + **attribut du COD**

> Ils se sont trompés : ils t'ont prise **pour** ta sœur jumelle.
> « Prendre des vessies **pour** des lanternes » est une expression familière qui signifie « se tromper grossièrement ».

II. Les prépositions *dans, sur, sous, devant, derrière...*

Voici encore un certain nombre de prépositions dont l'emploi présente quelques difficultés.

 Dans

Dans peut être suivi d'un **complément circonstanciel de lieu ou de temps.**

■ *Dans* suivi d'un complément circonstanciel de lieu

Quand la préposition *dans* introduit un complément circonstanciel de lieu, elle signifie « **à l'intérieur de** » :

> Je conserve ces biscuits **dans** une boîte en fer.

On peut préciser son emploi en l'opposant à la préposition *en* :
– *en* est s**uivi d'un nom sans déterminant,** et se trouve dans de nombreuses expressions figées, à valeur générale (*en avion, en voiture, en métro, en mer, en classe, en ville…*)
– *dans* est au contraire suivi d'un nom précédé d'un déterminant. Comparez :

> Je voyage **en** train.
>   (Il s'agit du train en tant que moyen de transport)
> Je voyage **dans un** train qui passe par Bordeaux / **dans le même** train que toi.
>   (Il s'agit d'un train particulier)

Pour le cas de *en* et *dans* suivis d'un nom de région (*en Bretagne, en Normandie*, mais *dans le Berry*), voir le chapitre suivant.
On peut également opposer *dans* à la préposition *sur* (voir ci-dessous).

▪ *Dans* suivi d'un complément circonstanciel de temps

Quand la préposition ***dans*** introduit un complément circonstanciel de temps, elle marque **le début d'une action future** :

> Attends-moi ici. Je reviens **dans** quelques minutes.

Dans cet emploi, on peut l'opposer à la préposition ***en*** :

> Phileas Fogg a fait le tour du monde **en** quatre-vingts jours.
> (*en* marque la durée d'accomplissement d'une action)
>
> Il doit partir **dans** deux jours.
> (= deux jours plus tard)

Sur

▪ Principales valeurs

– ***Sur*** peut introduire un **complément circonstanciel de lieu** :

> Tes lunettes sont **sur** la table.

– ***Sur*** peut introduire un **complément circonstanciel de cause** :

> Il t'a transmis ce message **sur** l'ordre de son supérieur.

– ***Sur*** peut signifier « **au sujet de** » :

> C'est un ouvrage **sur** le Second Empire.

– ***Sur*** peut permettre d'exprimer une **fraction de nombre** :

> J'ai eu 10 **sur** 20 en mathématiques.
> Huit élèves **sur** dix ont réussi cet examen.

Ou un **rapport entre deux mesures** :

> Cette pièce fait deux mètres **sur** trois. (= deux mètres de large sur trois mètres de long)

– ***Sur*** a une valeur temporelle dans l'expression *sur ce* :

> **Sur ce**, je vous laisse. Au revoir !
> (= et maintenant)

▪ *Sur* ou *dans* ?

Il est parfois difficile de savoir s'il faut utiliser la préposition *sur* ou la préposition *dans*. On retiendra que :

– *sur* est employé devant un nom désignant un **espace perçu comme ouvert** :

> **sur** la scène (de théâtre)
> **sur** la place
> **sur** le chemin – **sur** la route – **sur** l'avenue – **sur** le boulevard – **sur** l'autoroute
> **sur** le quai
> **sur** la plage – **sur** l'île
> etc.

– *dans* est employé devant un nom désignant un **espace perçu comme limité** (par des murs, des bâtiments, des arbres…) :

> **dans** la rue – **dans** l'impasse – **dans** l'allée
> **dans** l'escalier
> **dans** la cour

■ *Sur, au-dessus de, par-dessus*

– *Sur* marque une **position supérieure avec contact** :

> Les mouettes se posent **sur** l'océan.

– *Au-dessus de* (= « plus haut que ») marque une **position supérieure sans contact par rapport à une limite ou un repère** :

> Les mouettes volent **au-dessus de** l'océan.
> Il fait 10 °C **au-dessus de** zéro.

– *Par-dessus* implique souvent le **franchissement d'une limite** :

> J'ai sauté **par-dessus** le mur.
> Les marins ont jeté le corps **par-dessus bord**.
> (Noter l'absence d'article dans cette expression figée)

3 *Sous*

■ Principales valeurs

– *Sous* peut introduire un **complément circonstanciel de lieu** :

> Paul s'est caché **sous** la table.

– *Sous* peut introduire un **complément circonstanciel de cause** :

> Il a été licencié **sous** un prétexte quelconque.

– *Sous* peut avoir une **valeur temporelle** :

> Je serai revenu **sous** huit jours.

■ *Sous, au-dessous, par-dessous*

– *Sous* marque une **position inférieure, avec ou sans contact** :

> Il a mis un oreiller **sous** sa tête.
> Pierre s'est endormi **sous** un arbre.
> Le facteur a glissé une lettre **sous** la porte.

– *Au-dessous de* (= « plus bas que ») marque une **position inférieure sans contact par rapport à un repère ou une limite** :

> Sa boutique est juste **au-dessous de** son appartement.
> Toutes tes notes sont **au-dessous de** la moyenne.

– *Par-dessous* implique souvent le **franchissement d'une limite** :

> Les deux seuls moyens d'atteindre le Pôle Nord, pendant longtemps, ont été de traverser la banquise en utilisant un brise-glace, ou de passer **par-dessous** la glace, en recourant à un sous-marin.
> (= sous la glace)

On l'emploie aussi dans des expressions telles que *prendre quelqu'un par-dessous le bras, faire un travail par-dessous la jambe* (*par-dessous la jambe* signifie familièrement « facilement », « sans se donner de peine »).

3 Devant, derrière, avant, après

■ Ne pas confondre les prépositions *devant* et *avant*
– ***Devant*** permet de **situer dans l'espace** :
> Paul s'est assis **devant** nous.
> Voilà une photographie de ma sœur **devant** sa maison.

– ***Avant*** permet de **situer dans le temps** :
> Nous irons te voir **avant** la rentrée des classes.

■ Ne pas confondre les prépositions *derrière* et *après*
– ***Derrière*** permet de **situer dans l'espace** :
> Il s'est caché **derrière** un arbre.

– ***Après*** permet de **situer dans le temps** :
> Nous sommes en retard. Nous arriverons **après** le dîner.

■ Ne pas confondre les prépositions *devant* et *au-devant de*
Au-devant de signifie « **à la rencontre de** » et est employé généralement avec le verbe *aller* :
> Nous sommes allés **au-devant de** mes cousins, qui ne connaissaient pas encore le chemin.
> Tu vas **au-devant de** bien des désillusions.

4 Adverbe ou préposition ?

Certaines prépositions ont un adverbe qui leur correspond, et a une forme identique ou assez proche de la leur. Ce sont notamment les prépositions *sur, sous, devant, derrière, hors de* :

Prépositions	Adverbes
sur	dessus
sous	dessous
devant	devant
derrière	derrière
hors de	dehors

Ce sont aussi les prépositions *en face de, à côté de, au milieu de, au-delà-de, à l'intérieur de, à l'extérieur de…*

Prépositions	Adverbes
en face de	en face
à côté de	à côté
au milieu de	au milieu
au-delà de	au-delà
à l'intérieur de	à l'intérieur
à l'extérieur de	à l'extérieur

Pour distinguer la préposition de l'adverbe qui lui correspond, il faut se souvenir que la préposition est toujours suivie d'un nom, d'un groupe nominal ou d'un pronom – ce qui n'est pas le cas de l'adverbe, qui a un sens plein en lui-même et ne doit pas être complété.

Comparez :

> Il y a un coussin rouge **sur** le canapé. (préposition *sur* + groupe nominal)
> C'est un canapé. Il y a un coussin rouge **dessus**. (adverbe *dessus*)
>
> J'ai trouvé ton crayon **sous** le bureau de Benoît. (préposition *sous* + groupe nominal)
> C'est le bureau de Benoît. J'ai trouvé ton crayon **dessous**. (adverbe *dessous*)
>
> Il a garé sa voiture **devant** la mairie. (préposition *devant* + groupe nominal)
> C'est la mairie. Il a garé sa voiture **devant**. (adverbe *devant*)

III. Les prépositions devant les noms de lieux

Quelles prépositions employer devant les noms propres désignant des lieux géographiques ?

 ## Le lieu où l'on est, le lieu où l'on va

On emploie les prépositions *à, en* ou *dans*. La préposition *à* se contracte avec les articles *le* et *les*.

■ À + nom de ville

> Il est **à** Paris.
> Il va **à** Paris.

Certains noms de villes comportent un article défini : *La Rochelle, Le Havre, Le Mans, Les Lecques, Les Sables d'Olonne…* On a alors :

> Il est / Il va **à** La Rochelle.
> Il est / Il va **au** Havre. (= à + *Le Havre*)
>   **au** Mans.   (= à + *Le Mans*)
> Il est / Il va **aux** Lecques. (= à + *Les Lecques*)
>   **aux** Gets.   (= à + *Les Gets*)

■ *En* ou *dans* + nom de région

– *En* + nom féminin :

> Il est / Il va **en** Bretagne.
>   **en** Normandie.
>   **en** Provence.
>   **en** Alsace.

– *En* + nom masculin commençant par une voyelle :

> Il est / Il va **en** Anjou.

– *Dans + le* + nom masculin commençant par une consonne :

> Il est / Il va **dans le** Poitou.
> **dans le** Berry.

– *Dans + les* + nom pluriel :

> Il est / Il va **dans les** Landes.
> **dans les** Flandres.

■ *Dans* + nom de massif montagneux

Les noms de massifs montagneux sont toujours précédés de la préposition *dans*, suivie de l'article défini :

> Il est / il va **dans le** Jura.
> **dans la** Cordillère des Andes.
> **dans l'**Himalaya.
> **dans les** Alpes.

■ *En* ou *à* + nom de pays

– *En* + nom féminin :

> Il est / Il va **en** Angleterre.
> **en** Russie.
> **en** France.

– *En* + nom masculin commençant par une voyelle :

> Il est / Il va **en** Afghanistan.
> **en** Iran.
> **en** Israël.

– *Au* + nom masculin commençant par une consonne :

> Il est / Il va **au** Liban.
> **au** Japon.

– *Aux* + nom pluriel :

> Il est / Il va **aux** Etats-Unis.
> **aux** Pays-Bas.

■ *En* ou *à* + nom d'île

– *En* + nom féminin :

> Il est / Il va **en** Corse.
> **en** Guadeloupe.
> **en** Martinique.

– *À* + nom sans article :

> Il est / Il va **à** Cuba.
> **à** Madagascar.
> **à** Tahiti.
> **à** Chypre.

REMARQUE : l'article défini se maintient devant les noms d'archipels.

> Il est / Il va **aux** Antilles.   (= *à + les Antilles*)
> **aux** Seychelles.   (= *à + les Seychelles*)
> **aux** Baléares.   (= *à + les Baléares*)

4. LES MOTS INVARIABLES

■ *En* + nom de continent

Il est / Il va **en** Afrique.
en Amérique.
en Europe.
en Asie.

2 Le lieu d'où l'on vient

On emploie toujours la préposition *de*. Celle-ci se contracte avec les articles *le* et *les*.

■ *De* + nom de ville

Il revient **de** Lyon.
de Paris.
d'Avignon.

Il revient **de** La Rochelle.
Il revient **du** Havre.   (= *de* + *Le Havre*)
du Mans.   (= *de* + *Le Mans*)
Il revient **des** Lecques. (= *de* + *Les Lecques*)
des Gets.   (= *de* + *Les Gets*)

■ *De* + nom de pays ou de région

– *De (d')* + nom féminin ou nom masculin commençant par une voyelle :

Il vient **de** Chine.   (noms de pays féminins)
de France.
d'Italie.

Il vient **d'**Iran.   (noms de pays masculins)
d'Irak.
d'Israël.
d'Afghanistan.

Il vient **de** Bretagne. (noms de régions féminins)
de Normandie.
d'Alsace.

Il vient **d'**Anjou.   (nom de région masculin)

– *Du* + nom masculin commençant par une consonne :

Il vient **du** Maroc.   (noms de pays masculins ; *du* = *de* + *le*)
du Congo.
du Pérou.
du Canada.

Il vient **du** Poitou.   (noms de régions masculins ; *du* = *de* + *le*)
du Berry.
du Périgord.

– *Des* + nom pluriel :

Il vient **des** États-Unis. (noms de pays pluriels ; *des* = *de* + *les*)
des Pays-Bas.

Il vient **des** Flandres.   (nom de région pluriel ; *des* = *de* + *les*)

■ *De* + nom de massif montagneux

Devant les noms de massifs montagneux, la préposition *de* est toujours suivie de l'article défini :

>   Il vient **du** Jura.
>   **de l'**Himalaya.
>   **des** Alpes.

■ *De* + nom d'île

>   Il vient **de** Corse.
>   **de** Guadeloupe.
>   **de** Martinique.
>   **de** Cuba.
>   **de** Madagascar.

REMARQUE : l'article défini se maintient devant les noms d'archipels.

>   Il vient **des** Antilles.   (*des* = *de* + *les*)
>   **des** Seychelles.
>   **des** Baléares.

■ *De* + nom de continent

>   Il vient **d'**Europe.
>   **d'**Afrique.
>   **d'**Amérique.
>   **d'**Asie.

REMARQUE : l'article défini est généralement conservé devant le nom « Antarctique » après la préposition *de*.

>   Il vient **de l'**Antarctique.

5

La phrase et le discours rapporté

A) La phrase

I.	La phrase simple et la phrase complexe	250
II.	La phrase à la forme négative	252
III.	La phrase interrogative	258
IV.	La phrase exclamative	263
V.	La phrase passive	266
VI.	Les procédés d'insistance et de mise en relief	268

B) Le discours rapporté

I.	Style direct, style indirect, style indirect libre	273
II.	La proposition interrogative indirecte	276

A. La phrase

I. La phrase simple et la phrase complexe

1 La phrase verbale et la phrase non-verbale

Une phrase est une partie d'un énoncé qui forme un tout et présente un sens complet. Elle est généralement constituée de plusieurs mots, mais peut n'en comporter qu'un seul. À l'écrit, **elle commence toujours par une majuscule et s'achève par un point**.
On distingue :
– **la phrase non-verbale**, qui n'a pas de verbe :

> Quelle étrange affaire !
> Passionnant, ce livre !
> Bravo !
> Pas un bruit.

– **la phrase verbale**, qui a un verbe.

> Marie dort
> Viens !
> Je fais du vélo.
> Le vent souffle dans la plaine.

2 La phrase simple et la phrase complexe

La phrase verbale peut être **simple** ou **complexe**, selon qu'elle est constituée **d'une ou de plusieurs propositions.**

▪ La phrase simple

La phrase simple est constituée d'**une seule proposition**, c'est-à-dire au minimum d'**un sujet** – qui peut-être un nom, un groupe nominal, un pronom… – et d'**un verbe**.

> La nuit venait.
> S   V

Ce verbe peut être complété
– par un ou plusieurs compléments :

> On a envoyé une circulaire à tous les employés.
> S   V   COD   COI

– ou par un attribut :

> Il paraît heureux.
> S   V   Att.

250

Il peut aussi être modifié par un adverbe :

> Il chante bien.
> S   V   Adv.

Des compléments circonstanciels (CC) peuvent s'ajouter au sujet et au verbe :

> Cet après-midi, Paul s'est endormi à l'ombre d'un arbre.
>   CC   S   V   CC

REMARQUE : à l'impératif, le sujet n'est pas exprimé – *Viens ! Allons !*

■ La phrase complexe

La phrase complexe est constituée de **plusieurs propositions**, qui comportent chacune un verbe.

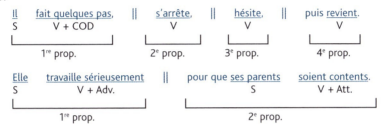

Les propositions qui constituent une phrase complexe peuvent être associées par **juxtaposition** ou **coordination.**

– Elles sont **juxtaposées** si elles sont séparées par une virgule, un point-virgule ou deux points.

– Elles sont **coordonnées** si elles sont reliées par une conjonction de coordination (*or, mais, ou, et, ni, car*) ou un adverbe de liaison (*donc, cependant, puis, ensuite*, etc…)

Par ailleurs, on distingue **trois types de propositions** : **la proposition indépendante, la proposition principale** et **la proposition subordonnée.**

– **La proposition indépendante** est une proposition qui ne dépend d'aucune autre et dont aucune autre ne dépend. Une phrase simple est toujours constituée d'une proposition indépendante.

> Elle se penche vers le blessé.

Une phrase complexe peut être constituée de plusieurs propositions indépendantes juxtaposées ou coordonnées.

– **La proposition principale** est une proposition dont dépend une autre proposition, dite subordonnée.

> Je suis rentré plus tôt || pour que tu ne restes pas seul trop longtemps.
>   prop. principale   prop. subordonnée

– **La proposition subordonnée** est une proposition qui dépend d'une proposition principale.

Il existe **plusieurs types de propositions subordonnées**. Entre autres : la proposition subordonnée relative, introduite par un pronom relatif, la proposition subordonnée conjonctive introduite par la conjonction *que* (ou « complétive ») et la proposition subordonnée circonstancielle, introduite par une conjonction exprimant un rapport temporel ou un rapport logique (cause, but, opposition, concession, condition), et jouant le rôle de complément circonstanciel.

REMARQUES : plusieurs propositions subordonnées peuvent dépendre d'une même proposition principale. Elles sont alors juxtaposées ou coordonnées :

Par ailleurs, une proposition subordonnée peut jouer le rôle de proposition principale par rapport à une autre subordonnée :

Il me dit	‖	qu'il a tout vu	‖	étant donné qu'il était là.
prop. principale		prop. subordonnée jouant le rôle de prop. principale par rapport à la prop. suivante.		prop. subordonnée

II. La phrase à la forme négative

Une phrase peut être à la forme affirmative (ou positive) ou à la forme négative. *Je suis professeur* est une phrase à la forme affirmative. *Je ne suis pas professeur* est une phrase à la forme négative.

Pour construire une phrase à la forme négative, on ajoute généralement à la phrase à la forme affirmative deux éléments corrélés (= liés) : l'adverbe ***ne***, placé devant le verbe ou l'auxiliaire, et **un second élément.**

1 La formation de la phrase négative

■ *Ne* **corrélé à un ou deux adverbes**

Ne peut être corrélé à un ou deux adverbes. Ces négations encadrent le verbe aux temps simples et l'auxiliaire aux temps composés.

- ***Ne... pas***

    Ma montre marche. → Ma montre **ne** marche **pas**.
    Le bus s'est arrêté. → Le bus **ne** s'est **pas** arrêté.
    Il a acheté des pommes. → Il **n'**a **pas** acheté des pommes mais des poires.

- ***Ne... point***

Ne... point s'emploie à la place de *ne... pas* dans la **langue soutenue** ou dans certaines régions de France.

    J'accorderai ma confiance à cette personne → Je **n'**accorderai **point** ma confiance à cette personne.

- ***Ne... plus***

Ne... plus est la négation de *encore* et de *toujours* (quand *toujours* signifie *encore à présent*). Cette négation implique une rupture dans la continuité temporelle.

    J'ai **encore** faim. → Je **n'**ai **plus** faim. J'ai assez mangé.
    Il a **toujours** sa vieille Renault. → Il **n'**a **plus** sa vieille Renault. Il a changé de voiture l'année dernière.

- ***Ne... jamais, ne... plus jamais, ne... encore jamais***

Ne... jamais est la négation de ***toujours*** (quand *toujours* signifie *sans cesse, de tout temps*), **souvent, quelquefois, parfois.**

    souvent
    Je fais toujours cette erreur. → Je ne fais jamais cette erreur.
    quelquefois
    parfois

    Ces fraudes ont toujours existé. → Ces fraudes n'ont jamais existé.

On peut associer *ne... jamais* à l'adverbe *plus* si l'on souhaite exprimer en même temps l'idée d'une rupture temporelle : ***ne... plus jamais.***

    Autrefois, il me demandait **parfois** de l'aider mais maintenant il **n'**a **plus jamais** besoin de moi.

Ne... jamais est également la négation de ***déjà*** (quand *déjà* signifie *précédemment, auparavant*)

    Nous avons **déjà** pris cette route. → Nous **n'**avons **jamais** pris cette route.

L'adverbe *encore* (= jusqu'à maintenant, jusqu'à ce moment) s'y associe fréquemment : ***ne... encore jamais.*** *Ne... encore jamais* marque qu'une action ne s'est jamais accomplie précédemment.

    Nous **n'**avons **encore jamais** pris cette route.

Enfin, il faut noter que l'adverbe ***jamais*** a la particularité de pouvoir précéder ***ne*** et être placé en tête de phrase :

    Jamais l'espoir **n'**a été aussi grand.
        (= L'espoir n'a jamais été aussi grand)

Il est alors mis en relief.

● *Ne... pas encore*

Ne... pas encore est la négation de ***déjà*** (qui peut signifier *dès maintenant, dès ce moment* ou *précédemment*). *Ne... pas encore* marque qu'une action n'est pas encore accomplie au moment considéré.

> Henri est déjà arrivé.. → Henri n'est pas encore arrivé.
> Tu étais déjà né. → Tu n'étais pas encore né.
> Nous avons déjà pris cette route. → Nous n'avons pas encore pris cette route.

● *Ne... guère*

Ne... guère signifie *ne... pas beaucoup* et s'emploie dans la **langue soutenue**.

> L'enquête n'a guère avancé.

● *Ne... que*

Ne... que exprime la **restriction.**

> Il n'y a que lui qui puisse faire ce travail.
>   (= il est le seul qui puisse faire ce travail)
> Je n'aime que les romans historiques.
>   (= j'aime seulement les romans historiques)

■ Ne corrélé à un pronom indéfini

– *Personne ... ne / ne... personne* :

> Personne ne m'aime.
> Je ne vois personne.

– *Nul ... ne* :

> Nul, à ce jour, ne sait précisément d'où proviennent ces traditions.

– *Aucun ... ne / ne... aucun* :

> Aucun de nous ne croit à cette histoire.
> Je pensais retrouver d'anciens camarades à cette soirée mais je n'en ai vu aucun.

– *Pas un ... ne* :

> Tous les élèves sont là. Pas un ne manque à l'appel.

– *Rien ... ne / ne... rien* :

> « Rien ne se perd, rien ne se crée, tout se transforme. » (Anaxagore)
> Je ne vois rien.

Personne, aucun, nul et *rien* peuvent se combiner également avec *ne... plus, ne... jamais, ne... plus jamais, ne... encore jamais, ne... encore.*

ne... plus	personne
	aucun
	rien

> On n'entend plus personne.
> J'avais des doutes, mais à présent je n'en ai plus aucun.
> Il a tout oublié, il ne sait plus rien.

5. LA PHRASE ET LE DISCOURS RAPPORTÉ

personne nul aucun rien	ne… plus

Personne ne vient **plus** nous voir.
Nul ne veut **plus** s'engager par crainte d'être trompé.
Aucun de mes amis **ne** peut **plus** m'aider.
Rien ne va **plus**.

ne… jamais	personne aucun rien

Tu **ne** parles **jamais** à **personne**.
Des compromis ? Non, il **n'en** fait **jamais aucun**.
Vous **ne** comprenez **jamais rien**.

personne nul aucun rien	ne… jamais

Personne n'a jamais su la vérité.
C'est un lieu dont **nul n'est jamais** revenu.
Aucun ne s'est **jamais** plaint.
Rien n'est jamais sûr.

Remarque : les pronoms indéfinis *personne, aucun, nul* et *rien* sont étudiés également dans Les pronoms indéfinis et les pronoms numéraux, p. 115 et suivantes.

■ *Ne* corrélé à un déterminant indéfini

– *aucun* + nom … *ne* / *ne*… *aucun* + nom :

Aucun paysage **ne** me paraît plus beau que celui-ci.
Nous **n'avons aucun** problème.

– *nul* + nom … *ne* / *ne*… *nul* + nom :

Nul bruit **ne** se fait entendre.

■ *Ne* corrélé à une locution adverbiale

– *ne… nulle part* :

As-tu vu mon porte-monnaie ? Je **ne** le trouve **nulle part**.

2 Quelques cas particuliers

■ La négation portant sur un infinitif

Quand la négation porte sur un infinitif, les deux éléments, qui ne sont plus éloignés, se placent devant l'infinitif :

Je te conseille de **ne pas** exagérer.
J'aimerais **ne plus** travailler.
« Être ou **ne pas** être, c'est la question. » (Shakespeare)

■ La place des pronoms dans la phrase à la forme négative

Les pronoms personnels conjoints se placent entre *ne* et le verbe aux temps simples, et entre *ne* et l'auxiliaire aux temps composés.

> Cela **ne me** plaît **guère**.
> Je **ne te l'**ai **jamais** dit.

Si la négation porte sur un infinitif, ils se placent après les éléments composant la négation, et donc immédiatement devant l'infinitif.

> Elle a décidé **ne plus y** penser.
> Je préfère **ne jamais le lui** dire.

■ *Ne* employé seul

Ne est **employé seul**, dans la **langue soutenue**, avec les verbes ***oser, pouvoir, savoir, cesser*** :

> On **ne** sait s'il viendra.
> Il **ne** cesse de le répéter.
> Je **n'**ose y croire.
> Vous **ne** pouvez mieux faire.

De même, on trouve *ne* employé seul dans certaines expressions figées : *qu'à cela ne tienne, ne vous en déplaise, n'ayez crainte…* ; ou dans certaines questions : *qui ne le souhaiterait ?*

Remarque : ne pas confondre l'adverbe de négation *ne* et le *ne* dit « explétif ». Le *ne* explétif n'a pas de valeur négative et n'est pas obligatoire. On le rencontre dans la langue soutenue après certains verbes (*avoir peur, craindre, redouter, douter…*), certaines conjonctions (*avant que, de peur que, de crainte que, à moins que…*), ou dans certaines comparaisons marquant l'inégalité (Ex. *Paul est plus grand que je ne le pensais.*)

■ L'omission de *ne*

Ne est souvent omis dans la **langue orale familière** : *je sais pas, j'ai pas envie, c'est pas drôle, j'ai rien vu…* Il doit toujours être rétabli à l'écrit.

Par ailleurs, **on n'emploie pas *ne* dans une phrase sans verbe, mais les formes *non* et *pas*** :

> Vous êtes déjà allé à Chamonix ?
> – **Non**, jamais.

> **Pas** de quotidien dans les kiosques ce matin en raison d'une grève dans les circuits d'impression et de distribution.

■ La phrase interro-*négative*

La phrase **interro-négative** combine la phrase interrogative à la forme de phrase négative :

> **N'**êtes-vous **pas** de cet avis ?
> – Si, bien sûr !

> Vous **n'**avez **jamais** visité cet endroit ?
> – Non, jamais.

Dans les argumentations, elle est souvent un moyen de persuader celui à qui l'on s'adresse, en l'amenant à acquiescer.

Rappel : on ne répond pas *oui* mais *si* à une phrase interro-négative.

■ Ni

La conjonction de coordination **ni** est équivalente à la conjonction *et* dans une phrase négative. Elle est fréquemment répétée : ***ni… ni***. Elle peut coordonner
– deux groupes nominaux ou deux pronoms :

>Le matin, je **ne** prends **pas** de thé **ni** de café.
>Le matin, je **ne** prends **ni** thé **ni** café.
>**Ni** lui **ni** moi **ne** sommes au courant.

– deux attributs :

>Il **n'**est **ni** courageux **ni** persévérant.
>Je **ne** serai **ni** pharmacien **ni** médecin.

– deux propositions subordonnées :

>Je pense que **ni** Pierre ne cédera **ni** Louis **ne** renoncera.

– deux propositions indépendantes ayant le même sujet :

>Je **ne** fume **ni ne** bois.

Dans ce dernier cas, *ni* n'est jamais répété.

3 Les adverbes *non* et *sinon*

■ *Non* représentant toute une proposition

Non peut représenter toute une proposition à la forme négative.

>Tu aimes cet artiste ?
>– **Non**.
>>(*Non* = je n'aime pas cet artiste)
>
>Je pensais qu'il viendrait nous voir mais il m'a dit que **non**.
>>(*non* = il ne viendrait pas nous voir)
>
>Je ne sais si je serai libre ou **non**.
>>(*non* = si je ne serai pas libre)
>
>Que cela te plaise ou **non**, je dirai ce que je pense.
>>(*non* = que cela ne te plaise pas)

■ Pronom tonique + *non* / *non plus*

– Dans une réponse, **non** précédé d'un pronom tonique marque que l'on s'oppose à une proposition affirmative.

>J'aime cet artiste, et toi ?
>– **Moi non**.
>>(= je n'aime pas cet artiste)

On peut également utiliser *pas* suivi ou précédé d'un pronom tonique : ***pas moi*** (= *moi non, moi pas*).

– Dans une réponse, **non plus** précédé d'un pronom tonique marque que l'on reprend une proposition négative.

Comparez :
> J'aime cet artiste, et toi ?
> – **Moi aussi.**
>> (= comme toi, j'aime cet artiste)
>
> Je n'aime pas cet artiste, et toi ?
> – **Moi non plus.**
>> (= comme toi, je n'aime pas cet artiste)

■ *Non* opposant deux éléments d'une proposition

Non peut également être utilisé pour opposer deux éléments d'une proposition. Dans ce cas, il peut être remplacé par ***pas*** ou ***non pas*** (généralement précédé de *et*).

>   pas
> C'est un roman, **non** une pièce de théâtre.
>   et non pas

■ *Sinon*

L'adverbe ***sinon*** équivaut à une proposition hypothétique négative (*si... ne... pas*).

> Je te téléphonerai avant le déjeuner, **sinon** en fin d'après-midi.
> (*sinon* = si je ne te téléphone pas avant le déjeuner)

Voir LES AUTRES MOYENS D'EXPRIMER L'HYPOTHÈSE, p. 333.

4 Négation totale et négation partielle

Une négation peut être **totale** ou **partielle**.

■ La négation totale

Elle porte sur l'ensemble de la phrase :
> Je **n'**ai **pas** vu Sophie.

■ La négation partielle

Elle porte sur un élément de la phrase seulement.
> Je **n'**ai **pas** vu Sophie mais Lise.
> (La négation porte sur le complément d'objet direct *Sophie*.)
> Je **n'**ai **pas** vu Sophie mais je l'ai entendue.
> (La négation porte sur le verbe *voir*.)

III. La phrase interrogative

La **phrase interrogative** est généralement utilisée pour demander une information. À l'écrit, elle se termine par un point d'interrogation. Elle présente, en français, de **nombreuses variations**.

1 Interrogation totale et interrogation partielle

On distingue l'interrogation totale de l'interrogation partielle.

■ L'interrogation totale

Elle porte sur l'ensemble de la phrase et on y répond par *oui* ou par *non*.

> Est-ce que Pierre m'a laissé un message ?
> – Oui, il y a une heure. / Non, je ne crois pas.

■ L'interrogation partielle

Elle porte sur un élément de la phrase seulement, et on ne peut y répondre par *oui* ou par *non*.

> Qui m'a laissé un message ?   (La question porte ici sur le sujet)
> – Pierre.

2 Comment formuler une interrogation totale ?

L'interrogation totale peut, en français, se formuler de plusieurs manières différentes. On peut recourir à :
– une interrogation par intonation ;
– une interrogation par *est-ce que* ;
– une interrogation par inversion.

■ L'interrogation par intonation

C'est **la plus simple** et son usage est d'abord **oral et familier.** À l'oral, seule l'intonation, ascendante à la fin de la phrase, permet de la distinguer de la phrase déclarative et de reconnaître qu'il s'agit d'une question :

> Phrase déclarative → Pierre a téléphoné.
> Phrase interrogative par intonation → Pierre a téléphoné ?

■ L'interrogation par *est-ce que*

Ce mode d'interrogation relève de la **langue courante.** *Est-ce que*, qui marque l'interrogation, se place en tête de phrase. L'ordre des mots est ensuite le même que celui de la phrase déclarative.

> Phrase déclarative. → Pierre a téléphoné.
> Phrase interrogative par *est-ce que* → **Est-ce que** Pierre a téléphoné ?

■ L'interrogation par inversion

Ce mode d'interrogation est employé généralement dans **la langue soutenue**. Il faut distinguer plusieurs cas, selon la nature du sujet.

● **Le sujet est un pronom personnel conjoint :** *je, tu, il, elle, nous, vous, ils, elles, on.*

Le pronom personnel conjoint se place après le verbe aux temps simples et après l'auxiliaire aux temps composés.

> **Viens-tu ?**
> **Avez-vous lu** cet article ?
> **Peut-on** rire de tout ?

Si le verbe ou l'auxiliaire se terminent par une voyelle, l'insertion d'un *-t-* entre le verbe et le pronom, ou entre l'auxiliaire et le pronom, est nécessaire pour éviter un hiatus.

> **Souhaite-t-il** me rencontrer ?
> **Va-t-on** procéder à cette vérification ?
> **A-t-on pris** toutes les précautions nécessaires ?

Par ailleurs, l'inversion du pronom *je* est le plus souvent évitée, parce que perçue comme étrange ou comique. Des phrases comme *Viens-je ? Cours-je ? Lis-je ?* sont théoriquement possibles mais ne se disent pas. L'inversion de *je* ne se rencontre guère qu'après *être, avoir, aller, devoir, pouvoir* et aux formes *saurai-je ? saurais-je ?…*
À NOTER : *peux-je* est toujours remplacé par *puis-je*.

> **Puis-je** ouvrir la fenêtre ?

REMARQUE : si l'inversion de *je* intervient après un verbe se terminant par *-e*, elle modifie l'écriture et la prononciation de ce *-e* final – *Pensé-je à cela ?* De telles tournures sont cependant rares et perçues comme affectées ou archaïques.

● **Le sujet est le pronom démonstratif *ce* et le verbe est le verbe *être* au présent ou à l'imparfait**

Le pronom *ce* se place après le verbe *être*.

> **Est-ce** suffisant ?
> **Était-ce** une illusion ?

REMARQUE : *sera-ce* ne s'emploie guère.

● **Le sujet est un nom ou un pronom possessif, démonstratif, ou indéfini**

Le sujet reste devant le verbe, mais il est repris après le verbe par *il, elle, ils* ou *elles*.

Phrase déclarative	Phrase interrogative
Le métro est en grève.	Le métro est-il en grève ?
Les transports sont en grève.	Les transports sont-ils en grève ?
Ta sœur nous accompagne.	Ta sœur nous accompagne-t-elle ?
Tes sœurs nous accompagnent.	Tes sœurs nous accompagnent-elles ?
Les vôtres ont coûté plus cher.	Les vôtres ont-ils coûté plus cher ?
Cela se voit bien.	Cela se voit-il bien ?
Celle-ci vous paraît convenir.	Celle-ci vous paraît-elle convenir ?
Certains ont peur.	Certains ont-ils peur ?

3 Comment formuler une interrogation partielle ?

L'interrogation partielle comporte toujours un mot interrogatif - qui peut être un adverbe, un pronom ou un déterminant. Elle peut être formulée selon les trois modes de l'interrogation totale. On peut donc avoir :
– mot interrogatif + intonation ;
– mot interrogatif + *est-ce que* (*est-ce que* renforce alors le mot interrogatif) ;
– mot interrogatif + inversion.
En outre, il faut noter ces deux particularités :
– dans la **langue familière**, il est possible de **rejeter le mot interrogatif à la fin de la phrase** ;
– dans la **langue courante**, si le verbe n'a pas de complément d'objet ou d'attribut visé par l'interrogation, il est possible de procéder à un autre type d'inversion : **une inversion, dite « stylistique », du nom ou du groupe nominal sujet** – sauf, comme nous allons le voir, après l'adverbe *pourquoi*.

■ Les adverbes interrogatifs

● *Comment*

Comment permet d'interroger sur la manière.

Comment + intonation →	**Comment** vous faites ?	(langue familière)
	Vous faites **comment** ?	
Comment + *est-ce que* →	**Comment est-ce que** vous faites ?	(langue courante)
Comment + inversion →	**Comment** faites-vous ?	(langue soutenue)
	Comment votre mère fait-elle ?	

Comment permet aussi d'interroger sur le moyen :

> **Comment** Marie est-elle venue ?
> - En train.

L'inversion stylistique est possible :

> **Comment** fait votre mère ?
> (inversion stylistique du groupe nominal *votre mère*)

● *Pourquoi*

Pourquoi permet d'interroger sur la cause.

Pourquoi + intonation →	**Pourquoi** tu es là ?	(langue familière)
	Tu es là **pourquoi** ?	
Pourquoi + *est-ce que* →	**Pourquoi est-ce que** tu es là ?	(langue courante)
Pourquoi + inversion →	**Pourquoi** es-tu là ?	(langue soutenue)
	Pourquoi Marie est-elle là ?	

Aucune inversion stylistique n'est possible avec *pourquoi*.

● *Quand*

Quand permet d'interroger sur le moment.

Quand + intonation →	**Quand** tu arrives ?	(langue familière)
	Tu arrives **quand** ?	
Quand + *est-ce que* →	**Quand est-ce que** tu arrives ?	(langue courante)

>   *Quand* + inversion → **Quand** arrives-tu ?   (langue soutenue)
>   **Quand** ton avion arrive-t-il ?

Une inversion stylistique est possible :
>   **Quand** arrive ton avion ?

● *Où*

Où permet d'interroger sur le lieu.

>   *Où* + intonation → **Où** tu habites ?   (langue familière)
>   Tu habites **où** ?
>   *Où* + est-ce que → **Où est-ce que** tu habites ?   (langue courante)
>   *Où* + inversion → **Où** habites-tu ?   (langue soutenue)
>   **Où** votre frère habite-il ?

Une inversion stylistique est possible :
>   **Où** habite votre frère ?

● *Combien*

Combien permet d'interroger sur la grandeur, le nombre, le prix, la durée…

>   *Combien* + intonation → **Combien** tu mesures ?   (langue familière)
>   Tu mesures **combien** ?
>   *Combien* + est-ce que → **Combien est-ce que** tu mesures ? (langue courante)
>   *Combien* + inversion → **Combien** mesures-tu ?   (langue soutenue)
>   **Combien** cette table mesure-t-elle ?

Une inversion stylistique est possible :
>   **Combien** mesure cette table ?

■ Les pronoms interrogatifs

Les pronoms interrogatifs sont :
– *qui, que, quoi.*
– *lequel, laquelle, lesquels, lesquelles.*
Ils sont étudiés dans LES PRONOMS INTERROGATIFS, p. 132.

REMARQUES

● **L'inversion stylistique est obligatoire dans certains cas.**

– Après le pronom *que* :
>   **Que** fait Marie ?   (On ne dit pas : *Que Marie fait-elle ?*)

– Après les pronoms *qui* et *lequel* attributs :
>   **Qui** est cet homme ?   (On ne dit pas : *Qui cet homme est-il ?*)
>   **Lequel** est Pierre ?   (On ne dit pas : *Lequel Pierre est-il ?*)

● *Est-ce que / est-ce qui*

Les pronoms interrogatifs peuvent être renforcés par *est-ce que*. Mais *est-ce que* ne peut être utilisé après les pronoms *qui* (représentant une personne) et *que* (représentant un inanimé) lorsque l'interrogation porte sur le sujet : on utilise alors *est-ce qui*. Comparez :

>   **Qui est-ce qui** peut m'accompagner ?   (l'interrogation porte sur le sujet)
>   **Qui est-ce que** tu vois ?   (l'interrogation porte sur le COD)
>   **À qui est-ce que** tu as offert cette bague ? (l'interrogation porte sur le COI)
>   **Chez qui est-ce que** tu habites ?   (l'interrogation porte sur le complément
>   circonstanciel de lieu)

Comparez :
>Qu'est-ce qui te plairait ? (l'interrogation porte sur le sujet)
>Qu'est-ce que tu lis ? (l'interrogation porte sur le COD)

■ Les déterminants interrogatifs

Les déterminants interrogatifs sont :
– *quel, quelle, quels, quelles* ;
– *combien de.*
Ils sont étudiés dans LES DÉTERMINANTS INTERROGATIFS, p. 59.

IV. La phrase exclamative

La **phrase exclamative** traduit un **sentiment** ou une **émotion** : l'étonnement, l'admiration, la joie, la colère, l'indignation, la surprise… À l'oral, elle se distingue de la phrase déclarative et de la phrase interrogative par une intonation tout à fait différente, et, à l'écrit, se termine par un point d'exclamation. Elle est souvent sans verbe, et peut comporter un mot exclamatif ou ne pas en comporter.

1 Les phrases exclamatives comportant un mot exclamatif

Les mots exclamatifs sont placés **en tête de phrase**. Ils sont de deux sortes.

■ Les déterminants exclamatifs

● Les déterminants *quel, quelle, quels, quelles*

Ils s'accordent en genre et en nombre avec le nom qu'ils précèdent et marquent un haut degré de **qualité**.
>**Quel** désordre tu as mis dans cette chambre !
>**Quelle** pluie !
>**Quels** progrès ils accomplissent !
>**Quelles** folies vous faites !

● Les déterminants *combien de* et *que de*

Ils sont invariables et marquent un haut degré de **quantité**. *Que de* est suivi d'un nom singulier ou pluriel. Il est d'un usage courant. *Combien de* est suivi d'un nom pluriel et est d'un usage soutenu.
>**Que de** temps perdu !
>**Que de** monde !
>**Que de** problèmes !
>**Que de** regrets !
>**Combien d'**ouvrages passionnants nous devons à cet écrivain !
>(= **Que d'**ouvrages passionnants nous devons à cet écrivain !)

Dans **la langue familière**, *que de* est souvent remplacé par *qu'est-ce que… comme* ou *ce que… comme* qui nécessitent un sujet et un verbe.

> Que de travail ! → **Qu'est-ce qu'**il y a **comme** travail !
> **Ce qu'**il y a **comme** travail !
> Que de bêtises tu peux faire ! → **Qu'est-ce que** tu peux faire **comme** bêtises !
> **Ce que** tu peux faire **comme** bêtises !

Voir Les déterminants (XIII) – Les déterminants exclamatifs, p. 62.

■ Les adverbes exclamatifs

Les adverbes exclamatifs se placent en tête de phrase. Ils sont au nombre de trois : *que, comme, combien*.

Que et *comme* sont d'un usage courant.

> **Que** tu as grandi ! – **Que** ce vase est beau !
> **Comme** tu as grandi ! – **Comme** ce vase est beau !

Dans la langue familière, *que* est souvent précédé de *ce* :

> **Ce que** tu as grandi !

Remarque : il arrive que le sujet soit inversé dans les phrases exclamatives comportant un mot exclamatif. Cette inversion est généralement facultative. Lorsqu'elle s'impose, elle est de nature stylistique et est due à des facteurs rythmiques.

2 Les phrases exclamatives sans mot exclamatif

Les phrases exclamatives peuvent ne pas comporter de mot exclamatif. Ce sont parfois des phrases sans verbe : « *La porte !* », « *L'idiot !* ». Mais pas toujours, car toute phrase déclarative peut devenir une phrase exclamative par le moyen de l'intonation :

> Elle est mignonne, cette petite. → Elle est mignonne, cette petite !
> Ce n'est pas honnête. → Ce n'est pas honnête !

En outre, la phrase exclamative ne comportant pas de mot exclamatif peut faire apparaître d'autres marques spécifiques.

■ Une inversion du sujet

> Il est fou ! → **Est-il** fou !

■ Un infinitif exclamatif

> **Voir** Naples et **mourir** !

■ Un adverbe, un déterminant, ou un adjectif marquant un haut degré d'intensité ou de quantité

– *Tellement / tant* + verbe :

> Tu grandis **tellement** !
> Tu as **tellement** grandi !
> Je l'aime **tant** !
> Je l'ai **tant** aimé !

Tellement et tant se placent immédiatement après le verbe aux temps simples et entre l'auxiliaire et le participe passé aux temps composés.
– *Tellement / si* + adjectif / adverbe :
> Mme Girard est **si** gentille ! Elle nous reçoit **si** aimablement !
> Vous êtes **tellement** paresseux ! Vous travaillez **tellement** lentement !

– *Tellement de / tant de* + nom :
> J'ai **tellement de** soucis !
> Il a **tant de** peine !

– *Un tel* + nom :
> Il a **une telle** volonté !

– Le déterminant indéfini employé avec une valeur d'intensité :
> Il a une énergie !
> Tu es d'une élégance !

Un mot ou un groupe de mots introducteur

Un verbe dans un emploi figé

– *Et dire que* :
> Je travaille du matin au soir. **Et dire que** ce sont les vacances !

– *Vive* :
> **Vive** les vacances !

Une conjonction marquant le souhait ou le regret

– *Pourvu que* + subjonctif :
> **Pourvu que** mon train soit à l'heure !

– *Si* + imparfait / plus-que-parfait de l'indicatif :
> **Si** elle pouvait être là ! **Si** elle pouvait encore m'aimer !
> **Si** nous t'avions rencontré plus tôt !

Une mise en relief

> **C'est** à moi, **ça** !
> **C'est** ton père **qui** va être content !
> **C'est** parce qu'il ne comprend pas **qu'**il te pose ces questions !

Une interjection

Les interjections sont des mots invariables. Ce sont
– des monosyllabes tels que *ah !, oh !, hein !, ouf !, chut !, zut !, pouah !*
– des noms : *attention ! mon œil ! mon Dieu !*
– des pronoms : *quoi ! ça !*
– des adjectifs : *bon ! bravo ! chouette !*
– des verbes : *allez ! tiens ! tu parles ! dis donc !*

V. La phrase passive

La phrase dite « passive » se définit par opposition à la phrase dite « active ».
Elle s'utilise souvent quand on souhaite que le sujet soit mis en valeur, ou que l'on décrit.

1 Comment passer de la phrase active à la phrase passive ?

Quand une phrase comporte un verbe ayant un complément d'objet direct (COD), on peut en général la transformer en une phrase passive. La transformation entraîne cependant des modifications.
– **Le complément d'objet direct (COD) devient le sujet.**
– **Le sujet devient un complément.** Ce complément, dit « complément d'agent » ou « complément du verbe passif », est généralement précédé de la préposition *par* (sinon, de la préposition *de*).
– **Le verbe est remplacé** par une forme verbale constituée du verbe *être* et du participe passé du verbe de la phrase active :

Phrase active :	Le berger sujet	conduisait verbe à l'imparfait	son troupeau. COD
Phrase passive :	Le troupeau sujet	était conduit *être* à l'imparfait + participe passé (imparfait passif)	par le berger. complément introduit par la préposition *par*

Le verbe *être* de la phrase passive doit toujours être **au même temps et au même mode** que le verbe de la phrase active.
Par ailleurs, si le sujet du verbe de la phrase active est le pronom *on*, il n'y a pas de complément d'agent dans la phrase passive :

Phrase active :	On sujet	a construit verbe	un immeuble. COD
Phrase passive :	Un immeuble sujet	a été construit. verbe	

2 Les conditions de la phrase passive

■ Tous les verbes ne permettent pas de construire une phrase passive

La construction passive est en général possible avec les verbes qui peuvent avoir un COD (= verbes transitifs directs) : *aimer, chanter, finir, lire, faire, voir, regarder, donner, envoyer…*

EXCEPTION : *avoir*, sauf dans l'expression familière « Il a été eu » (= il a été trompé).

Par contre, elle n'est pas possible :
– **avec les verbes qui n'appellent aucun complément d'objet** (= verbes intransitifs) – *partir, disparaître, mourir…*
– **avec les verbes pronominaux** ;
– **avec les verbes qui ne peuvent se construire qu'avec un COI** (= verbes transitifs indirects).

Exception : *obéir*, qui se construit avec un COI (*obéir à* qn) mais peut s'employer au passif.

> Le patron **est obéi** de tous ses ouvriers.

■ **Par ailleurs, on évite de recourir à la phrase passive quand le complément d'agent est un pronom personnel**

Ainsi, on dira beaucoup plus naturellement « Tu as vu ce film » que « Ce film a été vu par toi ».

3 *Par ou de ?*

Dans la phrase passive, le complément d'agent est généralement introduit par la préposition *par*. Mais on préfère employer la préposition *de* quand le complément d'agent dépend

– de verbes servant à décrire :

> être décoré / orné
> être composé
> être couvert / recouvert   **de** + nom
> être précédé / suivi
> être rempli / garni
> être accompagné
> être entouré

– de verbes exprimant un sentiment :

> être aimé / détesté / haï
> être étonné / surpris
> être craint / redouté   **de** + nom
> être admiré
> être apprécié / estimé

– des verbes *oublier, connaître, méconnaître, savoir, ignorer* :

> être oublié
> être connu / méconnu   **de** + nom
> être su / ignoré

Les tournures passives impersonnelles

La phrase passive peut être parfois, également, impersonnelle. Le sujet du verbe passif est alors un *il* impersonnel qui ne varie pas en nombre et ne désigne rien. On peut ainsi dire :

>**Est-il permis** de travailler le dimanche ?
>**Il a été recommandé** de partir avant sept heures du matin.
>**Il sera décidé** de la suite à donner à cette affaire.

Les tournures passives impersonnelles se rencontrent plus particulièrement dans la langue administrative.

VI. Les procédés d'insistance et de mise en relief

Il existe en français **diverses manières de rendre expressif ce que l'on dit**. L'**ordre des mots** qui constituent la phrase peut permettre, notamment, de traduire l'engagement personnel du locuteur, de même que certaines **constructions dites emphatiques,** destinées à **mettre en relief** un élément de la phrase.

 ## Le déplacement en tête de phrase

Pour insister ou mettre en valeur un mot ou un groupe de mots, on peut parfois simplement le **déplacer en tête de phrase** :

> Énoncé neutre   Je n'ai jamais dit cela.
> Énoncé expressif   **Jamais** je n'ai dit cela.
>
> Énoncé neutre   Il aime le fromage.
> Énoncé expressif   **Le fromage**, il aime !

Le déplacement de l'attribut en tête de phrase implique la transformation de la phrase en **une phrase exclamative sans verbe. Une virgule** sépare l'attribut antéposé (= placé devant) du nom ou du groupe nominal auquel il se rapporte.

> Énoncé neutre   Cet enfant est adorable.
> Énoncé expressif   **Adorable**, cet enfant !
>
> Énoncé neutre   Cet enfant est un petit diable.
> Énoncé expressif   **Un petit diable**, cet enfant !

Que peut remplacer la virgule si l'attribut placé en tête est un nom ou un groupe nominal :

> **Un petit diable que** cet enfant !

2 Les constructions disloquées

Pour mettre en valeur un mot ou un groupe de mots, on peut également recourir à des **constructions disloquées.**

Les constructions disloquées sont des constructions emphatiques qui consistent à **détacher un mot ou un groupe de mots au début** (dislocation gauche) **ou à la fin** (dislocation droite) **de la phrase et à le reprendre par un pronom.** Elles sont fréquentes à l'oral.

■ Mise en relief d'un nom, d'un groupe nominal ou d'un pronom

Le nom, le groupe nominal ou le pronom détachés peuvent être repris par un **pronom personnel** ou par **un pronom démonstratif neutre** (*ce, cela, ça*).

Énoncé neutre	Cette femme est très jolie.	
Énoncé expressif	**Cette femme**, **elle** est très jolie.	(dislocation gauche)
	Elle est très jolie, **cette femme**.	(dislocation droite)
Énoncé neutre	J'aime les enfants.	
Énoncé expressif	**Les enfants**, je **les** aime.	
	Je **les** aime, **les enfants**.	
Énoncé neutre	Je prends rarement des vacances.	
Énoncé expressif	**Des vacances**, j'**en** prends rarement.	
	J'**en** prends rarement, **des vacances**.	
Énoncé neutre	Le sport est bon pour la santé.	
Énoncé expressif	**Le sport**, **c'**est bon pour la santé.	
	C'est bon pour la santé, **le sport**.	
Énoncé neutre	La géographie m'intéresse.	
Énoncé expressif	**La géographie**, **ça** m'intéresse.	
	Ça m'intéresse, **la géographie**.	

Pour plus de précisions, voir LES PRONOMS DÉMONSTRATIFS (2) – CE, CECI, CELA, ÇA, p. 111.

■ Mise en relief d'un adjectif

L'adjectif détaché est repris par le pronom neutre *le*.

Énoncé neutre	Tu es orgueilleux.
Énoncé expressif	**Orgueilleux**, tu **l'**es.
	Tu **l'**es, **orgueilleux**.

■ Mise en relief d'un infinitif

L'infinitif détaché est repris par un **pronom démonstratif neutre.**

Énoncé neutre	Voyager est passionnant.	
Énoncé expressif	**Voyager**, **c'**est passionnant.	(dislocation gauche)
	C'est passionnant **de voyager**.	(dislocation droite)

REMARQUE : quand l'infinitif est détaché par dislocation droite, la virgule est généralement remplacée par *de*.

■ Mise en relief d'une proposition subordonnée complétive

La proposition subordonnée complétive détachée peut être reprise par **un pronom personnel neutre** ou par un pronom démonstratif neutre :

– le pronom personnel neutre *le* :

Énoncé neutre	Je crains qu'il fasse échouer notre entreprise.
Énoncé expressif	**Qu'il fasse échouer notre entreprise**, je **le** crains.

– les pronoms personnels neutres *en* ou *y* :

Énoncé neutre	Je suis sûr qu'il peut réussir.
Énoncé expressif	**Qu'il puisse réussir**, j'**en** suis sûr.
Énoncé neutre	Je ne m'oppose pas à ce qu'on vous tienne au courant de cette affaire.
Énoncé expressif	**Qu'on vous tienne au courant de cette affaire**, je ne m'**y** oppose pas.

– par le pronom démonstratif *ce*, si elle dépend d'une construction impersonnelle du type *il est* + adjectif

Énoncé neutre	Il est probable qu'il est honnête.
Énoncé expressif	**Qu'il soit honnête**, **c'est** probable.

La proposition subordonnée complétive est **toujours au subjonctif** si elle est détachée en tête de phrase (par dislocation gauche). Si elle est détachée en fin de phrase (par dislocation droite), elle se met à l'indicatif si le sens le permet :

C'est dommage, **qu'il ne soit pas venu**.
Je le sais bien, **que tu ne l'as pas fait exprès**.

Pour plus de précisions, voir L'EMPLOI DU SUBJONCTIF DANS LES PROPOSITIONS COMPLÉTIVES EN TÊTE DE PHRASE, p. 186.

3 *Ce qui… c'est, ce que… c'est, ce dont… c'est*

Proches des constructions disloquées, mais cependant différents, les tours *ce qui… c'est*, *ce que… c'est*, *ce dont… c'est* sont également particulièrement fréquents dans la mise en relief.

– *Ce qui… c'est* :

Énoncé neutre	Son insolence est ce qui m'irrite le plus.
Énoncé expressif	**Ce qui** m'irrite le plus, **c'est** son insolence.

– *Ce que… c'est* :

Énoncé neutre	Je sais qu'il t'aime.
Énoncé expressif	**Ce que** je sais, **c'est** qu'il t'aime.
Énoncé neutre	Elle craint de partir.
Énoncé expressif	**Ce qu'**elle craint, **c'est** (de) partir.

REMARQUE : dans cette construction, l'infinitif est souvent précédé de la préposition *de*.

– *Ce dont… c'est* :

Énoncé neutre	Il se plaint de ta lenteur.
Énoncé expressif	**Ce dont** il se plaint, **c'est** de ta lenteur.

REMARQUE : noter la préposition *de* après *c'est* dans cette dernière construction.

On peut aussi trouver :
- **Ce + préposition + *quoi*... *c'est* :**

Énoncé neutre	L'isolement est ce contre quoi il faut lutter.
Énoncé expressif	**Ce contre quoi** il faut lutter, **c'est** l'isolement.

- ***Celui qui ... c'est*, *celui que... c'est*, *celui dont... c'est*, etc.**

Énoncé neutre	Tu as gagné.
Énoncé expressif	**Celui qui a gagné**, **c'est** toi.

4 Les constructions avec *c'est... qui* ou *c'est ...que*

Enfin, pour rendre un énoncé expressif, on peut recourir à des constructions emphatiques appelées « **extractions** ». Ces constructions permettent de mettre en valeur un mot ou un groupe de mots **en l'encadrant, en tête de phrase, au moyen de *c'est... qui* ou *c'est... que***

■ *C'est ... qui* (relatif)

Cette construction est utilisée pour mettre en relief **le sujet**.
– Mise en relief d'un nom, d'un groupe nominal ou d'un pronom sujet :

Énoncé neutre	Arthur est le premier.
	Ton frère est le premier.
	Il est le premier.
Énoncé expressif	**C'est** Arthur **qui** est le premier.
	C'est ton frère **qui** est le premier.
	C'est lui **qui** est le premier.

REMARQUE : après *c'est*, il faut utiliser un pronom tonique.
– Mise en relief d'un infinitif sujet :

Énoncé neutre	Danser est agréable.
Énoncé expressif	**C'est** danser **qui** est agréable.

■ *C'est ... que* (relatif)

Cette construction permet de mettre en relief le **complément d'objet direct (COD).**
– Mise en relief d'un nom, d'un groupe nominal ou d'un pronom COD :

Énoncé neutre	J'ai vu Arthur.
	J'ai vu ton frère.
	Je l'ai vu.
Énoncé expressif	**C'est** Arthur **que** j'ai vu.
	C'est ton frère **que** j'ai vu.
	C'est lui **que** j'ai vu.

– Mise en relief d'un infinitif COD :

Énoncé neutre	J'aime danser.
Énoncé expressif	**C'est** danser **que** j'aime.

■ *C'est ... que* (conjonction)

Cette construction est celle employée pour mettre en relief les compléments d'objet indirects (COI), les compléments circonstanciels (qui peuvent être des groupes nominaux, des adverbes, ou des propositions subordonnées).

– Mise en relief du COI : *c'est* + préposition… *que*

Énoncé neutre	Je pense à Arthur.
	Je pense à ton frère.
	Je pense à lui.
Énoncé expressif	**C'est à** Arthur **que** je pense.
	C'est à ton frère **que** je pense.
	C'est à lui **que** je pense.

– Mise en relief du complément circonstanciel

Énoncé neutre	Énoncé expressif
Il a écouté en silence notre conversation.	**C'est** en silence **qu'**il a écouté notre conversation.
Elle nous a reçus très aimablement.	**C'est** très aimablement **qu'**elle nous a reçus.
Il préfère passer ses vacances à la mer.	**C'est** à la mer **qu'**il préfère passer ses vacances.
Il est arrivé en pleine nuit.	**C'est** en pleine nuit **qu'**il est arrivé.
Elle a eu son premier enfant à vingt ans.	**C'est** à vingt ans **qu'**elle a eu son premier enfant.
Il vient à Paris pour me voir.	**C'est** pour me voir **qu'**il vient à Paris.
Il se dépêche parce qu'il est retard.	**C'est** parce **qu'**il est en retard **qu'**il se dépêche.

Par ailleurs, on peut aussi utiliser *c'est … que* pour mettre en relief le complément d'un adjectif attribut :

Énoncé neutre	Je suis fier de toi.
Énoncé expressif	**C'est** de toi **que** je suis fier.

B. Le discours rapporté

I. Style direct, style indirect, style indirect libre

Quand on rapporte des paroles, on peut le faire au **style direct**, au **style indirect** ou au **style indirect libre**.

1 Le style direct

Au style direct, les paroles rapportées sont supposées être citées exactement telles qu'elles ont été prononcées. Elles sont introduites par un **verbe de parole** comme *dire*, *déclarer*, *affirmer*, *demander*… et, à l'écrit, sont encadrées par des guillemets :

> François a dit : « Je prends le train à sept heures. »
> paroles rapportées au style direct

Le verbe de parole peut être placé
– **avant les paroles rapportées** – il est alors suivi de deux points :

> Jean-Pierre **dit** : « Je serai promu capitaine dans un mois. »

– ou bien **après les paroles rapportées ou à l'intérieur de celles-ci** :

> « Je serai promu capitaine dans un mois. », **dit** Jean-Pierre.
> « Dans un mois, **dit** Jean-Pierre, je serai promu capitaine. »

Dans ces deux derniers cas, le sujet est **inversé**.

Il est aussi parfois **sous-entendu** :

> Elle me lance un regard furieux : « Tu aurais pu me prévenir ! »

2 Le style indirect

Au style indirect, les paroles rapportées, au contraire, ne sont **pas censées être rapportées telles qu'elles ont été prononcées**. C'est seulement **leur contenu** qui est restitué.

> François dit qu'il prendra le train à sept heures.
> paroles rapportées

● **Les paroles sont rapportées**

– au moyen d'une complétive (= proposition subordonnée introduite par la conjonction *que*) complément d'objet direct (COD) du verbe de parole :

> Je te répète que ce n'est pas de ma faute.
> (Au style direct : « Ce n'est pas de ma faute. »)

– au moyen d'une subordonnée interrogative indirecte COD du verbe de parole :
> Elle demande **si tu es libre ce soir**.
> (Au style direct : « *Es-tu libre ce soir ?* »)

– au moyen d'un infinitif COD du verbe de parole :
> Elle t'ordonne de **venir**.
> (Au style direct : « *Viens !* »)

Elles ne sont donc plus grammaticalement indépendantes du verbe de parole, mais **dépendent au contraire de lui.**

● **On note, en outre, un certain nombre de modifications**

– Pas de guillemets.

– Pas de marques d'oral :
> « Ah ! mais tais-toi donc ! » (style direct)
> → Henri me dit de me taire. (style indirect)
> (*Ah* et *donc* sont des marques d'oral qui ne peuvent être conservées au style indirect.)

– Pas de phrase de type interrogatif (« *Es-tu là ?* »), **exclamatif** (« *Comme elle est jolie !* ») **ou injonctif** (« *Travaillez !* ») – donc, pas de point d'interrogation, ni de point d'exclamation.

– Les pronoms personnels et les déterminants possessifs changent de personne en fonction de la situation de celui qui rapporte les paroles :
> Alexandre me dit : « J'ai confiance en **toi**. **Je** vais **te** confier **mon** secret. »
> → Alexandre me dit qu'**il** a confiance en **moi** et qu'**il** va **me** confier **son** secret.

– Certains adverbes ou certaines expressions indiquant le temps et le lieu changent également en fonction de la situation de celui qui rapporte les paroles :
> La semaine dernière, Alexandre m'a dit : « J'ai déjeuné avec Marie **hier** et je rencontrerai Pierre **demain**. »
> → La semaine dernière, Alexandre m'a dit qu'il avait déjeuné avec Marie **la veille** et qu'il rencontrerait Pierre **le lendemain**.

Si l'énoncé n'est pas lié à la situation de celui qui parle, voici comment ils se modifient :

Discours rapporté au style direct →	Discours rapporté au style indirect
Aujourd'hui	Ce jour-là
Ce matin, ce soir	Ce matin-là, ce soir-là
Hier	La veille
Hier matin, hier soir	La veille au matin, la veille au soir
Avant-hier	L'avant-veille / deux jours avant / deux jours auparavant / deux jours plus tôt
Demain	Le lendemain
Demain matin, demain soir	Le lendemain matin, le lendemain soir
Après-demain	Le surlendemain / deux jours après / deux jours plus tard
Ce mois-ci	Ce mois-là
Lundi prochain	Le lundi suivant.
Lundi dernier	Le lundi précédent

Discours rapporté au style direct	→	Discours rapporté au style indirect
Il y a un mois		Un mois avant / auparavant / plus tôt
Dans un mois		Un mois après / plus tard
Ici		Là

● **Enfin, au discours indirect, il faut respecter la concordance des temps**

– **Si le verbe de la proposition principale est au présent ou au futur**, le temps des verbes des paroles rapportées au discours indirect est le même que celui des paroles rapportées au discours direct. **Rien ne change :**

Paroles rapportées au style direct	→	Paroles rapportées au style indirect
Présent de l'indicatif		Présent de l'indicatif
Passé composé		Passé composé
Imparfait		Imparfait
Plus-que-parfait		Plus-que-parfait
Futur simple		Futur simple
Futur antérieur		Futur antérieur

Je demande / demanderai : « Peut-il nous accompagner ? »
→ Je demande / demanderai s'il peut nous accompagner.

Je dis / dirai : « Tu as commis une faute grave. »
→ Je dis / dirai que tu as commis une faute grave.

J'explique / expliquerai : « Je prenais ce bus tous les soirs à 18 h 15. »
→ J'explique / expliquerai que je prenais ce bus tous les soirs à 18 h 15.

Je répète / répèterai : « Nous repartirons quand la voiture sera réparée. »
→ Je répète / répèterai que nous repartirons quand la voiture sera réparée.

– **Si le verbe de la proposition principale est au passé**, et que l'énoncé n'est pas relié au moment présent de celui qui parle, le temps des verbes des paroles rapportées au discours indirect est différent de celui des paroles rapportées au discours direct. **Les modifications se font ainsi** :

Paroles rapportées au style direct	→	Paroles rapportées au style indirect
Présent de l'indicatif		Imparfait de l'indicatif
Passé composé		Plus-que-parfait de l'indicatif
Futur simple		Conditionnel présent
Futur antérieur		Conditionnel passé

NOTER : l'imparfait et le plus-que-parfait ne se modifient pas.

J'ai demandé : « Peut-il nous accompagner ? »
→ J'ai demandé s'il pouvait nous accompagner.

Je disais : « Tu as commis une faute grave. »
→ Je disais que tu avais commis une faute grave.

Je répétais : « Nous repartirons quand la voiture sera réparée. »
→ Je répétais que nous repartirions quand la voiture serait réparée. »

J'expliquais : « Je prenais ce bus tous les soirs à 18 h 15. »
→ J'expliquais que je prenais ce bus tous les soirs à 18 h 15.

3 Le style indirect libre

Le style indirect libre se rencontre essentiellement dans les récits littéraires. Il est un type de discours qui, en quelque sorte, **combine style direct et style indirect**.

– **Comme au style indirect**, les paroles ne sont pas censées être rapportées telles qu'elles ont été prononcées et ne sont pas encadrées par des guillemets. Les pronoms personnels, et les indices de temps et de lieu sont ceux du discours indirect, et la concordance des temps est respectée.

– **Cependant, comme au style direct,** les paroles comportent des marques d'oral qui permettent de percevoir la subjectivité du personnage. Et elles ne sont pas dépendantes grammaticalement d'un verbe principal introducteur de parole.

> Il s'assit et réfléchit. **Ah ! il était dans de beaux draps ! Comment s'était-il donc mis dans une telle situation ! Il était vraiment naïf ! Cela lui apprendrait à être plus prudent à l'avenir ! Mais que faire ? Que faire ?**

Le discours indirect libre insère étroitement les paroles rapportées dans la trame du récit, de sorte qu'il est **parfois difficile de les repérer** : elles tendent à se confondre avec la parole du narrateur.

II. La proposition interrogative indirecte

Quand on rapporte une interrogation au style indirect, on le fait au moyen d'une proposition appelée « **proposition interrogative indirecte** ». Comparez :

> Marie demande : « Où allons-nous ? »
> interrogation rapportée
> au style direct
>
> Marie demande où nous allons.
> interrogation rapportée
> au style indirect, au moyen
> d'une proposition interrogative
> indirecte

Voyons plus précisément ce qui caractérise ce type de proposition.

1 De l'interrogation directe à l'interrogation indirecte

La proposition interrogative indirecte est une **proposition subordonnée**. Elle dépend d'un verbe qui a un sens interrogatif – *demander, se demander…* - ou implique une question – *dire, expliquer, comprendre, savoir, ignorer, chercher…* Elle ne comporte **pas de guillemets, ni de point d'interrogation, ni d'inversion du sujet, ni de tour en** *est-ce qui* **ou** *est-ce que* :

Interrogation directe	→	Interrogation indirecte
« Pourquoi es-tu là ? »		Marie me demande **pourquoi je suis là**.
« Quand est-ce que tu viens ? »		Marie me demande **quand je viens**.

REMARQUE : dans une proposition interrogative indirecte, lorsque le sujet est un nom et que le verbe n'a pas de complément, on peut procéder à une inversion de nature stylistique.

« Quand ton frère arrive-t-il ? » → Marie me demande **quand mon frère arrive**.
quand arrive mon frère.

Cette inversion n'est jamais obligatoire sauf si le mot interrogatif est *qui* ou *quel* en fonction d'attribut.

« Qui est cet homme ? » → Marie me demande **qui est cet homme**.
« Quelles sont tes possibilités ? » → Marie me demande **quelles sont mes possibilités**.

2 Interrogation totale et interrogation partielle

■ Interrogation totale

Quand la proposition interrogative indirecte correspond à une **interrogation totale** – c'est-à-dire à une question à laquelle on ne peut que répondre par *oui* ou *non* – elle est toujours introduite par ***si*** :

Interrogation directe	→	Interrogation indirecte
« Viens-tu ? »		Marie me demande **si je viens**.
« Fait-il beau ? »		Marie me demande **s'il fait beau**.
« Est-ce que tu aimes Picasso ? »		Marie me demande **si j'aime Picasso**.

■ Interrogation partielle

Quand la proposition interrogative indirecte correspond à une **interrogation partielle** – c'est-à-dire à une question portant sur un élément de la phrase et à laquelle on ne peut répondre par *oui* ou par *non* –, on emploie généralement le même mot interrogatif que dans l'interrogation directe. Sont ainsi maintenus :

– **les adverbes** : *où, quand, comment, pourquoi, combien*.

– **les déterminants interrogatifs** : *quel, quelle, quels, quelles* et *combien de*.

On maintient de même **les pronoms interrogatifs *qui* et *quoi*** – mais non, leurs formes renforcées, qui disparaissent.

Interrogation directe	→	Interrogation indirecte
qui / qui est-ce qui		*qui*
qui / qui est-ce que		*qui*
préposition + *qui*		préposition + *qui*
préposition + *quoi / quoi est-ce que*		préposition + *quoi*

Qui m'accompagne ? / Qui est-ce qui m'accompagne ? → Je demande qui m'accompagne.
Qui entendez-vous ? / Qui est-ce que vous entendez ? → Je demande qui vous entendez.
À qui téléphones-tu ? / À qui est-ce que tu téléphones ? → Je demande à qui tu téléphones.
À quoi pense-t-il ? / À quoi est-ce qu'il pense ? → Je demande à quoi il pense.

Enfin, on note **une exception : le pronom interrogatif** *que*, et ses formes renforcées *qu'est-ce-qui et qu'est-ce-que*, qui se modifient ainsi :

Interrogation directe	→	Interrogation indirecte
qu'est-ce qui		*ce qui*
que / qu'est-ce que		*ce que*

Qu'est-ce qui ne va pas ? → Je demande **ce qui** ne va pas.
Que fais-tu ? / Qu'est-ce que tu fais ? → Je demande **ce que** tu fais.

3 La concordance des temps

Les propositions interrogatives indirectes suivent les règles de la concordance des temps. Voir LA CONCORDANCE DES TEMPS, p. 190 et LE DISCOURS RAPPORTÉ (1), p. 273

6
L'expression du temps et les grands rapports logiques

A L'expression du temps
I. Les prépositions 281
II. Les subordonnées circonstancielles de temps 286
III. Autres formes d'expression du temps 290

B L'expression de la cause
I. *Car, en effet, tant, tellement* 292
II. Les propositions subordonnées à l'indicatif (1) 293
III. Les propositions subordonnées à l'indicatif (2) 296
IV. Les propositions subordonnées au subjonctif 297
V. Les prépositions 298
VI. D'autres moyens d'exprimer la cause 302

C L'expression de la conséquence
I. Les adverbes 303
II. Les propositions subordonnées à l'indicatif 305
III. Les propositions subordonnées au subjonctif 308
IV. Les prépositions 310

D L'expression du but
I. Les propositions subordonnées 313
II. Les prépositions 314

E L'expression de l'opposition et de la concession

I. L'expression de l'opposition 316
II. L'expression de la concession (1) 319
III. L'expression de la concession (2) 321
IV. L'expression de la concession (3) 322
V. L'expression de la concession (4) 325

F L'expression de la comparaison

I. Prépositions, adverbes, propositions comparatives 326
II. *Plus (de), moins (de), autant (de), aussi* 328
III. *Le plus (de) / le moins (de)* 332
IV. Exprimer les idées de progression et de proportion 333

G L'expression de l'hypothèse

I. Les subordonnées de condition (1) 335
II. Les subordonnées de condition (2) 337
III. Les autres moyens d'exprimer l'hypothèse 339

A. L'expression du temps

I. Les prépositions

Pour situer un fait dans le temps, indiquer sa durée ou sa fréquence, ou exprimer un rapport temporel entre deux faits, on peut recourir à un **complément de temps précédé d'une préposition**. Les prépositions pouvant introduire un complément de temps sont nombreuses et variées. En voici certaines, parmi les plus fréquentes.

1 *À, de, en, dans, sous*

■ *À*

– *À* + dét. + nom

> À mon arrivée, tu n'étais déjà plus là. (= Quand je suis arrivé)
> À ton âge, j'étais déjà marié. (= Quand j'avais ton âge)
> Au printemps, les oiseaux font leur nid.
> Il a vécu à cette époque.
> Cette histoire se passe au Moyen Âge.

– *À* + indication d'heure.

> Le facteur est passé à dix heures du matin.
> Rendez-vous à midi.

■ *De ... à*

Dans l'expression du temps, **la préposition *de* est toujours associée à la préposition *à*. Elle marque le point de départ d'une durée dont *à* marque la fin.**

– *De* + nom de mois ... *à* + nom de mois :

> Cette chanteuse canadienne sera en tournée en France de mars à juin 2008.

– *De* + nombre d'une année... *à* + nombre d'une année :

> Il a séjourné au Japon de 1956 à 1977.

– *De* + indication d'heure... *à* + indication d'heure :

> Elle travaille à l'hôpital de six heures à quatorze heures.

– *De* + dét. + nom ... *à* + dét. + nom :

> La bibliothèque est ouverte du lundi au samedi.
> Le musée sera exceptionnellement fermé du 6 au 13 janvier.

Il faut noter l'expression ***d'ici (à)*** qui indique le commencement d'un laps de temps :

> J'arrive d'ici midi.

■ En

La préposition *en* peut être suivie d'un nom de mois, d'un nom de saison ou du nombre d'une année :

> En France, l'année scolaire commence **en** septembre.
> Les vendanges se font **en** automne.
> **En** hiver, nous allons à la montagne, et **en** été, au bord de la mer.
> Victor Hugo est mort **en** 1875.

REMARQUES
– On peut dire *en automne* ou *à l'automne*.
– On dit *au printemps* (voir ci-dessus).

■ Dans

Il faut retenir les expressions suivantes :
– *dans mon enfance* (*ton enfance / son enfance*, etc.)
– *dans ma jeunesse* (*ta jeunesse / sa jeunesse*, etc.)
– *dans le temps* (expression familière signifiant *autrefois*).
– *dans la journée, dans la nuit, dans la matinée, dans l'après-midi, dans la soirée.*
– *dans les années vingt / trente / quarante*, etc.

■ Sous

On peut retenir :
– *sous François Ier / Louis XIV / Napoléon*, etc.
– *sous le règne de François Ier / Louis XIV, sous la présidence de Jacques Chirac.*
– *sous la Révolution, sous le Second Empire, sous la Troisième République…*

2 Pendant, en, pour

Les prépositions ***pendant, en*** et ***pour*** permettent d'exprimer **la durée.**

■ Pendant

Pendant exprime **une durée dans le présent, le passé ou le futur :**

> Ils se sont réfugiés **pendant** la guerre.
> Il regarde la télévision **pendant** deux heures.
> Où irons-nous **pendant** les vacances ?

On peut l'omettre devant un déterminant numéral ou un déterminant indéfini de quantité (*quelques, plusieurs…*) :

> **pendant deux heures.**
> Il regarde la télévision | **deux heures.**
> **pendant quelques mois.**
> Il est resté | **quelques mois** à la maison.

REMARQUE : la préposition ***durant*** a le même sens que *pendant* mais s'emploie surtout à l'écrit et peut précéder ou suivre le complément de temps.

> Il m'a attendu **durant des heures** / Il m'a attendu **des heures durant.**

▪ En

En indique **la durée nécessaire** pour accomplir une action.

> J'ai lu ce livre **en** deux heures.

▪ Pour

Pour indique **une durée prévue.** Cette préposition s'emploie surtout après les verbes *être* et *partir* (mais pas après le verbe *rester*).

> Je pars au Canada **pour** un an.
> (= une durée d'un an à partir de maintenant)
>
> Je suis ici **pour** quelques jours.

3 Il y a, dans

Il y a (qui dans l'expression du temps peut être assimilé à une préposition) et *dans* ont en commun de pouvoir marquer **un point de repère dans le temps** en le situant **par rapport au moment présent où l'on parle.**

▪ Il y a

Il y a marque un point de repère **dans le passé.**

> Je l'ai vu pour la dernière fois **il y a** deux ans.
> (deux ans avant le moment où je parle)

```
                              moment présent
                              où je parle
        |─────────────────────|────────────►
        il y a deux ans
```

Il y a peut être également suivi
– d'un nom précédé d'un déterminant indéfini de quantité (*quelques, plusieurs…*)
– de l'adverbe *longtemps* :

> Je lui ai parlé un jour, **il y a longtemps**.

▪ Dans

Dans marque un point de repère **dans le futur.**

> Le train va partir **dans** dix minutes.
> (= dix minutes à partir du moment où je parle)

```
moment présent
où je parle
|─────────────────────|────────────►
                      dans dix minutes
```

> Je reviens **dans** une minute / **dans** un instant.
> (= je reviens rapidement)

Dans peut être également suivi
– d'un nom précédé d'un déterminant indéfini de quantité (*quelques, plusieurs…*).
– de l'adverbe *longtemps* dans la langue familière :

> Noël, c'est encore **dans longtemps** !

REMARQUE : attention de bien distinguer les emplois des prépositions *en* et *dans*. Comparez :

> J'aurai fini ce travail en deux minutes.
> (Il s'agit d'un travail qui n'est pas encore commencé au moment où je parle et qui durera deux minutes.)

et

> J'aurai fini ce travail **dans** deux minutes.
> (Il s'agit d'un travail commencé ou non au moment où je parle, et qui sera terminé deux minutes plus tard.)

4 *À partir de, dès, depuis, jusqu'à*

■ *À partir de*

À partir de marque **le point de départ d'une action.**

– *À partir de* + dét. + nom :

> **À partir de** ce moment-là, j'ai compris que tout était perdu.

– *À partir de* + indication d'heure / nom de mois / nombre d'une année :

> Je pourrai vous recevoir **à partir de** dix heures.
> Nous serons à Aix-en-Provence **à partir de** juin.
> **À partir de** 1938, tout en espérant la paix, la France a commencé à se préparer à la guerre.

– *À partir de* + adverbe :

> **À partir de** demain, le secrétariat fermera à 16 h 30.

■ *Dès*

Dès signifie « immédiatement à partir de ».

– *Dès* + dét. + nom :

> Nous partirons **dès** l'aube.

– *Dès* + indication d'heure / nom de mois / nombre d'une année :

> **Dès** huit heures, il était devant la porte.
> Ce film sortira en DVD **dès** janvier 2011.
> Cette nouvelle voiture a été mise en vente **dès** 2004.

– *Dès* + adverbe :

> Les bus seront en grève **dès** demain.

■ *Depuis*

Depuis indique le point de départ dans le passé d'une action et son prolongement dans le présent ou le passé.

– *Depuis* + dét. + nom :

> Ils sont mariés **depuis** l'année dernière.
> Nous nous connaissions **depuis** dix ans.

– *Depuis* + indication d'heure / nom de mois / nombre d'une année :

> Je t'attends **depuis** huit heures du matin.
> Elle vit à Paris **depuis** 1989.
> janvier.

6. L'EXPRESSION DU TEMPS ET LES GRANDS RAPPORTS LOGIQUES

– *Depuis* + adverbe :
> Tout est calme **depuis** hier.

Observez :
> J'habite à Paris **depuis** l'année dernière.

> Il entra dans sa chambre. Rien n'avait changé **depuis** son départ.

REMARQUE : *il y a … que*, *cela fait … que* (ou dans la langue orale familière, *ça fait … que*), et *voilà … que* signifient

– *depuis* si le verbe exprime une action en cours d'accomplissement (au présent, à l'imparfait ou au plus-que-parfait) :
> « **Il y a** longtemps **que** je t'aime   (= je t'aime **depuis longtemps**)
> Jamais je ne t'oublierai »
>   (Refrain d'une chanson populaire)

– *il y a* si le verbe exprime une action ponctuelle, limitée dans le temps :
> **Il y a** deux ans **qu'**il nous a quittés.   (= il nous a quittés **il y a deux ans**)

— Moment précise où j'ai fait une action

■ Jusqu'à, jusqu'en

Jusqu'à ou *jusqu'en* marque **le terme d'une action**.

– *Jusqu'à* + dét. + nom :
> Il a travaillé **jusqu'à** la tombée de la nuit.
>   **jusqu'au** 16 avril.

– *Jusqu'à* + indication d'heure / adverbe :
> Il m'a dit d'attendre **jusqu'à** dix heures.
> **Jusqu'à** maintenant, il m'a toujours obéi.

– *Jusqu'en* + nom de mois / nom de saison / nombre d'une année :
> On a prolongé mon contrat **jusqu'en** 2015.
>   **jusqu'en** août.

5 Avant, avant de, après

■ Avant, avant de

– *Avant* + nom / + dét. + nom / + pronom tonique :
> Je suis arrivée une heure **avant** Paul. J'étais là bien **avant** lui.
>   mon cousin.

– *Avant de* + infinitif :
> **Avant de** passer à la poste, je voudrais finir d'empaqueter ce colis.

■ *Après*

– *Après* + nom / + dét. + nom / + pronom tonique :
>Napoléon a régné **après** la Révolution.
>Il est parti à la retraite un peu **après** toi.
>   Robert.

– *Après* + infinitif à la forme composée :
>**Après** avoir déjeuné, nous irons rendre visite à mon frère.

II. Les subordonnées circonstancielles de temps

Les **propositions subordonnées circonstancielles de temps** marquent un point de repère dans le temps, par rapport auquel se situe le fait exprimé dans la proposition principale dont elles dépendent. Selon la conjonction de subordination qui les introduit, elles expriment un fait qui est **simultané**, **antérieur** ou **postérieur** au fait principal.

1 Les propositions temporelles simultanées

Les **propositions temporelles simultanées** expriment un fait qui se déroule **en même temps que** celui exprimé dans la proposition principale. Exemple :

Elle travaille | pendant que je joue du piano.
Proposition principale   proposition subordonnée

Elles sont toujours **à l'indicatif** et sont introduites par les conjonctions *quand, lorsque, pendant que, alors que, tandis que, comme, chaque fois que, depuis que, à mesure que*…

■ *Quand, lorsque*

>**Quand** Pierre passe devant ma fenêtre, il me fait toujours un signe de la main.
>**Quand** je suis sorti, il pleuvait.
>Nous irons te voir **quand** nous serons à Paris.

Quand s'emploie à l'oral comme à l'écrit ; ***lorsque*** s'emploie surtout à l'écrit.

REMARQUES
– Au présent ou au futur, les verbes des deux propositions sont au même temps.
– Au passé, les verbes des deux propositions peuvent être au même temps ou à des temps différents, l'un exprimant un fait en cours d'accomplissement (à l'imparfait) et l'autre, un fait ponctuel, limité dans le temps (au passé composé ou au passé simple).

■ Pendant que

Pendant que introduit une proposition exprimant **un fait en cours d'accomplissement** et souligne **la durée**.

> Allons nous promener **pendant qu**'il fait encore jour.

■ Alors que, tandis que

Alors que et *tandis que* signifient « au moment où », « pendant que », et introduisent une proposition exprimant également **un fait en cours d'accomplissement**.

> Il m'a appelé **alors que** je sortais.
> Je l'ai rencontré **alors que** j'étais étudiant.
> **Tandis que** je lui prépare un repas, Louis me raconte son aventure.

REMARQUE : *tandis que* peut aussi marquer un rapport d'opposition et *alors que* un rapport d'opposition ou de concession.

■ Comme

Comme introduit une proposition subordonnée qui précède généralement la proposition principale et exprime un fait en cours d'accomplissement.

> **Comme** je m'approchais de la fenêtre, je vis qu'il neigeait.

REMARQUE : *comme* peut aussi marquer un rapport de cause ou de comparaison.

■ Chaque fois que

Chaque fois que et *toutes les fois que* marquent **la répétition** ou **l'habitude.**

> **Chaque fois que** je le regarde, il sourit.
> Je vois ma cousine **toutes les fois que** je viens à Paris.

■ Tant que, aussi longtemps que

Tant que et *aussi longtemps que* indiquent que le fait exprimé dans la proposition subordonnée et le fait principal sont de durée égale.

> Tu resteras ici **tant que** tu auras du travail.
> **Aussi longtemps que** je vivrai, je te protégerai.

■ Depuis que

Depuis que marque le point de départ d'un fait en cours d'accomplissement dans le passé ou le présent et dont le fait principal est la conséquence.

> **Depuis qu**'il boit, il n'est plus le même.
> **Depuis qu**'il était au chômage, il ne pouvait subvenir aux besoins de sa famille.

■ À mesure que, au fur et à mesure que

Ces conjonctions indiquent que le fait exprimé dans la proposition subordonnée et le fait principal évoluent de manière conjointe et proportionnelle.

> Il se sentait plus libre **à mesure que** son avion s'élevait dans les airs.

2 Les propositions temporelles antérieures *(Vorher)*

Les **propositions temporelles antérieures** expriment un fait qui se déroule **avant** celui exprimé dans la proposition principale.

> Quand il sera parti, | je te téléphonerai.
> proposition subordonnée   proposition principale
> circonstancielle de temps

> Quand il sera parti   je te téléphonerai

Elles sont aussi toujours **à l'indicatif** et sont introduites par les conjonctions *quand, lorsque, depuis que, après que, dès que, aussitôt que, une fois que*…

■ *Quand, lorsque*

> **Quand** j'aurai fini ce livre, je te le prêterai.

■ *Depuis que*

Depuis que marque le point de départ d'un fait qui s'est accompli antérieurement au fait principal et dont le fait principal est la conséquence.

> Il vit seul **depuis que** sa femme l'a quitté.
> Je m'essoufflais moins **depuis que** j'avais cessé de fumer.

■ *Après que*

> Nous rentrons **après que** le soleil s'est couché.

ATTENTION : la conjonction *après que* ne peut être employée que si la proposition principale et la proposition subordonnée ont **des sujets différents**. Si les deux propositions ont le même sujet, on emploie la préposition *après* suivie de l'infinitif à la forme composée.

> Il a quitté son bureau **après** avoir vérifié que tout était en ordre.

REMARQUE : par confusion avec la conjonction *avant que*, suivie du subjonctif, *après que* est fréquemment employé, surtout à l'oral, avec le subjonctif. Cet emploi est cependant considéré comme une faute.

■ *Dès que, aussitôt que* *Sobald*

Ces conjonctions expriment **une antériorité immédiate**.

> **Dès que** je le vis, je le reconnus.
> Je l'ai appelé **aussitôt que** j'ai appris la nouvelle.

REMARQUE : on peut également exprimer l'antériorité immédiate avec des structures corrélatives telles que *à peine …que, ne… pas (encore)… que, ne… pas plutôt… que*.

> **À peine** ai-je le temps de me reposer **qu'**il faut déjà repartir.
> Il **n'**était **pas plutôt** sorti **que** le téléphone sonna.

À peine est fréquemment suivi d'une inversion du pronom sujet quand il est placé en tête de phrase

6. L'EXPRESSION DU TEMPS ET LES GRANDS RAPPORTS LOGIQUES

■ Une fois que

Une fois que introduit une proposition subordonnée exprimant un fait **accompli.**

> **Une fois que** tu auras pris connaissance de ces documents, tu me feras part de tes conclusions.

ATTENTION : dans les propositions temporelles introduites par *quand, lorsque, aussitôt que, dès que, une fois que, après que*, **on ne peut utiliser le plus-que-parfait que pour exprimer l'antériorité par rapport à l'imparfait.**

– Pour exprimer l'antériorité par rapport au passé composé, on utilise le **passé surcomposé** (*avoir* ou *être* au passé composé + participe passé). Ce temps est cependant assez rare, et généralement, mieux vaut essayer de formuler la phrase différemment.

– Pour exprimer l'antériorité par rapport au passé simple, on utilise **le passé antérieur** (*avoir* ou *être* au passé simple + participe passé).

3 Les propositions temporelles postérieures   *nachher*

Les **propositions temporelles postérieures** expriment un fait qui se déroule **après** celui exprimé dans la proposition principale. Exemple :

Nous l'attendrons ici		*jusqu'à ce qu'il revienne.*
proposition principale		proposition subordonnée
Nous l'attendrons ici		jusqu'à ce qu'il revienne

Elles sont au **subjonctif** (le fait exprimé n'est pas encore réalisé) et sont introduites par les conjonctions *avant que, jusqu'à ce que, en attendant que…*

■ Avant que

> Dépêchons-nous **avant qu'**il soit trop tard.

Avant que est souvent suivi d'un *ne* dit « **explétif** ». Ce *ne* n'a pas de valeur négative et n'est pas obligatoire.

> Je vous conseille de rentrer **avant que** vos parents **ne** s'inquiètent.
> (= Je vous conseille de rentrer avant que vos parents s'inquiètent.)

■ Jusqu'à ce que *(Bis)*

> Elle berce son enfant dans ses bras **jusqu'à ce qu'**il s'endorme.

■ En attendant que *(Bis, in der Erwartung, dass)*

> Il lit le programme **en attendant que** les acteurs entrent en scène.

ATTENTION : les conjonctions *avant que* et *en attendant que* ne peuvent être employées que si la proposition principale et la proposition subordonnée ont **des sujets différents**. Si les deux propositions ont le même sujet, on emploie les prépositions *avant de* et *en attendant de* suivies de l'infinitif.

> Elle s'est renseignée sur notre itinéraire **avant de** nous donner son accord.
> Elle loge à l'hôtel **en attendant de** trouver un appartement.

III. Autres formes d'expression du temps

Voici encore quelques autres formes d'expression du temps.

■ Le groupe nominal sans préposition

> Je l'ai rencontré **le jour de ton arrivée**.
> Ce film est sorti **la semaine dernière**.
> Nous nous voyons **chaque jour**.

■ L'adverbe

> **Hier**, Paul m'a téléphoné.
> **Avant**, tu n'étais pas aussi prudent.

Parmi les adverbes de sens temporel : *hier, demain, avant-hier, auparavant, avant, après, depuis, longtemps, souvent, toujours* …

ATTENTION : il faut distinguer les prépositions et les adverbes qui ont la même forme.

Prépositions	Adverbes
Nous avons vu Pierre **avant** son départ.	Pierre est parti. Nous l'avons vu **avant**.
Il m'a téléphoné **après** le déjeuner.	Il a déjeuné. **Après**, il m'a téléphoné.
Elle a vieilli **depuis** notre dernière visite.	Nous l'avons vue il y a un an. **Depuis**, elle a vieilli.

■ Le gérondif

Le gérondif permet d'exprimer un fait simultané au fait principal.

> **En longeant la rivière**, j'ai vu un homme qui pêchait.
> (= Tandis que je longeais la rivière, j'ai vu un homme qui pêchait)

■ Le participe

Le participe, mis en apposition, permet également d'exprimer un fait simultané au fait principal :

> Nous **saluant** une dernière fois de la main, il s'engouffra dans sa limousine.
> (= Tandis qu'il nous saluait...)

Ou bien antérieur à celui-ci. Dans ce cas, il est souvent précédé de *une fois, à peine*…

> **Une fois sorti**, il ne parvint plus à rentrer.
> (= lorsqu'il fut sorti, il ne parvint plus à rentrer)

■ La proposition subordonnée participiale

Une proposition subordonnée participiale est une proposition subordonnée dont le verbe est au participe et qui a un sujet distinct de celui du verbe principal. Elle peut exprimer un fait simultané au fait principal :

> **Le soleil se levant**, nous gagnons les falaises.
> (= Tandis que le soleil se lève, nous gagnons les falaises.)

ou antérieur à celui-ci :

> **Une fois ce travail achevé**, tu pourras jouer avec tes camarades.
> (= Quand ce travail sera achevé, tu pourras jouer avec tes camarades.)
> **Les élèves réunis**, le directeur prit la parole.
> (= Quand les élèves furent réunis, le directeur prit la parole.)

Une nuance causale s'associe fréquemment à l'expression du rapport temporel.

■ La coordination et la juxtaposition

Enfin, un rapport temporel entre deux faits peut être exprimé au moyen de deux propositions coordonnées par un adverbe de liaison (*puis, ensuite…*) :

> Le professeur a écouté mon exposé **puis** m'a posé quelques questions.

Ou au moyen de deux propositions juxtaposées. Dans ce cas, le temps des verbes indique l'ordre chronologique :

> Il considérait cette parcelle de terrain comme sa propriété : il la défrichait.
> (Les deux faits sont simultanés.)
> Il considérait cette parcelle de terrain comme sa propriété : il l'avait défrichée.
> (La seconde proposition exprime un fait antérieur à celui exprimé dans la première.)

B. L'expression de la cause

I. Car, en effet, tant, tellement

La cause est un fait qui **entraîne** un autre fait et en est **l'origine**.
On peut exprimer l'idée de cause au moyen de la conjonction de coordination **car** ou d'adverbes tels que **en effet, tant, tellement**.

 Car, en effet

■ *Car* introduit une explication

> Il faut que je me repose **car** je me sens fatigué.

Cette explication ne peut précéder ce qu'elle explique. Si l'on souhaite mettre l'explication en première position, il faut utiliser d'autres connecteurs logiques : *parce que* ou *comme*.

> ~~Car j'ai fini mon travail,~~ je peux faire une promenade avec toi.
> Parce que j'ai fini mon travail, je peux faire une promenade avec toi.
> Comme j'ai fini mon travail, je peux faire une promenade avec toi.

■ *Car* peut être remplacé par *en effet*

Cependant :
– *car* est toujours placé en tête du groupe de mots qui apporte l'explication, alors que la place de *en effet* est assez libre.

> Il faut que je me repose ; **en effet**, je me sens fatigué.
> Il faut que je me repose ; je me sens, **en effet**, fatigué.
> Il faut que je me repose ; je me sens fatigué, **en effet**.

– par ailleurs, *en effet* est généralement détaché dans la phrase. Le plus souvent il est précédé et suivi d'un signe de ponctuation marquant une pause. C'est plus rare pour *car*, qui a d'abord une fonction de liaison.

■ On évite de cumuler *car* et *en effet*

Ne pas dire : *Il faut que je me repose ; car en effet je me sens fatigué.*

■ Il ne faut pas confondre *en effet*, *en fait* et *au fait*

– *En effet* peut signifier :
   1. *car* (voir ci-dessus) ;
   2. **effectivement**, **assurément** (*en effet* peut alors être employé seul. Il permet d'exprimer l'accord avec un interlocuteur).

> MARIE – Gérard est absent.
> JEANNE – **En effet**.

6. L'EXPRESSION DU TEMPS ET LES GRANDS RAPPORTS LOGIQUES

– *En fait* = *en réalité* :
> Tout cela te paraît compliqué. Mais **en fait**, c'est très simple.

– *Au fait* = *à propos, à ce sujet* :
> J'adore la galette des Rois ! **Au fait**, d'où vient la tradition de la fève dans le gâteau ?

2 Tant, tellement

Tant et *tellement* sont deux adverbes qui permettent d'introduire une **explication**, en y asssociant une idée d'**intensité.**

> **tellement**
> Philippe ne peut quitter sa cabine, **tant** il a le mal de mer.

Il faut noter la virgule qui les précède. *Tellement* est d'un usage plus courant que *tant*. Par ailleurs, on n'emploie jamais les adverbes *beaucoup, très, trop…* après *tant* et *tellement*, pour éviter la redondance.

II. Les propositions subordonnées à l'indicatif (1)

L'idée de cause peut être exprimée au moyen de **conjonctions introduisant des propositions subordonnées**. Ces propositions peuvent être à l'indicatif ou au subjonctif. Voici un certain nombre de **conjonctions suivies de l'indicatif**.

1 Parce que

■ Pourquoi ? → Parce que

Parce que est une conjonction qui répond à la question *Pourquoi ?* exprimée ou sous-entendue.

> Je me suis levé tôt | **parce que** j'avais un train à sept heures.
> proposition   proposition subordonnée
> principale   circonstancielle de cause

> **Pourquoi** ne m'as-tu rien dit ?
> – **Parce que** j'avais peur que tu t'inquiètes.

■ Car / parce que

Du point de vue du sens, *parce que* est très proche de *car* (il existe cependant une nuance entre ces deux connecteurs : *parce que* introduit une cause, *car* amène une explication.)
Mais on ne peut pas toujours employer *car* à la place de *parce que*. En effet, on ne peut utiliser *car*
– pour répondre à la question *pourquoi ?* : cette question appelle une réponse commençant par *parce que ;*

– dans une phrase interrogative où l'interrogation porte sur la cause :

> Voulez-vous faire un régime **parce que** vous avez grossi ?
> (~~car~~)

– après *c'est* :

> S'il est parti, **c'est parce qu'**il était malade.
> (~~car~~)

■ *C'est (parce) que*

La conjonction *parce que* peut être **précédée de *c'est*** – *c'est parce que…* – et dans ce cas est **souvent réduite à *que*** : *c'est que*. On trouve fréquemment
– ***c'est (parce) que* précédé d'une pause** :

> **C'est parce que** tu l'aimes.
> Tu ne vois pas ses défauts. **C'est que** tu l'aimes.

– les constructions ***si… c'est (parce) que*** ou ***quand… c'est (parce) que*** :

> **c'est parce que** tu l'aimes
> **Si** tu ne vois pas ses défauts, **c'est que** tu l'aimes.

> **c'est parce qu'**il est malade
> **Quand** il est absent, **c'est qu'**il est malade.

■ Mise en relief de la cause : *C'est parce que… que*

Une subordonnée introduite par *parce que* peut être encadrée par *c'est … que*. Dans ce cas, elle est mise en relief et toujours placée en tête de phrase.

> **C'est** parce que tu l'aimes **que** tu ne vois pas ses défauts.

■ Négation de la cause : *Ce n'est pas parce que … (que)… mais parce que*

Si l'on souhaite écarter une cause, jugée fausse, pour en avancer une autre, jugée vraie, on peut utiliser
– *ce n'est pas parce que… mais parce que* :

> Je renonce à ce projet. **Ce n'est pas parce que** je le trouve irréalisable,
> **mais parce que** je dois m'occuper de choses plus urgentes.

– ou encore, avec mise en relief de la cause niée, *ce n'est pas parce que… que … mais parce que* :

> « **Ce n'est pas** parce que les choses sont difficiles **que** nous n'osons pas, **mais parce que** nous n'osons pas qu'elles sont difficiles. » Sénèque (philosophe romain)

2 *Puisque*

Comme *parce que*, ***puisque*** est une conjonction qui introduit une proposition subordonnée circonstancielle de cause. Mais *parce que* et *puisque* ont des **emplois bien distincts** :
– *parce que* introduit une cause que l'on suppose **encore inconnue de l'interlocuteur et qui est** une **nouvelle information**.

– *puisque* introduit une cause que l'on suppose **déjà connue de l'interlocuteur** et **considérée comme vraie**.

De ce fait, la proposition circonstancielle de cause introduite par *puisque* est souvent placée en première position :

Puisque vous avez tout vu, dites-moi ce qui s'est passé.

Et quand c'est le cas, une virgule la sépare de la proposition principale.

REMARQUE : comme *car*, *puisque* ne peut être employé
– après la question *pourquoi ?* ;
– à l'intérieur d'une phrase interrogative quand l'interrogation porte sur la cause ;
– dans une construction avec *c'est*.

3 Comme

Comme introduit également une proposition subordonnée de cause. Cette conjonction permet de **mettre l'accent sur la cause**. De ce fait, la proposition subordonnée précède toujours la proposition principale.

Comme il avait beaucoup de bagages, il a pris un taxi.

Une virgule suit toujours la proposition subordonnée introduite par *comme*.

4 D'autres conjonctions

■ *Étant donné que / vu que / du fait que*

Ces conjonctions introduisent **une cause présentée comme incontestable**. Elles ont **un sens proche de *puisque***. La proposition subordonnée qu'elles introduisent se place souvent en tête de phrase.

Étant donné que cette entreprise n'a pas respecté les délais de livraison, vous pouvez annuler votre commande.
Vu que ce sont les vacances, il y a moins de monde à Paris.
Je voyage moins, **du fait que** je vieillis.

■ *Du moment que / dès lors que*

Ces deux conjonctions ont également **un sens proche de *puisque***, et, de même, introduisent une proposition subordonnée souvent placée en tête de phrase.

Du moment que tu connais la réponse, pourquoi me poses-tu cette question ?
Dès lors que tu savais la vérité, il fallait me tenir informé.

■ *Sous prétexte que*

Cette conjonction introduit **une cause alléguée et à laquelle on ne croit pas**.

Il n'a pas assisté à cette réunion **sous prétexte qu'**il avait un travail à finir.
« **Sous prétexte que** la perfection n'est pas de ce monde, ne gardez pas soigneusement tous vos défauts. » (Jules Renard)

5 Coordonner deux propositions subordonnées de cause

Quand deux propositions subordonnées de cause sont coordonnées et que le sujet de la seconde est répété ou différent de celui de la première, la seconde proposition est généralement introduite par *que (qu')* :

> Je me suis levée ce matin | **parce que** je me sentais mieux | **et** n'avais plus de fièvre.
>   proposition principale   1re subordonnée   2e subordonnée
> (le sujet *je* n'est pas répété dans la 2e subordonnée, il ne faut donc pas utiliser *que*)

> Je me suis levée ce matin | **parce que** je me sentais mieux | **et que** je n'avais plus de fièvre.
>   proposition principale   1re subordonnée   2e subordonnée
> (le sujet *je* est répété dans la 2e subordonnée, il faut donc utiliser *que*)

> Je n'ai pas peur de ce chien | **parce que** je le connais bien | **et qu'**il est très gentil.
> (le sujet de la 2e subordonnée (= *il*) est différent de celui de la 1re subordonnée (= *je*), il faut donc utiliser *que*)

> Ce soir, **puisque** je ne serai pas là| **et que** ta sœur devra s'occuper de ton frère, ce sera toi qui sortiras le chien.

> **Comme** il a plu toute la journée d'hier |**et qu'**on nous annonce encore de la pluie pour demain, ce n'est pas la peine d'arroser le jardin.

De même : *étant donné que… **et que**, vu que… **et que**, du moment que… **et que***, etc.

III. Les propositions subordonnées à l'indicatif (2)

Les conjonctions ***d'autant que, surtout que, d'autant plus (de) … que, d'autant moins (de) … que*** servent à **renforcer la cause.** Comme celles vues dans le chapitre précédent, elles sont suivies de l'indicatif.

1 D'autant plus … que, d'autant moins … que

– ***D'autant plus … que*** signifie « encore plus parce que ». Son emploi est fréquent.
> Couvre-toi bien, **d'autant plus que** la météo annonce de la neige pour cet après-midi.

Dans la langue familière, on emploie, avec le même sens, ***d'autant que*** ou, plus souvent, ***surtout que.***
> Couvre-toi bien, **surtout que** la météo annonce de la neige pour cet après-midi.

– ***D'autant moins … que*** signifie « encore moins parce que ».
> Je m'inquiète **d'autant moins que** David n'est pas seul dans ce pays : nous y avons de la famille.

REMARQUE : la conjonction *que* est disjointe de *d'autant plus* ou *d'autant moins*
– **avec un verbe à un temps composé** :
> Je me suis **d'autant moins** inquiétée **que** David n'était pas seul dans ce pays : nous y avons de la famille.

– **avec une locution verbale** :

> J'ai **d'autant plus** sommeil **que** je n'ai dormi que cinq heures la nuit dernière.
> (avoir sommeil)
> J'ai **d'autant moins** envie d'aller voir cette exposition **que** j'ai pris du retard dans mon travail.
> (avoir envie)

– **avec un verbe suivi d'un infinitif** :

> Je veux **d'autant plus** rencontrer Pierre **que** je dois lui remettre un livre que l'on m'a confié pour lui.

– **avec un adjectif** :

> La discussion a été **d'autant plus** rapide **que** nous n'avions pas de divergences importantes sur le sujet.
> Il m'est **d'autant moins** facile de lui parler de ce problème **que** je le connais à peine.

– **avec un adverbe** :

> Il roulait **d'autant moins** lentement **que** la route était libre.

2 D'autant plus de ... que, d'autant moins de ... que

– *D'autant plus de* + nom ... *que* :

> Il a **d'autant plus de** mérite d'avoir réussi aussi brillamment **qu'**il est d'une famille très modeste.

– *D'autant moins de* + nom ... *que* :

> J'ai **d'autant moins de** souci **que** je te sais en sécurité avec lui.

REMARQUE : quand deux propositions subordonnées sont coordonnées et que le sujet de la seconde est répété ou différent de celui de la première, la seconde proposition est introduite par *que (qu')* – *d'autant plus ... que ... et que*.

IV. Les propositions subordonnées au subjonctif

Les propositions subordonnées exprimant l'idée de cause peuvent être **au subjonctif**. Voici les conjonctions qui demandent l'emploi de ce mode.

– *Soit que... soit que...*

Ce système permet d'envisager **deux causes possibles** (on ne sait pas laquelle est vraie) :

> François n'est pas venu, <u>soit qu'il ait manqué son train</u>, <u>soit qu'il ait oublié notre rendez-vous</u>.
>   1re cause possible   2e cause possible

– *Ce n'est pas que... / non (pas) que...*

Ces deux conjonctions permettent de rejeter une première cause, jugée fausse, pour en avancer une autre, jugée vraie – introduite par *mais*.

> J'ai acheté un tableau à ce peintre. <u>Ce n'est pas qu'il soit connu</u>,
>   cause rejetée
> mais <u>j'aime beaucoup son œuvre</u>.
>   vraie cause

J'ai acheté un tableau à ce peintre. <u>Non (pas) qu'il soit connu</u>,
cause rejetée

mais <u>j'aime beaucoup son œuvre</u>.
vraie cause

ATTENTION

Ce n'est pas que et *non (pas) que* signifient *ce n'est pas parce que.* Mais :

Ce n'est pas parce que	+ indicatif
Ce n'est pas que *Non (pas) que*	+ subjonctif

V. Les prépositions

On peut exprimer l'idée de cause au moyen de **prépositions**.

1 *Grâce à, à cause de*

Grâce à, à cause de	+ nom propre + dét. + nom + pronom

– *Grâce à* introduit une **cause jugée favorable**

J'ai réussi cet examen **grâce à** Paul.
Grâce à votre aide, des milliers d'enfants pourront être scolarisés.
C'est **grâce à** toi que nous avons pu résoudre ces difficultés.

– Le plus souvent, *à cause de* introduit **une cause jugée défavorable**.

Elle est triste **à cause de** François.
J'ai échoué à ce concours **à cause de** l'épreuve de philosophie.
Nous avons perdu beaucoup d'argent **à cause de** lui.

Mais *à cause de* peut aussi ne pas avoir de nuance particulière :

Il me fait confiance **à cause de** ce que je sais.

2 *En raison de, par suite de*

En raison de, par suite de	+ dét. + nom + pronom

En raison de et *par suite de* sont surtout utilisés à l'écrit. *En raison de* est fréquent dans la langue administrative ou officielle.

Le Code du travail interdit de licencier un salarié **en raison de** son état de santé ou de son handicap, sauf en cas d'inaptitude constatée par le médecin du travail.

« **En raison de** ce que nous avons vécu et réalisé ensemble, [...] il y a entre vous, Françaises, Français, et moi-même un lien exceptionnel qui m'investit et qui m'oblige. »
(Charles de Gaulle, allocution télévisée, 20 septembre 1962).

> La rotation du personnel s'est accrue **par suite de** fins de contrat, **de** ruptures de contrat **et de** faillites.
>> (Noter l'omission de l'article indéfini pluriel *des* après la préposition *de*)
>
> **Par suite de** ce qui a été décidé lors notre dernière réunion, vous êtes autorisés à effectuer ses travaux dans votre appartement.

REMARQUE : ces prépositions ne sont jamais suivies d'un pronom tonique. En revanche, elles sont fréquemment employées avec le pronom démonstratif neutre *ce* suivi d'une proposition relative.

3 *Du fait de, étant donné, vu*

Du fait de, étant donné, vu	+ dét. + nom + pronom

Ces prépositions présentent la cause comme **incontestable**.

> Cette personne ne peut plus subvenir à ses besoins **du fait de** son état physique.
>
> Pouvait-il faire mieux **étant donné** les circonstances ?
>
> **Vu ce que** j'ai expérimenté, je suis favorable à une vaste campagne d'information sur le danger que représente le tabac.
>
> **Vu la situation**, il vaudrait mieux que vous renonciez à cette affaire.

ATTENTION : ne pas confondre ***du fait de*** et ***de fait*** (= et effectivement)

REMARQUE : ces prépositions ne sont jamais suivies d'un pronom tonique. En revanche, elles sont fréquemment employées avec le pronom démonstratif neutre *ce* suivi d'une proposition relative.

4 *Sous prétexte de*

Sous prétexte de	+ nom sans article + dét. + nom + infinitif

La préposition *sous prétexte de* introduit **une cause alléguée et à laquelle on ne croit pas**. Elle est souvent suivie d'un nom **sans article** : *sous prétexte de maladie, sous prétexte de modernisation, sous prétexte de lutte contre la délinquance…*

> **Sous prétexte de** modernisation, on détruit de vieux quartiers pleins de charme.

Mais on trouve aussi :
– ***Sous prétexte de* + dét. + nom**

> Il s'est absenté **sous prétexte d'**un rendez-vous.
>
> Notre dossier n'a été traité qu'après deux mois **sous prétexte d'**un manque de personnel.
>
> Trop de chiens sont abandonnés par leurs maîtres **sous prétexte d'**un changement de mode de vie.

– ***Sous prétexte de* + infinitif**

> L'escroc s'introduisait chez des personnes âgées **sous prétexte de** leur rendre service.

L'infinitif a toujours le même sujet que le verbe conjugué.

5 *Faute de*

Faute de	+ nom sans article + infinitif

– *Faute de* + nom sans article
Faute de suivi d'un nom signifie ***par manque de***.

> Il a abandonné ce projet, **faute de** courage.
> **Faute de** dépistage, plus de la moitié des malades ne sont pas soignés.

REMARQUE : l'article reparaît quand ce qui est désigné par le nom est caractérisé par un adjectif.

> **Faute d'un** dépistage suffisamment précoce, plus de la moitié des malades ne sont pas soignés.

– *Faute de* + infinitif
Faute de suivi d'un infinitif signifie ***parce que… ne… pas.***

> Il a échoué, **faute d'**avoir suivi mes conseils.
> (= Il a échoué parce qu'il n'a pas suivi mes conseils.)

L'infinitif a toujours le même sujet que le verbe conjugué.

À NOTER : l'expression très courante ***faute de mieux*** (= à défaut d'une chose meilleure, plus convenable).

> Cet appartement m'a paru trop bruyant, mais je l'ai accepté, **faute de mieux**, en attendant d'en trouver un plus calme.

6 *À force de*

À force de	+ nom sans article + infinitif

À force de associe une idée d'**intensité ou de répétition** à l'expression de la cause.

– *À force de* + nom sans article

> Elle s'est tirée de la misère **à force de** volonté.
> Elle a réussi **à force de** travail.

– *À force de* + infinitif :

> Tu vas tomber malade, **à force de** travailler la nuit.
>   ne pas dormir.

L'infinitif a toujours le même sujet que le verbe conjugué.

7 *Pour*

Pour	+ nom sans article + dét. + nom + pronom + infinitif à la forme composée

– *Pour* + nom sans article :

> Cette société a été condamnée **pour** publicité mensongère.
> On a condamné cet homme à la réclusion criminelle à perpétuité **pour** meurtre.

– *Pour* + dét. + nom

> Mon fils pleure **pour** un rien.
> (dans l'expression *pleurer pour un rien*, *rien* est un nom)
> C'est **pour** cette raison que je suis content.

– *Pour* + pronom

> Sa sœur arrive de New York aujourd'hui. C'est **pour** cela qu'il n'a pas pu nous accompagner.
> (à l'oral : *c'est pour ça*)

– *Pour* + **infinitif à la forme composée**

> Il a été condamné **pour** avoir dérobé des bijoux.

L'infinitif a toujours le même sujet que le verbe conjugué.

Par

Par	+ nom sans article

Par introduit la cause dans des expressions plus ou moins figées comme *par amour, par amitié, par haine, par paresse, par gourmandise, par peur*…

> J'ai posé cette question **par** simple curiosité.
> Pourquoi restes-tu dans cette entreprise ? À cause du salaire ? **Par paresse ? Par habitude ? Par peur** du changement ?

De

De	+ nom sans article + dét. + nom

De introduit la cause après les verbes ***mourir, trembler, crier…*** et est fréquemment suivi d'**un nom sans article** :

> Il est mort **d'**une crise cardiaque.
> En 1574, Charles IX meurt **de** la tuberculose, laissant un pays très meurtri par les luttes religieuses.
> Des milliers de personnes meurent **de** faim chaque jour dans le monde.
> Tu trembles **de** peur ou **de** froid ?
> Il crie **de** douleur.
> Il pleure **de** rage / **de** honte.

On le trouve aussi suivi d'un nom sans article dans un certain nombre d'**expressions familières** :

> Je tombe **de** sommeil.
> Je meurs **de** faim.   (au sens figuré)
> Il est rouge **de** colère.
> Il est vert **de** peur.
> etc.

REMARQUES

– L'article est rétabli après la préposition *de* si ce que désigne le nom est caractérisé : *Il tremble de joie* mais *Il tremble d'une joie qu'il ne peut contenir.*
– Par ailleurs, *mourir de* peut être suivi d'un infinitif : *Il meurt de ne pas être aimé.*

VI. D'autres moyens d'exprimer la cause

Voici encore quelques autres moyens d'exprimer l'idée de cause.
– **Le gérondif :**
> Je me suis blessé **en taillant les rosiers**.
> (= Je me suis blessé parce que j'ai taillé les rosiers)

Le gérondif exprime une action simultanée à celle du verbe principal. (Pour la formation et l'emploi du gérondif, voir Le gérondif, p. 216).

– **Le participe présent :**
> La pluie **s'arrêtant**, nous sommes allés nous promener.
> (= Comme la pluie s'arrêtait, nous sommes allés nous promener)

(Pour la formation et l'emploi du participe présent, voir Le participe présent, p. 218).

– **L'adjectif ou le participe passé :**
> **Désagréable** avec tout le monde, elle a peu d'amis.
> (Comme elle est désagréable avec tout le monde, elle a peu d'amis.)
> **Surpris** par sa réaction, je lui ai demandé ce qui n'allait pas.
> (Comme j'étais surpris par sa réaction, je lui ai demandé ce qui n'allait pas).

– **La proposition relative :**
> Théo, **qui n'avait pas de chapeau**, a attrapé une insolation.
> (= Théo a attrapé une insolation parce qu'il n'avait pas de chapeau)

– **La ponctuation :**
> Nous sommes très tristes : nous venons d'apprendre la mort de Gérard.

L'idée de cause est alors exprimée au moyen de deux propositions séparées par **deux points** ou **un point-virgule.** Et c'est le contexte qui permet de comprendre que la seconde proposition est la cause de la première.

C. L'expression de la conséquence

I. Les adverbes

La conséquence est **un fait qui résulte d'un autre fait.** Si A est la cause de B, B est la conséquence de A.

On peut exprimer la relation de conséquence au moyen d'adverbes. Ceux-ci, nombreux, peuvent être d'un usage courant, appartenir à la langue soutenue, ou, au contraire, à la langue familière.

1 Dans la langue courante

■ *Donc*

Donc introduit une conclusion. Sa place dans la phrase est variable. Dans une démonstration logique, il est d'usage de le placer en tête de la proposition qui exprime la conséquence.

> 1. Tous les hommes sont mortels.
> 2. Or Socrate est un homme.
> 3. **Donc** Socrate est mortel.

Donc est aussi souvent placé en tête à l'oral. Mais à l'écrit, il est en général plus élégant de le placer à l'intérieur de la proposition.

> Elle a une maîtrise de droit. Elle a **donc** les compétences requises pour ce poste.

REMARQUE : *donc*, défini traditionnellement comme une conjonction de coordination, présente en fait les caractéristiques de l'adverbe et est désormais considéré comme tel par les grammairiens.

■ *Alors*

Alors signifie « par suite de cela ». Son usage est fréquent à l'oral. Sa place dans la phrase est variable.

> Il a commencé à neiger. **Alors**, nous sommes rentrés.

■ *C'est pourquoi*

C'est pourquoi signifie « c'est la raison pour laquelle ». Il se place toujours en tête de la proposition exprimant la conséquence.

> Mon grand-père est sourd. **C'est pourquoi** il ne t'a pas entendu sonner.

▪ *Par conséquent*

Par conséquent signifie « par suite de cela », « donc ». Sa place dans la phrase est variable.

> La nuit, dans une agglomération, un véhicule arrêté ou stationné sur la chaussée doit être visible. **Par conséquent**, le conducteur doit laisser ses feux allumés, sauf si l'éclairage public fonctionne.

▪ *Ainsi*

Ainsi signifie « par conséquent ». Sa place est variable.

> Nous nous adaptons à votre demande. **Ainsi**, nous vous proposons toujours des solutions en accord avec vos besoins.

▪ *D'où / de là*

D'où et ***de là*** signifient « de là vient que ». Ils se rencontrent dans des phrases ou des proposition sans verbe et sont en général suivis d'un nom précédé d'un déterminant.

> Il ne respecte pas la loi. **D'où** ses ennuis avec la justice.
> (= de là vient qu'il a des ennuis avec la justice)

De là est d'un usage plus soutenu.

Dans la langue soutenue

▪ *En conséquence*

En conséquence a le même sens que *par conséquent*, mais est employé à l'écrit.

> La crise a entraîné une détérioration de la situation économique. Et le chômage, **en conséquence**, s'est considérablement accru.

ATTENTION : *par conséquence n'existe pas.

▪ *Aussi*

Aussi, dans l'expression de la conséquence, relève de la langue soutenue et signifie « c'est pourquoi ». Il se place **en tête de la proposition** exprimant la conséquence et est suivi de l'**inversion du pronom sujet :**

> Une lourde tâche nous attend. **Aussi devons-nous** unir nos efforts.
> (= c'est pourquoi nous devons…)

Si le sujet est un nom, l'inversion se fait comme dans une phrase interrogative.

> Nous n'avons averti personne de notre arrivée. **Aussi Paul n'est-il** au courant de rien.

ATTENTION : *aussi* peut signifier aussi « également ». Dans ce cas, il se rencontre dans tous les registres de langue et n'est jamais en tête de proposition. (« Moi aussi, j'ai mal à la tête », « Je voudrais aussi visiter la Chine »).

6. L'EXPRESSION DU TEMPS ET LES GRANDS RAPPORTS LOGIQUES

3 Dans la langue familière

■ *Du coup*

Du coup exprime une conséquence immédiate.

> Hélène nous a proposé de rester à dîner. **Du coup**, on a passé la soirée chez elle.

II. Les propositions subordonnées à l'indicatif

L'idée de conséquence peut être également exprimée au moyen de conjonctions introduisant des **propositions subordonnées à l'indicatif**. Ce mode marque que la conséquence s'est réellement produite.

1 Conjonctions avec idée d'intensité ou de quantité

Certaines conjonctions permettent d'associer à l'expression de la conséquence une idée d'**intensité** ou de **quantité**.

■ *Tellement ... que, tant ... que*

Verbe +	*tellement ... que* *tant ... que*

> Elle l'aime **tellement qu'**elle lui téléphone trois fois par jour.
> (= Elle l'aime tant qu'elle lui téléphone trois fois par jour.)
> Il a **tant** souffert **que** maintenant plus rien n'a d'importance à ses yeux.
> (= Il a tellement souffert que maintenant plus rien n'a d'importance à ses yeux.)

NOTER : quand le verbe est à un temps composé, *tellement* et *tant* se placent entre l'auxiliaire et le participe passé.

■ *Si ... que, tellement ... que*

Si *Tellement*	+ adjectif + *que*

> Elle est **si** jolie **que** tous les garçons sont amoureux d'elle.

Ou :

> Elle est **tellement** jolie **que** tous les garçons sont amoureux d'elle.

Si *Tellement*	+ adverbe + *que*

> Il roule **si** lentement **que** nous sommes arrivés avec deux heures de retard.

Ou :
> Il roule tellement lentement que nous sommes arrivés avec deux heures de retard.

REMARQUE : on emploie également *si... que* et *tellement... que* avec les locutions verbales du type *avoir peur, avoir soif, avoir faim, avoir besoin, faire chaud, faire froid...* *Si* et *tellement* se placent entre les deux mots qui composent la locution :
> J'avais **si** sommeil **que** je me suis couché tout de suite.
> (= J'avais tellement sommeil que je me suis couché tout de suite.)

■ Tant de ... que, tellement de ... que

| *Tant de* *Tellement de* | + nom + *que* |

> Il y a **tellement de** brouillard **qu'**on ne voit pas à deux mètres.
> Il a **tant d'**argent **qu'**il ne sait plus qu'en faire.

NOTER : avec *tellement, tant, si, tellement de, tant de,* on ne peut employer d'adverbes tels que *beaucoup, très, trop...* Ne pas dire, par exemple : **Elle est tellement très jolie, *J'ai tellement beaucoup marché,* ou encore : ** Il a tellement trop d'argent..*

■ Un tel ... que

| *Un (e) tel(le)* + nom au singulier + *que* *De tel (le)s* + nom au pluriel + *que* |

Tel s'accorde avec le nom auquel il se rapporte.
> Il me regarde avec **une telle** méchanceté **qu'**il me fait peur

On trouvera plus de détails sur l'emploi de *tel* dans LES ADJECTIFS INDÉFINIS (2), p. 32.

■ Au point que, à tel point que

Au point que, à tel point que signifie « tellement que ».
> Il nous offrait sans cesse quelque chose, **au point que** nous en étions gênés.
> Il riait et disait n'importe quoi, **à tel point que** nous avons pensé qu'il avait trop bu.

Quand le sujet de la proposition principale et le sujet de la proposition subordonnée sont les mêmes, on peut remplacer *au point que* + indicatif par *au point de* + infinitif, mais ce n'est pas obligatoire :
> Le conférencier a parlé très longtemps, **au point qu'**il m'a ennuyé.

ou
> Le conférencier a parlé très longtemps, **au point de** m'ennuyer.

6. L'EXPRESSION DU TEMPS ET LES GRANDS RAPPORTS LOGIQUES

2 Les autres constructions

Les autres conjonctions introduisant des propositions subordonnées à l'indicatif expriment la conséquence sans idée d'intensité ou de quantité.

■ Si bien que

Si bien que exprime simplement la conséquence.

> Il a dû travailler tout l'été, **si bien qu'**il ne prendra ses vacances qu'à l'automne.

ATTENTION : ne confondez pas la conjonction *si bien que* avec *si (=tellement)* + adverbe *bien* + *que*.

> Il a travaillé, **si bien qu'**il a réussi.
> (= il a travaillé, de sorte qu'il a réussi.)
> Il a si bien travaillé qu'il a réussi.
> (= il a tellement bien travaillé qu'il a réussi.)

■ De (telle) sorte que, de (telle) façon que, de (telle) manière que

Ces trois conjonctions permettent soit d'exprimer simplement la conséquence, soit d'insister, en outre, sur la manière.

> C'est un personnage assez grossier, **de sorte que** je l'invite rarement.
> Il s'est comporté **de telle façon que** nous ne voulons plus le recevoir.
> Il parle **de telle manière que** personne ne le comprend.

ATTENTION : ne pas confondre avec « de (telle) sorte que », « de (telle) manière que », « de (telle) façon que » + subjonctif qui expriment le but.

REMARQUES GÉNÉRALES

– Dans la langue soutenue, lorsque la proposition principale est à la forme interrogative ou négative, on trouve fréquemment le subjonctif après *si… que / tellement… que / tant… que / un tel… que / au point que*, et non l'indicatif. En effet, l'interrogation ou la négation amènent une conséquence qui n'est plus un résultat effectif – ce qui permet l'usage du subjonctif. Sur ce point, voir le chapitre suivant.

– Toutes les propositions subordonnées à l'indicatif peuvent être aussi au **conditionnel** si elles expriment un désir, une éventualité :

> Il a dû travailler tout l'été **si bien que nous aurions pu** ne jamais le rencontrer si nous n'étions pas allés le voir dans son bureau.

– Quand deux propositions subordonnées sont coordonnées et que le sujet de la seconde est répété ou différent de celui de la première, la seconde proposition est introduite par *que (qu')* : *tellement (…) que… **et que**…, au point que… **et que**, si bien que… **et que**, de sorte que… **et que**,* etc.

III. Les propositions subordonnées au subjonctif

Certaines propositions subordonnées de conséquence sont au **subjonctif**. Ce mode marque que la conséquence est seulement envisagée, ou bien qu'elle est rejetée.

1 *Trop (de) / assez (de) / suffisamment (de) ... pour que*

Ce sont d'abord les propositions subordonnée introduites par *pour que*, et annoncées, dans la proposition principale, par *trop (de)*, *assez (de)* ou *suffisamment (de)*.

■ *Trop ... pour que, assez ... pour que, suffisamment ... pour que*

| Verbe | + | trop ... pour que
assez ... pour que
suffisamment ... pour que | + | subjonctif |

Elle parle **trop pour qu'**on lui fasse confiance.
Il gagne **assez pour que** sa famille soit à l'aise.

Ou :

Il gagne **suffisamment pour que** sa famille soit à l'aise.

Si le verbe est à un temps composé, les adverbes *trop / assez / suffisamment* se placent entre l'auxiliaire et le participe passé.

Tu as **trop** bu **pour que** nous te laissions rentrer seul chez toi.

Avec une locution verbale, ils se placent entre le verbe et le nom.

Il fait **trop** chaud **pour que** nous puissions travailler efficacement.

| *trop*
assez
suffisamment | + | adjectif + *pour que* | + | subjonctif |

L'entrée de cette pièce est **suffisamment** large **pour qu'**une personne en fauteuil roulant puisse passer sans difficulté.
Il est **assez** riche **pour que** nous puissions lui demander de nous prêter cette somme.
Pierre est **trop** étourdi **pour qu'**on puisse lui confier ces clés.

| *trop*
assez
suffisamment | + | adverbe + *pour que* | + | subjonctif |

Il court **trop** vite **pour que** nous le rattrapions.
Je parle **suffisamment** lentement **pour que** vous puissiez me comprendre.

6. L'EXPRESSION DU TEMPS ET LES GRANDS RAPPORTS LOGIQUES

■ Trop de ... pour que, assez de ... pour que, suffisamment de ... pour que

trop de *assez de* *suffisamment de*	+ nom + ***pour que***	+ subjonctif

Dans ce placard, il y a **assez de** place **pour que** vous puissiez ranger vos valises.
Pierre a **trop de** soucis **pour que** nous lui parlions de ce problème.

ATTENTION

La construction *trop (de)*, *assez (de)* ou *suffisamment (de)… pour que* n'est possible que si le sujet de la proposition principale et le sujet de la proposition subordonnée sont **différents.** Quand le sujet de la principale et le sujet de la subordonnée sont **les mêmes**, « *pour que* + subjonctif » **doit toujours** être remplacé par « *pour* + **infinitif** » :
N'écrivez pas :
    *Tu es assez intelligent pour que tu comprennes. (phrase incorrecte)
Mais :
    Tu es **assez** intelligent **pour comprendre**.   (phrase correcte)

Pour d'autres exemples, voir ci-dessous LES PRÉPOSITIONS.

2 *Il suffit de ... pour que, il suffit que... pour que*

Autres propositions subordonnées de conséquence au subjonctif : celles qui sont introduites par ***pour que*** et dépendent d'une proposition principale commençant par ***il suffit de / que… Il suffit*** marque **la condition minimale** dont découle la conséquence. La conséquence peut précéder l'expression de la condition.

Trois constructions sont possibles.

Il suffit de	+ dét. + nom + ***pour que***	+ subjonctif

Il **suffit** d'une petite contrariété **pour qu'**il se sente mal.

Il suffit de	+ infinitif + ***pour que***	+ subjonctif

Il **suffit** de ne pas être de son avis **pour qu'**il se mette en colère.

Il suffit que	+ verbe au subjonctif + ***pour que***	+ subjonctif

Pour que tout aille bien, **il suffit que** vous soyez là.

NOTER : *il suffit* peut se mettre à tous les temps (*il suffisait, il suffirait, il a suffi, il suffira, il suffirait…*)

3 Si … que, tellement … que, tant… que, au point que

Enfin, on peut également trouver le subjonctif après les conjonctions *si… que, tellement… que, tant… que, au point que*.

Ces conjonctions, nous l'avons vu dans le chapitre précédent, sont normalement suivies de l'indicatif. Mais dans **la langue soutenue**, lorsque la proposition principale est à la forme interrogative ou négative, il est fréquent d'utiliser le subjonctif. En effet, l'interrogation ou la négation enlèvent de sa réalité à la conséquence, qui n'est plus, dès lors, un résultat effectif.

> A-t-il **tellement** besoin de te voir **qu'**il faille lui rendre visite tous les jours ?
> Vous n'êtes pas **si** malade **que** vous ne puissiez vous lever.
> Fume-t-il **tant que** nous devions nous en inquiéter ?

REMARQUE GÉNÉRALE : quand deux propositions subordonnées de conséquence sont coordonnées et que le sujet de la seconde est répété ou différent de celui de la première, la seconde proposition est introduite par *que (qu')* – *trop… pour que… **et que**, au point que… **et que**, il suffit de… pour que… **et que**,* etc.

IV. Les prépositions

Un certain nombre de prépositions permettent également d'exprimer la conséquence : *pour, au point de, jusqu'à, à*.

1 Pour

Pour, dans l'expression de la conséquence, est toujours suivi d'un infinitif, et en corrélation (= en liaison avec) avec un autre terme. Pour l'employer, il faut que le verbe principal et l'infinitif aient **le même sujet** ou que le verbe principal ait un ***il impersonnel*** pour sujet.

■ *Pour* corrélé à *trop (de), assez (de), suffisamment (de)*

trop *assez* *suffisamment*	+	*pour*	+	infinitif

> Tu manges **trop pour** maigrir.
> Il est **suffisamment** intelligent **pour** réussir.
> Elle écrit **trop** mal **pour** être lisible.
> Il fait **assez** chaud **pour** se baigner.
> Je le connais **suffisamment pour** savoir qu'il est incapable d'une telle action.

6. L'EXPRESSION DU TEMPS ET LES GRANDS RAPPORTS LOGIQUES

| trop de
assez de
suffisamment de | + | nom | + *pour* + | infinitif |

Vous avez **trop de** contraintes **pour** vous sentir libre.
Les soldats ont-ils **assez de** munitions **pour** se défendre ?
Nous avons **suffisamment de** provisions **pour** ne manquer de rien.

■ *Pour* corrélé à *il suffit de* ou *il suffit que*

| *Il suffit de* | + | dét. + nom | + *pour* + | infinitif |

Il suffit d'une petite sieste **pour** être en pleine forme.
    (= Une petite sieste, c'est suffisant pour être en pleine forme.)

| *Il suffit de* | + | infinitif | + *pour* + | infinitif |

Il suffit de dormir un peu **pour** se sentir mieux.
    (= Dormir un peu est suffisant pour se sentir mieux.)

| *Il suffit que* | + | verbe au subjonctif + *pour* + | infinitif |

Il suffit que je parte une semaine **pour** être submergé de courriers à mon retour.

2 *Au point de, jusqu'à, à*

■ *Au point de* + infinitif

Au *point de* est toujours suivi d'un infinitif :
    Elle est troublée **au point de** ne plus pouvoir parler.

On ne peut l'employer que si le verbe principal et l'infinitif ont le même sujet. Si ce n'est pas le cas, il faut utiliser *au point que*.

■ *Jusqu'à* + dét. + nom / + infinitif

Deux constructions sont possibles.
    Il l'aime **jusqu'à** l'aveuglement
    Nous avons tapé dans nos mains **jusqu'à** en avoir mal.
    Nous avons dansé **jusqu'à** en avoir la tête qui tourne.

Pour employer *jusqu'à* suivi d'un infinitif, il faut que le verbe principal et l'infinitif aient le même sujet.
Par ailleurs, on note que le pronom *en* est fréquemment associé à cette construction. Il indique la cause (= à cause de cela)

■ *À* + infinitif / + dét. + nom

La préposition *à*, dans l'expression de la conséquence, a le même sens que *jusqu'à*. Elle peut être suivie d'un infinitif ou d'un nom précédé d'un déterminant.
On la rencontre dans quelques expressions : *rire aux larmes, rire à en pleurer, courir à perdre haleine...*
    Nous avons ri **aux** larmes.
        (= jusqu'aux larmes)

> Il a couru **à** en perdre haleine.

Pour utiliser *à* suivi d'un infinitif, il faut que le verbe principal et l'infinitif aient le même sujet.

Et de même qu'avec *jusqu'à* suivi d'un infinitif, le pronom *en* est fréquemment associé à cette construction.

D. L'expression du but

I. Les propositions subordonnées

Le but peut être défini comme **une conséquence voulue**, souhaitée. Il se différencie de la conséquence par **une intention**.

On peut exprimer le but au moyen de **propositions subordonnées** introduites par des conjonctions. Les conjonctions marquant le but sont : *pour que, afin que, de (telle) sorte, de (telle) manière que, de (telle) façon que, de peur que, de crainte que*. Elles sont suivies du **subjonctif**. Les propositions qu'elles introduisent peuvent se placer avant ou après la proposition principale.

1 *Pour que, afin que*

Pour que est la conjonction la plus employée. *Afin que* a le même sens que *pour que* mais appartient à une langue plus soutenue.

> J'ai apporté une couverture **pour que** tu n'aies pas froid.
> **Pour que** la pauvreté disparaisse, que pouvons nous faire ?
> Pourriez-vous répondre à ces quelques questions **afin que** nous sachions ce qui vous intéresse le plus ?

Si la proposition principale est à l'impératif, et vient en tête, *pour que* et *afin que* sont fréquemment remplacés par *que*

> Viens, **que** je te montre ma collection.   (que = pour que)

REMARQUE : pour pouvoir employer *pour que* et *afin que*, il faut que le sujet de la proposition principale et le sujet de la proposition subordonnée soient **différents**. Si les sujets sont les mêmes, on doit obligatoirement utiliser les prépositions *pour* et *afin de* suivies de l'infinitif. Voir le chapitre suivant.

2 *De (telle) sorte / manière / façon que*

Ces trois conjonctions permettent d'exprimer le but mais aussi d'insister sur la manière.

> Il a demandé à un guide de nous accompagner **de sorte que** notre visite soit plus intéressante.
> Nous allons revoir nos tarifs **de manière qu'**ils soient mieux adaptés à la concurrence.
> Il faut rédiger votre texte **de façon qu'**il soit facile à lire.
> L'acteur doit régler son jeu **de telle façon qu'**on le perçoive du premier au dernier rang de la salle.

On peut ajouter à ces conjonctions *en sorte que,* employé dans l'expression ***faire en sorte que*** qui signifie : « agir de telle manière que »

> **Faites en sorte que** vos parents ne soient pas inquiets.

REMARQUES
– Les conjonctions *de (telle) sorte que, de (telle) manière que, de (telle) façon que* peuvent être suivies de l'indicatif : dans ce cas, elles expriment la conséquence.

– Pour pouvoir employer *de (telle) sorte que, de (telle) manière que, de (telle) façon que* et *en sorte que,* il faut que le sujet de la proposition principale et le sujet de la proposition subordonnée soient **différents**. Sinon, il faut utiliser les prépositions *de manière à, de façon à* ou *en sorte de* suivies d'un infinitif. Voir ci-dessous LES PRÉPOSITIONS.

3 *De peur que, de crainte que*

Ces conjonctions marquent un but négatif, que le sujet cherche à éviter. ***De peur que*** est d'un usage courant. ***De crainte que*** appartient à une langue plus soutenue.

> Elle porte de grosses lunettes noires **de peur qu'on (ne)** la reconnaisse.
> Nous ne l'avions pas invité à cette cérémonie **de crainte qu'il (ne)** fasse un scandale.

Ces conjonctions sont accompagnées, dans la langue soutenue, d'un *ne (n')* dit « explétif », qui n'a **aucune valeur négative** et ne change pas le sens de la proposition.

REMARQUE : pour employer *de peur que, de crainte que,* il faut que le sujet de la proposition principale et le sujet de la proposition subordonnée soient **différents**. Si les sujets sont les mêmes, on doit obligatoirement utiliser les prépositions *de peur de* ou *de crainte de* suivies de l'infinitif. Voir ci-dessous LES PRÉPOSITIONS.

REMARQUE GÉNÉRALE
Quand deux propositions subordonnées de but sont coordonnées et que le sujet de la seconde est répété ou différent de celui de la première, la seconde proposition est introduite par *que (qu')* : *pour que… **et que**, afin que… **et que**, de peur que… **et que**,* etc.

II. Les prépositions

On peut également exprimer le but au moyen de **prépositions.**

1 *Pour, afin de*

■ *Pour* + dét. + nom / + infinitif

> Nous essayons d'agir **pour** le bonheur de tous.
> Je t'appelle **pour** avoir de tes nouvelles.

6. L'EXPRESSION DU TEMPS ET LES GRANDS RAPPORTS LOGIQUES

> Je fais du sport **pour** rester mince.

Pour employer *pour* suivi d'un infinitif, il faut que le sujet de la proposition principale et le sujet de la proposition subordonnée soient les mêmes.

■ *Afin de* + infinitif

> Nous nous réunissons chaque mois **afin de** nous concerter.

Pour employer *afin de* suivi d'un infinitif, le sujet de la proposition principale et le sujet de la proposition subordonnée doivent être les mêmes.

2 *En vue de* + infinitif / + dét. + nom

La préposition ***en vue de*** est surtout employée dans la langue administrative. Elle peut être suivi d'un infinitif ou d'un nom précédé d'un déterminant.

> Le conseil d'administration s'est réuni **en vue de** l'élaboration de son rapport annuel.
> Le ministre des Affaires étrangères a signé un nouvel accord **en vue de** renforcer la coopération franco-britannique.

*En vue d*e suivi de l'infinitif ne peut s'employer que si sujet de la proposition principale et le sujet de la proposition subordonnée sont les mêmes.

3 *De manière à / de façon à* + infinitif

> Les sportifs s'entraînent **de manière à** améliorer leurs performances.
> Le sujet de cette épreuve est formulé **de manière à** guider le candidat dans sa réflexion.
> J'ai choisi mes stages **de façon à** me spécialiser dans le domaine qui m'intéresse.

Le sujet de la proposition principale et le sujet de la proposition subordonnée doivent être les mêmes.

REMARQUE : on peut adjoindre à ces prépositions *en sorte de* employé dans l'expression ***faire en sorte de***, qui signifie « agir de manière à ».

> Il arrive la semaine prochaine, mais nous **ferons en sorte de** l'éviter.

4 *De peur de / de crainte de* + infinitif

> Nous n'avons pas osé lui téléphoner **de peur de** le déranger.
> Je préfère me taire **de crainte de** le mécontenter.

Le sujet de la proposition principale et le sujet de la proposition subordonnée doivent être les mêmes.

E. L'expression de l'opposition et de la concession

I. L'expression de l'opposition

L'opposition consiste à envisager deux faits existant ou pouvant exister ensemble pour souligner **une différence, un contraste.** On peut l'exprimer de plusieurs manières.

1 La juxtaposition

On peut, d'abord, simplement, juxtaposer (= séparer par une virgule, un point-virgule, deux points) deux propositions comportant des termes contraires.

> Paul est blond, son frère a les cheveux bruns.
> Il fait beau à Paris ; il pleut à Lyon.
> Autant Pierre est travailleur, autant son frère est paresseux.
> (*autant… autant* souligne l'opposition)

C'est alors la contradiction des termes qui permet de comprendre le rapport d'opposition.

2 La conjonction *mais* et les adverbes de liaison

Mais l'on peut aussi marquer plus explicitement l'opposition au moyen de la conjonction de coordination *mais*, ou d'adverbes de liaison.

■ Mais

> Paul est blond, **mais** son frère a les cheveux bruns.
> Il fait beau à Paris, **mais** il pleut à Lyon.

■ Au contraire, par contre, en revanche, à l'opposé, inversement

En revanche appartient à une langue plutôt soutenue. *Par contre* est d'un emploi familier, mais très courant et admis aujourd'hui.

> Certains étudiants travaillent très sérieusement ; **en revanche** / **à l'opposé** / **au contraire** / **par contre**, d'autres ne font rien.

Inversement signifie « d'une manière inverse ».

> Notre collaboration est fructueuse. Je traduis en français les textes qui sont en anglais, et Bob, **inversement**, traduit en anglais les textes rédigés en français.

3 Les propositions subordonnées

Par ailleurs, l'opposition peut être aussi exprimée au moyen de **conjonctions introduisant des propositions subordonnées.** Ces conjonctions sont suivies de l'indicatif, à l'exception de *sans que*.

▪ *Alors que, tandis que* + indicatif

> Paul est blond **alors que** son frère a les cheveux bruns.
> **tandis que**

– *Alors que* et *tandis que* sont interchangeables dans l'expression de l'opposition.
– *Alors que* et *tandis que* n'expriment pas toujours l'opposition. Ces deux conjonctions peuvent aussi avoir une **valeur temporelle.**

▪ *Quand* + indicatif

La conjonction *quand* est généralement employée dans sa valeur temporelle. Mais elle peut aussi exprimer l'opposition. Dans ce cas, elle a le même sens que *alors que* ou *tandis que*.

> On lui donnerait trente ans **quand** il en a presque cinquante !

▪ *Si* + indicatif

La conjonction *si* peut également exprimer l'opposition.

> **Si** votre projet présente quelques inconvénients, celui de Claude, lui, n'a que des avantages.

ATTENTION : ne pas confondre *si* exprimant l'opposition avec *si* exprimant la condition.

> Si tu viens, je te montrerai mon nouveau vélo.

▪ *Si ce n'est que, excepté que, sauf que* + indicatif

Si ce n'est que, excepté que et *sauf que* marquent l'exception. *Sauf que* appartient à la langue familière.

> **excepté que**
> Notre retour s'est bien passé, **si ce n'est que** nous avons dû attendre deux heures à la frontière.

▪ *Sans que* + subjonctif

Sans que marque une opposition négative et est suivi du **subjonctif**.

> Il quitte ce poste **sans que** nous sachions pourquoi.
> (= tandis que nous ne savons pas pourquoi)

REMARQUE : quand deux propositions subordonnées sont coordonnées et que le sujet de la seconde est répété ou différent de celui de la première, la seconde proposition est introduite par *que (qu')* – *alors que… et que*, *tandis que… et que*, *quand… et que*, *si… et que*, *sans que… et que*, etc.

4 Les prépositions

Enfin, l'opposition peut être marquée au moyen de **prépositions** suivies d'un infinitif ou d'un nom. En voici un certain nombre.

■ Au contraire de / contrairement à / à l'opposé de / à l'inverse de

Au contraire de *contrairement à* *à l'inverse de* *à l'opposé de*	+ nom + dét. + nom + pronom

Il s'est marié très jeune, **au contraire de** sa sœur, qui est encore célibataire.
contrairement à ce qu'on dit.

C'est un mois d'avril magnifique, **à l'opposé de** celui de l'année dernière.

■ Au lieu de, plutôt que de, à la place de

Plutôt que de *Au lieu de*	+ infinitif

Elle voyagera en train **plutôt que de** prendre l'avion.
au lieu de prendre l'avion.

Au lieu de rester là à ne rien faire, tu pourrais m'aider un peu !

Au lieu de *À la place de*	+ nom + dét. + nom + pronom

À la place de appartient à la langue familière.

Elle s'est acheté une casquette **à la place d'**un chapeau.
C'est elle qui m'a appelé **au lieu de** toi.

■ Loin de + infinitif

Loin de m'en vouloir, il m'a invité à dîner.

■ Sans + infinitif

Il s'est trompé de route **sans** s'en apercevoir.
Entrez sans frapper.

RAPPEL : on ne peut employer une préposition suivie d'un infinitif que si le sujet du verbe principal et le sujet de l'infinitif sont les mêmes.

REMARQUE GÉNÉRALE : l'expression de l'opposition, en français, s'accompagne fréquemment d'**un renforcement** qui la met en valeur. Ce renforcement se fait :

● **par un pronom tonique :**

Si vous aimez le fromage, Florence, **elle**, n'en mange jamais.
Elle est très aimable, mais son frère, **lui**, ne me dit jamais bonjour.

6. L'EXPRESSION DU TEMPS ET LES GRANDS RAPPORTS LOGIQUES

- **par un adverbe (renforçant un mot coordonnant ou une conjonction) :**

    Paul est blond **mais** son frère, **en revanche**, a les cheveux bruns.
    Paul est blond **alors que** son frère, **au contraire**, a les cheveux bruns.

- **par une expression signifiant *quant à* :**

– *quant à* + pronom tonique
– *pour ma part, pour ta part, pour sa part*, etc.
– *de mon côté, de ton côté, de son côté*, etc.
– *en ce qui me concerne, en ce qui te concerne*, etc.

    Vincent est passionné de jeux vidéo, et peut rester des heures devant son ordinateur, **alors que**, **pour ma part**, je préfère la lecture.

La conjonction *si*, plus particulièrement, est souvent renforcée :

    Si Vincent préfère la bière, Jacques boit plus volontiers, **quant à lui**, un verre de vin.
    Si votre projet présente quelques inconvénients, celui de Claude, **en revanche**, n'a que des avantages.   à l'opposé
    Si mon professeur de mathématique est content de mon travail, celui de physique, **lui**, n'est pas satisfait.

II. L'expression de la concession (1)

La concession oppose **deux faits dont l'un aurait dû provoquer le contraire de l'autre** – deux faits, donc, **logiquement contradictoires** –, ce qui la différencie de l'opposition, qui met simplement en parallèle deux faits contraires. Ainsi, *Il est parti alors que je suis resté* exprime une simple opposition, mais *Il est parti alors qu'il m'avait promis de rester* exprime la concession.

On peut formuler la concession au moyen de la **conjonction de coordination *mais*,** d'**adverbes** ou de **prépositions**.

1 La conjonction *mais* et les adverbes de liaison

■ *Mais*

La conjonction de coordination *mais* peut marquer la concession :

    Ce n'est pas mauvais, **mais** vous pourriez faire mieux.

Elle signifie alors « malgré cela » et peut être précédée de ***certes*** ou ***il est vrai (que)*** :

    Certes, elle paraît jeune, **mais** elle a près de cinquante ans.
    Elle paraît jeune, **il est vrai**, **mais** elle a près de cinquante ans.
    Il est vrai qu'elle paraît jeune, **mais** elle a près de cinquante ans.

319

■ *Pourtant, cependant, néanmoins, toutefois*

Pourtant appartient à la langue courante, alors que **cependant, néanmoins** et **toutefois** relèvent de la **langue soutenue** et sont plus fréquemment employés à l'écrit.

> Il n'est pas venu. Il en avait **pourtant** très envie.

Par ailleurs, *pourtant* et *cependant* sont souvent perçus comme ayant plus de force que *néanmoins* ou *toutefois*.

> Il n'est pas venu. Il en avait **pourtant** très envie.
> Nous manquons de main d'œuvre. Les besoins, **cependant**, sont réels.
> Ses propos sont polémiques. **Néanmoins**, ils me paraissent objectifs.
> Ce vaccin ne présente aucun risque pour la santé. **Toutefois**, certains effets secondaires sont possibles.

REMARQUE : *pourtant, cependant, néanmoins, toutefois*, comme la conjonction *mais*, sont souvent précédés de *certes* ou *il est vrai (que)*.

■ *En fait, en réalité*

En fait et **en réalité** ont le même sens.

> Ce sport a la réputation d'être très sûr. **En fait**, il comporte un certain nombre de risques.

Ils sont souvent précédés de **en apparence**, ou d'un verbe tel que **paraître, sembler, avoir l'air.**

■ *Or*

Or est utilisé, dans un raisonnement ou un récit, pour introduire un élément nouveau. Il se place en tête de proposition. Il peut prendre une valeur de concession.

> Ils m'ont affirmé qu'ils avaient quitté ce pays depuis longtemps. **Or**, il n'en est rien.

■ *Pour autant*

Pour autant signifie **cependant.**

> On nous annonce que plus de 80 % des lycéens ont obtenu le bac cette année. Faut-il **pour autant** se réjouir d'un tel chiffre ?

Pour autant est fréquemment associé, de nos jours, à la préposition *sans*, qu'il renforce : ***sans pour autant*…**

■ *Tout de même, quand même*

Quand même et **tout de même** sont employés surtout à l'oral. Ils renforcent souvent la conjonction *mais*.

> Cette équipe a perdu ses trois matchs précédents **mais** nous lui souhaitons **quand même** bonne chance.

REMARQUE : ne pas écrire *comme même* mais *quand même*.

2 Les prépositions

■ *Malgré* + dét. + nom / + pronom

>Nous l'aimons bien **malgré** son mauvais caractère.
>Je l'ai dit **malgré** moi.
>   (*malgré moi* = contre mon gré, bien que je ne le veuille pas)

■ *En dépit de* + dét. + nom / + pronom

En dépit de signifie *malgré*, mais relève de la langue soutenue.

>**En dépit de** la crise, les entreprises multiplient les offres publiques d'achat (OPA).
>Il nie tout **en dépit des** faits.   (*des = de + les*)
>Je ne peux m'empêcher de l'admirer **en dépit de** ce que tu me dis de lui..

■ *Quitte à* + infinitif

Quitte à suivi de l'infinitif signifie « au risque de ».

>Je préfère tenter ma chance, **quitte à** échouer.
>   (= Je préfère tenter ma chance, même si je risque d'échouer).

REMARQUE : *quitte à* est également souvent suivi de *à ce que* – *Je préfère tenter ma chance, **quitte à ce qu'**on me le reproche*. Le sujet de la proposition principale et celui de la proposition subordonnée doivent être différents. Et le verbe de la proposition subordonnée est au subjonctif.

III. L'expression de la concession (2)

La concession peut également être exprimée au moyen de propositions subordonnées. La plupart de ces subordonnées sont au **subjonctif**, mais quelques-unes demandent **l'indicatif** ou **le conditionnel**. Ce sont celles que nous allons commencer par envisager.

1 *Alors (même) que, même si, si*

■ *Alors (même) que* + indicatif

>Il est parti **alors qu'**il m'avait promis de rester.

REMARQUE : *tandis que*, qui peut remplacer *alors que* dans l'opposition, ne peut être utilisé dans l'expression de la concession.

■ *Même si / si* + indicatif

Même si a plusieurs valeurs.

● ***Même si*** **peut marquer simplement la concession**

> **Même si** ses résultats sont irréguliers, c'est un étudiant brillant.

Dans cet emploi *même si* peut se réduire à *si*, généralement renforcé dans la proposition principale par un autre terme :

> **Si** ses résultats sont irréguliers, c'est **cependant** un étudiant brillant.

● ***Même si*** **peut aussi associer l'expression de la concession à l'idée d'hypothèse.**

> **Même si** tu reviens dans cette ville, je ne te reverrai pas.
> **Même si** tu revenais dans cette ville, je ne te reverrais pas.
> **Même si** tu étais revenu dans cette ville, je ne t'aurais pas revu.

Dans cet emploi, *même si* a le même sens que *quand bien même*.

2 *Quand bien même* + conditionnel

Quand bien même associe toujours l'expression de la concession à l'idée d'**hypothèse** et est suivi du **conditionnel.** Le verbe de proposition principale est le plus souvent, également, au conditionnel.

> Quand bien même il serait ruiné, qu'est-ce que cela changerait ?
> (= Même s'il était ruiné, qu'est-ce que cela changerait ?)
> Quand bien même il aurait tort, il ne faudrait pas le lui dire.
> (= Même s'il avait tort, il ne faudrait pas le lui dire.)

REMARQUE GÉNÉRALE : quand deux propositions subordonnées sont coordonnées (= liées), et que le sujet de la seconde est répété ou différent de celui de la première, la seconde proposition est introduite par *que (qu')* : *alors que … et que, même si … et que, si… et que …, quand bien même… et que…*

IV. L'expression de la concession (3)

1 *Bien que, quoique, encore que, sans que*

Dans l'expression de la concession, **parmi les propositions subordonnées dont le verbe est au subjonctif**, il y a, en premier lieu, celles introduites par les conjonctions de subordination ***bien que, quoique, encore que*** et ***sans que***.

■ *Bien que / quoique* + subjonctif

> J'ai accepté de l'aider **bien que** je ne le connaisse pas.
> **quoique**

6. L'EXPRESSION DU TEMPS ET LES GRANDS RAPPORTS LOGIQUES

REMARQUES

– Le verbe *être* et son sujet peuvent être sous-entendus après *bien que* ou *quoique* :

Il paraît confiant, **bien qu'un peu nerveux**.
(= Il paraît confiant bien qu'il soit un peu nerveux.)

– *Bien que* et *quoique* peuvent être suivis d'un participe présent :

Bien que vivant en France depuis de nombreuses années, ma grand-mère se sent encore très proche de son pays d'origine.

– *Malgré que*, qui signifie *bien que*, est jugé **incorrect**, sauf dans l'expression *malgré qu'il en ait*.

■ *Encore que* + subjonctif

Encore que associe à l'expression de la concession une idée de restriction.

C'est un texte satisfaisant, **encore que** vous puissiez l'améliorer ici ou là.
(= C'est un texte intéressant. Cependant, vous pouvez l'améliorer ici ou là.)

NOTER : on peut trouver le conditionnel après *encore que*.

■ *Sans que* + subjonctif

Sans que, dans l'expression de la concession, signifie « bien que … ne … pas »

Je suis au courant de toute cette affaire **sans qu'**il m'en ait rien dit.
(= bien qu'il ne m'en ait rien dit)

2 *Qui que, quoi que, où que, quel que*

Sont également au subjonctif, dans l'expression de la concession, les propositions subordonnées introduites par ***qui que, quoi que, où que, quel que***. Elles relèvent de la langue soutenue.

■ *Qui que* + subjonctif

Qui que vous soyez, je vous interdis d'entrer dans cette pièce.
(= Peu importe qui vous êtes…)

■ *Quoi que* + subjonctif

Quoi que vous fassiez, soyez prudent.
(= Peu importe ce que vous faites, soyez prudent.)

ATTENTION : ne pas confondre *quoique* (= *bien que*) et *quoi que* (= quelle que soit la chose, peu importe ce que…)

■ *Où que* + subjonctif

Il ne passe jamais inaperçu, **où qu'**il aille.
(= peu importe où il va)

■ *Quel que* + subjonctif

Quel que se construit **avec être**, ou *pouvoir être* au **subjonctif.**

> soient
> **Quelles que** puissent être ses raisons, il a tort d'agir ainsi.
> (= Peu importent ses raisons...)

Quel s'accorde en genre et en nombre avec le sujet du verbe dont il est attribut. Rappel des formes : *quel, quelle, quels, quelles*.

Attention à la place du sujet de la proposition subordonnée :
– si le sujet est un nom, il est **inversé** (= placé après le verbe *être*).

> Vous aimerez ce film, **quel que** soit **votre âge**.
> (= peu importe votre âge)

– si le sujet est un pronom personnel, il se place devant le verbe *être*.

> L'auteur de ce livre, **quel qu'il** soit, a du talent.
> (= peu importe qui il est)

3 *Tout... que, si... que, quelque... que et pour... que*

Enfin, les propositions subordonnées construites avec ***tout… que, si… que, quelque… que* et *pour… que*** sont aussi au subjonctif. Elles fondent la concession sur un adjectif ou un nom (employé avec une valeur d'adjectif), qu'elles mettent en valeur, et relèvent également de la langue soutenue.

Tout *Si* *Quelque* *Pour*	+ adjectif + *que*

Dans ces constructions, l'adjectif encadré est mis en valeur. L'adverbe *si*, de plus, souligne la force de l'opposition.

> **Tout** intelligent **qu'**il soit, il n'a pu résoudre cette équation.
> (= Bien qu'il soit intelligent, il n'a pu résoudre cette équation.)
> **Si** rapides **que** nous soyons, ils nous ont échappé.
> (= Bien que nous soyons très rapides, ils nous ont échappé.)
> **Quelque** efficaces **qu'**elles soient, ces mesures ne sont guère appréciées.
> (= Bien qu'elles soient efficaces, ces mesures ne sont guère appréciées.)
> **Pour** savant **qu'**il soit, cet article n'en est pas moins écrit dans un style très agréable.
> (= Bien qu'il soit savant, cet article est écrit dans un style agréable.)

REMARQUES

– *Tout* est invariable au masculin, mais **s'accorde au féminin** devant un adjectif commençant par une consonne ou un *h* aspiré.

> **Toute** malheureuse **qu'**elle soit, elle trouve encore la force de rire.

– Après *tout… que*, les puristes préfèrent employer l'indicatif :

> Toute malheureuse qu'elle **est**, elle trouve encore la force de rire.

– *Quelque* suivi d'un adjectif est un **adverbe** et est **invariable.**

Tout		
Quelque	+ nom + ***que***	

Dans ces constructions, le nom encadré est mis en valeur.

> **Tout** roi **que** vous soyez, vous m'écouterez !
> **Quelque** effort **que** nous fassions pour le distraire, nous ne pouvons lui faire oublier son chagrin.
> Nous n'avons pu éviter cet accident, **quelques** précautions **que** nous ayons prises.

REMARQUES

– Après *tout… que*, les puristes préfèrent employer l'indicatif :

> Tout roi que vous **êtes**, vous m'écouterez.

– *Quelque* suivi d'un nom est un **déterminant indéfini** et est **variable** en genre et en nombre.

V. L'expression de la concession (4)

La locution verbale *avoir beau* suivie de l'infinitif associe à l'expression de la concession une nuance d'intensité :

> On **a beau** lui **dire** de ne pas s'inquiéter, il se fait du souci.
> (= On lui dit et redit de ne pas s'inquiéter, mais il se fait du souci.)

Elle peut se conjuguer à tous les temps.

> Vous **aurez beau** faire, il ne vous croira pas. (futur)
> Elle **avait beau** l'aimer, elle le trouvait insupportable. (imparfait)
> Nous **aurions beau** le lui expliquer, il ne nous écouterait pas. (conditionnel présent)

Aux temps composés :
– soit on met *avoir beau* au temps composé, et on le faire suivre de l'infinitif présent :

> J'ai eu beau lui dire de faire attention, il ne m'a pas écouté.

– soit on met *avoir beau* au temps simple qui correspond à ce temps composé, et on le fait suivre de l'infinitif composé :

> J'ai beau lui avoir dit de faire attention, il ne m'a pas écouté.

On choisit toujours cette dernière solution, si l'action exprimée par *avoir beau* suivi de l'infinitif est antérieure à celle exprimée par le verbe principal.

> J'ai beau lui **avoir dit** la vérité, il me considère comme un menteur.
> (Dans cette seconde phrase, on ne peut dire « J'ai eu beau lui dire la vérité » car l'action exprimée par *avoir beau* suivi de l'infinitif est antérieure à celle exprimée par le verbe principal)

RAPPEL

Les infinitifs composés se construisent ainsi : *être* ou *avoir* à l'infinitif + participe passé.

> avoir cherché, avoir pris, être tombé, s'être levé, etc.

F. L'expression de la comparaison

I. Prépositions, adverbes, propositions comparatives

L'opposition et la comparaison sont souvent étroitement liées. Mais alors que l'**opposition** consiste à rapprocher deux faits pour souligner une **différence** ou un **contraste**, la **comparaison**, elle, consiste à rapprocher deux faits pour mettre en évidence ou suggérer une **ressemblance**.
La comparaison peut être exprimée de multiples manières. Et tout d'abord, au moyen de prépositions, d'adverbes de liaison et de propositions subordonnées introduites par les conjonctions *comme, comme si, ainsi que, de même que, aussi bien que*.

1 Les prépositions

■ *À la manière de* + nom / + dét. + nom

> Il lisait en ânonnant **à la manière** d'un enfant.

■ *À la façon de* + nom / + dét. + nom

> Cet élève peint **à la façon de** son maître.

REMARQUE : dans l'expression de la comparaison, les groupes nominaux sont fréquemment introduits, également, par des adjectifs – *pareil à, semblable à, tel*, – ou des verbes – *ressembler, sembler, paraître, avoir l'air…*

2 Les adverbes de liaison

■ *Ainsi*

Ainsi signifie « de cette manière », « de cette façon ».

> Tous les dimanches, il s'habille **ainsi**.
> **Ainsi** va le monde.

Dans la langue soutenue, il permet de renforcer la conjonction *comme* (voir ci-dessous).

REMARQUE : *ainsi* peut également exprimer la conséquence. Voir dans LES ADVERBES, p. 228.

■ De même

De même signifie « de la même manière ».

> Je ne suis pas d'une nature rancunière ; et **de même**, je crois n'être pas jaloux.

Dans la langue soutenue, *de même* peut reprendre la conjonction *de même que* (voir ci-dessous).

Les propositions comparatives

On peut également exprimer la comparaison au moyen de **propositions subordonnées introduites par les conjonctions suivantes :**

■ Comme

> Il n'a pas changé. Il est toujours **comme** il était à vingt ans.

Quand le verbe de la proposition subordonnée est au conditionnel, la comparaison se fait avec un fait irréel :

> Il pleure **comme pleurerait** un enfant.

Dans la langue soutenue, la proposition subordonnée est parfois placée en tête, et *comme* renforcé, dans la proposition principale, par *ainsi.* La comparaison est alors **mise en relief**.

> **Comme** la lumière dissipe les ténèbres, **ainsi** la raison triomphe de l'erreur.

REMARQUE : l'adverbe *tout* peut précéder et renforcer *comme*.

> Alexandre aime les mathématiques, **tout comme** son frère.

■ Comme si

Cette conjonction permet d'exprimer une **comparaison avec un fait irréel**. Elle est toujours suivie de l'**imparfait** (employé comme un équivalent du conditionnel présent) ou du **plus-que-parfait** (employé comme un équivalent du conditionnel passé).

> Quand il me croise dans la rue, il fait **comme s'**il ne me voyait pas.

■ Ainsi que

Ainsi que signifie « comme ». Cette conjonction s'emploie dans la **langue soutenue** et peut être suivie de l'indicatif ou du conditionnel.

> Je me suis absentée une semaine, **ainsi que** je vous l'avais dit.
> Il réagit **ainsi que le ferait** un animal en colère.
>   (comparaison avec un fait irréel)

■ De même que

De même que signifie « comme ».

> Il est revenu sans explication, **de même qu'**il était parti sans nous dire pourquoi.

La proposition subordonnée commençant par ***de même que*** est fréquemment placée en tête de phrase, et ***de même que***, dans la langue soutenue, repris par ***de même*** dans la principale, afin de mettre en relief la comparaison.

> **De même qu'**il était parti sans nous dire pourquoi, **de même** il est revenu sans explication.

■ *Aussi bien que*

La conjonction *aussi bien que* s'emploie dans la langue soutenue. Elle signifie « comme ».

> Cet artiste peut te plaire **aussi bien qu'**il peut t'ennuyer.

REMARQUES

– Les propositions comparatives sont souvent elliptiques, c'est-à-dire qu'elles comportent fréquemment des mots sous-entendus :

> Il n'a pas changé. Il est toujours **comme à vingt ans**.
> (= comme il était à vingt)
> Il vieillit **comme le bon vin** : en se bonifiant.
> (= comme vieillit le bon vin)
> L'enseignement de la langue est primordial **de même que** celui des mathématiques.
> (= de même que celui des mathématiques est primordial)
> Le conférencier a mentionné ses ouvrages **aussi bien que** d'autres travaux importants.
> (= aussi bien qu'il a mentionné d'autres travaux importants)

On ne peut faire l'ellipse d'un mot dans la proposition subordonnée que s'il est employé dans la principale.

– Quand le verbe est le même dans la proposition principale et dans la proposition subordonnée, on peut le remplacer par le verbe *faire* accompagné du pronom neutre *le* :

> Hier, je suis passé voir mes parents, **comme je le fais** tous les dimanches.
> (= comme je passe les voir tous les dimanches)

II. *Plus (de), moins (de), autant (de), aussi*

On peut vouloir **évaluer** une qualité, une quantité, une manière d'être ou d'agir, en la comparant à une autre ou à d'autres existant ou pouvant exister On a alors recours à **un adverbe** ou à **un déterminant** exprimant le **degré**, qui établit :
– un rapport de **supériorité** : *plus, plus de…*
– un rapport d'**égalité** : *aussi, autant, autant de…*
– ou un rapport d'**infériorité** : *moins, moins de…*

Cet adverbe ou ce déterminant peuvent être associés à la conjonction ***que***, introduisant un complément de comparaison. Les trois constructions possibles sont alors :
– ***plus / moins / aussi* + adjectif / adverbe + *que***
– ***plus de / moins de / autant de* + nom + *que* (de + nom)**
– **verbe +** *plus / autant / moins (…) que*

6. L'EXPRESSION DU TEMPS ET LES GRANDS RAPPORTS LOGIQUES

1 Plus / moins / aussi [adjectif ou adverbe] que

▬ Plus / aussi / moins [adjectif] que

● Cette construction relève de ce que l'on appelle le comparatif de l'adjectif. On l'utilise pour évaluer une qualité :

> Pierre est **plus grand que** son frère.
> Pierre est **aussi sérieux que** je l'étais.
> Pierre est **moins rapide que** toi.
>> (Ne pas oublier que le pronom personnel est à la forme tonique si le verbe est sous-entendu.)

On l'utilise aussi pour évaluer **l'adéquation d'une qualité à un individu ou une chose** :

> Pierre est **aussi** travailleur **qu'**intelligent.

Dans ce cas, le complément du comparatif est un autre adjectif.

● **Il faut noter trois formes irrégulières, *meilleur, pire, moindre* :**

– *bon* → ~~plus bon~~ → *meilleur*

> Ce gâteau est **meilleur que** celui-là.

– *mauvais* : on peut dire **plus mauvais** ou **pire,** mais *pire* est plus fort.

> Notre score est **plus mauvais que** prévu.
> Cette marée noire est **pire que** la précédente.

– *petit* : on dira **plus petit** quand l'adjectif a un sens concret et **moindre** quand il a un sens abstrait.

> Pierre est **plus petit que** moi.
> C'est un détail de **moindre** importance.

REMARQUE : si le complément du comparatif est un autre adjectif, il est possible d'employer le comparatif *plus bon – il est plus bon qu'intelligent.*

▬ Plus / aussi / moins [adverbe] que

● Cette construction relève de ce que l'on appelle le comparatif de l'adverbe.

> Pierre conduit **plus** lentement **que** Paul.
> **plus** souvent que Paul.
> depuis **plus** longtemps que Paul.
> Pierre danse **aussi** bien **que** nous.
> Pierre court **moins** vite **que** les autres concurrents.
> **qu'**eux.

● **Il faut noter deux formes irrégulières, *mieux* et *pis***

– *bien* → ~~plus bien~~ → *mieux*

> Aimer, c'est **bien**. Mais quand c'est réciproque, c'est **mieux**.

– *mal* : on dira habituellement **plus mal**, mais il existe une autre forme, **pis**, qui s'utilise dans certaines expressions figées – *tant pis* (contraire de *tant mieux*), *de mal en pis* (= *de plus en plus mal*).

329

2 *Plus de / moins de / autant de* [nom] *que*

Les constructions ***plus de / moins de / autant de* + nom + *que*** permettent d'évaluer **une quantité**.

■ *Plus de / moins de / autant de* [nom] *que*

> Pierre a **plus de** livres **que** l'année dernière.
> Pierre a **moins de** défauts **que** son ami.
> Pierre a **autant de** pommes **qu'**il veut.

■ *Plus de / moins de / autant de* [nom] *que de* [nom]

> Pierre a **plus de** livres **que de** place pour les ranger.
> Pierre a **moins de** défauts **que de** qualités.

3 [Verbe] *plus / moins / autant que*

Ces constructions permettent d'évaluer
– **une manière d'agir** :
> Il réfléchit **plus qu'**elle.
> Il fume **moins qu'**avant.
> Elle se dépêche **autant qu'**elle peut.

– **l'adéquation d'une qualité à un individu ou à une chose** – c'est le cas lorsque le groupe verbal est constitué d'un verbe tel que *être, paraître, sembler* … et d'un attribut :
> Elle est **plus** mère **qu'**épouse.
> Paul est travailleur **autant qu'**intelligent.
> (= Paul est aussi travailleur qu'intelligent)

REMARQUE : il ne faut pas confondre ***autant que*** et ***aussi … que.*** Tous deux expriment un rapport d'égalité mais leur emploi est différent.
– *aussi* porte sur **l'adjectif** ou **l'adverbe qui le suit**.
– *autant que* porte sur **le verbe qui le précède ou le groupe verbal formé par le verbe et l'attribut**.

■ Les cas où *plus, moins, autant* sont séparés de *que*

– **Quand le verbe est à un temps composé**, le participe passé peut se placer avant *plus / moins / autant que* ou entre *plus / moins / autant* et *que*.
> Il m'a aidé **plus que** son frère.
> Il m'a **plus** aidé **que** son frère.

– **Quand le verbe a un complément**, le complément peut se placer avant *plus / moins / autant que* ou entre *plus / moins / autant* et *que*.
> Pierre se plaît à la campagne **moins qu'**à Paris.
> Pierre se plaît **moins** à la campagne **qu'**à Paris.
>
> Pierre aime la littérature **autant que** les mathématiques.
> Pierre aime **autant** la littérature **que** les mathématiques.

■ Le cas des locutions verbales

Avec des locutions verbales telles que *avoir soif, avoir faim, avoir envie, avoir besoin, faire chaud, faire froid…*, on place l'adverbe entre les deux termes et *que* après :

> Il fait **plus** chaud **qu'**hier.
> Henri a **moins** besoin d'argent **que** moi.

En principe, le comparatif d'égalité se fait avec *autant* lorsque le second terme est un nom : *soif, faim, envie, besoin, sommeil…* et avec *aussi* lorsqu'il s'agit d'un adjectif : *chaud, froid, beau…* Cependant, *aussi* se substitue fréquemment à *autant* :

> J'ai **autant** sommeil **que** vous. / J'ai **aussi** sommeil **que** vous.

REMARQUES
– **L'emploi du pronom neutre *le* et du *ne* explétif.**

Quand *que* est suivi d'une proposition, cette proposition comporte fréquemment un pronom neutre *le* reprenant le contenu de ce qui précède :

> Il est plus intelligent qu'on **le** dit.

En outre, dans **la langue soutenue**, on emploie un ***ne* explétif** après ***plus… que*** ou ***moins… que*** :

> Il est **plus** intelligent qu'on **ne** le dit.
> Elle est **moins** riche qu'elle **ne** le prétend.

– **Les adverbes permettant de renforcer ou nuancer la comparaison.**

- *Autant (de)… que* et *aussi… que* peuvent être renforcés par l'adverbe *tout* :

> Je suis **tout aussi** occupée que lui.
> Je travaille **tout autant** que toi.
> J'ai **tout autant de** travail que toi.

- *Plus (de)… que, moins (de)… que* peuvent être renforcés par les adverbes *beaucoup, bien,* ou nuancés par les adverbes *un peu, légèrement* :

> Je suis **beaucoup plus** occupée que toi.
> Je me sens **bien mieux** qu'hier.
> Il y a **un peu moins de** vent qu'à la campagne.

– **L'emploi de *davantage*.**

Davantage signifie *plus*, mais est plus fort, et ne peut être employé qu'avec un verbe ou, suivi de la préposition *de*, devant un nom :

> Il mange **davantage que** son frère.
>   (= Il mange plus que son frère.)
> Il a **davantage d'**appétit que son frère.

Il se place toujours après le verbe si celui-ci est conjugué. Si le verbe est suivi d'un infinitif, il se place avant ou après l'infinitif. Il peut être renforcé par l'adverbe *bien* :

> Il peut **davantage** progresser depuis que tu l'aides.
> Il peut progresser **davantage** depuis que tu l'aides.
> Il peut progresser **bien davantage** depuis que tu l'aides.

ATTENTION : *autant de* ne se rencontre pas toujours dans une relation de comparaison.

Ce déterminant peut exprimer simplement la quantité. Il est alors souvent employé **après une énumération**, pour en résumer les différents termes :

> « Quelle école voulons-nous ? Quel objectif doit-elle poursuivre ?
> Le 21ᵉ siècle est le siècle de l'informatique, d'internet, de la communication, **autant de** domaines où nous sommes en retard. » (Jean-Yves Hollinger, chronique « Le Journal économique », 11/09/2003, sur RTL).

III. *Le plus (de) / le moins (de)*

On peut vouloir distinguer un être ou un objet de tous les autres, **à l'intérieur d'un ensemble**, en attribuant à la qualité qu'il possède ou à sa manière d'être ou d'agir, **le degré le plus élevé** ou **le plus bas.** On utilise alors les adverbes *plus* ou *moins* précédés de l'article défini.

■ *Le / la / les... plus / moins* [adjectif]

● **C'est le superlatif de l'adjectif. Il peut être suivi d'un complément introduit par** *de* **:**

> C'est **le plus** beau jour <u>de ma vie</u>.
>   complément
>   du superlatif

Ou d'une proposition subordonnée relative (à l'indicatif ou au subjonctif) :

>   **que je connais.**
> C'est **le plus** grand écrivain **que je connaisse**.

L'article qui précède l'adjectif varie selon le genre et le nombre du nom qu'il détermine.

> Alice est **la plus** jeune de mes filles.
> J'ai cueilli **les plus** jolies fleurs du jardin.

Le déterminant possessif est aussi possible :

> C'est **mon plus** beau souvenir.

● **Si l'adjectif est placé après le nom, il faut répéter l'article :**

> Quel est **le** moyen de transport **le plus rapide** ?
> Je vais te faire visiter **les** monuments **les plus célèbres** de la ville.
> Je vais te faire visiter l'un **des** monuments **les plus célèbres** de la ville.
> (*des = de + les*)

Cette solution est possible avec tous les adjectifs. Et elle est doit être choisie chaque fois que l'adjectif ne peut se placer avant le nom. (Au sujet de la place des adjectifs, voir Reconnaître les adjectifs, p. 21.)

● **Quelques superlatifs sont irréguliers :** *le meilleur, le pire, le moindre.*

– *bon* → *le meilleur*

> À mon avis, c'est **la meilleure** solution.

– *mauvais* → on peut dire *le plus mauvais* ou *le pire*, mais *le pire* est plus fort.

> Ce devoir est **le plus mauvais**.
> C'est **la pire** catastrophe écologique que nous ayons connue.

– *petit* → on peut dire *le plus petit* (sens concret) ou *le moindre* (sens abstrait : « de faible importance »).

> Le colibri est l'oiseau **le plus petit**.
> Elle tombe malade à **la moindre** contrariété.

▪ *Le plus / le moins* [adverbe]

– C'est ce que l'on appelle le **superlatif de l'adverbe**. L'article *le* est invariable.

> Qui court **le plus** vite ?

– Une forme est irrégulière : *bien* → *le mieux.*

> Qui chante **le mieux** ?

▪ *Le plus de / le moins de* [nom]

L'article *le* est invariable.

> C'est toi qui a **le plus de** chance.
> Il est celui qui a mangé **le plus de** gâteaux.

▪ [Verbe] *le plus / le moins*

L'article *le* est invariable.

> De nous tous, tu es celui qui travaille **le moins**.

Tableau récapitulatif des comparatifs et superlatifs de *bon* et *bien*

	Adjectif *bon(-ne)*	Adverbe *bien*
Comparatif	moins bon(-ne) que	moins bien que
	aussi bon(-ne) que	aussi bien que
	meilleur(-e) que	mieux que
Superlatif	le meilleur (la meilleure)	le mieux
	le moins bon (la moins bonne)	le moins bien

IV. Exprimer les idées de progression et de proportion

On peut vouloir associer à la comparaison l'idée d'une **progression**, ou d'une **proportion**.

1 Comparaison et progression

On emploie *de plus en plus (de)* pour indiquer un accroissement progressif et *de moins en moins (de)* pour indiquer une diminution progressive.

▪ *De plus en plus / de moins en moins* [adjectif / adverbe]

> Les ordinateurs sont **de plus en plus** performants.
> Pauline danse **de mieux en mieux**.
> C'est **de pire en pire**.

■ *De plus en plus de / de moins en moins de* [nom]

> Il prend **de plus en plus de** précautions.
> J'ai **de moins en moins de** travail.

■ [Verbe] *de plus en plus / de moins en moins*

> François travaille **de plus en plus**.
> Il dépense **de plus en plus** et économise **de moins en moins**.

2 Comparaison et proportion

Pour indiquer **des accroissements ou des diminutions liés proportionnellement**, on peut recourir à deux types de constructions :

■ *Plus … plus, plus … moins, moins … moins, moins … plus*

> « **Plus** j'y réfléchis, **plus** je trouve ton exemple stupide. » (Gide, *Paludes*)
> « **Plus** j'écris, […] **plus** la mémoire me revient. » (Jorge Semprun, *Se taire est impossible*)
> **Plus** il est fait chaud, **moins** j'ai envie de travailler.
> **Moins** il dit la vérité, **moins** on a confiance en lui.
> **Moins** je vois cette personne, **plus** je suis content.

■ *D'autant plus… que… plus / moins, d'autant moins… que… plus / moins*

> Il est **d'autant plus** fatigué qu'il travaille **plus**.
>   (= Plus il travaille, plus il est fatigué)
> Il est **d'autant plus** fatigué qu'il dort **moins**.
>   (= Moins il dort, plus il est fatigué)
> Il est **d'autant plus** irritable qu'il est **plus** fatigué.
>   (= Plus il est fatigué, plus il est irritable)

REMARQUES

– Ne confondez pas : *d'autant plus / moins… que… plus / moins* avec *d'autant plus / moins… que* qui sert à renforcer la cause. Voir dans L'EXPRESSION DE LA CAUSE, p. 296.

– *Autant… autant* permet de souligner l'opposition.

> **Autant** Pierre est agréable, **autant** son frère est insupportable.

G. L'expression de l'hypothèse

I. Les subordonnées de condition (1)

Pour exprimer l'hypothèse, on peut utiliser ce que l'on appelle un « système hypothétique », formé d'une proposition principale et d'une proposition subordonnée de condition (ou subordonnée hypothétique), qui, comme son nom l'indique, est la condition de l'autre.
Les systèmes hypothétiques comportant une proposition subordonnée introduite par *si* sont les plus courants. *Si* est toujours suivi de l'indicatif (excepté le conditionnel avec valeur de futur dans le passé). Selon que le verbe de la proposition principale est à l'indicatif ou au conditionnel, l'hypothèse est située dans le réel ou hors du réel.

1 Hypothèse située dans le réel

Le verbe de la proposition principale est à l'indicatif.

■ *Si* + présent ... présent

La condition est **toujours vraie** ou **se répète dans le présent**.

> Si l'on **verse** de l'huile dans de l'eau, l'huile **flotte** au-dessus.
> (condition toujours vraie)
> Si je **quitte** mon domicile à sept heures, j'**arrive** en retard à l'université.
> (condition qui se répète dans le présent)

■ *Si* + présent ... présent (avec une valeur de futur) / futur / impératif

La condition est **située dans l'avenir**.

> Si tu **as** un empêchement cet après-midi, tu me **téléphones**.
> Si tu **as** un empêchement cet après-midi, nous **reporterons** notre rendez-vous.
> Si tu **as** un empêchement cet après-midi, **préviens**-moi.

■ *Si* + passé composé ... présent / futur / impératif

La condition est **antérieure** à ses **conséquences présentes** ou **futures**.

> Si vous **avez acheté** un ticket à 6 euros, vous **pouvez** visiter aussi l'intérieur du château.
> S'il **a suivi** les recommandations du médecin, il **se remettra** rapidement.
> Si tu **as fini** avant huit heures, **passe** nous voir à la maison.

■ *Si* + imparfait ... imparfait

La condition **s'est répétée dans le passé.**

> Si je **quittais** mon domicile à sept heures, j'**arrivais** en retard à l'université.

Variante : *si* + plus-que-parfait … imparfait.
La condition est **antérieure, dans le passé, à sa conséquence.**
> Si nous nous **étions disputés** la veille, elle boudait toute la journée.

2 Hypothèse hors du réel

Le verbe de la proposition principale est au conditionnel. Les temps de la subordonnée sont employés dans leur **valeur modale**.

■ *Si* + imparfait … conditionnel présent

Deux possibilités :
– **La condition concerne le futur**, l'hypothèse est encore réalisable : il s'agit du **potentiel**.
> Si nous **rendions** visite à tes parents la semaine prochaine, nous leur **apporterions** ces photos.

– **La condition concerne le présent**, l'hypothèse est contredite par la réalité : il s'agit de l'**irréel du présent**.
> S'il en **avait** la possibilité, il **déménagerait** dès maintenant.

Variante : *si* + plus-que-parfait … conditionnel présent.
La condition est antérieure à sa conséquence présente.
> Si tu **m'avais dit** la vérité plus tôt, nous ne **serions** pas dans cette situation aujourd'hui.

■ *Si* + plus-que-parfait … conditionnel passé.

La condition est située dans le passé, et l'hypothèse ne s'est pas réalisée. C'est l'irréel du passé.
> S'il **avait voulu** vous rencontrer, il vous **l'aurait fait** savoir.

Variante : *si* + imparfait … conditionnel passé.
L'imparfait permet d'exprimer la permanence de la condition dans le présent.
> Si tu **avais** un meilleur vélo, tu **aurais pu** nous accompagner.

REMARQUE : autrefois, on pouvait exprimer l'irréel passé au moyen du subjonctif plus-que-parfait dans la proposition subordonnée et la proposition principale, ou bien dans l'une ou l'autre seulement.
> S'il **eût voulu** vous rencontrer, il vous l'**eût fait** savoir.
> S'il **avait voulu** vous rencontrer, il vous l'**eût fait** savoir.
> S'il **eût voulu** vous rencontrer, il vous l'**aurait fait** savoir.

II. Les subordonnées de condition (2)

Outre la conjonction *si*, d'autres conjonctions peuvent introduire les propositions subordonnées de condition (ou subordonnées hypothétiques) :
– trois conjonctions formées avec *si* : *même si, comme si, sauf si*, suivies de l'**indicatif**.
– les conjonctions *selon que* et *suivant que* suivies également de l'**indicatif**.
– les conjonctions *à supposer que, en supposant que, en admettant que, à condition que, pourvu que, pour peu que, à moins que, soit que,* suivies du **subjonctif**.
– la conjonction *au cas où*, suivie du **conditionnel**.

1 Les conjonctions suivies de l'indicatif

■ Même si   *auch wenn*

Même si associe l'expression de l'hypothèse à celle de la concession.

> **Même si** vous vous excusez, il ne vous pardonnera pas.
> **Même si** vous vous excusiez, il ne vous pardonnerait pas.
> **Même si** vous vous étiez excusé, il ne vous aurait pas pardonné.

Voir aussi L'EXPRESSION DE LA CONCESSION (2), p. 321.

■ Comme si   *als ob*

Comme si associe l'expression de l'hypothèse à celle de la comparaison, et est **suivi de l'imparfait ou du plus-que-parfait**, employés dans leur valeur modale.

> Elle me regarde avec indifférence, **comme si** elle ne me reconnaissait pas.
> Il **faisait** comme s'il ne s'était rien passé.

■ Sauf si   *außer wenn*

Sauf si exprime à la fois l'hypothèse et la restriction.

> En France, vous pouvez toujours consommer l'eau du robinet, **sauf si** des informations contraires sont données par les pouvoirs publics.

■ Selon que, suivant que   *je nachdem ob ... oder ...*

Ces conjonctions se rencontrent dans les constructions *selon que... ou (que)* et *suivant que... ou (que)* qui permettent d'exprimer deux hypothèses opposées :
– *selon que... ou (que)*

> Vous ne bénéficez pas des mêmes avantages **selon que** vous êtes âgé de moins de 65 ans **ou** de 65 ans ou plus.

– *suivant que... ou (que)*

> Ce chercheur tente de démontrer que le risque de pathologies respiratoires est différent **suivant que** l'on est **ou** pas exposé à l'ozone.

2 Les conjonctions suivies du subjonctif

■ À supposer que, en supposant que, en admettant que, si tant est que

Ces trois conjonctions expriment l'hypothèse.

> **En supposant que** Robert ait envie de nous accompagner, en aura-t-il les moyens ?
> **À supposer que** cet homme ait raison, pourra-t-il convaincre ses adversaires ?
> Le paquet de cigarettes coûte environ 5 euros. **En admettant que** vous fumiez dix cigarettes par jour, cela représente une somme de 75 euros par mois, soit 900 euros par an.
> Vous pouvez compter sur mon appui, **si tant est** que vous en ayez besoin.

■ À condition que, pourvu que, pour peu que

À condition que et *pourvu que* indiquent simplement une condition. *Pour peu que* introduit une condition minimale suffisante.

> Ces excursions sont réalisables toute l'année **à condition que** le temps le permette.
> Vous pouvez vous déplacer librement dans ce pays **pourvu que** votre passeport soit en règle.
> Il vous aidera **pour peu que** vous le lui demandiez.
> (= Il suffit que vous le lui demandiez pour qu'il vous aide)

REMARQUE : quand le sujet de la proposition principale est le même que celui de la proposition subordonnée, *à condition que* est souvent remplacé par *à condition de* suivi d'un infinitif, mais ce n'est pas une obligation.

■ À moins que

La conjonction *à moins que* signifie *sauf si*. Elle exprime à la fois une restriction et une hypothèse. Elle peut être suivie ou non d'un *ne* explétif.

> J'arriverai à huit heures **à moins qu'**il (n') y ait un embouteillage.

REMARQUES
– Le *ne* explétif ne change pas le sens de la phrase.
– Quand le sujet de la proposition principale est le même que celui de la proposition subordonnée, *à moins que* est souvent remplacé par *à moins de* suivi d'un infinitif, mais ce n'est pas une obligation.

■ Soit que

Cette conjonction se rencontre dans la construction ***soit que… soit que*** qui permet d'exprimer deux hypothèses opposées.

> **Soit que** vous restiez, **soit que** vous partiez, vous devez de toute façon m'en avertir auparavant.

REMARQUE : avec un sens équivalent, on peut aussi utiliser aussi la construction ***que… ou (que)***

> **Que** vous restiez **ou que** vous partiez, vous devez de toute façon m'en avertir auparavant.
> **Qu'**il ait tort **ou** raison, peu importe.
> **Qu'**il pleuve, **qu'**il neige **ou qu'**il vente, tu es toujours par monts et par vaux.

3 *Au cas où* suivi du conditionnel

Au cas où marque **l'éventualité.** Cette conjonction est suivie du **conditionnel.**

> *Falls* J'ai pris un billet pour François **au cas où** il aurait le temps de voir ce film avec nous.

III. Les autres moyens d'exprimer l'hypothèse

Voici encore un certain nombre d'**autres moyens d'exprimer l'hypothèse.**

1 La juxtaposition

Un système hypothétique peut être formé de **deux propositions indépendantes juxtaposées** (= séparées par une virgule, un point-virgule ou deux points). La première est alors la condition de la seconde :

> Elle **partirait**, elle nous **manquerait** beaucoup.
> (= Si elle partait, elle nous manquerait beaucoup.)

Les deux verbes sont au même temps – généralement au conditionnel, mais pas obligatoirement :

> Il **arrive** demain, je **m'enfuis**.
> (= S'il arrive demain, je m'enfuis.)

Par ailleurs, la condition peut être exprimée dans la première proposition par une tournure interrogative :

> **Formulait**-il le moindre souhait, on le **satisfaisait** aussitôt.

Ou par un verbe à l'impératif – le verbe de la deuxième proposition est alors au futur :

> **Réfléchissez**, et vous **verrez** qu'il n'y a pas d'autre solution.

2 La coordination

On peut également exprimer l'hypothèse au moyen d'adverbes : *sinon*, qui équivaut à une proposition hypothétique négative (*si... ne... pas*), ou *autrement*.

> Il faut absolument obtenir ce diplôme, **sinon** tu ne trouveras pas de travail.
> (*sinon* = si tu n'obtiens pas ce diplôme)
> Heureusement que tu m'avais donné ce plan de la ville, **sinon** je me serais perdu.
> (*sinon* = si tu ne m'avais pas donné ce plan de la ville)

Autrement signifie « sinon », et s'emploie surtout à l'oral. Dans la langue familière, on utilise aussi, avec le même sens, *sans ça*.

3. Les prépositions

■ À condition de + infinitif

Cette maladie se soigne très bien **à condition d'**être diagnostiquée rapidement.

■ À moins de + infinitif / + dét. + nom

À moins de ne jamais regarder la télévision, les enfants ne peuvent échapper à l'influence de la publicité.
Je viendrai **à moins d'**un imprévu.

■ En cas de + nom

Vous pouvez vous adresser à votre voisin **en cas de** problème.
Il vaut mieux être bien assuré **en cas de** sinistre.

ATTENTION : *au cas où* + verbe au conditionnel, *en cas de* + nom.

■ Avec + nom / + dét. + nom / + pronom tonique

Avec un peu de chance, vous le verrez.
    (= Si vous avez un peu de chance, vous le verrez)
Avec lui, je n'aurais pas eu peur.
    (= S'il avait été là, je n'aurais pas eu peur.)

■ Sans + nom / + dét. + nom / + pronom

Vous ne pouvez visiter cet endroit **sans** une autorisation de la mairie.
    (= Vous ne pouvez visiter cet endroit si vous n'avez pas d'autorisation de la mairie.)
Sans moi, il ne parviendrait jamais à faire ces exercices.
    (= Si je n'étais pas là, il ne parviendrait jamais à faire ces exercices.)

REMARQUE : l'article indéfini et l'article partitif sont souvent omis après *sans*.

Sans travail, comment vivrait-elle ?
    (= Si elle n'avait pas de travail, comment vivrait-elle ?)

■ Sauf + nom

Dans l'expression de la condition, la préposition *sauf* est le plus souvent suivie d'un nom sans article. On la trouve, entre autres, dans des expressions telles que : *sauf exception, sauf contrordre, sauf avis contraire…*

Sauf contrordre, nous décollerons à 14 heures.
    (= Sauf s'il y a un contrordre)

4. Le gérondif

Le gérondif exprime une **action qui se déroule en même temps** que celle du verbe principal. Il peut prende une valeur hypothétique :

En économisant cent euros par mois, tu pourrais te payer ce voyage l'année prochaine.
    (= Si tu économises cent euros par mois)

ATTENTION : le sujet du gérondif **doit toujours être le même** que celui du verbe principal.

5 Un adjectif ou un participe passé

Enfin, on peut exprimer l'hypothèse au moyen d'un adjectif ou d'un participe passé apposé :

>**Moins paresseux**, il réussirait, car il a du talent.
>   (= s'il était moins paresseux)
>**Arrivée** une heure plus tôt, elle t'aurait croisé.
>   (= si elle était arrivée une heure plus tôt)

Table des matières

Préface 3

Avant-propos 5

Sommaire 7

1. Les noms, les adjectifs et les déterminants 9

A Les noms 11

I. Le nom commun et le nom propre 11
1. Le nom commun 11
   – Comptable / non comptable 11
   – Animé / inanimé 12
   – Abstrait / concret 12
2. Le nom propre 12

II. Le genre des noms désignant des inanimés 13
1. Noms masculins 13
2. Noms féminins 14

III. Le féminin des noms 15
1. Règle générale 15
2. Cas particuliers 15
   – On ajoute un -e et on modifie la dernière
     ou l'avant-dernière lettre au féminin 15
   – On ajoute un suffixe ou on change de suffixe au féminin 16
   – On change totalement de radical au féminin 17
   – Cas des noms n'ayant qu'un seul genre 17

IV. Le pluriel des noms 17
1. Règle générale 17
2. Cas particuliers 17

V. Le pluriel des noms composés 18
1. Règle générale 18
2. Cas particuliers 19

B Les adjectifs 21

I. Reconnaître les adjectifs 21
1. Définition 21
2. Les fonctions de l'adjectif : épithète, apposé, attribut 22
3. La place des adjectifs épithètes 22
   – Les adjectifs relationnels 22
   – Les adjectifs qualificatifs 22
   – Les adjectifs numéraux ordinaux 23
   – Les adjectifs indéfinis 23
4. Bien distinguer l'adjectif 23

II. Le féminin des adjectifs 24
1. Règle générale 24
2. Cas particuliers 25
– Les adjectifs se terminant par -er au masculin se terminent par -ère au féminin 25
– Les adjectifs se terminant par -gu au masculin se terminent par -güe au féminin 25
– Certains adjectifs doublent la consonne finale au féminin 25
– Certains adjectifs changent la consonne finale au féminin 26
– Certains adjectifs prennent un suffixe ou changent de suffixe 26
– Modifications particulières 26

III. Le pluriel des adjectifs 27
1. Règle générale 27
2. Cas particuliers 27
– Les adjectifs se terminant par -eau au masculin singulier se terminent par -x au masculin pluriel 27
– Les adjectifs se terminant par -al au masculin singulier se terminent par -aux au masculin pluriel 27
– Cas de deux adjectifs se terminant par -eu au masculin singulier 28

IV. L'accord des adjectifs : les cas particuliers 28
1. Règle générale 28
– En genre 28
– En nombre 28
2. Cas particuliers 28
– L'accord de l'adjectif se rapportant à plusieurs noms ou pronoms 28
– L'accord de l'adjectif composé 29
– L'accord de l'adjectif de couleur 29

V. Les adjectifs indéfinis (1) 29
1. *Autre* 29
– *Autre* employé avec un nom 29
– *Autre* employé avec un pronom tonique 30
2. *Même* 30
– *Même* employé avec un nom 30
– *Même* employé avec un pronom tonique 31
3. *Quelconque* 31

VI. Les adjectifs indéfinis (2) 32
– *Tel* placé avant le nom auquel il se rapporte 32
– *Tel* placé après le nom auquel il se rapporte 32
– *Tel* attribut 33

C Les déterminants 34
I. Qu'est-ce qu'un déterminant ? 34
II. L'article indéfini (1) 35
1. Formes 35
2. Emplois 35
– Devant un nom désignant un élément quelconque d'un ensemble 35
– Devant un nom désignant une catégorie générale 36
– Deux emplois particuliers 36

III. L'article indéfini (2) 37
1. Devant un nom précédé d'un adjectif 37
2. Après un verbe à la forme négative 37

IV. L'article défini 38
1. Formes 38
   - La contraction des formes *le* et *les* avec les prépositions *à* et *de* 39
2. Emplois 39
   - Devant un nom désignant une catégorie générale 39
   - Devant un nom désignant un être ou un objet déjà identifié ou que la suite permet d'identifier 39
   - Utilisations plus particulières 40
   - Emploi particulier relevant de la langue familière 41

V. L'article partitif 42
1. Les formes de l'article partitif 42
2. L'article partitif après un verbe à la forme négative 42
3. L'article partitif devant un nom propre de personne 43

VI. L'omission de l'article 43
1. Après la préposition *de* 43
   - L'omission de l'article indéfini pluriel 43
   - L'omission de l'article partitif 43
   - L'omission des trois articles 44
2. Après les prépositions *à*, *sans*, *avec*, *par*... 44
   - L'omission de l'article après la préposition *à* 44
   - L'omission de l'article après la préposition *en* 44
   - L'omission de l'article après les prépositions *avec* et *sans* 45
   - L'omission de l'article après la préposition *par* 45
3. L'omission de l'article dans certaines locutions 46
4. Autres cas d'omission de l'article 46
   - Dans les coordinations par *ni... ni*, *sans... ni* 46
   - Devant un nom de profession attribut 47
   - Devant un groupe nominal isolé 47
   - Dans les formules proverbiales 47
   - Dans les énumérations 47
   - Dans les petites annonces ou les télégrammes 48

VII. Le déterminant possessif 48
1. Formes 48
2. Emplois 49
   - Les nuances du déterminant possessif 49
   - Le déterminant possessif et l'article défini 49
   - Le renforcement du déterminant possessif 49

VIII. Le déterminant démonstratif 50
1. Formes 50
2. Emplois 50
3. Formes composées 51
4. Valeur affective 52

IX. Les déterminants indéfinis (1) 53
1. Le déterminant indéfini *tout* 53
– Les formes 53
– *Tout* placé avant le nom qu'il détermine ou suivi d'un autre déterminant 53
– *Tout* suivi d'un pronom 54
2. Le déterminant indéfini *chaque* 54
– *Chaque* + nom singulier 54
– Différence entre *tout* employé comme distributif et *chaque* 54

X. Les déterminants indéfinis (2) 55
– *Quelques* 55
– *Certains* 55
– *Plusieurs* 55
– *Divers, différents* 55
– *Beaucoup de, quantité de, nombre de* (ou *bon nombre de*) 55
– *Peu de, un peu de* 56
– *Trop de, assez de, suffisamment de* 56
– *Autant de, plus de, davantage de, moins de* 56
– *Tant de, tellement de* 56

XI. Les déterminants indéfinis (3) 57
– *Aucun* 57
– *Nul* 57
– *Pas un* 58

XII. Les déterminants indéfinis (4) 58
– *Tel* 58
– *N'importe quel* 58
– *Quelque* 59
– *Certain* 59

XIII. Les déterminants interrogatifs 59
– *Quel* 59
– *Combien de* 60

XIV. Les déterminants exclamatifs 61
– *Quel* 61
– *Combien de, que de* 62

XV. Les déterminants numéraux cardinaux 62
1. Emplois 62
2. Difficultés d'orthographe et de prononciation 62
– Le genre 62
– Le nombre 63
– Le trait d'union 63
– Les variations de prononciation 63

2. Les pronoms 65

A. Les pronoms personnels 67

I. Les pronoms personnels sujets 67
1. Formes 67
2. Quelques emplois particuliers 68
   - Le *vous* de politesse 68
   - L'emploi de *on* à la place de *nous* 68
3. La place du pronom personnel sujet 69

II. Les pronoms personnels COD 70
1. Formes 70
2. Emplois 70
   - L'élision des pronoms *me*, *te*, *le*, *la* 70
   - Pas de forme COD pour le pronom *on* 71
   - *Me*, *te*, *nous*, *vous* COD ou COI 71
   - Emploi des pronoms COD de la 3ᵉ personne 71

III. Les pronoms personnels COI conjoints 72
1. Formes des pronoms COI conjoints 72
2. Emplois des pronoms COI conjoints 73
   - L'élision des pronoms *me* et *te* 73
   - Pas de forme COI pour le pronom *on* 73
   - *Me*, *te*, *nous*, *vous* COD ou COI 73
   - Emploi des pronoms COI *me*, *te*, *lui*, *nous*, *vous*, *leur* 73
   - *En* et *y* 74
   - *Leur* ou *leur(s)* ? 75

IV. Les pronoms disjoints, dits « pronoms toniques » 75
1. Formes des pronoms toniques 75
2. Emplois des pronoms toniques 76
   - Insistance sur l'identité 76
   - Remplacement des pronoms sujets 76
   - Emploi après certains mots 76
   - Un cas particulier : l'emploi après les prépositions à et *de*. 77
   - Le pronom *soi* 78
3. Le pronom tonique suivi de *même(s)* 78

V. Les pronoms réfléchis 79
1. Les pronoms qui précèdent les verbes pronominaux 79
   - Formes 79
   - Fonctions 79
   - Emplois du pronom *se* 79
   - Le pronom réfléchi dans une proposition relative introduite par *qui* 80
2. Le pronom *soi* 80

VI. Le pronom *y* 80
1. *Y* complément circonstanciel de lieu 81
– Le lieu où l'on est 81
– Le lieu où l'on va 81
2. *Y* complément d'objet indirect 81
3. *Y* complément de l'adjectif 82
4. La place de *y* dans la phrase 82

VII. Le pronom *en* (1) 83
1. *En* complément circonstanciel 83
2. *En* complément d'objet indirect 84
3. *En* complément de l'adjectif 85
4. Place de *en* dans la phrase 85

VIII. Le pronom *en* (2) 86
1. Reprise d'un nom précédé de l'article partitif 86
2. Reprise d'un nom précédé de l'article indéfini 87
– Un nom précédé de *un(e)* 87
– Un nom précédé de *des* 87
3. Reprise d'un nom précédé d'un déterminant numéral 87
4. Reprise d'un nom précédé de *combien de* 87
5. Reprise d'un nom précédé d'un déterminant indéfini de quantité 88
– Un nom précédé d'un déterminant indéfini de quantité comportant
la préposition *de* 88
– Un nom précédé de *quelques*, *plusieurs*, *certains* ou *aucun* 88

IX. Le pronom *en* (3) 89

X. La place des pronoms personnels compléments 90
1. Règle générale 90
– Verbe conjugué + pronom complément de l'infinitif + infinitif 90
– Pronom complément du verbe conjugué + verbe conjugué + infinitif 90
2. Cas particulier 91

XI. L'ordre des pronoms personnels compléments 91
1. Les pronoms personnels COI associés à *le*, *la*, *les* 91
2. Les pronoms personnels COD et COI associés à *y* 92
3. Les pronoms personnels COD et COI associés à *en* 92

XII. Les pronoms à l'impératif 93
1. Particularités de l'impératif en phrase affirmative 93
– Place des pronoms 93
– Les pronoms *moi* et *toi* 93
– Ajout d'un *-s* devant *en* ou *y* 93
– Ordre des pronoms 93
2. L'ordre des pronoms compléments à l'impératif 94
– Les pronoms COI associés à *le*, *la*, *les* 94
– Les pronoms COD et COI associés à *en* 95
– Les pronoms COD et COI associés à *y* 95

XIII. Le pronom neutre *le* 95

B Les pronoms relatifs 97

I. Les pronoms relatifs et les propositions relatives 97
1. Les pronoms relatifs 97
   - Définition 97
   - Pronoms relatifs simples et pronoms relatifs composés 97
2. Les propositions relatives 98
   - Définition 98
   - Place des propositions relatives dans la phrase 98
   - Place du sujet dans les propositions relatives 99
   - Le mode dans la proposition relative 99

II. Le pronom relatif *qui* 99
1. *Qui* pronom relatif sujet 99
2. Cas particulier de *qui* sans antécédent 100

III. Les pronoms relatifs *que* et *quoi* 100
1. Le pronom relatif *que* 100
   - *Que* COD du verbe de la proposition relative 101
   - *Que* attribut du sujet de la proposition relative 101
2. Le pronom relatif *quoi* 101

IV. Le pronom relatif *dont* 102
1. *Dont* complément d'objet indirect 102
2. *Dont* complément circonstanciel 103
3. *Dont* complément du nom 103
4. *Dont* complément de l'adjectif 104
5. *Dont* signifiant « parmi lesquel(le)s » 104

V. Le pronom relatif *où* 104
1. *Où* complément circonstanciel de lieu 104
2. *Où* complément circonstanciel de temps 105

VI. Les pronoms relatifs composés 105
1. Formes 105
2. Emplois 106
   - L'emploi de *lequel, laquelle, lesquels, lesquelles* 106
   - Emploi de *auquel, à laquelle, auxquels, auxquelles* 106
   - Emploi de *duquel, de laquelle, desquels, desquelles* 107

C Les pronoms possessifs et les pronoms démonstratifs 108

I. Les pronoms possessifs 108

II. Les pronoms démonstratifs (1) 109
1. Emploi des formes simples et des formes composées 109
   - Emploi des formes simples 109
   - Emploi des formes composées 109
2. Quelle différence entre *-ci* et *-là* ? 110
   - À l'oral, pour désigner un être ou un objet, on emploie plus souvent *-là* que *-ci* 110
   - *-là* et *-ci* s'emploient ensemble quand on veut différencier deux éléments 110
   - À l'écrit, la forme composée en *-ci* permet de reprendre un groupe nominal placé immédiatement avant 110

MAÎTRISER LA GRAMMAIRE FRANÇAISE

III. Les pronoms démonstratifs (2) 111
   1. Le pronom *ce* suivi du verbe *être* 111
      – Orthographe 111
      – Principaux emplois 111
      – *Ce* ou *ça* ? 113
   2. Le pronom *ce* suivi d'un pronom relatif 113
   3. Les pronoms ***ceci, cela, ça*** 114
      – *Ceci* 114
      – *Cela, ça* 114

D Les pronoms indéfinis et les pronoms numéraux 115

I. Les pronoms indéfinis (1) 115
   1. *On* 115
   2. *Quelqu'un, quelque chose* 116
   3. *Personne, rien* 116
      – Emplois de *personne* et de *rien* 116
      – Places de *personne* et de *rien* COD du verbe 116
   4. *Quelqu'un / personne / quelque chose / rien* + *de* + adjectif 117

II. Les pronoms indéfinis (2) 117
   1. *Quelques-uns, certain(e)s, plusieurs* 117
      – *Quelques-uns* 117
      – *Certain(e)s* 118
      – *Plusieurs* 118
   2. *Peu, beaucoup* 118
      – *Peu* 118
      – *Beaucoup* 119
   3. Constructions particulières 119
      – Pronom indéfini + *de* + déterminant + nom 119
      – Pronom indéfini + *de* + pronom démonstratif ou possessif 119
      – Pronom indéfini + *d'entre* + pronom tonique 119
      – *En* + pronom indéfini 119

III. Les pronoms indéfinis (3) 120
   1. *Tout* 120
      – Le verbe dont *tout* est le sujet : à la 3e personne du singulier 120
      – Place de *tout* COD dans la phrase 120
   2. *Tous, toutes* 120
      – Place de *tous* et *toutes* associés à un pronom sujet 121
      – Place de *tous* et *toutes* associés au pronom COD *les* 121
   3. *Tout le monde* 121

IV. Les pronoms indéfinis (4) 122
   1. Ce que représente le pronom *chacun(e)* 122
   2. Pronoms personnels et déterminants possessifs associés 122
   3. Constructions particulières 123
   4. Expressions familières 123

V. Les pronoms indéfinis (5) 124
- 1. *Nul* 124
- 2. *Aucun(e)* 124
  - – *Aucun(e)* suivi d'un complément introduit par la préposition *de* 124
  - – *Aucun(e)* associé au pronom *en* 124
- 3. *Pas un(e)* 125

VI. Les pronoms indéfinis (6) 125
- 1. *Autre chose* 125
- 2. *L'autre, les autres* 125
- 3. *Un(e) autre, d'autres* 126
- 4. *Autrui* 126

VII. Les pronoms indéfinis (7) 126
- 1. *L'un(e) … l'autre, les un(e)s … les autres* 126
  - – *L'un(e)* et *l'autre* après des verbes pronominaux de sens réciproque 126
  - – *L'un(e)* et *l'autre* liés par diverses prépositions 127
  - – *L'un(e)* et *l'autre* liés par les conjonctions de coordination *et*, *ni*, *ou* 127
  - – *L'un(e) … l'autre, les un(e)s … les autres* 127
- 2. *L'un(e) … un(e) autre, les un(e)s … d'autres* 127
- 3. *Certain(e)s… d'autres* 128

VIII. Les pronoms indéfinis (8) 128

IX. Les pronoms indéfinis (9) 129
- 1. *N'importe qui* 129
- 2. *N'importe quoi* 129
- 3. *N'importe lequel / laquelle / lesquels / lesquelles* 129

X. Les pronoms numéraux 130
- 1. Les pronoms numéraux cardinaux 130
  - – *Un(e), deux, trois, quatre…* 130
  - – *Les deux, les trois, les quatre…* 131
- 2. Les pronoms numéraux ordinaux 131

E Les pronoms interrogatifs 132

I. Les pronoms interrogatifs simples 132
- 1. L'interrogation porte sur un animé 132
  - – Le pronom interrogatif *qui* 132
  - – Les formes renforcées de *qui* 133
- 2. L'interrogation porte sur un inanimé 133
  - – Le pronom interrogatif *que* 133
  - – Les formes renforcées de *que* 134
  - – Le pronom *quoi* 134

II. Les pronoms interrogatifs composés 135
- 1. Formes 135
- 2. Emplois 135

3. Les verbes 137

A Les verbes français 139

I. Les trois groupes de verbes 139
1. Les verbes du 1er groupe 139
2. Les verbes du 2e groupe 139
3. Les verbes du 3e groupe 140

II. Une forme variable 140
1. Variable en personne, en nombre et en genre 140
2. Porteur de marques de temps, d'aspect et de mode 141

B L'indicatif 142

I. Le présent de l'indicatif des verbes *être* et *avoir* 142

II. Le présent de l'indicatif des verbes du 1er groupe 142
1. Règle générale 143
2. Cas particuliers 143
   – Les verbes en *-ger* 143
   – Les verbes en *-cer* 143
   – Les verbes en *-eler* et *-eter* 143
   – Les verbes en *-ayer*, *-oyer*, *-uyer* 144
   – Les verbes ayant un *-e-* ou un *-é-* à l'avant-dernière syllabe ... 144

III. Le présent de l'indicatif des verbes du 2e groupe 144

IV. Le présent de l'indicatif des verbes du 3e groupe 145
1. *Faire* et *aller* 145
2. Les verbes à un radical 145
   – Un radical + terminaisons *-e, -es, -e, -ons, -ez, -ent* 145
   – Un radical + terminaisons *-s, -s, -t, -ons, -ez, -ent* 145
   – Un radical + terminaisons *-s, -s, –, -ons, -ez, -ent* 145
3. Les verbes à deux radicaux 146
   – Deux radicaux + terminaisons *-s, -s, -t, -ons, -ez, -ent* 146
   – Deux radicaux + terminaisons *-s, -s, –, -ons, -ez, -ent* 146
   – Deux radicaux + terminaisons *-x, -x, -t, -ons, -ez, -ent* 147
4. Les verbes à trois radicaux 147
   – Trois radicaux + terminaisons *-s, -s, -t, -ons, -ez, -ent* 147
   – Trois radicaux + terminaisons *-s, -s, –, -ons, -ez, -ent* 147
   – Trois radicaux + terminaisons *-x, -x, -t, -ons, -ez, -ent* 147

V. Les principaux emplois du présent de l'indicatif 148
1. Le présent d'énonciation et le présent étendu 148
2. Le présent à valeur répétitive 148
3. Le présent à valeur de futur ou de passé récent 148
4. Le présent de vérité générale 148
5. Le présent de narration ou présent historique 149
6. Le présent dans l'expression de l'hypothèse ou de l'ordre ... 149

VI. L'imparfait de l'indicatif ... 149
1. Formation ... 149
2. Emplois ... 150
– Valeur temporelle ... 150
– Valeur modale ... 150

VII. Le passé composé ... 151
1. Formation ... 151
– Formation du passé composé ... 151
– Les terminaisons du participe passé ... 152
2. Emplois ... 153
– Exprimer un fait passé dont les conséquences durent encore ... 153
– Exprimer un fait situé à un moment déterminé du passé ... 153

VIII. L'imparfait de l'indicatif ou le passé composé ? ... 154

IX. Le plus-que-parfait de l'indicatif ... 155
1. Formation ... 155
2. Emplois ... 155
– Expression d'un fait antérieur à un fait passé ... 155
– Valeur modale ... 156

X. Le passé simple ... 156
1. Formation ... 156
– *Être* et *avoir* ... 156
– Les verbes du 1er groupe ... 157
– Les verbes du 2e groupe ... 157
– Les verbes du 3e groupe ... 157
2. Emplois ... 159
– Imparfait / passé simple ... 159
– Passé composé / passé simple ... 159

XI. Le passé antérieur ... 160
1. Formation ... 160
2. Emplois ... 160

XII. Exprimer un fait récent : *venir de* + infinitif ... 161

XIII. Exprimer un fait imminent ... 161
1. *Aller* + infinitif ... 161
2. *S'apprêter à* + infinitif, *être sur le point de* + infinitif ... 162

XIV. Le futur simple ... 162
1. Formation ... 162
– Verbes *être* et *avoir* ... 162
– Verbes des 1er et 2e groupes ... 163
– Verbes du 3e groupe ... 164
2. Emplois ... 164

XV. Le futur antérieur 165
1. Formation du futur antérieur 165
2. Emplois du futur antérieur 165
– Emploi avec un futur ou un impératif 165
– Emploi du futur antérieur seul 166

C Le conditionnel 167

I. Le conditionnel présent 167
1. Formation du conditionnel présent 167
2. Emplois du conditionnel présent 168
– Valeur modale 168
– Valeur temporelle 170

II. Le conditionnel passé 170
1. Formation du conditionnel passé 170
2. Emplois du conditionnel passé 171
– Valeur modale 171
– Valeur temporelle 172

III. Les futurs dans le passé 172
1. Le conditionnel présent : un futur simple dans le passé 172
2. Le conditionnel passé : un futur antérieur dans le passé 173

D Le subjonctif et l'impératif 174

I. Le subjonctif présent 174
1. *Être* et *avoir* 174
2. Les subjonctifs présents réguliers 174
– Verbes du 1er groupe 175
– Verbes du 2e groupe 175
– Verbes du 3e groupe 175
3. Les subjonctifs présents irréguliers 176
– Subjonctif présent formé sur ce seul radical particulier 176
– Subjonctif présent formé sur deux radicaux 176
4. Emplois du subjonctif présent 176
– Dans une proposition subordonnée 176
– Dans une proposition indépendante ou principale 176

II. Le subjonctif passé 177
1. Formation du subjonctif passé 177
2. Emplois du subjonctif passé 177
– Dans une proposition subordonnée 177
– Dans une proposition indépendante ou principale 178

III. Le subjonctif dans les complétives (1) 178
1. Dans une phrase exprimant la nécessité ou l'obligation 178
2. Dans une phrase exprimant le conseil 179
3. Dans une phrase exprimant le souhait 179
– Dans les propositions complétives dépendant de verbes exprimant le souhait. 179
– Dans une proposition indépendante au subjonctif. 179
4. Le subjonctif dans une phrase exprimant la volonté 180
– Dans les propositions complétives dépendant de verbes exprimant la volonté 180
– Dans une proposition indépendante au subjonctif 180

TABLE DES MATIÈRES

IV. Le subjonctif dans les complétives (2) ... 181

V. Le subjonctif dans les complétives (3) ... 182

VI. Quelques conjonctions suivies du subjonctif ... 183
   1. *Pour que, afin que, de sorte que* ... 183
   2. *De peur que, de crainte que* ... 183
   3. *Bien que, quoique* ... 183
   4. *Avant que, en attendant que, jusqu'à ce que* ... 184
   5. *À condition que* ... 184

VII. Le subjonctif dans les propositions relatives ... 185
   1. Existence de l'objet envisagée comme incertaine ... 185
   2. Principale avec idée de choix ou d'exception ... 186
      – Après un superlatif ... 186
      – Après *le seul, l'unique, le premier, le dernier* ... 186
      – Après *ne ... que* ... 186

VIII. Le subjonctif dans les complétives (4) ... 186

IX. L'imparfait et le plus-que-parfait du subjonctif ... 187
   1. Formation ... 187
      – L'imparfait du subjonctif ... 187
   2. Emplois ... 188
      – Dans des subordonnées au subjonctif dépendant d'un verbe principal au passé ... 188
      – Le *plus-que-parfait* du subjonctif employé avec la valeur d'un conditionnel passé ... 189

X. La concordance des temps ... 190
   1. La subordonnée à l'indicatif ... 190
      – Verbe de la principale au présent ou au futur ... 190
      – Verbe de la principale au passé ... 190
   2. La subordonnée au subjonctif ... 192
      – Verbe de la principale au présent ou au futur ... 192
      – Verbe de la principale au passé ... 192

XI. L'impératif ... 193
   1. L'impératif présent ... 193
      – Verbes *être, avoir, savoir* et *vouloir* ... 194
      – Verbes dont l'impératif est en *-e* à la 2e personne du singulier et verbe *aller* ... 194
   2. La forme composée de l'impératif ... 195
   3. Emplois de l'impératif ... 195

E Le verbe au passif, les verbes pronominaux et les verbes et tournures impersonnels ... 196

I. Le verbe au passif ... 196

II. Les verbes pronominaux ... 196
   1. Définition ... 196
      – Le pronom *se* varie selon la personne ... 197
      – Formation de l'impératif ... 197
      – Formation des temps composés ... 197
   2. Les deux types de verbes pronominaux ... 197

III. Les verbes et les tournures impersonnels 198
1. Les verbes essentiellement impersonnels 198
   – *Falloir* 198
   – *S'agir* 198
   – Les verbes « météorologiques » 199
2. Les verbes personnels dans une tournure impersonnelle 199
   – *Avoir* 199
   – *Être* 200
   – *Faire* 201
   – *Valoir* 201
   – *Suffire* 201
   – *Rester, manquer* 201
   – *Arriver, venir, entrer, tomber* 201
   – Certains verbes pronominaux 202
   – Certains verbes à la forme passive 202
   – *Résulter, découler, s'ensuivre* 203

F Les constructions verbales et l'accord du participe passé 204
I. Verbes transitifs, intransitifs, avec un attribut 204
1. Les verbes intransitifs 204
2. Les verbes transitifs 204
   – Les verbes transitifs directs 204
   – Les verbes transitifs indirects 205
   – Les verbes doublement transitifs 205
3. Les verbes qui se construisent avec un attribut 207
   – Les verbes se construisant avec attribut du sujet 207
   – Les verbes se construisant avec un attribut du COD 207

II. L'accord du participe passé 208
1. Le participe passé employé avec *être* 208
2. Le participe passé employé avec *avoir* 208
3. Les cas particuliers 209
   – Le participe passé des verbes impersonnels 209
   – Le participe passé des verbes pronominaux 209
   – Le participe passé des verbes conjugués avec *avoir* suivis d'un infinitif 210

G L'infinitif, le gérondif et le participe présent 211
I. L'infinitif 211
1. Formes 211
   – Forme simple et forme composée 211
   – L'infinitif au passif 211
2. L'infinitif employé comme un nom 212
3. L'infinitif employé comme un verbe conjugué 213
   – L'infinitif dans une périphrase verbale 213
   – L'infinitif « de narration » 213
   – Autres cas 213

II. La proposition subordonnée infinitive ... 214
1. Définition ... 214
2. L'ordre des termes dans la proposition infinitive ... 215
– Le sujet de la proposition infinitive est un nom ... 215
– Le sujet de la proposition infinitive est un pronom ... 215

III. Le gérondif ... 216
1. Formation du gérondif ... 216
2. Emplois du gérondif ... 217
– Le gérondif exprime une action qui se déroule en même temps que celle du verbe principal ... 217
– Le gérondif n'a pas de valeur propre : il prend celle que le contexte lui donne ... 217
– La périphrase *aller* + gérondif (sans *en*) ... 217

IV. Le participe présent ... 218
1. Formation du participe présent ... 218
2. Emplois du participe présent ... 218
– Le participe présent employé comme adjectif ... 218
– Le participe présent employé comme verbe ... 219
3. La forme composée du participe présent ... 219
4. Le participe présent et l'adjectif verbal ... 219

4. Les mots invariables ... 221

A Les adverbes ... 222

I. Emplois et places des adverbes ... 222
1. Emplois des adverbes ... 222
– Les adverbes modifiant un élément de la phrase ... 222
– Les adverbes circonstanciels ... 223
– Les adverbes modifiant l'ensemble de la phrase ... 223
2. Places des adverbes dans la phrase ... 224
– Places des adverbes modifiant un élément de la phrase ... 224
– Places des adverbes circonstanciels ... 224
– Places des adverbes modifiant l'ensemble de la phrase ... 225

II. Quelques difficultés d'emploi (1) ... 226
1. *Très, trop, beaucoup* ... 226
– *Très, trop* ... 226
– *Beaucoup* ... 226
2. *Peu, un peu* ... 227
3. *Bien* ... 227
– *Bien* peut être un adverbe de manière ... 227
– *Bien* peut être un adverbe d'intensité ... 227
– *Bien* peut être un adverbe permettant d'insister ... 228

III. Quelques difficultés d'emploi (2) ... 228
1. *Alors* ... 228
2. *Ainsi, aussi* ... 228
– *Ainsi* ... 228
– *Aussi* ... 229

3. *Si, tellement, tant* 230
4. *Au moins, du moins* 230
5. *Ailleurs, d'ailleurs, par ailleurs* 230
6. *En effet, de fait, en fait, au fait* 231
   – *En effet* 231
   – *De fait, en fait, au fait* 231
7. *Ici, là, là-bas* 231
8. Comment prononcer l'adverbe *plus* ? 232
   – Dans la négation *ne ... plus* 232
   – Dans le comparatif ou le superlatif d'un adjectif ou d'un adverbe 232
   – Quand *plus* porte sur un verbe et signifie *davantage* 232
   – Dans les adverbes *de plus* et *en plus* marquant l'addition 233
   – Dans une addition mathématique 233

IV. Les adverbes *tout* et *même* 233
1. *Même* 233
2. *Tout* 234

V. Les adverbes en *-ment* 234
1. Règle générale 234
2. Adverbes formés à partir d'un adjectif en *-i, -u, -ai, -é* 235
3. Adverbes formés à partir d'un adjectif en *-ant* et *-ent* 235

B Les prépositions 236

I. Les prépositions *à, de, en, par, pour* 236
1. Les principaux emplois des prépositions *à* et *de* 236
   – *À* et *de* suivis d'un complément d'objet indirect du verbe 236
   – *À* et *de* suivis d'un complément de l'adjectif 236
   – *À* et *de* suivis d'un complément du nom 237
   – *À* et *de* suivis d'un complément circonstanciel 237
   – *De ... à* 238
2. Les principaux emplois de la préposition *en* 239
   – *En* suivi d'un complément du nom 239
   – *En* suivi d'un complément d'objet indirect 239
   – *En* suivi d'un complément circonstanciel 239
   – *De ... en* 239
3. Les principaux emplois de la préposition *par* 240
   – *Par* suivi d'un complément d'agent 240
   – *Par* suivi d'un complément circonstanciel 240
4. Les principaux emplois de la préposition *pour* 240
   – *Pour* suivi d'un complément circonstanciel 240
   – *Pour* suivi d'un attribut 241

II. Les prépositions *dans, sur, sous, devant, derrière...* 241
1. *Dans* 241
   – *Dans* suivi d'un complément circonstanciel de lieu 241
   – *Dans* suivi d'un complément circonstanciel de temps 242
2. *Sur* 242
   – Principales valeurs 242
   – *Sur* ou *dans* ? 242
   – *Sur, au-dessus de, par-dessus* 243

3. *Sous* ... 243
- Principales valeurs ... 243
- *Sous, au-dessous, par-dessous* ... 243

3. *Devant, derrière, avant, après* ... 244
- Ne pas confondre les prépositions *devant* et *avant* ... 244
- Ne pas confondre les prépositions *derrière* et *après* ... 244
- Ne pas confondre les prépositions *devant* et *au-devant de* ... 244

4. Adverbe ou préposition ? ... 244

III. Les prépositions devant les noms de lieux ... 245
1. Le lieu où l'on est, le lieu où l'on va ... 245
- *À* + nom de ville ... 245
- *En* ou *dans* + nom de région ... 245
- *Dans* + nom de massif montagneux ... 246
- *En* ou *à* + nom de pays ... 246
- *En* ou *à* + nom d'île ... 246
- *En* + nom de continent ... 247

2. Le lieu d'où l'on vient ... 247
- *De* + nom de ville ... 247
- *De* + nom de pays ou de région ... 247
- *De* + nom de massif montagneux ... 248
- *De* + nom d'île ... 248
- *De* + nom de continent ... 248

5. La phrase et le discours rapporté ... 249

A La phrase ... 250

I. La phrase simple et la phrase complexe ... 250
1. La phrase verbale et la phrase non-verbale ... 250
2. La phrase simple et la phrase complexe ... 250
- La phrase simple ... 250
- La phrase complexe ... 251

II. La phrase à la forme négative ... 252
1. La formation de la phrase négative ... 252
- *Ne* corrélé à un ou deux adverbes ... 252
- *Ne* corrélé à un pronom indéfini ... 254
- *Ne* corrélé à un déterminant indéfini ... 255
- *Ne* corrélé à une locution adverbiale ... 255

2. Quelques cas particuliers ... 255
- La négation portant sur un infinitif ... 255
- La place des pronoms dans la phrase à la forme négative ... 256
- *Ne* employé seul ... 256
- L'omission de *ne* ... 256
- La phrase interro-négative ... 256
- *Ni* ... 257

3. Les adverbes *non* et *sinon* ... 257
- *Non* représentant toute une proposition ... 257
- Pronom tonique + *non / non plus* ... 257
- *Non* opposant deux éléments d'une proposition ... 258
- *Sinon* ... 258

4. Négation totale et négation partielle ... 258
- La négation totale ... 258
- La négation partielle ... 258

III. La phrase interrogative ... 258

1. Interrogation totale et interrogation partielle ... 259
- L'interrogation totale ... 259
- L'interrogation partielle ... 259

2. Comment formuler une interrogation totale ? ... 259
- L'interrogation par intonation ... 259
- L'interrogation par *est-ce que* ... 259
- L'interrogation par inversion ... 259

3. Comment formuler une interrogation partielle ? ... 261
- Les adverbes interrogatifs ... 261
- Les pronoms interrogatifs ... 262
- Les déterminants interrogatifs ... 263

IV. La phrase exclamative ... 263

1. Les phrases exclamatives comportant un mot exclamatif ... 263
- Les déterminants exclamatifs ... 263
- Les adverbes exclamatifs ... 264

2. Les phrases exclamatives sans mot exclamatif ... 264
- Une inversion du sujet ... 264
- Un infinitif exclamatif ... 264
- Un adverbe, un déterminant, ou un adjectif marquant un haut degré d'intensité ou de quantité ... 264
- Un mot ou un groupe de mots introducteur ... 265
- Une mise en relief ... 265
- Une interjection ... 265

V. La phrase passive ... 266

1. Comment passer de la phrase active à la phrase passive ? ... 266
2. Les conditions de la phrase passive ... 266
- Tous les verbes ne permettent pas de construire une phrase passive ... 266
- Par ailleurs, on évite de recourir à la phrase passive quand le complément d'agent est un pronom personnel ... 267

3. *Par* ou *de* ? ... 267
4. Les tournures passives impersonnelles ... 268

VI. Les procédés d'insistance et de mise en relief ... 268

1. Le déplacement en tête de phrase ... 268
2. Les constructions disloquées ... 269
- Mise en relief d'un nom, d'un groupe nominal ou d'un pronom ... 269
- Mise en relief d'un adjectif ... 269
- Mise en relief d'un infinitif ... 269
- Mise en relief d'une proposition subordonnée complétive ... 270

3. *Ce qui ... c'est, ce que ... c'est, ce dont ... c'est* ... 270
4. Les constructions avec *c'est... qui* ou *c'est ...que* ... 271
- *C'est ... qui* (relatif) ... 271
- *C'est ... que* (relatif) ... 271
- *C'est ... que* (conjonction) ... 272

B. Le discours rapporté 273
I. Style direct, style indirect, style indirect libre 273
1. Le style direct 273
2. Le style indirect 273
3. Le style indirect libre 276
II. La proposition interrogative indirecte 276
1. De l'interrogation directe à l'interrogation indirecte 276
2. Interrogation totale et interrogation partielle 277
   – Interrogation totale 277
   – Interrogation partielle 277
3. La concordance des temps 278

6. L'expression du temps et les grands rapports logiques 279

A. L'expression du temps 281
I. Les prépositions 281
1. À, de, en, dans, sous 281
   – À 281
   – De … à 281
   – En 282
   – Dans 282
   – Sous 282
2. Pendant, en, pour 282
   – Pendant 282
   – En 283
   – Pour 283
3. Il y a, dans 283
   – Il y a 283
   – Dans 283
4. À partir de, dès, depuis, jusqu'à 284
   – À partir de 284
   – Dès 284
   – Depuis 284
   – Jusqu'à, jusqu'en 285
5. Avant, avant de, après 285
   – Avant, avant de 285
   – Après 286
II. Les subordonnées circonstancielles de temps 286
1. Les propositions temporelles simultanées 286
   – Quand, lorsque 286
   – Pendant que 287
   – Alors que, tandis que 287
   – Comme 287
   – Chaque fois que 287
   – Tant que, aussi longtemps que 287
   – Depuis que 287
   – À mesure que, au fur et à mesure que 287

2. Les propositions temporelles antérieures ... 288
- *Quand, lorsque* ... 288
- *Depuis que* ... 288
- *Après que* ... 288
- *Dès que, aussitôt que* ... 288
- *Une fois que* ... 289

3. Les propositions temporelles postérieures ... 289
- *Avant que* ... 289
- *Jusqu'à ce que* ... 289
- *En attendant que* ... 289

III. Autres formes d'expression du temps ... 290
- Le groupe nominal sans préposition ... 290
- L'adverbe ... 290
- Le gérondif ... 290
- Le participe ... 290
- La proposition subordonnée participiale ... 290
- La coordination et la juxtaposition ... 291

B L'expression de la cause ... 292

I. *Car, en effet, tant, tellement* ... 292

1. *Car, en effet* ... 292
- *Car* introduit une explication ... 292
- *Car* peut être remplacé par *en effet* ... 292
- On évite de cumuler *car* et *en effet* ... 292
- Il ne faut pas confondre *en effet, en fait* et *au fait* ... 292

2. *Tant, tellement* ... 293

II. Les propositions subordonnées à l'indicatif (1) ... 293

1. *Parce que* ... 293
- *Pourquoi ?* → *Parce que* ... 293
- *Car / parce que* ... 293
- *C'est (parce) que* ... 294
- Mise en relief de la cause : *C'est parce que... que* ... 294
- Négation de la cause : *Ce n'est pas parce que ... (que)... mais parce que* ... 294

2. *Puisque* ... 294

3. *Comme* ... 295

4. D'autres conjonctions ... 295
- *Étant donné que / vu que / du fait que* ... 295
- *Du moment que / dès lors que* ... 295
- *Sous prétexte que* ... 295

5. Coordonner deux propositions subordonnées de cause ... 296

III. Les propositions subordonnées à l'indicatif (2) ... 296

1. *D'autant plus ... que, d'autant moins ... que* ... 296

2. *D'autant plus de ... que, d'autant moins de ... que* ... 297

IV. Les propositions subordonnées au subjonctif ... 297

V. Les prépositions ... 298

1. *Grâce à, à cause de* ... 298

2. *En raison de, par suite de* ... 298

3. *Du fait de, étant donné, vu* ... 299

4. *Sous prétexte de* ... 299
5. *Faute de* ... 300
6. *À force de* ... 300
7. *Pour* ... 300
8. *Par* ... 301
9. *De* ... 301

VI. D'autres moyens d'exprimer la cause ... 302

C L'expression de la conséquence ... 303

I. Les adverbes ... 303
1. Dans la langue courante ... 303
   - *Donc* ... 303
   - *Alors* ... 303
   - *C'est pourquoi* ... 303
   - *Par conséquent* ... 304
   - *Ainsi* ... 304
   - *D'où / de là* ... 304
2. Dans la langue soutenue ... 304
   - *En conséquence* ... 304
   - *Aussi* ... 304
3. Dans la langue familière ... 305
   - *Du coup* ... 305

II. Les propositions subordonnées à l'indicatif ... 305
1. Conjonctions avec idée d'intensité ou de quantité ... 305
   - *Tellement ... que, tant ... que* ... 305
   - *Si ... que, tellement ... que* ... 305
   - *Tant de ... que, tellement de ... que* ... 306
   - *Un tel ... que* ... 306
   - *Au point que, à tel point que* ... 306
2. Les autres constructions ... 307
   - *Si bien que* ... 307
   - *De (telle) sorte que, de (telle) façon que, de (telle) manière que* ... 307

III. Les propositions subordonnées au subjonctif ... 308
1. *Trop (de) / assez (de) / suffisamment (de) ... pour que* ... 308
   - *Trop ... pour que, assez ... pour que, suffisamment ... pour que* ... 308
   - *Trop de ... pour que, assez de ... pour que, suffisamment de ... pour que* ... 309
2. *Il suffit de ... pour que, il suffit que... pour que* ... 309
3. *Si ... que, tellement ... que, tant... que, au point que* ... 310

IV. Les prépositions ... 310
1. *Pour* ... 310
   - *Pour* corrélé à *trop (de), assez (de), suffisamment (de)* ... 310
   - *Pour* peut être en corrélation avec *il suffit de* ou *il suffit que* ... 311
2. *Au point de, jusqu'à, à* ... 311
   - *Au point de* + infinitif ... 311
   - *Jusqu'à* + dét. + nom / + infinitif ... 311
   - *À* + infinitif / + dét. + nom ... 311

D L'expression du but 313
I. Les propositions subordonnées 313
1. *Pour que, afin que* 313
2. *De (telle) sorte / manière / façon que* 313
3. *De peur que, de crainte que* 314

II. Les prépositions 314
1. *Pour, afin de* 314
– *Pour* + dét. + nom / + infinitif 314
– *Afin de* + infinitif 315
2. *En vue de* + infinitif / + dét. + nom 315
3. *De manière à / de façon à* + infinitif 315
4. *De peur de / de crainte de* + infinitif 315

E L'expression de l'opposition et de la concession 316
I. L'expression de l'opposition 316
1. La juxtaposition 316
2. La conjonction *mais* et les adverbes de liaison 316
– *Mais* 316
– *Au contraire, par contre, en revanche, à l'opposé, inversement* 316
3. Les propositions subordonnées 317
– *Alors que, tandis que* + indicatif 317
– *Quand* + indicatif 317
– *Si* + indicatif 317
– *Si ce n'est que, excepté que, sauf que* + indicatif 317
– *Sans que* + subjonctif 317
4. Les prépositions 318
– *Au contraire de / contrairement à / à l'opposé de / à l'inverse de* 318
– *Au lieu de, plutôt que de, à la place de* 318
– *Loin de* + infinitif 318
– *Sans* + infinitif 318

II. L'expression de la concession (1) 319
1. La conjonction *mais*, et les adverbes de liaison 319
– *Mais* 319
– *Pourtant, cependant, néanmoins, toutefois* 320
– *En fait, en réalité* 320
– *Or* 320
– *Pour autant* 320
– *Tout de même, quand même* 320
2. Les prépositions 321
– *Malgré* + dét. + nom / + pronom 321
– *En dépit de* + dét. + nom / + pronom 321
– *Quitte à* + infinitif 321

III. L'expression de la concession (2) 321
1. *Alors (même) que, même si, si* 321
– *Alors (même) que* + indicatif 321
– *Même si / si* + indicatif 322
2. *Quand bien même* + conditionnel 322

IV. L'expression de la concession (3) — 322
1. *Bien que, quoique, encore que, sans que* — 322
   - *Bien que / quoique* + subjonctif — 322
   - *Encore que* + subjonctif — 323
   - *Sans que* + subjonctif — 323
2. *Qui que, quoi que, où que, quel que* — 323
   - *Qui que* + subjonctif — 323
   - *Quoi que* + subjonctif — 323
   - *Où que* + subjonctif — 323
3. *Tout... que, si... que, quelque... que et pour... que* — 324

V. L'expression de la concession (4) — 325

F L'expression de la comparaison — 326

I. Prépositions, adverbes, propositions comparatives — 326
1. Les prépositions — 326
   - *À la manière de* + nom / + dét. + nom — 326
   - *À la façon de* + nom / + dét. + nom — 326
2. Les adverbes de liaison — 326
   - *Ainsi* — 326
   - *De même* — 327
3. Les propositions comparatives — 327
   - *Comme* — 327
   - *Comme si* — 327
   - *Ainsi que* — 327
   - *De même que* — 327
   - *Aussi bien que* — 328

II. *Plus (de), moins (de), autant (de), aussi* — 328
1. *Plus / moins / aussi* [adjectif ou adverbe] *que* — 329
   - *Plus / aussi / moins* [adjectif] *que* — 329
   - *Plus / aussi / moins* [adverbe] *que* — 329
2. *Plus de / moins de / autant de* [nom] *que* — 330
   - *Plus de / moins de / autant de* [nom] *que* — 330
   - *Plus de / moins de / autant de* [nom] *que de* [nom] — 330
3. [Verbe] *plus / moins / autant que* — 330
   - Les cas où *plus, moins, autant* sont séparés de *que* — 330
   - Le cas des locutions verbales — 331

III. *Le plus (de) / le moins (de)* — 332
- *Le / la / les... plus / moins* [adjectif] — 332
- *Le plus / le moins* [adverbe] — 333
- *Le plus de / le moins de* [nom] — 333
- [Verbe] *le plus / le moins* — 333

IV. Exprimer les idées de progression et de proportion — 333
1. Comparaison et progression — 333
   - *De plus en plus / de moins en moins* [adjectif / adverbe] — 333
   - *De plus en plus de / de moins en moins de* [nom] — 334
   - [Verbe] *de plus en plus / de moins en moins* — 334
2. Comparaison et proportion — 334
   - *Plus ... plus, plus ... moins, moins ... moins, moins ... plus* — 334
   - *D'autant plus... que... plus / moins, d'autant moins... que... plus / moins* — 334

G L'expression de l'hypothèse 335
I. Les subordonnées de condition (1) 335
1. Hypothèse située dans le réel 335
- *Si* + présent ... présent 335
- *Si* + présent ... présent (avec une valeur de futur) / futur / impératif 335
- *Si* + passé composé ... présent / futur / impératif 335
- *Si* + imparfait ... imparfait 335
2. Hypothèse hors du réel 336
- *Si* + imparfait ... conditionnel présent 336
- *Si* + plus-que-parfait ... conditionnel passé. 336

II. Les subordonnées de condition (2) 337
1. Les conjonctions suivies de l'indicatif 337
- *Même si* 337
- *Comme si* 337
- *Sauf si* 337
- *Selon que, suivant que* 337
2. Les conjonctions suivies du subjonctif 338
- *À supposer que, en supposant que, en admettant que, si tant est que* 338
- *À condition que, pourvu que, pour peu que* 338
- *À moins que* 338
- *Soit que* 338
3. *Au cas où* suivi du conditionnel 339

III. Les autres moyens d'exprimer l'hypothèse 339
1. La juxtaposition 339
2. La coordination 339
3. Les prépositions 340
- *À condition de* + infinitif 340
- *À moins de* + infinitif / + dét. + nom 340
- *En cas de* + nom 340
- *Avec* + nom / + dét. + nom / + pronom tonique 340
- *Sans* + nom / + dét. + nom / + pronom 340
- *Sauf* + nom 340
4. Le gérondif 340
5. Un adjectif ou un participe passé 341

Imprimé en France par SEPEC à Péronnas
N° d'imprimeur : 17932190235 – Dépôt légal : juillet 2010
N° d'édition : 70114825-04/mars2019